183쪽에서 나에 관한 놀라운 지식을 읽어 볼래?

차례

1번째 지식 ... 6	75가지 원숭이를 둘러싼 놀라운 지식 ... 60
15가지 땅콩버터에 대한 고소한 지식 ... 8	역사를 만든 여성들에 대한 35가지 지식 ... 62
우뚝 솟은 성에 대한 75가지 지식 ... 10	100가지 지식으로 본 비가 내리는 울창한 우림 ... 64
해가 진 뒤 돌아다니는 동물들에 관한 35가지 지식 ... 12	50가지 곰에 관한 덥수룩한 지식 ... 66
상상의 날개를 활짝 펴게 만드는 비행에 관한 100가지 지식 ... 14	25가지 독에 관한 위험한 지식 ... 68
50가지 어마어마한 거미에 관한 지식 ... 16	두근두근! 롤러코스터에 대한 15가지 지식 ... 70
24가지 돌고래에 관한 놀라운 지식 ... 18	75가지 읽다 보면 나도 모르게 오싹해지는 지식 ... 72
15가지 은밀한 스파이에 대한 지식 ... 20	35가지 셀 수 있는 숫자에 대한 지식 ... 74
공룡에 관한 75가지 지식 ... 22	100가지 멀고도 광활한 우주에 관한 지식 ... 76
35가지 첨단 기술에 대한 놀라운 지식 ... 24	50가지 맛있고 달콤한 사탕에 관한 지식 ... 78
50가지 이런저런 단어에 대한 지식 ... 26	로봇에 관한 25가지 놀라운 지식 ... 80
파충류와 양서류에 관한 놀라운 100가지 지식 ... 28	별난 해양 생물에 관한 15가지 놀라운 지식 ... 82
24가지 매우 뜨거운 지식 ... 30	75가지 아이디어가 빛나는 발명의 지식 ... 84
아시아에 대한 35가지 지식 ... 32	미라에 관한 35가지 오싹한 지식 ... 86
입이 떡 벌어질 만큼 이상한 15가지 지식 ... 34	달각거리는 뼈와 몸에 관한 100가지 지식 ... 88
75가지 놀라운 조류에 관한 지식 ... 36	50가지 동물의 적응력에 관한 놀라운 지식 ... 90
사람의 생명을 구하는 일에 관한 35가지 지식 ... 38	25가지 달콤 쌉싸름한 초콜릿에 대한 지식 ... 92
가장 무서운 바다 동물 상어에 관한 소름 돋는 100가지 지식 ... 40	15가지 미스터리한 역사의 지식 ... 94
50가지 지구의 극한 지역에 관한 놀라운 지식 ... 42	75가지 장엄한 자연환경과 국립 공원에 관한 지식 ... 96
25가지 심장에 관한 두근거리는 지식 ... 44	백발백중! 무기에 관한 35가지 지식 ... 98
외계 생명체에 대한 15가지 놀라운 지식 ... 46	곤충에 관한 기상천외한 100가지 지식 ... 100
75가지 식물에 관한 아주 놀라운 지식 ... 48	50가지 깜짝 놀랄 만한 펭귄에 관한 지식 ... 102
오스트레일리아와 오세아니아에 대한 알수록 신기한 35가지 지식 ... 50	25가지 감각에 관한 놀라운 지식 ... 104
탈것과 교통수단에 관한 100가지 지식 ... 52	35가지 남아메리카에 대한 신기한 지식 ... 106
45가지 사랑스러운 새끼 동물들에 관한 귀여운 (그리고 썩 귀엽지 않은 5가지) 지식 ... 54	야생 고양이에 관한 15가지 놀라운 지식 ... 108
25가지 서늘하고 멋진 지식 ... 56	50가지 고대부터 현대까지, 음악에 대한 지식 ... 110
행운을 불러오는 15가지 사소한 지식 ... 58	35가지 잠에 관한 눈이 뜨이는 지식 ... 112
	과학 실험에 관한 100가지 놀라운 지식 ... 114
	50가지 영화에 대한 지식 ... 116

항목	페이지
25가지 신기한 물에 관한 지식	118
세계 지도자에 대한 15가지 별난 지식	120
75가지 세계의 건축에 대한 지식	122
먹거리에 대해 생각해 볼 35가지 지식	124
가자, 승리로! 스포츠에 관한 100가지 지식	126
50가지 놀라운 코끼리에 관한 지식	128
25가지 돈에 관한 값진 지식	130
15가지 돌고 도는 계절에 관한 지식	132
75가지 매혹적인 유럽에 대한 지식	134
머리 위 조심! 우주 쓰레기에 관한 35가지 지식	136
역사에 대해 기억할 100가지 지식	138
50가지 깜짝 놀랄 만한 뇌에 관한 지식	140
35가지 생각만 해도 즐거운 휴일에 관한 지식	142
호기심을 풀어 줄 15가지 약에 관한 지식	144
25가지 신기한 비율에 관한 지식	146
75가지 아름다운 산호초에 관한 지식	148
35가지 아프리카에 대한 놀라운 지식	150
100가지 복슬복슬한 포유류에 관한 지식	152
50가지 벌의 달콤하고 따끔한 지식	154
25가지 세상을 구하는 친환경에 관한 지식	156
초자연 현상에 대한 15가지 소름 돋는 지식	158
75가지 지구에 관한 중대한 지식	160
35가지 귀중한 보물에 대한 지식	162
100가지 신기한 바다에 관한 깜짝 놀랄 지식	164
50가지 세어도 세어도 끝없는 인구에 대한 지식	166
25가지 색깔에 대한 지식	168
15가지 동물의 이주에 관한 신기한 지식	170
75가지 멍멍! 개에 관한 지식	172
35가지 놀라운 미래에 관한 지식	174
거대 도시 메가 시티에 대한 100가지 지식	176
50가지 갈기를 휘날리는 말과 조랑말에 대한 지식	178
25가지 괴생명체에 대한 오싹한 지식	180
장난감을 둘러싼 15가지 재밌는 지식	182
75가지 오래도록 버텨 온 고대 문화에 관한 지식	184
35가지 세상을 받치는 암석에 관한 지식	186
100가지 지표면에서 일어나는 지리에 관한 지식	188
50가지 승리를 향해 겨루는 올림픽에 대한 지식	190
24가지 화려한 나비에 관한 아름다운 지식	192
75가지 날씨에 관한 신기한 지식	194
35가지 위험한 동물에 관한 위독한 지식	196
25가지 변화무쌍한 기후 변화에 관한 지식	198
50가지 깊이 빠져들고 마는 잠수에 관한 지식	200
35가지 반려동물에 관한 소중한 지식	202
75가지 얼음처럼 차가운 남극 대륙에 대한 지식	204
25가지 초기 인류에 관한 신기한 지식	206
50가지 흥미롭고 재미있는 북아메리카 대륙에 대한 지식	208
35가지 별난 호텔에 대한 재미있는 지식	210
15가지 끝과 맨 끝에 대한 마지막 지식	212
5,000번째 지식	214
사진과 그림 저작권	216
찾아보기	217

지식 1 번째

쟁기발개구리는

✶ 지금까지 배운 지식은 1가지!

땅콩버터 냄새가 나요.

(책장 아래쪽에 적힌 숫자를 보면 지금까지 몇 가지 지식을 배웠는지 알 수 있어요!)

15가지 땅콩버터에

❶ **340그램**짜리 병에 땅콩버터를 가득 넣으려면 땅콩이 **540개**쯤 필요해요.

❷ 땅 4000제곱미터에서 수확한 땅콩으로 땅콩버터 **샌드위치**를 **3만** 개쯤 만들 수 있어요.

❸ 땅콩버터가 부드럽게 발라지는 이유는 **해조류**에 들어 있는 **카라기난**이란 성분을 넣어서 그래요.

❹ 미국 동부 연안 사람들은 **부드러운** 땅콩버터를 좋아해요. 서부 연안 사람들은 **오독오독한** 땅콩 조각이 들어 있는 땅콩버터를 좋아해요.

❺ 미국에서 **땅콩 농사를 짓던 농부** 중 두 명이 대통령이 되었어요. 토머스 제퍼슨과 지미 카터예요.

❻ **아라키뷰티로포비아***는 입천장에 땅콩버터가 달라붙는 것을 무서워하는 증상이에요.

*아라키는 '간 견과류', '뷰티로'는 '버터', 포비아는 '공포'를 뜻해요.

❼ 세계에서 **가장 큰** 땅콩버터 젤리 샌드위치*의 무게는 **609**킬로그램이에요. **북극곰 한 마리**와 맞먹어요!

*오른쪽 사진처럼 식빵에 땅콩버터와 잼을 발라 만들어요.

* 지금까지 배운 지식은 **16**가지!

대한 고소한 지식

❽ 세계에서 **가장 큰** 땅콩버터 공장에서는 병에 든 땅콩버터를 하루에 **25만** 개나 생산해요.

❾ 로큰롤의 황제 **엘비스 프레슬리**는 **땅콩버터**와 **바나나**를 넣은 샌드위치를 좋아했어요.

❿ 평범한 미국 아이가 **고등학교 졸업 때까지** 먹는 땅콩버터 젤리 샌드위치는 **1500**개쯤 돼요.

⓫ 해마다 미국인들은 땅콩버터를 거의 **8억** 달러어치나 사요. (약 1조 952억 원어치예요.)

⓬ 미국 식품 의약국 기준으로 땅콩버터 100그램당 **곤충 조각 29개**까지 들어간 제품은 허용돼요.

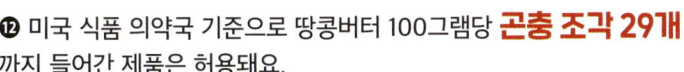

⓭ 땅콩버터에는 **버터가 안 들어가요!**

⓮ 「땅콩버터 젤리 시간!」이라는 노래에 맞춰 바나나가 **춤**을 추는 유튜브 영상은 조회수가 **2억** 회도 넘어요(2024년 3월 1일 기준).

⓯ **우주 비행사**는 우주에서 땅콩버터는 먹을 수 있어도 빵은 못 먹어요. 빵은 너무 잘 부서지거든요. 빵 부스러기가 **둥둥 떠다니다가** 우주선 필터나 우주 비행사의 눈에 들어가면 안 되잖아요?

우뚝 솟은 성에 대한 75가지 지식

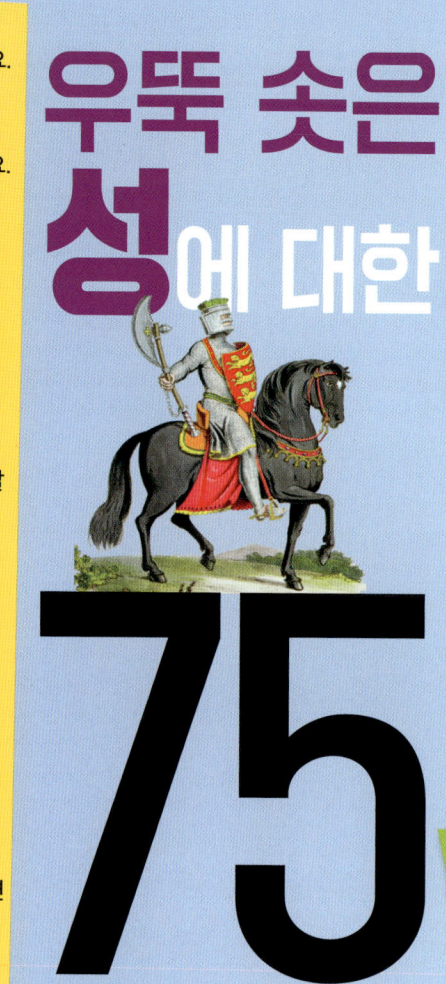

❶ 왕과 귀족에게 성이란 집, 요새, 그리고 권력의 상징이에요.

❷ 1000여 년 전에 왕과 귀족들은 왕국을 지키려면 성이 중요하다는 것을 깨달았어요.

❸ 성은 주위 16킬로미터까지 보호할 수 있었어요. 왕과 영주들은 영토를 지키기 위해 성을 많이 지어야 했지요.

❹ 왕과 영주들만 성에 살았던 건 아니에요. 시종, 장인, 관리들까지 70여 명이 함께 살았어요.

❺ **마상 창술 시합은 중세 왕족들이 즐기는 놀이이자, 기사들이 재주를 뽐내고 큰 돈을 벌 수 있는 기회였어요.**

❻ 1559년, 프랑스 왕 앙리 2세는 마상 창술 시합 중에 죽었어요. 상대방의 부러진 창끝이 투구 틈새로 파고들어 눈과 뇌를 꿰뚫었거든요.

❼ 웨일스에서 가장 큰 성으로 꼽히는 케어필리성에는 높이 3미터짜리 탑이 기울어진 채 서 있어요.

❽ 런던탑은 감옥, 금고, 심지어 동물원으로도 쓰였어요!

❾ 전설에 따르면 전에 런던탑에 곰 유령이 나타나는 바람에 경비원이 충격으로 죽었대요!

❿ 15세기에 어느 왕이 살해된 뒤, 아들인 어린 왕자 두 명이 런던탑에 갇혔다가 사라졌어요. 조카들이 왕위를 위협할까 봐 삼촌인 리처드 3세가 죽였다고 해요.

⓫ 시리아에 있는 크라크 데 슈발리에 ('기사의 성채'라는 뜻)의 성벽 두께는 24.4미터에 이르렀어요.

⓬ 일본의 히메지성은 언덕 위에 우뚝 선 7층짜리 성이에요. 침입자를 막기 위해 입구를 미로처럼 만들었지요.

⓭ 프랑스에는 무려 5000곳에 성터가 남아 있어요.

⓮ 적들이 성벽까지 이르지 못하게, 주위에 깊은 해자를 파서 물을 채워 둔 성들이 많아요. 심지어 깊이가 9미터 넘는 해자도 있어요!

⓯ 적들은 해자를 건너기 위해 다리를 놓거나 흙을 쏟아부어 메우기도 했어요.

⓰ 물이 마른 해자에는 뾰족한 막대기들을 촘촘히 박아 넣기도 했어요.

⓱ '화살 구멍'은 몸을 감추고 화살을 쏘기 위해 요새나 성벽 등에 만들어 놓은 긴 십자 모양의 틈이에요.

⓲ 사정거리가 먼 활을 쏘면 화살이 300여 미터까지 날아갈 수 있었어요.

⓳ 숙련된 활잡이는 화살을 1분에 10발 넘게 쏠 수 있었어요.

⓴ 성의 나선형 계단은 (올라가는 사람의 관점에서) 보통 시계 방향으로 돌기 때문에, 오른손잡이 공격자에게 불리해요.

㉑ 중세의 기사들은 기사도 정신을 갖춰야 했어요. 예의도 바르고 용감해야 했지요.

㉒ 거대한 새총인 투석기로 공격하려면 60여 명이 힘을 합쳐야 했어요.

㉓ 초기의 대포는 한 시간에 10번쯤 쏠 수 있었어요. 금속으로 된 대포가 너무 달아오르면 다음 발사 때까지 잠시 식혀야 했거든요.

㉔ 중세 대포의 사정거리는 대략 15~46미터였어요.

㉕ 성에서는 용변 후에 건초를 휴지로 썼어요.

㉖ **해자는 쓰레기를 버리고 요강을 비우는 곳이기도 했어요.**

㉗ 성을 방어하기 위해 적들에게 끓는 물과 뜨거운 모래를 쏟아부었어요.

㉘ 중세 유럽의 성을 둘러싼 해자에 악어가 살았다는 증거는 없어요.

㉙ 성의 돌바닥은 그 누구도 청소하지 않았어요. 엉망진창인 바닥을 짚과 꽃으로 가리고 살았지요.

㉚ 동심원형의 성은 여러 개의 벽으로 둘러싸인 안뜰과 탑들, 문루들, 건물들로 이루어진 복합 단지였어요. 그래서 하나의 성을 다 짓는데 몇 년, 심지어 몇십 년 동안 수천 명이 동원되었어요.

㉛ 십자군 전쟁 중 유럽인들은 이슬람의 동심원형 요새들을 발견했어요. 영국의 에드워드 1세는 그것을 본떠 자신의 성을 지었어요.

㉜ 독일 노이슈반슈타인성을 모델로 한 디즈니랜드의 '잠자는 숲속의 미녀성'은 디즈니 영화에 나오는 공주의 이름을 딴 거예요. 그런데 영화는 공원이 개장하고 4년 뒤에나 나왔어요.

㉝ 북유럽에만 성이 있었던 건 아니에요. 북아프리카에는 무어인이 세운 성들도 있었어요.

㉞ 프랑스의 몽생미셸섬에 있는 성에 이르는 길은 썰물 때만 드러나요.

㉟ **중세 인도, 일본, 한국에도 성이 있었어요.**

㊱ 14세기에 전투 시 화약과 대포를 사용하면서 성벽이 쉽게 무너졌어요. 왕들은 웅장한 궁전을 지어 거기서 살기 시작했고, 왕국의 방어는 길이가 짧고 벽이 두터운 요새로 했어요.

㊲ 1600년대 등장한 강력한 대포와 구포에 성벽이 무너지면서, 성의 군사적인 쓰임새는 끝났어요.

영국 웨일스 케어필리성

㊳ 1347~1351년에 흑사병이 유럽을 휩쓸어 2500만여 명이 죽었어요. 전염병은 좁은 공간에 많은 사람들이 사는 성에 특히 위험했어요.

㊴ 성은 적을 막아 주는 자연 방어선인 산이나 강을 낀 경우가 많았어요.

㊵ 완공되는 성은 많지 않았어요. 위협을 당하거나 목적이 바뀜에 따라 성은 계속 커지고 모양도 바뀌었지요.

㊶ 영국에서 영주가 성을 지으려면 먼저 왕의 허가를 받아야 했어요. 허가 없이 지으면 무너뜨리기도 했어요.

㊷ 공사 중인 성은 대체로 1년에 3미터씩 올라갔어요.

㊸ 성에는 대개 지하 우물이나 빗물 저장소가 있어서, 적의 공격을 받아도 물이 끊기는 일은 잘 없었어요.

㊹ 가르데로브는 중세 성의 화장실을 가리키는 말이에요.

㊺ 중세에도 똥오줌을 치우는 직업이 있었어요. 화장실 아래 구덩이에 쌓인 분뇨를 치웠지요.

㊻ 기사의 시중을 드는 종자들은 전쟁터에 나가 함께 싸우기도 했어요.

㊼ 텔레비전이 나타나기 수백 년 전, 중세의 성에서 오락을 담당하고 웃긴 얘기를 들려주고, 심지어 손님들을 놀리기까지 하는 역할은 광대들이 맡았어요.

㊽ 전설에 따르면, 11세기에 어느 백작 부인은 자기 성을 지은 건축가가 적들의 성을 설계하지 못하도록 목을 치게 했어요.

㊾ 13세기 성의 문루*에는 침입자들을 막기 위한 어두운 터널과 많은 덫과 장애물이 있었어요.
*문루: 문 위에 지은 다락집.

㊿ 기사가 되려는 사람은 7세 무렵에 교육을 받기 시작했어요.

51 14세쯤이면 기사를 실제로 따라다니며 섬기는 '종자'가 되었어요.

52 21세쯤 종자는 기사 작위를 받고, '경'이라는 칭호를 받았어요.

53 전투에 나선 기사의 갑옷 무게는 25킬로그램에 이르렀어요.

54 스위스의 시옹성은 호수 안의 섬에 있으며, 도개교*를 통해서만 접근할 수 있어요.
*도개교: 위로 열리면 끊기는 다리.

55 일본의 마쓰모토성은 검은 성벽 때문에 '까마귀성'으로 불려요.

56 영국 왕족은 윈저성에 주로 살아요. 윈저성은 보통 집보다 200배쯤 큰 곳이죠.

57 디즈니랜드의 매직 킹덤(마법의 왕국)에 있는 신데렐라의 성은 인위적 원근법이라고 하는 눈속임 디자인으로 지었어요. 아래쪽 창문보다 위쪽 창문을 작게 하고, 성의 위쪽을 좁게 만들어서 실제보다 더 높아 보이게 하는 방법이에요.

58 디즈니랜드의 잠자는 숲속의 미녀성에 있는 도개교는 실제로 작동되지만 단 두 번 사용했어요.

59 관광객들에게 인기 높은 루마니아의 브란성은 소설 주인공의 이름을 따서 '드라큘라의 성'으로 알려져 있어요. 역사 속 인물인 드라큘라가 그 성을 방문했을지도 모르지만, 실제로 살지는 않았어요.

60 소설 「해리 포터」 시리즈의 마법학교인 호그와트는 아마 스코틀랜드에 있었을 거예요. 영화 1편에서 해리가 빗자루를 타고 나는 법을 배운 장소가 실제로는 스코틀랜드의 안윅성이었어요.

61 15세기 프랑스의 시골 소녀인 잔 다르크는 군대를 이끌고 나가 영국군을 물리쳤지만, 반역과 이단의 혐의로 종교 재판을 받고 화형당했어요. 나중에 무죄를 인정받은 잔 다르크는 국민 영웅이자 수호성인으로 기려져요.

62 아서왕은 중세 브리튼의 전설적인 왕이에요. 진짜 아서라는 이름의 '전쟁 지도자'가 있었다고 하지만, 지난 1000년 간 작가들이 쓴 아서왕의 모험 이야기는 꾸며 낸 거예요.

63 13세기 웨일스에서 거대한 동심원 모양의 카나번성을 짓는 데 현재 가치로 약 2200만 달러나 들었다고 해요.

64 멀린은 마법사이자 아서왕의 조언자로 알려졌어요. 이 위대한 마법사 이야기는 1500년 전 켈트족의 시인이자 예언자를 바탕으로 지어진 이야기가 퍼져 나간 거예요.

65 전설에 따르면 아서왕의 탁자는 누가 윗자리에 앉을지 다투지 않도록 둥글게 원탁으로 만들었어요.

66 1919년 미국 캘리포니아주에서 어떤 부자가 허스트성을 짓다가 채 끝내지 못했어요. 지금은 주립 공원이 된 허스트성에는 침실 56개, 화장실 61개, 동물원까지 있어요.

67 성의 집사는 여주인을 도와 성을 관리하던 으뜸 시종이었어요. 성 주위 들판에서 일하는 농부들에게 소작료를 받는 일도 했지요.

68 공병은 적의 성을 포위할 때 성벽 밑을 파 들어가다 성이 무너지면 밑에 깔리거나 수비병들에게 살해되는 등 성 공격 시에 위험한 일을 맡았어요.

69 농노는 성 주위의 들판에서 농사를 짓고, 수확물을 영주에게 바쳤어요. 남은 것으로 가족을 먹여 살릴 수 있기만 바랐지요.

70 체스는 왕족, 기사 등을 말로 쓰는 보드게임이에요. 서기 600년경에 시작되었어요.

71 성의 이발사는 머리만 다듬어 준 것이 아니었어요. 치과 의사이자 외과 의사의 일도 했거든요.

72 성의 시녀는 영주의 아내인 여주인의 목욕과 몸치장을 돕는 비서 역할을 했어요. 귀족 출신에, 인맥도 좋아야 했어요.

73 성의 요리사들은 명절 연회에 깃털째 요리한 공작, 구운 상괭이*, 튀긴 황새와 같은 이국적인 요리를 내놓았어요.
*상괭이: 몸집이 작은 쇠돌고래류.

74 미국 매사추세츠주 사우스 보스턴의 주립 공원인 캐슬 아일랜드에는 1634년에 세워진 영국 요새인 별 모양의 포트 인디펜던스가 있어요.

75 영국의 도닝턴성은 오랫동안 포위된 곳으로 유명해요. 17세기 중반에 2년이나 포위되었거든요.

*지금까지 배운 지식은 91가지!

해가 진 뒤 돌아다니는 동물

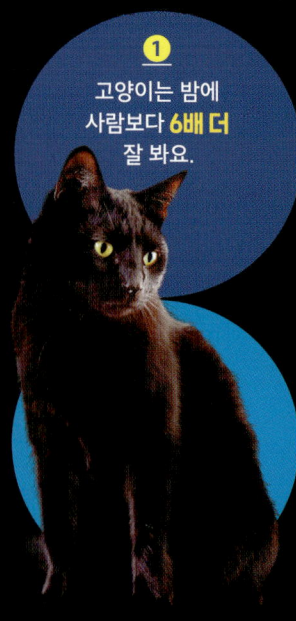

1 고양이는 밤에 사람보다 6배 더 잘 봐요.

2 더운 계절에 아르마딜로는 낮보다 더 선선한 밤에 나와서 먹이를 찾아다녀요.

3 나무늘보는 하루에 15시간을 자고, 밤에 나무 꼭대기의 잎을 따서 먹어요.

4 피그미로리스는 나무에 사는 작은 영장류예요. 해가 지면 두 발로 나뭇가지를 잡고 다니면서 두 손으로 곤충을 잡지요.

5 고슴도치는 반려동물로 좀 맞지 않아요. 낮에는 계속 쿨쿨 자다가 밤에 활발하게 돌아다니거든요.

6 올빼미는 동물 중에서 밤눈이 가장 좋아요.

7 날다람쥐는 날갯짓을 하는 것이 아니라, 앞다리와 뒷다리 사이에 펼친 피부와 납작한 꼬리를 써서 나무 사이를 활공해요.

8 태즈메이니아데빌은 밤에 날카로운 소리를 질러 대요. 그래서 태즈메이니아섬에 정착한 초기 유럽인은 두려움에 떨었지요.

9 웜뱃은 밤에 굴을 파는데, 파낸 흙이 0.9미터까지 쌓이기도 해요.

10 나무캥거루는 우림의 나무 꼭대기에서 지내다가 해가 지면 바닥으로 내려와서 벌레와 식물을 찾아 먹어요.

11 나무 위에 사는 유대류인 주머니날다람쥐는 어둠 속에서 100미터 넘게 활공해서 나무줄기에 정확히 내려앉을 수 있어요.

12 호저는 밤에 나무껍질, 뿌리, 열매를 먹을 때 툴툴거리는 소리를 내요.

13 하마는 밤에 6시간 동안 평균 40킬로그램의 풀을 먹어요.

14 전갈은 밤에 비가시광선을 쬐면 빛나요.

15 히스파니올라솔레노돈은 땃쥐처럼 생긴 야행성 포유류인데, 독이 있는 이빨로 도마뱀과 곤충 같은 먹이를 기절시켜요.

흡혈박쥐

16 재규어는 낮보다 밤에 거의 2배나 더 잘 보는 눈으로 어둠 속을 돌아다니거나 매복했다가 습격해서 먹이를 잡아요.

17 타란툴라는 밤에 사냥해요. 살을 녹이는 독액을 써서 곤충, 거미, 개구리, 뱀을 잡아요.

18 북미봄개구리는 봄에 밤마다 물가에 모여서 시끄럽게 울어 대요.

19 박쥐는 하룻밤에 모기를 수백 마리씩 잡아먹을 수 있어요.

20 박쥐가 앞을 못 본다고요? 아니에요. 하지만 대부분의 박쥐는 낮보다 밤에 훨씬 더 잘 봐요.

21 아메리카쇠쏙독새는 저녁에 큰 소리로 울어 대요.

22 시드니깔대기그물거미 수컷은 폭풍우가 지난 뒤 밤에 밖으로 나와 돌아다녀요. 독이 있어서 물리면 죽을 수도 있어요.

23 큰불독박쥐는 갈고리발톱이 난 커다란 발로 하룻밤에 물고기를 평균 30~40마리 잡아요.

24 포식자를 피하기 위해서 도롱뇽은 대부분 밤에 다니고 피부에 독이 있어요.

25 갈고리밤나방은 밤에 튼튼한 주둥이로 과일 껍데기를 뚫어서 즙을 빨아 먹지만, 동물의 피부를 뚫어서 피를 빨기도 해요.

26 설치류처럼 생긴 유대류인 **깃꼬리유대하늘다람쥐**는 끝이 솔처럼 생긴 긴 혀로 밤에 꽃에서 꿀, 꽃가루, 곤충을 먹어요.

27 북아메리카의 유일한 유대류인 야행성 **버지니아주머니쥐**는 위협을 받으면 6시간까지도 **죽은 척**하고 있어요.

28 **미국너구리**는 앞발이 **사람의 손**처럼 생겼어요. 이 발로 밤에 쓰레기통을 열어서 음식 쓰레기를 찾아 먹곤 해요.

29 고양이처럼 생긴 유대류인 **북부주머니고양이**는 밤에 먹이를 찾아다닐 때 포식자가 다가오지 못하게 **냄새를 풍겨요**.

30 **리드비터주머니쥐**는 **오스트레일리아 남부**에 사는 야행성 유대류예요. **500여 년 동안 멸종**했다고 여겨지다가 **1961년**에 재발견되었지요.

31 **털고슴도치**는 밤에 돌아다니면서 **양파 비슷한 냄새**로 영역 표시를 해요. 또 헤엄쳐서 물고기를 잡아요.

32 **날원숭이**는 밤에 **앞다리부터 꼬리까지 이어진 막**을 양옆으로 펼쳐서 활공해요. 짝 펼치면 **연**처럼 보여요.

33 **흡혈박쥐**는 잠자는 동물의 **피부를 이빨로 벤 뒤**, 스며 나오는 **피를 혀로 핥아요**.

34 **과일박쥐(큰박쥐)**는 날개폭이 1.5미터나 되는 것도 있어요. 얼굴이 여우처럼 생겨서 날여우박쥐라고도 해요.

35 **집도마뱀붙이**는 밤에 **전등 갓 안쪽**에 숨어 있곤 해요. 불빛을 보고 오는 곤충을 잡아먹지요.

들에 관한 35 가지 지식

*지금까지 배운 지식은 126가지!

상상의 날개를 활짝 펴게 만드는

1. 항공기가 발명되기 400년 전에 레오나르도 다빈치는 사람들도 새를 관찰하면 나는 법을 배울 수 있을 것이라고 생각했어요. 그는 한 번도 날아 보지 못했다고 안타까워하면서 세상을 떠났대요. **2.** 최초의 항공기는 오토바이나 자동차의 타이어를 바퀴로 썼어요. **3.** 1927년 찰스 린드버그는 세계 최초로 대서양 횡단 단독 비행에 성공했어요. 뉴욕에서 파리까지 날아가는 데 33시간 30분이 걸렸어요. 지금은 약 7시간 30분이면 가지요. **4.** 미군의 팰컨 HTV-2는 시속 2만 921킬로미터로 날 수 있었어요. 안타깝게도 이 초음속 폭격기는 두 차례 시험 비행에 다 실패했어요. **5.** 중국에서는 수천 년 전부터 연을 날렸어요. **6.** 라이트 형제는 비행기를 만들기 전에, 자전거를 만들었어요. **7.** 1969년 7월, 달에 착륙한 우주 비행사들은 배낭과 미국 국기인 성조기를 그곳에 남겨 두었어요. **8.** 초기 항공기는 북아메리카를 횡단하는 데 48시간이 걸렸어요. 지금은 6시간 30분쯤 걸려요. **9.** 지금까지 만들어진 항공기 중 가장 큰 안토노프 A-225는 착륙 바퀴가 32개였어요. **10.** 열기구는 커다란 주머니를 채운 뜨거운 공기(버너로 데웠죠!)가 풍선 주변 하늘의 찬 공기보다 더 가볍기 때문에 떠 있을 수 있어요. **11.** 세계에서 가장 큰 연은 넓이가 거의 축구장만 해요. **12.** 2001년, 한 미국 사업가가 최초의 '우주 관광객'이 되었어요. 그는 국제 우주 정거장까지 여행하기 위해 2000만 달러를 지불했어요. **13.** 개조한 보잉 272기처럼 무중력 상태를 만들 수 있는 항공기를 탄다면, 우주 비행사처럼 무게를 느낄 수 없는 상태를 경험할 수 있어요. **14.** 최초로 우주 비행사를 태우고 달에 갔다가 돌아온 우주선은 최고 속도가 시속 4만 200킬로미터였어요. **15.** 몇몇 초기 발명가는 사람이 연을 타고 날게 될 거라고 생각했어요. **16.** 최초의 비행기 조종사들은 영하의 기온과 세찬 바람에 고스란히 노출되었어요. 조종석이 막혀 있지 않았거든요. **17.** 라이트 형제의 역사적인 비행이 이루어진 지 겨우 4년 뒤에 헬리콥터가 처음으로 하늘을 날았어요. **18.** 최초의 열기구는 오리, 양, 수탉을 한 마리씩 태우고 날았어요. **19.** 침팬지, 개, 원숭이, 생쥐, 기니피그도 우주여행을 했어요. **20.** 영화 「오즈의 마법사」에서 날아다니는 원숭이들은 배우들이 피아노 줄에 매달린 채 연기한 거예요. **21.** 초기 열기구 조종사들은 열기구 옆에 매달거나 바닥에 실어 둔 모래주머니를 하나둘 내던지면서 무게를 줄여서 고도를 유지했어요. **22.** 최초의 항공기는 12초 동안 날았어요. **23.** 달 궤도를 돈 최초의 유인 우주선 아폴로 8호는 1968년 크리스마스이브에 달 궤도에 진입했어요. **24.** 가장 젊은 나이에 우주 왕복선을 탄 사람은 28세의 술탄 빈 살만 빈 압둘아지즈 알 사우드였어요. 1985년에 디스커버리호를 타고 날았지요. **25.** 1981년에 태양광 에너지로 움직이는 항공기가 프랑스에서 영국까지 날았어요. 258킬로미터를 나는 데 5시간 23분이 걸렸어요. 제트 여객기는 20분 만에 갈 수 있지요. **26.** 남극점으로 가는 도중에 퀸모드산맥을 넘을 때 리처드 버드와 탐험 대원들은 항공기의 무게를 줄이기 위해서 생존 배낭까지 내던졌어요. **27.** 태국 방콕에는 두 활주로 사이에 골프 코스가 설치된 공항이 있어요. **28.** 박쥐는 날 수 있는 유일한 포유동물이에요(날다람쥐 같은 동물들은 활공을 해요). **29.** 컴퓨터로 원격 조종 할 수 있는 비행기도 있어요. **30.** 최초의 열기구 비행은 1783년 파리에서 이루어졌어요. **31.** 항공기의 비행 정보를 기록하는 '블랙박스'는 이름과 달리 대개 주황색이에요. **32.** 1976년부터 2003년까지 운항된 콩코드 여객기는 음속의 2배 속도로 날았어요. **33.** 에어버스 A380은 세계 최대의 여객기예요. 승객 853명이 탈 수 있어요. **34.** 가장 오래된 새 중 하나로 알려진 시조새는 1억 5000만 년 전에 살았어요. **35.** 1923년 미 육군은 최초로 공중에서 비행기에 급유(연료 보급)하는 데 성공했어요. **36.** 헬륨 기구 약 300기를 써서 (안에 사람들이 있는) 작은 집을 공중으로 띄운 일이 있어요, 마치 픽사 영화 「업」에서처럼. **37.** 747-400 제트기는 무려 600만 개의 부품으로 이루어져 있어요. **38.** 2000년에 미국은 군인이 입으면 이륙해서 날고 착륙할 수 있는 '엑소스켈레톤(겉뼈대)'을 개발하기 시작했어요. **39.** 전 세계 약 900곳에서 하루에 두 번 기상 관측 기구를 띄워서 풍속, 습도, 기온을 측정해요. **40.** 초기에는 비행기에 고도를 알려 주는 장치가 거의 없었어요. 비행사들은 고개를 내밀어 아래를 내려다보면서 높이를 어림잡았지요. **41.** 1680년에 한 이탈리아 수학자는 사람의 근육으로는 자기 몸을 띄울 수 없다고 계산했어요. **42.** 1937년 7월, 어밀리아 에어하트와 동료 조종사가 태평양 상공에서 사라졌어요. 미국은 배 9척과 항공기 66대를 보내어 수색했지만 찾지 못했어요. **43.** 지금까지 종이비행기의 최장 비행 기록은 27.6초예요. **44.** 미국 항공 우주국은 '퍼핀'이라는 136킬로그램짜리 개인용 '비행복'을 개발 중이에요. **45.** 날아다니는 요정 팅커벨은 1904년 연극 「피터팬」에 처음 등장했어요. **46.** 1979년 사람이 자전거 페달을 밟는 힘으로 나는 비행기 고사머앨버트로스가 영국 해협을 건너는 데 성공했어요. 이 비행기의 무게는 32킬로그램이었지요. **47.** 최초로 남대서양 횡단에 나섰던

F-15 스트라이크 이글 전투기

포르투갈 조종사들은 처음 두 번은 추락했지만 살아남았어요. 그 뒤 세 번째 도전에서 성공했지요. **48.** 우주로 나간 최초의 인간은 소련 우주 비행사 유리 가가린이에요. **49.** 인간 '탄환'이라는 별명을 지닌 '데어데블' 데이비드 스미스는 5000번 넘게 대포에 들어가서 발사되는 묘기를 부렸어요. **50.** 2010년 4월 아이슬란드에서 화산 분화로 하늘이 짙은 화산재로 뒤덮이는 바람에 수천 편의 항공기 운항이 취소되었어요. **51.** 1960년 미 공군의 한 조종사가 고공 낙하 최고 기록을 세웠어요. 기구를 타고 해발 3만 1333미터까지 올라가서 뛰어내려서 지상으로 자유 낙하를 했지요. 기밀복과 낙하산 덕분에 무사히 내려왔어요. **52.** 미국의 록밴드 B-52s는 자신들의 높이 부풀린 머리 모양이 보잉 폭격기 B-52의 앞부분과 비슷하다고 해서 밴드 이름을 그렇게 지었대요. **53.** 200여 년 전에, 앙드레 자크 가르느랭은 사람으로서 최초로 열기구에서 낙하산을 타고 뛰어내렸어요. **54.** 1924년 비행기 두 대가 최초로 세계 일주 비행에 성공했어요. **55.** 계기 비행은 조종석에서 바깥이 전혀 보이지 않은 상태로 계기판만 보면서 나는 것을 뜻해요. **56.** 1947년 척 예거는 비행기를 몰고서 최초로 음속 장벽을 깼어요. 시속 1100킬로미터에 이르는 엄청난 속도였지요. **57.** 미국 항공 우주국의 우주 왕복선 다섯 기는 135차례 임무를 수행한 뒤 2011년 7월에 퇴역했어요. **58.** 과학자들은 수각류 공룡에게 날개와 깃털이 자랐고, 오늘날의 조류 즉 새로 진화했다고 생각해요. **59.** X-15 로켓 엔진 비행기는 해발 10만 8052미터에서 날 수 있어요. **60.** 재클린 코크런은 30년 동안 조종사 생활을 하면서 누구보다도 많은 기록을 세웠어요. 척 예거 이후 6년 만에 음속의 장벽을 깨기도 했어요. **61.** 나그네앨버트로스는 생애의 70퍼센트를 바다 위를 날면서 보내요. **62.** 기업가와 유명 인사가 주로 이용하는 비행기 리어젯의 발명가는 자동차 라디오도 발명했어요. **63.** 1931년에 최초로 수소 기구가 성층권까지 올라갔어요. 해발 1만 5781미터까지 날아올랐지요. **64.** 하늘을 난 가장 작은 항공기인 범블비 II는 길이가 2.7미터였어요. **65.** 고소 공포증이 있으면 비행이 두려워져요. **66.** 7세 어린이들이 비행기를 조종한 적도 있어요. **67.** 작은 새인 도요새는 한 번도 땅에 내리지 않은 채 96시간 동안 6437킬로미터 이상 날기도 해요. **68.** 미 해군 병사들은 항공 모함 갑판에서 맡은 일에 따라서 서로 다른 색깔의 옷을 입어요. 연료 담당은 자주색 조끼를 입고, 기장은 갈색 옷을 입지요. **69.** 미국멧도요는 겨우 시속 8킬로미터로 날아요. 자전거를 타면 우리가 이 새보다 더 빠르지요! **70.** 새는 날고 사람은 날지 못하지만, 새의 날개와 사람의 팔은 뼈 구조가 같아요. **71.** 비행기는 꼬리날개의 '승강타'를 써서 위아래로 움직일 수 있어요. 승강타를 영어로는 '엘리베이터'라고 해요. **72.** 예전에는 수소를 채운 비행선이 유럽과 미국을 오갔지만, 1937년 힌덴부르크호가 폭발한 뒤로 이 항공 여행은 인기를 잃었어요. **73.** 만화 「피너츠」에 나오는 스누피는 개집 위에 앉아서 좌석이 하나뿐인 제1차 세계 대전 때의 전투기 솝위드 카멜의 조종사인 척해요. **74.** 베이스 점핑은 낙하산을 메고 절벽이나 빌딩 위에서 뛰어내려 지상에 착륙하는 익스트림 스포츠예요. **75.** 베트남 전쟁 때 쓰이기 시작한 맥도널 더글러스 F-15는 공중전에서 결코 진 적이 없어요. **76.** 해마다 겨울이면 약 45억 마리의 새(185종)가 아프리카로 이주해요. **77.** U2는 세계적으로 유명한 아일랜드 록밴드의 이름이자 미국 정찰기의 이름이기도 해요. **78.** 직접 항공기를 조립할 수 있는 키트도 팔아요(모형이 아니라 진짜 항공기예요). **79.** 새처럼 날고 싶다고요? 마틴 에어크래프트사는 등에 매고 날 수 있는 1인용 비행 장치인 제트팩을 판매하고 있어요. **80.** 바늘꼬리칼새는 시속 170킬로미터로 날 수 있어요. **81.** 걸프항공은 승객이 원할 때에 식사를 제공해요. **82.** 북아메리카 제왕나비는 북쪽에서 남쪽의 캘리포니아와 멕시코까지 4828킬로미터를 이주해요. **83.** 에어버스 A-380은 3분마다 기내 공기를 바꾸기 때문에 공기가 늘 신선한 상태로 유지돼요. **84.** 헬기의 역사는 500여 년 전 레오나르도 다빈치의 스케치까지 거슬러 올라가요. **85.** 비행기의 날개 위쪽이 아래쪽보다 공기가 더 빨리 움직여요. 그래서 비행기를 띄우는 양력이 생겨요. **86.** 비행기가 음속 장벽을 돌파할 때 '쾅' 하고 소닉붐이라는 커다란 소리가 나요. **87.** 하강 속도를 늦춰 주는 윙슈트를 입고 스카이다이빙을 하는 사람도 있어요. 윙슈트를 입으면 날다람쥐처럼 보여요. **88.** 초경량 항공기는 처음에 기계톱에 쓰이는 것과 비슷한 엔진을 장착했어요. **89.** 항공 모함의 활주로는 150미터로 짧아요. 그래서 비행기의 착륙을 돕기 위해 굵은 케이블이 4개 설치되어 있어요. 비행기가 활주로에 내릴 때 뒷부분에 튀어나온 갈고리를 이 케이블에 걸어서 속도를 늦추지요. **90.** 2005년 스티브 포셋은 착륙도 연료 공급도 하지 않고 계속 날아서 세계 일주를 하는 신기록을 세웠어요. 포셋이 탄 비행기는 연료통이 13개였어요. **91.** 1800년대 말에 오토 릴리엔탈은 행글라이더를 약 2000번 탔어요. 그러다가 강풍에 휩쓸려 추락사했어요. **92.** 공룡의 시대에 가장 큰 익룡은 날개폭이 약 12미터였어요. F-16 전투기만큼 컸지요. **93.** 버진갤럭틱호의 탑승권을 사면, 우주로 가서 4~5분 동안 무중력 상태를 경험할 수 있어요. **94.** 지금까지 총 355명이 우주 왕복선을 타고 비행했어요. **95.** 미국 대통령이 타는 비행기인 에어포스 원에는 비상시에 수술실로 쓸 수 있는 의료 설비도 있어요. **96.** 1984년 조 키팅어는 최초로 열기구를 타고 대서양을 횡단했어요. 미국 메인주에서 이탈리아까지 가는 데 83시간 40분이 걸렸지요. **97.** 시간당 2000~2만 3000달러면 개인용 제트기를 빌릴 수 있어요. **98.** 벌의 날개와 헬기의 회전날개는 같은 원리를 이용해서 날아올라요. **99.** 열기구 비행으로 도중에 내리지 않고서 첫 세계 일주를 했을 때, 19일 21시간 55분이 걸렸어요. **100.** 1920년대에는 비행기 표가 5달러였어요(지금의 약 60달러와 같아요).

비행에 관한 100가지 지식

＊ 지금까지 배운 지식은 226가지!

50가지 어마어마한 거미에 관한 지식

1 집을 짓는 거미는 발끝에 달려 있는 **갈고리**를 써서 거미줄에 달라붙지 않은 채 돌아다녀요.

2 과학자들은 한 호박 안에서 **1억 4000만 년 전의** 거미집 화석을 발견했어요. 공룡이 돌아다니던 시대지요.

3 마다가스카르에서는 80명이 넘는 사람들이 4년 동안 무당거미 100만 마리의 **거미줄**을 모아서 넓은 **천**을 짰어요.

4 **거미공포증**은 거미를 두려워하는 거예요.

5 깡충거미는 몸길이의 **40배까지** 뛸 수 있어요.

6 거미는 대부분 수명이 1~2년이지만, **타란툴라는 20년까지도** 살아요.

7 네팔에는 위장술이 뛰어난 거미가 있어요. **새똥**처럼 보이지요.

8 거미는 **다리가** 끊기면 **다시 자라요**.

9 타란툴라는 공격자를 물어서 독을 주입하는 한편으로 **가시가 돋친 털**을 박아서 가렵거나 아프게 만들어요.

10 골리앗새잡이거미는 발을 비벼서 **쉿쉿 소리**를 내요. 이 소리는 4.6미터 떨어진 곳에서도 들려요.

11 **가장 강한 독을 지닌 거미**는 브라질떠돌이거미예요. 방울뱀의 독보다 **15배 더** 강해요.

12 미국 사우스캘리포니아주에는 거미집을 뜻하는 **'스파이더웹'**이라는 도시가 있어요.

13 북아메리카에서 가장 독이 강한 거미는 **검은과부거미**예요.

14 **갈색은둔거미**는 머리에 바이올린 무늬가 있어요.

15 갈색은둔거미는 이름처럼 모습을 잘 보이지 않아요. 물리면, 독 때문에 물린 부위 **조직이 죽어요**.

16 거미에 관한 **속설**은 많아요. 대문 위에 거미가 집을 지으면 손님이 온다는 뜻이고, 거미가 주머니 안으로 기어 들어오면 돈이 들어온다는 뜻이래요.

17 닷거미는 **물에 뜰 수** 있어요.

18 공학자들은 **다리 설계**를 개선하기 위해서 거미집을 연구해요.

무당거미

*지금까지 배운 지식은 276가지!

19 세계에서 가장 큰 거미는 폭이 **농구공보다** 더 커요.

20 가장 작은 거미는 이 문장의 마침표보다 **작아요**.

21 모든 거미는 다른 동물을 먹는 포식자예요.

22 『샬롯의 거미줄』을 쓴 E. B. 화이트는 헛간에서 아주 아름다운 **거미집**을 보고서 책을 쓸 **영감**을 얻었다고 해요.

23 개미처럼 보이도록 진화한 거미 종도 있어요. 개미를 먹기 위해 위장한 거예요.

24 마다가스카르에서 **새로 발견된** 나무껍질거미 종은 강 너머로 25미터가 넘는 길이의 거미줄을 걸치고 집을 지어요.

25 1973년 아라벨라와 애니타는 **최초로 우주여행**을 한 거미가 되었어요.

26 모든 거미는 배에서 거미줄을 분비하지만, 타란툴라는 **발에서 거미줄을 쏠 수도** 있어요.

27 거미는 **3만 8000종**이 넘어요.

28 일부 거미는 **자기 거미줄을 먹어서** 그 단백질을 새 거미줄을 만드는 데 재활용해요.

29 거미는 **거미류**에 속해요. 전갈과 진드기도 거미류에 속하지요.

30 거미는 8개의 다리 외에 **더듬이다리**라는 부속지 한 쌍도 지녀요. 더듬이다리는 주변을 느끼고 먹이를 잡는 손 역할을 해요.

31 거미는 대부분 **눈이 8개**이지만, 배치 방식은 거미 종류에 따라 달라요. 거미 전문가는 거미의 눈을 보고 어떤 거미인지 알 수도 있어요.

32 대부분의 거미는 **시력이 그리 좋지 않아요.** 거미집에 걸리는 먹이만 잡으면 되니까, 굳이 시력이 좋을 필요가 없어요.

33 몇몇 거미 종은 먹이에게 **몰래 다가가서 사냥**을 해요. 이런 거미는 시력이 아주 좋아요.

34 거미는 **다리에 있는 특수한 감각 기관**으로 맛과 냄새를 느껴요.

35 거미는 몸의 대부분을 뒤덮고 있는 털을 통해서 진동을 감지하여 소리를 **들어요.**

36 거미는 **진동에 아주 민감해서** 자기 집에 부딪친 것이 나방인지 꿀벌인지도 구별할 수 있어요.

37 많은 무당거미는 편평한 바퀴 모양의 집을 지어요. **30분이면** 지을 수 있어요. 대부분은 매일 새 집을 짓지요.

38 거미집으로 먹이를 잡지 않는 종도 있어요. 그저 **거미줄을 드리워서** 먹이를 낚는 종도 있지요.

39 거미는 한 번에 자기 몸무게만큼 먹기도 해요.

40 거미는 먹이를 물고 **독을 주입하여 마비시키기도** 해요.

41 거미는 먹이에 **체액을 뱉어서** 녹인 뒤에 빨아 먹어요.

42 16세기 이탈리아에서는 늑대거미에 물리면 **특정한 음악에 맞추어서 춤을 추어야만** 낫는다고 믿었어요.

43 전문가들은 무당거미의 줄이 아주 튼튼해서 굵기가 연필만 하다면 날아가는 **점보제트기도 거미집에 걸릴 것** 이라고 해요.

44 새끼들이 어미를 먹어 치우는 거미도 있어요.

45 알에서 나온 새끼 거미들은 실을 자아서 **마치 풍선처럼** 매달린 채 바람을 타고 멀리 퍼져요.

46 바람을 타고 **항공기만큼 높이 떠오르는** 새끼 거미도 있어요!

47 유럽의 한 집거미는 10초 사이에 자기 몸길이의 **330배**나 되는 거리를 달려갈 수 있어요. 우리가 10초 만에 축구장 6개 거리를 달리는 것과 비슷해요.

48 남아프리카에서는 **타란툴라**를 구워 먹기도 해요.

49 **거미학자**는 거미를 연구해요.

50 과학자들은 거미줄을 **방탄조끼** 등을 만드는 데 이용할 수 있는지 연구해요.

24가지 돌고래에 관한

1 갓 태어난 돌고래는 턱에 수염처럼 **털이 모여 나는** 작은 부위가 있어요.

2 어떤 **돌고래가 아프면**, 무리의 돌고래들이 수면으로 밀어 올려서 **숨을 쉴 수 있게** 해 줘요.

3 미국 루이지애나주의 호수에서 **분홍빛 큰돌고래** 한 마리가 발견된 적이 있어요.

4 돌고래는 저마다 **독특한 휘파람** 소리를 내요. 자신을 알리는 소리예요.

5 때때로 돌고래는 배가 일으키는 **파도에 올라타요.** 그러면 속도를 높일 수 있지요.

6 큰코돌고래는 **30분 동안** 숨을 참을 수 있어요.

7 돌고래는 물속에서 쉽게 길을 찾는 특수한 능력이 있어요. 반향정위라는 음파 탐지 기술로 사냥하고 길을 찾지요.

8 몇몇 야생 돌고래는 **코코넛**을 가지고 잡기 놀이를 해요.

9 돌고래는 가장 수영을 잘하는 사람보다 **7배 더 빨리** 헤엄칠 수 있고, **610미터**까지 잠수할 수 있어요.

10 고추돌고래는 **등지느러미가 없는** 유일한 돌고래예요. **무리를 짓고 살아서** 3000마리가 함께 먼 바다를 돌아다니기도 해요.

11 돌고래는 **이빨**이 80~100개예요.

12 **범고래**는 큰 먹이를 사냥할 수 있어요. **바다사자, 상어,** 다른 고래도 잡아먹어요. 북극해에서 헤엄쳐서 섬으로 가려는 **사슴**이나 **말코손바닥사슴**도 공격해요!

놀라운 지식

13 돌고래는 숨을 들이마시고 내뱉을 때 **머리 꼭대기**에 있는 **숨구멍**을 통해서 해요.

14 민물을 좋아하는 **아마존강돌고래**는 남아메리카의 아마존강과 오리노코강에 살아요. 물이 불어나면 숲 곳곳을 헤엄쳐 돌아다니지요.

15 5000만 년 전에 고래와 돌고래의 조상은 땅 위를 걸었어요! 돌고래는 사슴, 하마, 들소 같은 발굽 동물의 먼 친척이에요.

16 돌고래는 하루에 8시간을 **자요**. 하지만 한 번에 뇌의 절반씩만 자요. 양쪽 뇌가 완전히 잠에 빠지는 일은 없어요.

17 무시무시한 **범고래**는 사실 돌고래의 일종이에요.

18 돌고래는 주둥이가 **부리**처럼 생겼어요.

19 돌고래는 **위장이 2개**예요. 하나는 먹이를 저장하는 데, 다른 하나는 소화하는 데 쓰지요.

20  **가장 작은 돌고래**인 헥터돌고래는 길이가 1.2미터에 불과해요. 범고래의 등지느러미보다 짧지요. 가장 희귀한 종에 속해요.

21 연구자들은 **아이패드** 같은 전자 기기를 사람과 돌고래 사이의 의사소통을 하는 데 활용해요.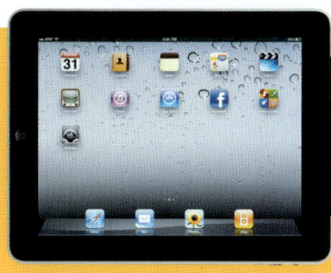

22  긴부리참돌고래는 **무리**를 지어서 정어리 떼를 몰아 빽빽한 공처럼 만든 뒤, 달려들어서 와락 삼켜요.

23 미군은 **수중 폭발물을 찾는 일**에 돌고래를 이용하기도 해요.

24 돌고래는 두 눈알을 **따로따로 움직일 수** 있어요. 한쪽 눈은 앞을 보고 다른 쪽 눈은 위를 보고 해요.

*지금까지 배운 지식은 300가지!

15가지 은밀한 스파이

❶ 제임스 본드라는 캐릭터를 만든 영국 작가는 제2차 세계 대전 때 진짜 **스파이**였어요.

❷ 올드리치 에임스는 **고등학생** 때부터 **미국 중앙 정보국**을 위해 활동했어요. 30년 뒤에는 소련에게 정보를 팔아넘긴 **이중 첩자**로 체포되었지요.

❸ 제임스 본드 영화 시리즈에서 'Q'는 007의 임무 수행을 위해 **초현대적인 도구**와 무기를 만들어요. 이 캐릭터의 모델은 실제 발명가로, 평범한 물건 속에 도구 숨기기의 달인이었어요. 이를테면 신발끈 안에 **초소형 금속 톱**을 숨겨 놓는 식이죠!

❹ 볼펜 같은 평범한 물건 **속**에 숨겨진 작은 **마이크**인 '도청 장치를 쓰면 들키지 않고 대화를 엿들을 수 있어요.

❺ 왜 미국 비밀 경호원은 **손목시계**에 대고 말할까요? 그 안에 **초소형 마이크**가 있어서, 남들의 주목을 끌지 않고 대화할 수 있거든요. 이들은 지시를 **듣기 위해** 이어폰도 끼고 있어요.

❻ **우산**은 스파이용 무기처럼 보이지 않지만, 1970년대에 어느 스파이는 아무 의심도 하지 않는 남자에게 우산으로 **독이 든 탄환**을 쏘았어요.

❼ 제2차 세계 대전 중 일부 여성 스파이들은 평범한 주부인 **척하고**, 지갑 모양 카메라로 **첩보를 수집**했어요.

❽ 디즈니 애니메이션 시리즈 「피니와 퍼브」에 비밀 요원으로 등장하는 **오리너구리 페리**에게는 자신만의 주제곡이 있어요.

에 대한 지식

❾ 미국 중앙 정보국은 **적의 표적** 위를 날도록 훈련된 비둘기들에게 카메라를 달기도 했어요.

❿ 미국 여배우이자 댄서인 조세핀 베이커는 제2차 세계 대전 중에 연합군 스파이로 **자원했어요**. 그리고 **파티에서** 이탈리아인과 독일인에게서 들은 정보를 전달했지요.

⓫ 미국 독립 전쟁 때 양측은 메시지를 은밀히 보내려고 글자가 보이지 않는 잉크를 사용했어요. 보이지 않는 메시지는 평범한 **편지의 글줄 사이에** 쓰이곤 했어요. 편지를 받아서 열에 쬐이거나 화학 약품에 담그면 메시지가 드러났지요.

⓬ 특수 **카메라**는 글자나 이미지를 사진으로 찍어, 이 문장 끝에 있는 마침표 크기로 줄일 수 있어요. 이것을 **마이크로도트**라고 하는데, 정보를 쉽게 숨길 수 있는 수단이지요. 영화 「미션 임파서블 III」에서는 **우표** 뒷면에 마이크로도트가 숨겨져요. 글자 대신 아주 짧은 비디오가 들어 있었죠.

⓭ **스파이를 잡기 위해** 눈에 보이지 않는 탐지 가루를 중요한 서류에 발라 놓기도 해요. 자외선을 받은 스파이의 손에 묻은 가루가 빛난다면 그것이 바로 염탐했다는 **증거**겠지요.

⓮ 스파이들은 **우주**에도 있어요. 위성의 모습으로요. 특수 위성은 지구 상공 400킬로미터에서 저 아래의 야외 피크닉 테이블에 놓인 **자몽**도 볼 수 있어요.

⓯ 「스파이 키드 4: 올 더 타임 인 더 월드」는 3D가 아니라 4D 영화예요. 관람객들은 극장에 입장할 때 3D 안경뿐 아니라, 긁어서 냄새를 맡을 수 있는 카드도 받아서 영화 속 장면에 알맞은 냄새들을 맡을 수 있었어요. **베이컨**부터 **사탕**과 **똥** 냄새까지요!

✻ 지금까지 배운 지식은 315가지!

공룡에 관한 75가지 지식

티라노사우루스 렉스

❶ 피부 화석(피부가 찍힌 진흙이 굳어서 생긴 것) 덕분에 이제 공룡의 피부가 어떠했는지 어느 정도 알아요.

❷ 일부 공룡은 깃털이 있었어요.

❸ 안킬로사우루스는 꼬리 끝에 크고 무시무시한 곤봉 같은 뿔이 달려 있었어요. 뼈 7개가 합쳐진 형태예요.

❹ 가장 작은 공룡은 우리 손바닥에 올라갈 만큼 작았어요.

❺ 초식 공룡 집단인 용각류는 지금까지 살았던 육상 동물 중 가장 컸어요. 무게가 80톤이나 나갔지요.

❻ 모든 공룡은 발가락으로 걸었어요.

❼ 거의 모든 공룡은 목이 S자였어요.

❽ 일부 육식 공룡은 이빨 가장자리가 톱니 같았어요. 즉 스테이크 칼처럼 생겼지요.

❾ 모든 공룡은 알을 낳았어요.

❿ 스칸소리옵테릭스는 앞다리가 길고 발톱이 아주 튼튼했어요. 이 육식 공룡이 나무를 기어올랐던 거예요.

⓫ 사우로포세이돈은 지금껏 알려진 공룡 중 가장 키가 컸어요. 5층 건물보다 높았어요.

⓬ 뿔이 난 드라코렉스 호그와트시아는 해리 포터가 다닌 학교인 호그와트의 이름을 땄어요.

⓭ 미크로파키케팔로사우루스는 이름은 길지만 몸길이가 0.6미터에 불과해서 가장 작은 공룡에 속해요.

⓮ 가장 큰 공룡 알은 커다란 달걀 85개만 해요.

⑮ 많은 공룡이 등과 꼬리에 가시가 있지만, 투오지앙고사우루스는 양쪽 어깨에 가시가 하나씩 나 있었어요.

⑯ 티라노사우루스 렉스의 친척인 카르노타우루스는 눈 위쪽에 짧고 굵은 뿔이 한 쌍 나 있었어요.

⑰ 니게르사우루스는 이빨이 약 500개 있었어요.

⑱ 데이노케이루스의 이름은 '무시무시한 손'이라는 뜻이에요. 팔 길이가 2.4미터에, 길이 25센티미터인 손톱이 3개 달려 있었어요.

⑲ 오리 주둥이 공룡에 속하는 파라사우롤로푸스는 코로 숨을 내쉴 때 공기가 머리 꼭대기에 있는 관을 통해 지나가면서 나팔 소리 같은 소리를 냈을 거예요.

⑳ 에피덴드로사우루스는 양손에서 손가락 하나가 아주 길었어요. 다른 손가락의 거의 2배였지요.

㉑ 공룡이 땅 위를 다니던 시대의 대부분에 걸쳐 대륙은 남반구의 곤드와나와 북반구의 로라시아, 2개뿐이었어요.

㉒ 공룡은 대략 2억 3000만 년 전에 출현해서 6500만 년 전에 멸종했어요.

㉓ 공룡이 걸어간 발자국 화석을 '보행렬 화석'이라고 해요. 미국 콜로라도주에는 보행렬 화석이 수백 개나 있어요. 이곳은 국립 공원으로 지정되어 있어요.

㉔ 발자국 화석으로 볼 때, 가장 빠른 공룡은 시속 42킬로미터로 달렸어요.

㉕ 포유류와 공룡은 같은 시대에 살았지만, 인간은 공룡이 멸종하고 약 6200만 년이 지난 뒤에야 출현했어요.

㉖ 공룡이 정온 동물도 변온 동물도 아니라 양쪽이 섞인 중온성 동물이라는 주장도 있었어요.

㉗ '무섭고 커다란 도마뱀'을 뜻하는 그리스어에서 온 공룡(dinosaur)이란 단어는 1842년에 처음 쓰였지요.

㉘ 공룡은 오랫동안 존재했어요. 시간상으로 티라노사우루스는 우리 인간보다 아파토사우루스와 더 멀리(6500만 년 이상) 떨어져 있었어요.

㉙ 지금까지 과학자들은 공룡 화석을 1000종쯤 발견했어요.

㉚ 모든 공룡은 용반목과 조반목으로 나뉘어요. 용반목은 엄지가 다른 손발가락에 비해 상당히 더 컸어요. 조반목은 이빨이 나뭇잎 모양이었어요.

㉛ 화석을 보면 일부 공룡은 집단 번식지에서 수백 마리, 수천 마리씩 무리를 짓고 알을 낳은 듯해요.

㉜ 공룡은 대부분 헤엄칠 수 있었어요.

㉝ 미국 시카고 필드 박물관에 전시된 '수'는 지금까지 발견된 티라노사우루스 렉스 뼈대 중 가장 크고(길이와 무게 양쪽으로) 가장 온전하고(뼈대의 90퍼센트) 가장 잘 보존된 화석이에요.

㉞ 미국 콜로라도주와 유타주에 걸쳐 있는 공룡 국립 공원은 공룡 화석이 많기로 유명해요. 뼈 1500개로 이루어진 벽도 볼 수 있어요.

㉟ 대개 공룡 이름은 신체적 특징, 발견 장소, 발견자의 이름을 따서 붙여요.

㊱ 과학자들은 공룡의 눈구멍 모양을 보고서 언제 살았는지를 알 수 있어요.

㊲ 몸집이 칠면조만 하고 깃털이 달린 공룡인 시노르니토사우루스는 이빨에 독이 있었어요.

㊳ 티라노사우루스 렉스의 축소판처럼 보이는 공룡, 랍토렉스 크리에그스테이니는 사람만 했고, 몸무게는 티라노사우루스 렉스의 90분의 1에 불과했어요.

㊴ 티라노사우루스 렉스는 매보다 눈이 좋았어요.

㊵ 등뼈를 지닌 동물 중에서 최초로 하늘을 난 익룡은 공룡이 아니라 공룡의 가까운 친척이었어요.

㊶ 트리케라톱스 호리두스는 머리 폭이 1.5미터였어요.

㊷ 모노니쿠스 올레크라누스는 각 팔에 손가락이 하나만 있었어요.

㊸ 파키케팔로사우루스 위오밍겐시스의 정수리뼈는 두께가 23센티미터였어요.

㊹ 티라노사우루스 렉스의 턱은 길이가 1.2미터쯤 됐어요.

㊺ 티라노사우루스 렉스는 한 번에 고기를 230킬로그램까지 먹었어요.

㊻ 스테고사우루스는 몸길이가 9미터였지만, 뇌는 귤만 했어요.

㊼ 많은 공룡은 다리와 팔의 뼛속이 비어 있었어요. 빨리 달리는 데 도움이 되었을 거예요.

㊽ 미국에서는 89종류의 공룡이 발견되었어요.

㊾ 프루이타덴스 하가로룸은 북아메리카에서 발견된 공룡 중 가장 작아요. 몸무게가 약 0.9킬로그램, 몸길이는 약 0.6미터예요.

㊿ 2007년 인도에서 100개가 넘는 공룡 알이 한곳에서 발견됐어요. 알은 6~8개씩 모여 있었고, 두 손으로 들어야 할 만큼 큰 것도 있었어요.

(51) 1억 5000만 년 전에 살았던 투리아사우루스 리오데벤시스는 무게가 코끼리 수컷 7마리와 비슷했어요.

(52) 과학자들은 아직 영화 「쥬라기 공원」처럼 공룡을 부활시키지 못했어요.

(53) 기가노토사우루스는 이름처럼 커서 가장 큰 티라노사우루스 렉스인 '수'보다 1.5미터 더 길고, 2700킬로그램 더 무거웠어요. 한 자동차 정비사가 아르헨티나의 사막에서 운전하다 발견했어요.

(54) 노트로니쿠스와 그 사촌인 테리지노사우루스는 동물 중에서 가장 긴 손톱을 지녔어요.

(55) 큰 공룡은 아마 너무 무거워서 알을 품지 못했을 거예요. 대신에 알을 식물로 덮어서 따뜻하게 했을 거예요.

(56) 공룡 화석은 모든 대륙에서 발견되었어요.

(57) 가장 큰 공룡으로 손꼽히는 아르겐티노사우루스(무게 91톤)는 한 농민이 이 공룡의 정강이뼈를 발견하면서 알려졌어요.

(58) 아르겐티노사우루스의 등뼈는 세계에서 가장 큰 뼈예요. 무게가 1800킬로그램이었고, 파내는 데 2주나 걸렸어요.

(59) 1825년 영국 의사 기디언 맨틀은 공룡을 발견한 최초의 과학자가 되었어요. 길이 10미터인 이구아노돈을 찾아냈지요.

(60) 친타오사우루스는 정수리에 유니콘의 뿔과 비슷한 긴 뼈가 붙어 있었어요.

(61) 과학자들은 몸길이 12.8미터인 에드몬토사우루스가 해마다 2575킬로미터까지 이주했다고 생각해요.

(62) 브론토사우루스라고 불리던 공룡의 올바른 이름은 아파토사우루스예요.

(63) 디플로도쿠스는 꼬리가 6미터나 되고 휘두르면 붕 소리가 났을 거예요.

(64) 마멘키사우루스는 동물 중 가장 목이 길었어요. 9미터를 넘었지요.

(65) 공룡 화석 중 80퍼센트 이상은 우연히 발견되었어요.

(66) 육식 공룡은 대개 길쭉한 알을 낳고, 초식 공룡은 둥근 알을 낳았어요.

(67) 티라노사우루스 렉스는 공룡 중에서 이빨이 가장 컸어요. 바나나만 했고 물면 금속도 움푹 파였을 거예요.

(68) 일부 육식 공룡은 고양이처럼 발톱을 움츠릴 수 있었어요.

(69) 공룡 화석의 위장에서 발견된 뼈는 육식 공룡의 먹이를 알려 주는 증거예요. 에드몬토사우루스는 해마다 2575킬로미터까지 이주했을 거예요.

(70) 남극 대륙에서 처음 발견된 크리올로포사우루스는 남극점에서 약 161킬로미터 떨어진 곳에 있었어요.

(71) 메갈로사우루스의 뼈가 처음 발견되었을 때, 사람들은 고대에 살던 용의 뼈라고 믿었어요.

(72) 로우린하누사우루스는 닭이 모이를 잘 소화하려고 작은 돌과 모래알을 삼키는 것처럼, 창자에 있는 먹이가 잘게 갈리도록 돌을 삼켰어요.

(73) 육식성 바리오닉스는 각 엄지에 길이 0.3미터의 발톱이 있었어요.

(74) 스피노사우루스는 등에 높이가 2미터에 달하는 가는 가시들이 나 있었어요. 이 가시들을 돛처럼 펼쳐서 체온을 식혔다고 보는 과학자도 있어요.

(75) 티라노사우루스 렉스는 다른 거대한 육식 공룡들보다 뇌가 2배나 컸어요.

35가지 첨단 기술에 관한

1 지금의 스마트폰은 미국 우주 항공국(NASA)이 1969년 달에 사람을 보낼 때 썼던 모든 컴퓨터를 합친 것보다 훨씬 성능이 뛰어나요.

2 비상 종합 인명 구조 로봇인 에밀리는 해안에서 위험에 처한 사람을 구조하고 있어요.

3 식물성 기름을 대체 연료로 쓰는 자동차와 기차도 있어요. 소기름 즉 쇠고기 지방도 연료로 쓰여요.

4 구글 같은 기업들은 레이더 센서와 비디오카메라를 써서 자율 주행차를 개발해 왔어요.

5 혼자 힘으로 걸을 수 없는 사람을 걷게 도와주는 장치가 있어요. 어디로 가고 싶은지 생각하면, 로봇 다리가 알아서 걷는 장치도 개발 중이고요.

6 영화 '아바타」가 대성공을 거두자 3D, 즉 삼차원 입체 영상의 인기가 폭발했어요. 스마트폰으로도 3D 동영상을 보고요.

7 스마트폰으로 조종하는 장난감 자동차, 헬기, 드론도 많이 있어요.

8 하루에 얼마나 걸었고 몇 시간이나 잤는지를 알려 주는 손목 밴드도 있어요. 움직이지 않고 있으면 움직이라고 알려 주기도 하지요.

9 앞으로 20년 안에 눈에 인터넷 정보를 보여 주는 콘택트렌즈가 개발될 수도 있어요.

10 2007년 1월 처음 선보인 애플사의 아이폰은 실물 키보드가 없는 최초의 스마트폰이었어요.

11 플라이보드는 돌고래처럼 잠수했다가 물 위로 올라올 수 있게 해 줄 제트팩이에요. 방수가 되고 공중으로 9미터 이상 날아오를 수 있어요.

12 사람과 상호 작용하는 인터랙티브 기술은 스마트폰뿐 아니라 자동차, 냉장고, 지하철역 등 온갖 곳에 쓰이고 있어요.

13 요가 매트처럼 돌돌 말 수 있는 화면도 개발되어 있지요.

14 가상 현실을 이용한 게임 장치도 널리 쓰이고 있어요.

15 외국어를 즉시 번역하여 글자로 보여 주는 특수 안경을 개발하는 엔지니어들도 있어요.

16 앞으로 스마트폰은 신용 카드처럼 얇고 휘어질 수 있는 형태로도 만들어질 거예요.

17 무선 이어폰과 스마트 워치도 널리 쓰이고 있어요.

18 휴대 전화는 처음에 크기가 벽돌만 했어요.

19 스티브 잡스는 애플사 최초의 개인용 컴퓨터를 성공시킨 뒤로 아이폰과 아이패드를 개발하고 「토이 스토리」의 제작사인 픽사를 설립하기도 했어요.

미국 뉴멕시코주 스타파이어 광학 시험장에서 망원경을 통해 녹색 구리 증기 레이저와 주황색 소듐 파장 레이저가 발사되는 모습이에요.

놀라운 지식

20 목적지만 입력하면 알아서 운전하는 자율 주행차가 이미 운행되고 있는 지역도 많아요.

21 스마트폰으로 시동을 걸고 끄고, 알아서 주차까지 하는 차도 있어요.

22 바다의 파도와 조력을 이용하여 전기를 생산하는 발전기가 설치된 지역이 많아요.

23 이제는 현금이나 신용 카드 없이 스마트폰으로 송금을 하고 거래도 하지요.

24 과학자들은 레이저로 거리를 재요. 심지어 달까지 레이저를 쏘아서 지구와의 거리도 재고요. 일상생활에서 쓰기 쉬운 레이저 거리 측정기도 있어요.

25 강철보다 5배 더 강한 유연한 섬유인 케블라는 방탄조끼, 테니스 채, 헬멧, 스케이트보드를 만드는 데 쓰여요.

26 상어 비늘은 빨리 헤엄치기 좋은 모양으로 생겼어요. 과학자들은 이 원리를 이용해서 수영 속도를 높이는 수영복을 개발했지요.

27 인터넷이 없는 세상은 상상할 수도 없는 시대예요. 오지에는 인공위성으로 인터넷을 제공하지요.

28 2022년에 휴대 전화 사용자 수는 72억 명을 넘었어요.

29 로켓을 타고 우주 관광도 할 수 있어요.

30 뇌에 직접 컴퓨터 칩을 이식하는 실험도 이루어지고 있어요.

31 거의 사람처럼 우리와 대화하는 인공 지능도 있어요.

32 온라인에서 소통하는 소셜 미디어 이용자는 수십억 명에 달해요.

33 스마트폰으로 택시를 부르고, 전 세계의 호텔도 예약할 수 있어요.

34 사지마비 환자의 뇌파를 읽어서 의사를 전달하거나 휠체어나 로봇을 움직이는 기술도 개발되고 있어요.

35 음성, 지문, 홍채, 손바닥 혈관 등 개인마다 다른 신체 특징을 이용하는 보안 장치들이 다양해요.

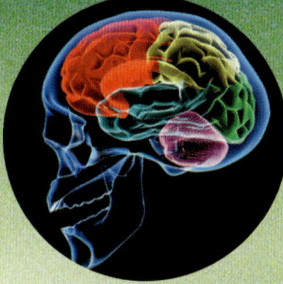

* 지금까지 배운 지식은 425가지!

50가지 이런저런 단어에 대한 지식

1 신발 끈의 끝을 금속이나 플라스틱으로 감싼 것을 **애글릿**이라고 해요.

2 **'합충(SYZYGY)'**이란 해와 달과 지구가 일직선에 있는 상태를 묘사하기 위해 천문학자들이 쓰는 용어예요.

3 무엇을 제거한다는 뜻의 **'86'**은 식당에서 깨끗한 접시나 재료가 다 떨어졌음을 표시하는 번호 코드에서 나왔어요.

4 **'백조의 노래'**는 마지막을 뜻하는데, 백조가 울지 않다가 죽기 직전에 아름답게 노래한다는 (잘못된) 믿음에서 비롯되었어요.

5 라이먼 프랭크 바움은 파일 캐비닛에 적힌 'O-Z'를 보고, 작품 속 왕국이자 마법사의 이름을 '오즈(Oz)'로 지었어요.

6 어니스트 빈센트 라이트는 단어 5만여 개로 소설 『개즈비』를 썼는데, 전체 267쪽 중에 e자가 들어간 단어는 하나도 없어요.

7 믿거나 말거나, 영어는 다른 언어보다 단어가 최소한 25만 개 이상 많다고 해요.

8 영어 단어 중에서 '그리(gry)'로 끝나는 것은 **'앵그리(ANGRY)'와 '헝그리(HUNGRY)'뿐**이에요. 화나고 배고픈 '그리'들을 기억해요!

9 염소의 수염을 영어로 '고티(goatee)'라고 해요.

10 전 세계에서 5000만 명 넘는 사람들이 쓰고 있는 언어는 23개뿐이에요.

11 인도에는 공용어가 22개나 있어요.

12 태평양의 이름은 **'평온한 바다'**를 뜻하는 라틴어 **'마레 파치피쿰'**에서 나왔어요.

13 **트리스카이데카포비아**란 숫자 13에 대한 공포증을 뜻하는 말이에요.

14 고양이는 '야옹', '가르릉' 등 적어도 16개의 **'고양이 단어'**로 의사소통해요.

15 **회문**이란 '기러기', '요기요', '다들 잠들다' 처럼, 앞에서부터 읽으나 뒤에서부터 읽으나 똑같은 단어예요.

16 이집트 상형 문자를 해독하는 데 도움이 된 2000년 전의 로제타석에는 그리스어와 고대 이집트어의 두 가지 문자가 새겨져 있어요.

17 고대 이집트인의 상형 문자는 종류가 여러 가지예요. 서기들이 업무 기록을 위해 단순하게 만든 실용적 문자인 신관 문자도 있었어요.

18 고대 켈트 문화는 약 1300년 동안 이어졌으나 고유의 문자는 없었어요. 대신에 로마의 라틴어 같은, 다른 문화권의 문자를 빌려 썼지요.

*지금까지 배운 지식은 475가지!

19 수화 언어(수어)는 만국 공통어가 아니에요. 나라마다 고유한 수어가 있으며 단어와 문법은 지역마다 달라요.

20 '퀴즈'라는 단어에는 '이상한 사람'이란 뜻도 있어요.

21 알파벳 26자를 모두 써서 지은 글은 팬그램이라고 해요. "The quick brown fox jumps over the lazy dog (재빠른 갈색 여우가 게으른 개를 뛰어넘어요)."가 있어요.

22 영어 알파벳에서 가장 많이 사용되는 문자는 e예요.

23 고양이 떼를 영어로 클라우더(clowder)라고 해요.

24 죄수 무리를 영어로 '피티(pity)'라고 하는데, 이 단어가 형용사로 쓰일 때는 '안타까운'이란 뜻이에요.

25 러시아어에서 빨간색을 뜻하는 단어인 크라스니에는 '아름다운'이란 뜻도 있어요.

26 의성어란 뻐꾹, 딸꾹, 삐악삐악, 지글지글, 콰르릉처럼 사물의 소리를 본뜬 말이에요.

27 14일마다 언어가 한 종씩 사라져요.

28 조란 수집가란 새의 알을 모으는 사람이에요.

29 양치식물의 홀씨주머니를 스포렌지움이라고 해요. 말장난 삼아 오렌지와 운을 맞춰 스포렌지라고 아주 가끔 쓰기도 해요.

30 웨일스에는 훌란바이르푸흘귄기흘고게러훠른드로부훌흘란더실리오고고고흐라는 마을이 있어요. 이 이름은 짧게 '랜페어PG'로 쓰곤 해요.

31 샤덴프로이데는 남의 불행이나 고통을 보면서 느끼는 기쁨을 뜻하는 독일어 단어예요.

32 고릴라 코코는 영어 단어 2000개를 입말로 알아듣고 1000개를 몸짓으로 나타낼 수 있었어요. 코코는 단어 3~6개로 한 문장을 만들곤 했어요.

33 고대 로마인들은 지중해를 '우리 바다'라는 뜻에서 '마레 노스트룸'이라고 불렀어요.

34 피그 라틴은 말장난으로, 단어의 첫 자음을 끝으로 보내고 ay를 붙여요. 예를 들면 '소년(boy)'은 "oybay", '문(door)'은 "oorday"로 바꿔 말해요.

35 에스페란토어는 1800년대 후반에 발명된 쉽고 중립적인 언어로. 전 세계에서 약 200만 명이 써요. 한 나라나 문화에 얽매이지 않아요.

36 유엔(국제 연합)의 공용어 6개는 아랍어, 중국어, 영어, 러시아어, 프랑스어, 에스파냐어예요. 전 세계에서 약 30억 명이 이 언어들을 사용해요.

37 「해리 포터」 시리즈에서 마법 능력이 없는 보통 인간을 가리키는 머글은 2003년 옥스퍼드 영어 사전에 표제어로 올랐어요.

38 아마존의 외딴곳에 사는 부족인 피라항족의 언어에는 '모두', '각각', '모든', '대부분', '소수의' 등 수를 나타내는 단어가 없어요.

39 2007년 연구에 따르면 여성과 남성이 매일 말하는 단어의 수는 1만 6000개로, 거의 똑같다고 해요.

40 하와이어로 "알로하"는 만났을 때와 작별할 때 둘 다 쓰는 인사말이에요.

41 스니커스니는 '큰 칼'을 뜻해요.

42 오스트레일리아 속어로 "빙글"은 '자동차 사고', "캡틴 쿡"은 '둘러보다', "윙거"는 '투덜이'란 뜻이에요.

43 세계 인구의 거의 80퍼센트가 지구 언어의 1퍼센트만 사용해요.

44 코울로포비아는 광대 공포증을 뜻해요.

45 1980년대부터 영어로 '폭소'를 뜻한 "Laughing Out Loud"의 약자 "LOL"은 2011년에 옥스퍼드 영어 사전에 올랐어요.

46 영어로 '크게 웃다'를 뜻하는 줄임말 LOL에 해당하는 스웨덴어는 ASG로, 폭소를 뜻하는 'asgarv'의 약자예요.

47 하이쿠는 3구로 이루어진 짧은 시예요. 각 구는 5, 7, 5음절이에요.

48 2011년 전미 철자법 대회에서 수카냐 로이는 '굽슬굽슬한 머리털을 가진'을 뜻하는 단어 '사이모트리코스(cymotrichous)'의 철자를 맞추어 우승했어요.

49 2011년 1월 칠레 위케트루마오 지역에서 우이이체순군어를 제대로 하는 사람은 열 명이 안 되었어요.

50 멕시코의 아야파네코어를 잘하는 사람은 둘뿐인데 500미터도 안 되는 거리에 살지만, 왠지 서로 말하기를 꺼려요.

파충류와 양서류에 관한 놀라운

붉은바다거북

1. 브라질에 사는 어떤 개구리는 과일을 먹어요. 2. 밀랍청개구리는 건기에 살아남기 위해 밀랍으로 된 것 같은 고치를 만들어서 몸을 감싸요. 3. 두꺼비는 피부가 울퉁불퉁하다는 점이 개구리와 달라요. 4. 오스트레일리아의 청개구리들은 썩은 고기 냄새부터 구운 캐슈너트, 백리향 잎까지 다양한 냄새를 풍겨요. 5. 무늬가 화려한 아르헨티나뿔개구리는 생쥐를 통째로 삼킬 수 있어요. 6. 덥고 건조한 날씨에 삽코개구리는 구멍 속으로 기어 들어가서, 악어처럼 생긴 주둥이 끝으로 입구를 막아요. 7. 거북은 혀를 내밀지 못해요. 8. 개구리는 약 일주일마다 허물을 벗고, 벗은 허물을 먹어 치워요. 9. 골리앗개구리는 한 번에 거의 3미터를 뛸 수 있어요. 10. 개구리나 두꺼비를 만진다고 사마귀가 옮지 않아요. 11. 도롱뇽은 소리를 들을 수 없어요. 그래서 아무 소리도 내지 않아요. 12. 이베리아영원은 위험에 처하면 근육을 수축시켜요. 그러면 날카로운 갈비뼈 끝이 피부를 뚫고 튀어나와서 포식자를 찔러요. 13. 폭풍우가 오기 직전에 쟁기발두꺼비는 수백 마리씩 모여서 "오늘 비 온다!"라고 외치는 양 시끄럽게 울어 대요. 14. 뿔도마뱀의 온몸을 덮은 가시는 비늘이 변한 거예요. 머리에 난 뿔은 뼈가 안에 들어 있는 진짜 뿔이에요. 15. 미국에서는 한 해에 뱀에 물려서 죽는 사람보다 벌에 쏘여서 죽는 사람이 더 많아요. 16. 난쟁이도마뱀붙이는 길이가 겨우 2.5센티미터예요. 17. 뱀은 먹이를 머리부터 삼켜요. 18. 뱀은 허물을 벗을 때가 되면 약 2주 전부터 아무것도 안 먹어요. 19. 앨리게이터는 주둥이가 U자, 크로커다일은 V자 모양이에요. 20. 거북은 지구 자기장을 감지할 수 있어서, 이 감각과 다른 감각들을 조합하여 방향을 찾아요. 21. 공룡은 파충류가 아니라 파충류의 친척이었어요. 22. 양서류는 약 3억 년 전에 처음 출현했어요. 공룡보다 약 7000만 년 전이에요. 23. 뱀은 혀에 맛봉오리가 없어요. 대신에 미각 수용기는 입천장에 난 홈 안에 들어 있어요. 뱀은 혀를 날름거리면서 공기 중의 화학 물질을 이 홈으로 들여보내요. 24. 도마뱀처럼 생긴 투아타라는 낮에 쉬고 있을 때에는 거의 한 시간에 한 번꼴로 호흡할 수도 있어요. 25. 땅거북은 육지에 사는 거북이에요. 26. 모든 거북은 이빨이 없고 대신에 날카로운 부리가 있어요. 27. 거북의 갈비뼈는 등껍질과 합쳐져 있어요. 28. 바다에 사는 거북도 포함해서 모든 거북은 육지에 알을 낳아요. 29. 거북의 등딱지에 보이는 기하 무늬 판은 인갑이라고 해요. 30. 악어거북은 민물에 사는 거북 중에서 세계에서 가장 커요. 무게가 100킬로그램이 넘으며 턱이 가윗날처럼 날카로워요. 31. 붉은바다거북은 머리가 크고, 바닷가재를 으깰 수 있을 만큼 턱이 억세요. 32. 갈라파고스땅거북은 무게가 249.5킬로그램을 넘고 100년 넘게 살 수 있어요. 33. 사향거북은 냄새를 풍겨서 포식자를 다가오지 못하게 해요. 34. 네눈개구리는 사실 눈이 2개이지만, 몸 뒤쪽에 눈처럼 생긴 흑백 반점 때문에 눈이 4개처럼 보여요. 35. 남미황소개구리는 포식자에게 잡히면 크게 째지는 소리를 질러요. 포식자는 깜짝 놀라서 개구리를 놓아 버려요. 36. 패러독스개구리는 이상한 특징을 지녀요. 올챙이일 때 성체보다 약 4배까지 더 크게 자라요. 37. 두꺼비는 위협을 받으면 더 크게 보이려고 발가락 끝으로 일어서요. 38. 사탕수수두꺼비는 온몸이 독샘에서 분비되는 독으로 덮여 있어요. 이 독은 포식자를 15분이면 죽일 수도 있어요. 39. 청개구리는 대부분 발가락 끝에 끈적한 점액이 나오는 흡반이 있어서 표면에 잘 달라붙어요. 40. 세계에서 가장 큰 개구리인 골리앗개구리는 길이 40센티미터까지 자라지만, 소리를 내지는 못해요. 울음주머니가 없거든요. 41. 대부분의 개구리 종은 암컷이 수컷보다 더 커요. 42. 세계에서 가장 작은 도마뱀은 동전 위에

* 지금까지 배운 지식은 575가지!

올라갈 수 있어요. 길이가 16밀리미터밖에 안 되거든요. **43.** 월리스날개구리는 날개가 없지만, 발가락 사이의 물갈퀴를 낙하산으로 삼아서 나무 사이를 활공할 수 있어요. **44.** 굴을 파는 개구리들은 대부분 뒷발을 써서 뒤쪽으로 굴을 파요. **45.** 아프리카황소개구리는 폭우가 내리기를 기다리며 몇 년 동안 땅속에 머물러 있어요. **46.** 살무사나 일부 보아와 비단뱀은 얼굴에 피트 기관이라는 열 감지 기관이 있어서 주변에 다른 동물이 나타나면 달라지는 공기 온도를 알아차려요. **47.** 뱀의 눈은 투명한 비늘로 덮여 있고, 이 비늘은 허물을 벗을 때 함께 떨어져요. **48.** 뱀은 등을 따라 척추뼈가 400개까지 있어요. 사람의 척추뼈는 26개예요. **49.** 갓 부화한 새끼 뱀은 몸길이가 자기가 나온 알보다 7배까지 더 길어요. **50.** 뱀은 알 위에 똬리를 튼 채 몸을 부르르 떨어서 열을 내어 알을 따뜻하게 유지하지요. **51.** 보아는 꼬리로 나뭇가지를 감고 거꾸로 매달린 채 더 낮은 가지에 있는 도마뱀, 새, 포유동물을 낚아채요. **52.** 고무보아는 몸의 양 끝에 머리가 있는 것처럼 보여요. 위협을 받으면 몸을 공처럼 말고 꼬리를 치켜들어서, 포식자의 시선을 가짜 머리 쪽으로 돌려요. **53.** 아나콘다는 세계에서 가장 무거운 뱀이에요. 몸무게가 250킬로그램까지 나가요. 말만 한 동물도 칭칭 감아 꽉 죄어서 죽일 수 있어요. **54.** 비단뱀은 세계에서 가장 긴 뱀이에요. 몸길이가 10미터나 돼요. **55.** 코끼리코처럼 생긴 아라푸라사마귀뱀의 오돌토돌한 피부는 물에서 미끈거리는 물고기를 잡을 때 도움이 되어요. **56.** 알뱀은 알을 통째로 삼켜요. 알이 알뱀의 목으로 넘어가면 등뼈에 난 가시들이 알껍데기를 깨요. **57.** 아스클레피오스뱀은 그리스 신화 속 의술의 신에게서 이름을 땄어요. 의사를 상징하는 그림에서 지팡이를 빙그르르 감싸는 뱀이 바로 그 뱀이에요. **58.** 모잠비크스피팅코브라는 상대에게 독액을 내뿜어서 눈을 멀게 하고 고통스럽게 해요. **59.** 모든 바다뱀은 강한 독을 지니고 있어요. **60.** 블랙맘바는 3.5미터까지 자랄 수 있고, 시속 20킬로미터로 빠르게 나아갈 수 있어요. **61.** 가장 큰 독사인 킹코브라는 위협을 받으면 머리를 들어 올리는데, 몸 앞쪽 3분의 1을 들어서 약 1.5미터 높이까지 일어서요. **62.** 북살무사는 북극권을 포함하여 아주 추운 곳에도 살아요. 북극권에서는 한 해에 8개월까지도 겨울잠을 자요. **63.** 방울뱀이 허물을 벗을 때마다 방울 안에 소리를 내는 조각이 하나씩 늘어나지요. **64.** 도마뱀도 소나 개처럼 턱 밑의 피부가 느슨하게 늘어져 있어요. **65.** 카멜레온은 주로 체온을 조절하거나(몸 색깔이 짙어지면 햇빛을 더 많이 흡수해서 몸이 데워져요) 같은 종의 개체들과 의사소통을 하기 위해 몸 색깔을 바꿔요. **66.** 날도마뱀은 '날개'를 펼쳐서 나무 사이로 옮겨 다녀요. 이 날개는 사실 긴 갈비뼈 사이에 막처럼 펼쳐진 피부예요. 익막이나 비막이라고 해요. **67.** 바다이구아나는 바다에서 먹이를 구하는 유일한 파충류예요. 수심 12미터까지 잠수하고 물속에서 한 시간 넘게 머물 수 있어요. **68.** 도마뱀인 바실리스크이구아나는 뒷다리로 일어서서 물 위를 달릴 수 있어요. **69.** 멕시코독도마뱀과 아메리카독도마뱀만이 세계에서 독을 지닌 도마뱀이지만, 사람이 물려도 죽는 일은 거의 없어요. **70.** 코모도왕도마뱀은 동물 사체도 잘 먹는데, 5킬로미터 떨어진 곳에서 나는 죽은 동물의 냄새까지 맡을 수 있어요. **71.** 유리도마뱀을 비롯한 무족도마뱀은 다리가 없고 꼬리가 아주 길어서 뱀처럼 보여요. **72.** 눈꺼풀이 없는 도마뱀붙이는 혀로 눈알을 핥아서 깨끗하게 해요. **73.** 몸길이가 0.9미터인 모래왕도마뱀은 뒷다리와 긴 근육질 꼬리로 버티고 일어서서 주위를 살피곤 해요. **74.** 카멜레온의 발가락은 서로 붙어 있어서 두 개가 마주 보는 것처럼 되어 있어요. 가느다란 나뭇가지를 움켜쥐기에 좋아요. **75.** 지렁이도마뱀은 땅속에 살고 지렁이처럼 생겼지만, 도마뱀의 친척이에요. **76.** 나일악어는 물소와 누처럼 큰 먹이도 잡아요. **77.** 악어(크로커다일, 앨리게이터, 카이만, 가비알)는 물속에서는 목구멍 쪽의 피부막을 닫아서 허파로 물이 들어가지 못하게 막아요. **78.** 악어는 먹이를 세게 물 수는 있지만, 씹을 수는 없어요. 대신에 몸을 빙빙 돌려서 살덩어리를 뜯어내어 통째로 삼켜요. **79.** 세계에서 가장 큰 악어는 바다악어예요. 몸길이가 7미터, 무게는 900킬로그램 이상 자랄 수 있어요. **80.** 악어는 체온을 식히기 위해서 입을 쩍 벌린 채 엎드려 있곤 해요. **81.** 가비알 수컷의 가늘고 긴 주둥이 끝에는 소리와 공기 방울을 만드는 데 쓰는 혹이 있어요. **82.** 몇몇 땅에 사는 도롱뇽은 허파가 없고 대신에 피부, 입, 목으로 호흡해요. **83.** 뱀장어처럼 생긴 양서류인 사이렌은 목 양쪽에 깃털목도리처럼 생긴 바깥아가미와 허파로 호흡해요. **84.** 몸길이가 1.4미터에 이르는 일본장수도롱뇽은 50년 넘게 살 수 있어요. **85.** 북부빗영원 암컷은 알을 한 번에 수십, 수백 개 낳고 하나씩 또는 두세 개씩 잎으로 잘 감싸서 보호해요. **86.** 미주도롱뇽의 끈적거리는 점액이 묻으면 닦아 내는 데 며칠이나 걸려요. **87.** 다리가 없고 지렁이처럼 생긴 무족영원은 땅속이나 물속에 살아서 사람의 눈에 거의 안 띄어요. **88.** 개구리나 두꺼비와 달리, 영원과 도롱뇽은 성체에도 꼬리가 달려 있어요. **89.** 개구리와 두꺼비는 발가락이 앞발에 4개, 뒷발에 5개가 있어요. **90.** 개구리와 두꺼비는 먹이를 삼킬 때 눈을 감아요. 그러면 눈알이 아래로 밀리면서 입에 압력을 가해서 먹이를 더 쉽게 넘길 수 있지요. **91.** 개구리는 남극 대륙을 뺀 모든 대륙에 살아요. **92.** 작은 동전만 한 코키개구리는 "코키!" 하고 울어요. **93.** 시끄러운 폭포 근처에 사는 한 개구리 종류는 개굴개굴 우는 대신에 춤을 추어요. **94.** 우리 인간의 혀가 개구리의 혀만큼 길다면, 배꼽까지 닿을 거예요. **95.** 알려진 개구리 중에 가장 작은 것은 사람 손톱만 해요. **96.** 올챙이는 물에 살게 적응한 개구리 새끼예요. 아가미로 호흡하고 꼬리로 헤엄치지요. **97.** 미국 플로리다주 에버글레이즈 습지에는 사람들이 기르다가 풀어놓은 버마왕뱀이 불어났어요. 이 뱀은 악어를 잡아먹고 있어요. **98.** 악어는 혀를 움직일 수 없어요. 혀가 입 바닥에 붙어 있어요. **99.** 카리브해 바베이도스섬에 사는 가는장님뱀의 일종은 세상에서 가장 작은 뱀이에요. 몸이 스파게티 면처럼 가늘고 길이는 컴퓨터 마우스만 해요. **100.** 코모도왕도마뱀은 체중이 평균 70킬로그램인데, 한 번에 자기 몸무게의 절반만큼 먹을 수 있어요.

아메리카독도마뱀

100가지 지식

매우 뜨거운 24가지

1 남아메리카 토착종인 톡 쏘는 빨간색 개미인 **불개미**는 1900년대에 우연히 배를 타고 미국으로 건너왔어요.

2 지구에서 기록된 **가장 뜨거운 온도**는 1913년 미국의 데스밸리에서 기록된 **섭씨 57.6도**예요.

3 낙타는 덥고 건조한 사막 기후에 적응했어요. 낙타 몸 위쪽의 두꺼운 털은 그늘을 드리우고, 다른 모든 곳의 얇은 털은 몸에서 열이 발산되게 도와주지요.

4 알루미늄 포일 같은 반사판으로 태양 에너지를 활용하는 **태양열 오븐**을 만들어 음식을 조리할 수 있어요.

5 가운데가 볼록한 확대경으로 햇빛을 한곳에 모으면 **불을 피울 수 있어요**. 야영객들은 성냥 대신 확대경으로 불을 피우기도 해요.

6 번개 에너지는 공기 온도를 최대 섭씨 **3만 3316도**까지 치솟게 해요. 태양 표면의 온도보다 무려 6배나 뜨겁지요!

7 지구 활화산의 4분의 3이 모여 있는 태평양 해역 분지를 **불의 고리**라고 해요.

8  **무당개구리**는 위협을 느낄 때 진짜 색깔을 드러내요. 평소에는 검은 혹이 우툴두툴한 녹색 등이 보이지만, 포식자를 만나면 몸을 둥글게 젖히거나 완전히 뒤집어요. 새빨간 배를 드러내 자신에게 독이 있다고 경고하지요.

9 태양계에서 가장 뜨거운 행성인 **금성**의 표면 온도는 **섭씨 457도**예요.

10 **아이슬란드**에서 흘러내린 용암은 지난 500년 동안 전 세계 화산에서 분출된 용암의 3분의 1에 이르러요.

11 가재는 대부분 녹색을 띤 갈색이지만 끓는 물에 넣으면 선명한 빨간색으로 바뀌어요.

12 뜨거운 공기에 대해 말하자면, 횃불을 입안에 30초씩 넣어 39번이나 끈 사람도 있었어요.

지식

13  **파이어 토네이도**는 강렬한 열과 격렬한 바람 때문에 드물게 발생해요. 회오리바람이 지상에서 불길과 재를 끌어들여 하늘로 솟는 불기둥을 일으켜요.

14 **어밀리아 에어하트**는 비행기를 조종하면서 종종 **뜨거운 코코아**를 마시곤 했어요.

15  **사하라 사막**은 세계의 뜨거운 사막 중 가장 커요. 거의 미국만 하지요.

16 미국 애리조나주에서는 해마다 태양열로 달걀 프라이 하기 대회가 열려요. 참가자들은 달걀을 도로에 깨뜨린 뒤 거울, 돋보기 등을 이용해서 빨리 익도록 해요.

17 **뜨거운 석탄 위를 걷는 의식**은 수천 년 동안 이어졌어요. 불타는 석탄의 온도는 **섭씨 약 537도**에 이르지만, 사람들은 보통 크게 데이지 않아요. 맨발로 걸으면 발바닥과 석탄 사이에 얇은 수증기 막이 생겨서 열이 매우 적게 전달되거든요.

18 세계에서 가장 매운 고추인 캐롤라이나 리퍼는 청양고추보다 **220배** 더 매워요. 살짝 맛만 보아도 눈물이 줄줄 나올 정도예요.

19 **소방관의 안전 장비**는 헬멧, 바지, 재킷, 부츠, 벨트, 장갑, 호흡 장비 등을 합쳐서 27킬로그램이나 돼요. 자동차 타이어 3개의 무게와 맞먹지요!

20 지금까지 만들어진 **가장 긴 핫도그**는 218.7미터로, 축구장 두 개의 길이와 비슷해요!

21 세계에서 가장 뜨거운 바다는 **홍해**예요. 가장 따뜻한 지점의 온도는 **섭씨 31도**지요.

22 오스트레일리아의 뜨거운 사막에서 **캥거루들은** 몸을 시원하게 하려고 혀로 앞다리를 핥곤 해요.

23 어떤 나라에서는, **화산에서 나오는 수증기와 끓는 물을** 이용해서 전기를 생산해요.

24 **매운 고추를 먹으면 입에 불이 난 것 같아요.** 물을 마셔도 소용없어요. 화상처럼 통증을 일으키는 고추의 기름은 물에 잘 씻기지 않거든요. 기름을 빨아들이는 빵이나 밥을 씹어 먹으면 더 빠르게 진정돼요.

25 200여 년 전에 어느 형제는 종이봉투에 불을 쬐면 하늘로 올라가는 것을 보고, 비행용 열기구를 최초로 발명했어요.

*지금까지 배운 지식은 600가지!

아시아에 대한

1 아시아는 가장 큰 대륙이에요. 달 표면이 아시아보다 더 작을 정도죠.

2 아시아와 유럽에 있는 나라는 똑같이 **46개**예요.

3 **인도**의 나라 과일은 **망고**예요. 태국의 수도인 방콕의 별명은 **큰 망고**죠.

4 세계에서 가장 높은 산 **50개**가 아시아에 있어요.

5 아시아의 중국과 인도는 세계에서 가장 인구가 많은 나라로 손꼽혀요. 2023년 기준으로 각각 14억이 넘어요!

6 2010년 중국 내몽골에서 사람들이 **1만 명** 넘게 모여서 **인간 도미노**를 만들었어요.

7 세계의 **최저점**과 **최고점**은 아시아에 있어요. 사해에 있는 최저점은 해수면보다 422미터 낮아요. 최고점인 에베레스트산은 해발 8000미터가 넘어요.

8 한국의 프로게이머들은 **록스타처럼 환영받아요**. 하루 16시간 동안 연습하고, 어디를 가든 사인을 받으려는 사람들에게 둘러싸이곤 해요.

9 말레이시아의 **굿 럭 동굴**에는 점보제트기 40대가 들어갈 수 있는 사라왁 체임버가 있어요. 지금까지 발견된 지하 공간 중 가장 커요.

10 김에 싼 주먹밥인 오니기리는 일본에서 인기가 높아요.

11 타지키스탄의 **누레크 댐**은 바흐시강 위에 거의 **100층** 높이(약 300미터)로 우뚝 서 있어요.

12 싱가포르의 동물원 '나이트 사파리'는 밤에만 문을 열어요. 표범, 맥, 말레이호랑이, 늘보로리스와 같은 **야행성 동물**을 보여 주는 곳이에요.

13 예멘의 수도인 **사나**에는 2500년 넘게 사람들이 살고 있어요. 도시의 성벽 안에는 벽으로 둘러싸인 '비밀' 정원들이 40개도 넘게 있어요.

14 중국 베이징 한가운데에 있는 **자금성**을 짓는 데 벽돌 310만 개가 들어갔어요.

15 카자흐스탄의 전통 스포츠인 콕파르에서는 두 팀이 **죽은 염소**를 상대 팀의 골에 더 넣으려고 겨루어요. 말을 탄 채로 하지요.

16 베트남에서는 **나무를 파내 만든 호텔**에 묵을 수 있어요. 이곳은 '우스꽝스러운 집'이라는 뜻에서 '크레이지 하우스'라는 이름으로 불려요.

17 **불꽃놀이**는 중국에서 발명되었어요. 청자색 불꽃은 화학 물질의 농도가 매우 **불안정하고 위험**하기 때문에 만들기가 가장 어려워요.

중국 베이징 자금성

18 **햄스터**는 시리아에서 처음 발견되었어요. 사랑스러운 이 반려동물들은 먹이를 여기저기 숨겨 놓아요.

19 말레이시아에서는 인간을 포함한 다른 포유류보다 **박쥐**가 더 많아요.

20 사우디아라비아에는 **영화관이 2018년에 처음으로** 생겼어요.

21 **한국의 씨름**은 상대방을 먼저 바닥에 넘어뜨리면 이겨요. 일본의 스모는 상대방을 링 밖으로 밀어내야 이길 수 있어요.

22 필리핀 사람들이 날마다 보내는 **문자 메시지**의 수는 평균 4.5억 개쯤 돼요.

35가지 지식

23 아프가니스탄에서는 연싸움을 하는 전통이 있어요. 상대방의 연줄을 끊으려고 유리 조각을 자기 연줄에 붙이곤 해요.

24 사우디아라비아에서 식수의 약 70퍼센트는 사실 짠물을 정수해서 만들어요.

25 일본에서는 지진이 해마다 1000번 넘게 일어나요. 이곳의 지진 경보 체계는 뛰어나기로 세계에서 손꼽혀요.

26 몽골 사람들은 여름에 말젖을 발효시킨 음료인 아이락을 즐겨 마셔요.

27 유리알락하늘소는 1980년대에 중국에서 목재 운반대 안에 숨어 미국으로 건너간 듯해요. 일부 활엽수에게는 해충이에요.

28 필리핀에서는 전쟁 중에 국기를 거꾸로 달아요.

29 바빌론의 공중 정원은 고대 세계 7대 불가사의 중 하나였어요. 정확한 위치는 여전히 미스터리로 남아 있어요.

30 미얀마에는 사슴 중에서 작은 종인 잎문착이 살고 있어요. 키는 60센티미터가 채 안 되고, 수컷의 뿔은 매우 작아서 3센티미터 남짓해요.

31 역사상 가장 큰 제국은 칭기즈 칸이 세운 몽골 제국이에요. 전성기에 아시아에서 동유럽까지 세력을 떨쳤어요.

32 튀르키예의 수도인 이스탄불은 유럽과 아시아 양쪽에 걸쳐 있어요.

33 튀르키예에서 4월 23일은 독립 기념일이자 어린이날인 국경일이에요. 이때 아이들은 새 옷을 선물받아요.

34 인도네시아의 토라자족은 집을 지을 때 못을 쓰지 않고 나무와 대나무만으로 완성할 수 있어요.

35 코모도왕도마뱀은 인도네시아의 코모도섬을 비롯한 여러 섬에 살아요. 현재 세계에서 가장 큰 도마뱀으로, 길이가 3미터에 이르죠.

✱ 지금까지 배운 지식은 635가지!

입이 떡 벌어질 만큼

❶ 세상에서 **가장 큰 스모어**는 크래커 **5만 5000개**, 마시멜로 **4만 개**, 판 초콜릿 **8000개**로 만들어졌어요. 그 무게가 155.58킬로그램쯤 됐어요.

❷ 어느 스위스 남성은 여러 호텔을 돌며 '**DO NOT DISTURB**(방해하지 마시오)' **알림판**을 거의 **9000개**나 모았어요.

❸ 미국 뉴욕주 롱아일랜드의 한 운전자가 **볼보를 운전한 거리는 480만 킬로미터**쯤 돼요.

❹ 미국 캘리포니아주 **로스앤젤레스**에서는 소시지를 베이컨에 싸서 튀긴 뒤 마요네즈를 뿌린 **핫도그**를 팔아요.

❺ 미국 네바다주 라스베이거스의 **고층 빌딩 꼭대기에 있는,** 놀이기구 **빅 샷 라이드**는 탑승자들을 49미터 높이까지 쏘아 올려요.

❻ 캐나다의 이 **쇄빙선은 무게가 1만 5000톤**이에요. 추운 바다에서 **19미터 두께의 두꺼운 얼음판**도 부수고 나아갈 수 있어요.

❼ 셋이 먹다가 둘이 **토할 만큼** 너무너무 **매운 고추**도 있어요.

이상한 15가지 지식

❽ 중국의 **만리장성**은 길이가 약 6350킬로미터로 추정돼요. 외적의 침입을 막기 위해 쌓은 성벽이에요.

❾ 에스파냐 바르셀로나의 **사그라다 파밀리아**(성가족 성당)는 **1882년부터 계속 짓는 중**이에요. 공사는 2026년에 끝날 예정이에요. 바르셀로나에서 가장 인기 있는 관광 명소 중 하나로 손꼽혀요.

❿ **2011년 사미트 아이존**은 **약 30미터 공중에 떠 있는 열기구 두 개**를 연결하는 **15미터 길이의 쇠밧줄** 위를 걸어서 '열기구 사이 빠르게 걷기 부문' 세계 신기록을 달성했어요.

⓫ 2009년 영국의 한 마을에서 **2500명도 넘는 사람들이 스머프 복장을 하고** 광장에 모여 놀았어요.

⓬ 1960년에 미국 공군 조종사 한 명이 **3만 1333미터 높이에 떠 있는 열기구에서 스카이다이빙**을 했어요.

⓭ 미국 콜로라도주의 **로열 협곡 현수교**는 아칸소강 위로 **291미터 높이**에 있어요. **로얄 러사 스카이코스터**를 타면 **시속 80킬로미터**로 그네를 타며 수백 미터 아래에 흐르는 강을 내려다보는 **아찔한 스릴을 즐길 수 있어요.**

⓮ 2010년 **두 남자가 지구에서 가장 높은 빌딩에서 뛰어내렸어요.** 두바이의 부르즈 할리파였지요. 두 사람은 낙하산을 펼쳐 낙하 속도를 늦추었어요. 건물의 높이는 무려 **828미터예요.**

⓯ **슬라임 공포증**이나 **도로 횡단 공포증**이 있는 사람도 있어요.

*지금까지 배운 지식은 650가지!

❶ 깃털은 케라틴으로 이루어져 있어요. 케라틴은 포유류의 털과 파충류의 비늘의 재료이기도 해요.

❷ 새들은 거의 대부분이 1년에 적어도 한 번은 깃털을 새로 갈아요.

❸ 가장 오래된 조류 화석은 1억 5000만 년이 됐는데, 오늘날의 조류처럼 날개와 깃털이 있으면서, 파충류처럼 주둥이도 있었어요.

❹ 조류는 대부분 뼛속이 비어 있어요. 가벼우면 더 날기 쉽기 때문이지요.

❺ **새는 이빨이 없어요.**

❻ 대부분의 새는 막 부화했을 때에는 깃털도 없고 눈도 못 떠요.

❼ 타조는 가장 큰 새예요. 몸무게가 160킬로그램에 키가 2.8미터를 넘을 만큼 커요.

❽ 한쪽 발에 발가락이 두 개인 새는 타조뿐이에요. 다른 모든 새는 발가락이 3~4개씩이에요.

❾ 타조는 날 수 없지만, 시속 70킬로미터로 길게는 30분까지 달릴 수 있어요.

❿ 나그네앨버트로스는 날개폭이 가장 긴 새로 그 길이가 최대 3.5미터예요. 자동차 미니 쿠퍼보다 겨우 0.3미터 짧아요.

⓫ 홍학의 분홍색은 말무리와 새우를 먹으면 나타나요.

⓬ 홍학은 체온을 유지하기 위해서 한쪽 다리로 서 있어요.

⓭ 벌새는 날면서 후진도 하고 거꾸로도 갈 수 있는 유일한 새예요.

⓮ 꿀벌벌새는 가장 작은 새예요. 몸길이가 약 6센티미터에 불과하고 무게는 약 2그램밖에 안 돼요.

⓯ 가장 작은 새알은 완두콩만 해요.

⓰ 올빼미는 먹이를 통째로 삼키고 나중에 털, 깃털, 뼈 같은 소화가 안 된 것들만 덩어리로 토해요.

⓱ 벌새는 발을 걷거나 뛰는 데 쓰지 않아요. 나뭇가지에 앉거나 긁을 때에만 써요.

⓲ 몇몇 새는 거미집을 떼어다가 둥지를 엮는 데 써요.

⓳ 바우어새 수컷은 잔가지, 곤충, 꽃뿐 아니라 장난감, 거울, CD 같은 것들을 모아서 암컷을 꾀는 정교한 구조물을 지어요.

⓴ 조류 중에서 꼬리가 가장 긴 새는 긴꼬리극락조예요. 꽁지깃이 90센티미터로, 몸길이의 3배예요.

㉑ **새는 현대판 공룡이에요.**

㉒ 금조는 사슬톱 소리와 자동차 경적 등 다양한 소리를 아주 잘 흉내 내요.

㉓ 코카투가 춤을 추는 유튜브 영상은 일부 새들이 리듬감이 있음을 보여 줘요. 그전까지 과학자들은 사람만 박자를 맞출 수 있다고 믿었어요.

㉔ 뉴칼레도니아까마귀는 직접 도구를 만들고 쓸 줄 알아요. 손도 없으면서요.

㉕ 날다가 유리창에 부딪쳐 죽는 새가 미국에서 한 해에 1~10억 마리나 돼요. 한국에서는 800만 마리쯤 된다고 해요.

㉖ 어린이 프로그램 「세서미 스트리트」에 나오는 빅버드는 키가 2.5미터예요. 실제 타조보다 0.3미터 더 작아요.

㉗ 이름이 아인슈타인인 아프리카회색앵무는 200개가 넘는 단어와 소리를 이해했어요.

㉘ **조류는 새가 아니라 물에 사는 바닷말을 비롯한 '말무리'를 뜻하기도 해요.**

㉙ 공작은 꽁지깃이 몸길이의 절반 이상을 차지해요.

㉚ 공작은 꿩의 일종이에요.

㉛ 타조가 겁을 먹으면 모래에 머리를 묻는다는 속설은 사실이 아니에요.

㉜ 북극제비갈매기는 북극권과 남극대륙 사이를 이주해요. 한 해에 거의 4만 킬로미터를 날아서 이동해요. 해마다 지구 적도를 한 바퀴 도는 것과 비슷해요!

㉝ 갈색머리찌르레기는 뻐꾸기처럼 다른 새의 둥지에 몰래 알을 낳아서, 제 새끼를 키우게 해요.

㉞ **이 세상에 새는 약 1만 종이 있어요.**

㉟ 해마다 3월이면 캐나다두루미 50만 마리가 미국 네브래스카주의 플랫강에 모여서 한 달 동안 먹고 쉬면서 이주할 준비를 해요.

㊱ 세계 최대의 야생 동물 수입국인 미국은 43개 나라로부터 새를 수입하는 것을 금지하고 있어요. 조류 독감 같은 전염병의 유행에 대비하는 거예요.

㊲ 날지 못하는 무거운 새인 도도는 발견된 지 80년이 지나기도 전에 멸종했어요.

㊳ 클라크잣까마귀라고도 불리는 갈가마귀는 해마다 1000곳이 넘는 장소에 견과 2~3만 개를 숨겨서 저장해요. 숨긴 곳 중 75퍼센트를 기억해요.

㊴ 미국까마귀는 수백만 마리씩 무리를 짓곤 해요.

75가지 놀라운

❹⓿ 국기에 새를 그린 나라는 15개국이에요.

❹❶ 뉴기니에 사는 두건피토휘는 독이 있다는 사실이 밝혀진 최초의 새예요. 깃털과 피부에 독이 있어요.

❹❷ 고니는 새 중에서 깃털이 가장 많아요. 약 2만 5000개예요.

❹❸ 매는 시속 188킬로미터까지 속도를 낼 수 있어요. 최고의 투수가 던지는 공보다 빨라요.

❹❹ 펠리컨은 배 속의 위장보다 부리 밑에 있는 주머니에 먹이를 더 많이 담을 수 있어요.

❹❺ 웃음물총새의 소리는 여러 영화에 나왔어요. 원숭이 무리의 소리를 표현할 때 대신 쓰기도 해요.

❹❻ 물총새는 얇은 얼음을 뚫고 잠수하여 물고기를 잡기도 해요.

❹❼ 기원전 400년경에 앵무새를 키웠다는 기록이 있어요.

❹❽ 망치머리해오라기의 둥지는 아주 커서 지름 2미터, 무게 45킬로그램이 넘기도 해요.

❹❾ 몸집이 닭만 하고 날지 못하는 새인 키위는 뉴질랜드의 국조예요. 뉴질랜드 사람을 '키위'라고 부르기도 해요.

❺⓿ 키위는 약 3000만 년 전부터 지구에 나타났어요. 가장 오래된 현생 조류이지요.

❺❶ 베짜기새는 폭 6미터, 지름 3미터나 되는 큰 둥지를 지어서 100가족이 넘게 아파트처럼 모여 살곤 해요.

❺❷ 힌두교도는 공작의 꼬리에 있는 무늬가 신의 눈을 닮았다고 해서 공작을 신성하게 여겨요.

❺❸ 화식조는 새 중에서 가장 낮은 소리를 내요.

❺❹ 오스트레일리아에 사는 크고 날지 못하는 새인 에뮤는 뒤로 가지 못해요.

❺❺ 카자흐스탄의 사냥꾼들은 아주 빠르고 힘센 맹금류인 검독수리를 훈련시켜서 영양과 사슴을 사냥해요.

❺❻ 고대 이집트인들은 따오기를 신성하다고 여겼어요. 따오기 미라는 100만 점이 넘어요.

❺❼ 까마귀 떼는 독수리 같은 맹금류도 쫓아내곤 해요.

❺❽ 닭의 조상은 적색야계라는 꿩 종류예요.

❺❾ 아메리카쇠쏙독새는 보름달이 뜨기 10일 전에 부화해요.

❻⓿ 물수리는 잡은 물고기의 머리가 앞쪽을 향하도록 들고서 둥지로 돌아가요. 공기 저항을 덜 받기 위해서지요.

❻❶ 명금류는 교통 소음이 심한 도시에서는 더 큰 소리로 노래해요.

❻❷ 제비 암컷은 가장 길고 가장 대칭으로 생긴 꼬리를 지닌 수컷을 골라요.

❻❸ 갈까마귀는 큰 소리로 늑대와 코요테를 불러서 먹이를 잡게 해요. 그 포식자들이 먹고 남긴 것을 먹지요.

❻❹ 2008년에 완성된 베이징 올림픽 주경기장은 새 둥지 모양이에요.

❻❺ 2010년에 인도에서는 올빼미를 기르는 사람들이 많이 늘어났어요. 해리 포터가 기르는 흰올빼미 헤드위그의 인기 덕분이지요.

❻❻ 야생 칠면조는 시속 40킬로미터로 달릴 수 있어요.

❻❼ 일부 오리는 한쪽 눈만 감고 자요. 뇌의 반쪽이 쉴 때 다른 반쪽은 깨어 있어요.

❻❽ 펭귄은 날개를 접을 수 없는 유일한 새예요.

❻❾ 벌새는 하루에 자기 몸무게만큼 먹이를 먹을 수 있어요.

❼⓿ 새들도 놀아요! 갈까마귀는 꽁지깃을 깔고 앉아 눈에서 미끄럼을 타거나, 언덕에서 구르기를 좋아해요.

❼❶ 터키콘도르는 냄새로 죽은 동물을 찾아서 먹이로 삼아요.

❼❷ 새는 사람보다 더 많은 색깔을 볼 수 있어요.

❼❸ 갈색흉내지빠귀가 할 수 있는 노래는 무려 2000가지나 돼요.

❼❹ 털딱따구리는 나무를 두드려 안에서 곤충이 움직이는지 소리를 듣고서 먹이를 찾아요.

❼❺ 펠리컨은 일어선 자세로 알을 품어요.

타조

조류에 관한 지식

* 지금까지 배운 지식은 725가지!

1 물을 아예 안 마시는 것보다 **소금물을 마시는 것이 더 나빠요.** 소금물은 몸에서 **물기를 빼앗거든요.**

2 불로 표시하는 **국제 조난 신호**는 세 개의 불을 띄엄띄엄 삼각형 모양으로 피우는 것이에요.

3 크로아티아에서 한 남성이 물속에서 **24분 37.36초** 동안 숨을 참아 세계 기록을 세웠어요.

4 칠레에서 **광부 33명이 69일 동안** 광산에 갇혔어요. 지하에 가장 오래 갇힌 사건으로 기록되었고, 다행히 모두 **살아남았어요.**

5 미국 미주리주에서 고등학생 한 명이 **토네이도에 휘말려 398미터를 날아갔어요.** 떨어지면서 머리를 좀 다쳤지만 다행히 말짱했어요.

6 아래로 흘러내리는 모래에 빠지면 위를 보고 누워요. 그리고 발이 천천히 떠오르면 얼른 몸을 굴려 안전한 땅으로 피해요.

7 공격받으면 도망갈 수 있게 **꼬리가 바로 끊어지는 도마뱀들이** 있어요. 보통은 몇 달 안에 새로운 꼬리가 나와요.

8 눈사태에 휩쓸리면, 수영할 때처럼 팔을 휘젓고 눈이 입안을 꽉 메우지 않게 얼른 **입을 다물어야** 해요.

9 단단히 다져진 눈 속은 완전히 방음이 되는 녹음실과 같아요. 눈 속에 파묻혔을 때, 아주 가까이 누가 있지 않는 한, 도와달라고 소리쳐 봤자 **산소만 낭비해요.**

10 침착하게 굴면 서프보드를 맴도는 상어로부터 살아남을 가능성이 높아요. 몸부림을 치면 상어가 좋아하는 **먹이인 바다표범처럼** 보일 거예요.

11 **독사는 죽은 뒤에도 몇 시간 동안 독이 남아 있어요.** 그러니 죽은 뱀이라도 만지면 위험해요.

12 얼음물에 빠지면 **10분 안에 팔다리가 마비돼요.**

13 얼어붙은 연못에 빠졌다면, 얼음 위로 기어 올라가서 바다코끼리나 돌고래처럼 몸을 굴리거나 기어서 빠져나가요.

14 어부 세 명이 배의 연료가 떨어져 태평양에서 9개월 9일 동안 표류하다 구조되었어요. 날생선과 바닷새를 먹으며 살아남았어요.

15 우리 몸의 열 중에 **10퍼센트**는 머리를 통해 빠져나가요.

16 호루라기를 부는 등, **조난 신호를 소리로** 보내려면 빠르게 세 번 반복해야 해요.

17 빛 또는 소리로 **SOS 신호를 보낼 때는 짧게 세 번, 길게 세 번, 다시 짧게 세 번** 보내요.

18 1912년에 타이태닉호의 **무선 통신원**들은 조난 신호인 SOS를 보내 **구조를 요청했어요.**

19 사람들은 살아남기 위해 종종 **곤충을 먹어요.** 곤충은 단백질과 지방의 좋은 **공급원**이거든요.

20 미국 뉴욕에 사는 어느 남성은 무려 **41시간 동안** 엘리베이터 안에 갇혀 있었어요.

21 **엘리베이터가 추락한다면** 바닥에 채 닿기 직전에 점프를 해도 살기 힘들어요. 아파트 12층 높이에서 추락하면 2.5초 만에 바닥과 충돌할 거예요.

22 스콧 오델의 『푸른 돌고래 섬』에 영감을 준 후아나 마리아는 1835년 자신의 부족이 사냥꾼에게 공격받은 뒤 **18년 동안** 홀로 샌니콜러스섬에 살았어요.

23 인도에서 생활하는 조난자들을 그린 시트콤 **『길리건의 섬』**은 첫 회만 하와이 **카우아이섬**에서 촬영하고, 나머지는 **스튜디오**에서 촬영했어요.

24 리얼리티 쇼 프로그램 '생존자(SURVIVOR)'의 참가자들은 벌레 퇴치제 없이 자외선 차단제만 받았어요.

사람의 생명을 구하는

㉕ 야외에서 대피할 곳이 마땅히 없을 때 토네이도가 몰아친다면 살아남기 위해 **팬케이크처럼 땅바닥에 납작 엎드려요.**

㉖ 배낭여행자들은 이제 위성으로 **조난자의 정확한 위치를 알려 주는 장치를** 가지고 다니며 구조대에게 위치 정보를 보낼 수 있어요.

㉗ 어니스트 섀클턴과 대원들은 **1914년 남극 횡단 탐험** 중에 해빙에 갇혀 **2년 동안** 돌아오지 못했지만 기적적으로 죽은 사람은 없었어요.

㉘ 1950년 미국 뉴멕시코주의 산불에서 살아남은 **새끼 곰 한 마리**가 동물원으로 옮겨졌고 '스모키 베어'로 알려졌어요.

개인용 구조 신호 발생기

㉙ 상어와 싸워야 할 때 상어의 **눈, 코, 아가미**와 같이 가장 민감한 부분을 때리거나 발로 차면, 상어가 방향을 돌려 가 버리기도 해요.

㉚ 상어가 사람을 공격하는 이유는 귀고리와 시계처럼 **반짝이는 것이** 배고픈 상어에게 물고기 비늘처럼 보이기 때문이에요.

㉛ 상어는 소변을 비롯한 **톡 쏘는 냄새**에 이끌려요.

㉜ 휴대 전화 배터리, 쇠 수세미, 마른 나뭇가지로 **불을 피울 수 있어요.**

㉝ 등산객과 야영객을 위해 **태양광**으로 충전되는 휴대폰이 있어요. 해가 있을 때 한 시간 동안 바위 위에 휴대폰을 놓아두면 25분간 통화할 만큼 충전돼요.

㉞ 제2차 세계 대전 중 **존 F. 케네디**가 탄 미군 어뢰정이 일본군의 공격에 침몰했어요. 케네디는 남은 병사를 이끌고 섬으로 헤엄쳐 갔고 며칠 뒤 구조됐지요.

㉟ 낱개 포장된 **트윙키**는 상하지 않아 생존 배낭에 넣기 좋다고 생각할 수 있지만, 사실 **소비 기한은 25일**밖에 안 돼요.

일에 관한 35가지 지식

※ 지금까지 배운 지식은 760가지!

가장 무서운 바다 동물 상어에 관한

1. 백상아리는 바다에서 가장 큰 육식성 어류예요. **2.** 상어는 약 350종이 있어요. **3.** 상어는 지구의 모든 대양에 살아요. **4.** 상어는 공룡보다 1억 7000만 년 더 일찍 출현했어요. **5.** 상어는 어류이지만, 뼈대가 단단한 굳뼈(경골)로 되어 있지 않아요. 고무처럼 탄력이 있는 물렁뼈(연골)로 되어 있어요. **6.** 우리의 코끝과 귓바퀴는 물렁뼈예요. 물렁뼈 덕분에 상어는 몸을 빠르게 비틀고 돌릴 수 있어요. **7.** 고래상어는 몸길이가 20미터에 이르는 세계에서 가장 큰 상어이지만, 전혀 해롭지 않아요. 주로 떠다니는 플랑크톤을 먹고 온순하거든요. **8.** 고래상어는 무게가 3만 4000킬로그램까지 나가요. 커다란 흰코뿔소 12마리의 무게와 맞먹지요. **9.** 갓 태어난 고래상어는 길이가 64센티미터밖에 안 돼요. **10.** 고래상어의 입에는 길이 3밀리미터만 한 작은 이빨이 3000개쯤 나 있어요. **11.** 고래상어의 입은 약 1.4미터가 벌어져요. 소형 자동차 폭과 비슷할 정도예요. **12.** 표범상어는 이름처럼 몸에 표범 무늬가 있어요. **13.** 동갈방어는 대서양수염상어 곁을 어슬렁거리면서 피부에 붙어 있는 기생 생물을 잡아먹어요. **14.** 상어의 몸무게에서 절반 이상을 근육이 차지해요. **15.** 상어는 부레가 없고 바닷물보다 무겁기 때문에, 밑으로 가라앉지 않으려면 끊임없이 헤엄을 쳐야 해요. **16.** 또 대부분의 상어는 앞으로 헤엄치며 입으로 바닷물을 삼켜서 아가미로 계속 보내야 호흡을 할 수 있어요. **17.** 해저에 사는 상어는 바닥에 내려앉아서 쉬곤 해요. 물이 천천히 흐르는 곳이나 산소가 풍부한 물을 찾아서요. **18.** 상어의 피부는 사포처럼 질기고 뾰족한 비늘로 덮여 있어요. 방패비늘이라고 불러요. **19.** 상어는 이빨이 앞뒤로 겹겹이 나서 여섯 줄 이상 늘어서 있어요. 맨 바깥의 한두 줄만 실제로 기능해요. 나머지는 예비 이빨이에요. **20.** 안쪽의 새 이빨이 앞으로 밀려 나오면서, 오래되어 닳은 이빨은 빠져요. **21.** 평균적으로 상어는 일주일에 한 개꼴로 이빨이 빠져요. **22.** 햇빛은 바다에서 수심 약 122미터까지만 들어가요. 그 아래는 어두컴컴해요. 일부 상어는 아주 약한 빛까지 반사해 시야를 더 밝히는 거울 같은 층이 눈알 뒤쪽에 있어요. **23.** 상어는 후각이 아주 뛰어나요. 일부 상어는 바닷물 2500만 방울에 섞인 피 한 방울의 냄새도 맡을 수 있어요. **24.** 상어는 우리처럼 귀 안에 균형 감각을 일으키는 기관이 있어요. **25.** 모든 상어는 몸 양옆에 머리에서 꼬리까지 속으로 죽 이어진 옆줄(측선)이 있어요. 옆줄은 체액으로 채워진 관이에요. 옆줄로 물에서 생기는 압력(물속의 움직임이나 소리를 통해 생기는)을 느낄 수 있어요. **26.** 상어의 주둥이에는 다른 동물이 일으키는 전류를 감지할 수 있는 미세한 감각 기관도 있어요. 먹이를 찾는 데 쓰이지요. **27.** 돔발상어류처럼 떼를 지어 자기보다 더 큰 먹이를 사냥하는 종류도 있지만, 대개 상어는 홀로 사냥해요. **28.** 귀상어는 망치 모양 머리로 노랑가오리 같은 먹이를 때려서 해저에 처박아요. **29.** 백상아리는 밑에서 갑자기 덮쳐서 먹이를 거대한 입으로 꽉 물고 꼼짝 못 하게 해요. 맛이 있다면, 그 자리에서 다 먹어 치워요. **30.** 백상아리는 등은 검은색에 가까운 짙은 색, 배는 옅은 색을 띠어요. 위에서 내려다보면 검은 바다와 어울려서 잘 보이지 않고, 아래에서 올려다보면 밝은 수면과 어울려서 눈에 잘 안 띄어요. **31.** 빠른 상어는 몸통을 빳빳이 한 채로 꼬리지느러미를 빠르고 힘차게 흔들어서 추진력을 일으키는 경향이 있어요. 더 느린 상어는 몸통을 좌우로 구부리면서 헤엄치고요. **32.** 환도상어는 꼬리지느러미의 위쪽이 거의 몸통만큼 길어요! 이렇게 긴 꼬리지느러미로 물을 튀기면서 먹이를 몰아요. **33.** 포트잭슨상어는 납작한 이빨로 조개와 성게를 깨서 먹어요. **34.** 고래상어, 돌묵상어, 넓은주둥이상어는 모두 여과 섭식자예요. 입을 쩍 벌리고 바닷물을 왕창 빨아들였다가 아가미를 통해 내보내면서 플랑크톤을 걸러 먹지요. **35.** 돌묵상어는 일광욕하는 사람처럼, 수면에 배를 드러내고 눕는 습성이 있어요. **36.** 상어는 체중에 비해서 적게 먹어요. 변온 동물이라서 체온을 유지하는 데 에너지를 쓸 필요가 없어요. 그러니 적게 먹어도 되지요. **37.** 해마다 전 세계에서 이유를 알 수 없는 상어의 공격이 50~80번 일어나요. 그중 사망자는 평균적으로 12명에 불과해요. **38.** 상어의 공격이 가장 자주 일어나는 곳은 미국 플로리다주와 캘리포니아주, 남아프리카, 오스트레일리아예요. **39.** 해마다 상어 때문에 죽는 사람보다 개, 코끼리, 벌 때문에 죽는 사람이 훨씬 많아요! **40.** 백상아리, 뱀상어, 황소상어는 사람에게 가장 위험하다고 여겨져요. 이 상어들은 종종 사람을 다른 동물로

백상아리

착각해서 공격하곤 해요. 대개 사람과 크기가 비슷한 먹이를 먹기 때문이에요. **41.** 상어 중에서 일부 종은 100년 넘게 산다고 해요. **42.** 길이가 약 50센티미터인 검목상어(쿠키커터상어)는 가장 사나운 상어 중에 속해요. 자기보다 20배 이상 큰 고래의 살점을 베어 먹곤 하지요! **43.** 상어는 새끼를 낳는 난태생 종도 있고, 알을 낳는 난생 종도 있어요. **44.** 상어 가죽은 지갑과 신발을 만드는 데 쓰여요. 상어 이빨로는 장신구를 만들고요. **45.** 복상어는 알을 낳아요. 알은 튼튼한 껍데기 안에 들어 있어요. 이 알껍데기를 인어의 지갑이라고 해요. **46.** 어미 복상어는 한 번에 알껍데기를 5개까지 낳아요. 알은 9개월이 되면 부화해요. **47.** 낮에 상어는 우리와 시력이 비슷해요. 그런데 밤에는 상어가 우리보다 10배 더 잘 봐요. **48.** 상어는 평생 1만 개가 넘는 이빨을 써요. **49.** 선사 시대 상어는 이빨 길이가 15센티미터나 되었어요! **50.** 선사 시대 상어인 카르카로클레스 메갈로돈은 길이가 16.2미터이고 무게가 2만 5000킬로그램이었을 거예요. 짐을 잔뜩 실은 화물 트럭과 비슷했어요. **51.** 가시피그미상어는 약 20센티미터 길이예요. 배가 어둠 속에서 빛을 내요. **52.** 백상아리가 먹이를 물 때면 눈알이 머리 안쪽으로 쏙 들어가요. 먹이가 반격할 때 눈을 다치지 않도록 하기 위해서예요. **53.** 청상아리는 먹이를 잡기 위해 물 밖으로 뛰어오르기도 해요. **54.** 랜턴상어는 어둠 속에서 빛을 내는 점액으로 덮여 있어요. **55.** 랜턴상어는 심해에 살아요. 과학자들은 심해 포식자들이 빛을 내서 먹이를 꾄다고 생각해요. **56.** 해저에 사는 수염상어는 해저와 비슷한 색깔을 띠고 있어요. 입에는 바닷말처럼 보이는 것들도 달려 있지요. **57.** 베서니 해밀턴은 13세 때 미국 하와이에서 파도타기를 하다가 뱀상어에게 공격을 받았어요. 상어는 서프보드를 크게 물어뜯으면서 그녀의 왼팔까지 가져갔어요. 이 이야기는 「소울 서퍼」라는 영화로 만들어졌고, 베서니는 지금도 파도타기를 해요. **58.** 백상아리는 현생 상어 중에서 가장 이빨이 커요. 길이가 5센티미터쯤 돼요. **59.** 상어는 가오리의 가까운 친척이에요. **60.** 상어는 머리 양쪽에 아가미구멍이 5~7개 있어요. 경골어류는 1개만 있지요. **61.** 과학자는 뼈, 이빨, 비늘을 조사해서 경골어류의 나이를 알아내요. 하지만 상어는 굳뼈도 영구치도 없고 비늘도 달라서 나이와 수명을 알아내기가 어려워요. **62.** 가정의 어항에서 흔히 키우곤 하는 붉은꼬리검은상어는 진짜 상어가 아니라 경골어류예요. **63.** 드워프랜턴상어는 크기가 연필만 해요. **64.** 위협을 받으면, 복상어는 물을 삼켜서 몸집을 두 배로 불려요. 안전해지면 개가 짖는 듯한 소리를 내면서 물을 토해요. **65.** 청상아리는 병코돌고래나 범고래보다 더 빨라요. 시속 50킬로미터로 헤엄칠 수 있어요. **66.** 수염상어는 낮에는 동굴이나 바위 틈새에 엎드려 쉬는데, 위아래로 36마리까지도 겹친 채로 있어요. **67.** 크고 공격적인 상어를 관찰하고 촬영할 때에는 상어 우리를 이용하는 것이 유일하게 안전한 방법이에요. **68.** 상어는 맛봉오리가 혀에만 있는 것이 아니라 입안 전체에 있어요. **69.** 가시돔발상어는 비늘이 아주 뾰족뾰족해요. 주로 뉴질랜드와 오스트레일리아 근처 바다에서 심해 잠수정을 타고 깊이 들어가야 볼 수 있어요. **70.** 그린란드상어는 북대서양과 북극해에 살아요. 바닷새와 죽은 고래를 먹어요. 원주민들은 이 상어의 가죽으로 신발을 만들고, 이빨로는 칼을 만들어요. **71.** 수염상어는 대서양 동부와 서부, 멕시코만, 멕시코에서 페루에 이르는 동태평양의 맹그로브 숲, 산호초, 바위 해안에서 밤에 돌아다녀요. **72.** 스피너상어는 물 밖으로 뛰어올라 몸을 빙빙 돌리면서 물고기 떼를 사냥해요. **73.** 흑기흉상어는 지중해와 태평양, 인도양의 산호초가 있는 얕은 바다에 흔해요. **74.** 강에 사는 희귀한 상어들도 있어요. 보르네오섬, 오스트레일리아, 인도의 강에서 6종이 발견되었어요. **75.** 고래상어의 심장은 몸집에 비해 작아서 크기가 사람 주먹만 해요! **76.** 상어의 배 속에서는 자동차 번호판부터 방석에 이르기까지 온갖 물건이 발견되었어요. **77.** 백상아리는 남아프리카에서 오스트레일리아까지 99일에 걸쳐서 1만 1100킬로미터를 이주해요. **78.** 많은 사람들이 미국 플로리다의 해변에서 산책하거나 파도를 타거나 잠수를 하지만, 가까이에서 전자리상어, 보닛헤드귀상어, 흑기흉상어, 흉상어, 스피너상어, 홍살귀상어가 헤엄치고 있다는 사실은 대개 몰라요. **79.** 상어의 뇌에서 약 3분의 2가 후각을 담당해요. **80.** 상어의 간은 지방으로 채워져 있는데, 부력을 일으키고 에너지를 저장하는 역할을 해요. 돌묵상어는 간이 체중의 25퍼센트를 차지해요. **81.** 몇몇 수염상어처럼 주변 환경과 잘 뒤섞이도록 피부색을 바꿀 수 있는 상어도 있어요. **82.** 뱀상어는 먹이를 가리지 않아요. 어류, 다른 상어, 바닷새, 이구아나, 바다뱀, 바다거북, 심지어 버려진 음식물 쓰레기와 동물 사체까지도 먹어 치워요. **83.** 백상아리는 평균 길이가 4.6미터이지만, 길이 6미터에 무게 2268킬로그램인 개체도 발견됐어요. **84.** 해류와 날씨가 좋으면, 상어는 250미터 떨어진 곳에서 먹이가 내는 소리를 듣고, 1킬로미터 떨어진 곳의 피 냄새를 맡고, 15미터 떨어진 곳에서 움직이는 먹이를 보고, 자기 몸길이의 2배쯤 떨어진 곳에서 일어나는 움직임을 감지할 수 있어요. **85.** 상어는 우리 인간보다 후각이 1만 배 더 뛰어나요! **86.** 백상아리와 장완흉상어는 수면 위로 머리를 내밀어서 공기에 섞인 냄새를 맡아요. **87.** 상어를 주로 잡아먹는 포식자는 다른 상어예요. **88.** 포유류와 달리, 상어는 위턱이 머리뼈와 붙어 있지 않아요. 상어가 먹이를 물 때면 위턱과 아래턱이 앞으로 튀어나오고 이빨도 회전하면서 밖을 향해요. 그래서 큰 먹이를 물어서 입속으로 끌어당길 수 있지요. **89.** 다 자란 백상아리는 길이가 사람 키보다 3배 더 길어요. **90.** 캐나다에서 돌리오두스 프로블레마티쿠스(Doliodus problematicus)의 뼈대 화석이 온전한 상태로 발견되었어요. 가장 오래된 상어 뼈대로 알려졌지요. **91.** 주름상어는 선사 시대 이래로 거의 변하지 않았어요. 오징어를 먹고 심해에 사는 이 상어는 길이가 약 2미터까지 자라요. **92.** 전자리상어는 모래 속에 몸을 파묻고 먹이가 다가오기를 기다려요. **93.** 그린란드상어는 살에 독이 있어요. 또 물가에 오는 순록을 덮쳐 끌어간다고 알려져 있어요. **94.** 상어처럼 먹고 싶다고요? 며칠에 한 번 치킨 한 조각을 먹는 식으로 적게 먹으면 돼요. 씹지 말고 꼭 통째로 삼켜야 해요! **95.** 백상아리의 제1등지느러미는 높이가 1미터쯤 돼요. 네 살 아이보다 더 커요! **96.** 5초 동안 얼마나 멀리까지 헤엄칠 수 있나요? 청상아리는 73미터나 갈 수 있어요. 축구장 길이와 비슷해요. 백상아리는 56미터 갈 수 있고요. 넓은주둥이상어는 좀 굼떠요. 겨우 1.3미터를 가요. 야구장 관중석에서 두 자리 옆으로 옮기는 것과 비슷해요. **97.** 어류학자는 어류를 연구하는 사람이지요. 상어도 포함해서요. **98.** 상어가 사람에게 끼치는 위험보다 사람이 상어에게 끼치는 위험이 훨씬 커요. 해마다 수백만 마리의 상어가 다른 물고기를 잡기 위해 쳐 놓은 그물에 걸려 죽어요. 일부러 상어를 잡기도 하고요. **99.** 지난 20년 동안 한 해에 81만 6466톤씩 상어가 잡혔어요. **100.** 상어는 상어 지느러미 요리를 만들기 위해 사람들에게 잡히기도 해요. 중국에서 귀한 별미로 쳐요.

소름 돋는 100가지 지식

※ 지금까지 배운 지식은 860가지!

50가지 지구의 극한 지역에 관한 놀라운 지식

1 화산의 뿌리는 대개 지표면에서 약 100킬로미터 아래에 있어요.

2 화산이 분화할 때, 용암뿐 아니라 온갖 화산성 물질이 뿜어 나와요. 그중 화산탄은 암석 덩어리인데 코끼리만큼 큰 것도 있어요.

3 세계에서 가장 큰 활화산인 마우나로아는 해저에서 정상까지 잰 높이가 9144미터예요. 에베레스트산보다 더 높지요!

4 지구에는 활화산이 약 1900개 있어요.

5 하와이 제도의 섬은 모두 화산 활동으로 생겼지만, 빅아일랜드의 마우나로아 화산과 킬라우에아 화산만 활화산이에요.

6 해마다 약 40만 명이 3776미터에 이르는 일본 후지산 정상에 오르려고 해요.

7 미국의 옐로스톤 국립 공원은 거대한 초화산 위에 있어요. 초화산은 인류 역사에 기록된 그 어떤 화산보다도 더 강하게 폭발할 수 있어요.

8 평균적으로 매주 한 번쯤은 세계 어딘가에서 화산이 분화해요.

9 하와이 킬라우에아 화산이 1983년부터 계속 분화해서 나온 용암으로 빅아일랜드섬 남쪽은 수백만 제곱킬로미터쯤 넓어졌어요.

10 1980년 미국의 세인트헬렌스 화산이 분화했을 때 강력한 폭풍이 일어나 나무가 쓰러지면서, 940만 세제곱미터에 있던 나무들이 사라졌어요.

11 어떤 문화에서는 화산 안에 거대한 짐승이 들어 있다거나 화산이 지옥의 입구라고 생각했어요.

12 화산을 뜻하는 '볼케이노'는 로마 신화 속 불의 신인 불칸에서 나왔어요.

13 화산은 아이슬란드의 빙하 속에도 있어요.

14 칠레와 아르헨티나에 걸쳐 있는 오호스델살라도산은 해발 6893미터에 달하는 세계에서 가장 높은 활화산이에요.

15 화산이 분화하기 전에는 거의 언제나 지진과 진동이 일어나요.

16 지각이 갈라진 틈새인 미국 캘리포니아주의 샌앤드레이어스 단층은 사람의 손톱이 자라는 속도로 움직여요. 1년에 5센티미터쯤이에요.

17 미국에서 가장 지진이 많은 주는 알래스카주예요.

18 달에서도 지진이 일어나요.

19 지진 때 수영장 물이 출렁 솟아오를 수 있어요. 미국 애리조나주의 한 수영장에서는 2000킬로미터 떨어진 곳에서 일어난 지진 때문에 물이 넘쳐흘렀어요.

20 남극 대륙의 내부에서는 얼음 지진이 일어나요. 얼음 지진은 지진과 비슷하지만, 얼음 밑 땅이 아니라 얼음 속에서 일어나요.

21 지진은 매년 전 세계에서 평균 50만 건이 관측되지만, 그중 사람이 느낄 수 있는 지진은 약 10만 건이에요.

22 지금까지 기록된 지진 중 가장 큰 지진은 규모 9.5였어요. 1960년 칠레 앞바다에서 일어났지요.

※ 지금까지 배운 지식은 910가지!

23 지금까지 육지를 덮쳤던 **가장 높은 지진 해일은** 무려 **7층 건물 높이**였어요. 1958년 알래스카를 덮쳤지요.

24 **번개가 한 번 칠 때** 발생하는 에너지는 **보통 크기의 자동차가 1465킬로미터** 달릴 수 있는 에너지와 같아요.

25 **번개는 한 사람에게서 다른 사람에게로** 건너뛸 수 있어요.

26 **번개가 친 뒤 천둥이 울리기까지** 몇 초가 걸리는지 세서 3.4로 나누면 번개가 몇 킬로미터 떨어진 곳에서 쳤는지 알 수 있어요.

27 **번개는 전화선을** 타고 갈 수도 있어요.

28 1885년 **워싱턴 기념탑에 번개가 다섯 번** 내리쳤지만, 천둥소리는 전혀 나지 않았어요.

29 평균적으로 **미국의 모든 여객기는 매년 한 번 이상** 번개에 맞아요.

30 **산불이 번지는 속도는 시속 9.7킬로미터** 이상이 될 수 있어요.

31 산불은 산 아래로 향할 때보다 **산 위로 향할 때** 더 빨리 번져요.

32 1989년 10월 17일 일어난 **로마프리에터 지진으로** 미국 MLB 샌프란시스코 자이언츠와 오클랜드 애슬레틱스의 경기가 **10일 연기됐어요.**

33 번개가 공 모양으로 빛나는 **구형 번개를 봤다는 기록은** 수백 년 전부터 있었어요. 크기가 테니스공에서 비치볼만 한 것까지 있었죠. 과학자들에게도 수수께끼예요.

34 베네수엘라의 **앙헬폭포는** 지구에서 **가장 높은 폭포**예요. 물이 바위 표면과 거의 접촉하지 않은 채 **979미터**를 떨어져요.

35 **사해는** 육지에서 가장 낮은 곳이에요. 수면 높이가 평균 해수면보다 416미터 더 낮은 염호예요.

36 바다에서는 10미터 **깊어질 때마다 압력이** 1기압씩 **높아져요.** 대양의 평균 수심인 약 3800미터 깊이에서는 수면보다 압력이 **381배** 높아요.

37 **빙하는** 보통 얼음과 색깔이 달라요. **파란색으로 보여요!**

38 **지구는** 태양 주위를 **초속 30킬로미터의** 속도로 돌아요.

39 미국 옐로스톤 국립공원에는 지구 어느 곳보다 **간헐천이 많아요.**

40 미국 역사상 **최악의 산불은** 1910년 아이다호주와 몬태나주를 **1만 2000제곱킬로미터 이상 태웠어요.**

41 동아프리카의 **움직이고 있는 지각판들은** 훗날 **아프리카의 뿔** 지역을 아프리카 대륙의 다른 지역들과 **분리할 거예요.**

42 한 해에 **우주 물질 3만 3600톤에서 7만 800톤이** 지구에 떨어져요. 우주 물질은 대부분이 먼지만 해요.

43 **모래 폭풍은** 전 지구에서 생기지만, 중동과 중국에서 가장 강해요. **화성에도 모래 폭풍이** 일어난다는 증거가 있어요!

44 파키스탄의 **쿠티아 빙하는** 역사상 **가장 빠르게 이동한 빙하**예요. 1953년에 3개월 사이에 약 12킬로미터 이동했어요.

45 지구에서 가장 오래된 **화산암은** 알제리 사막에 있었어요. **45억 년**쯤 됐어요.

46 지구에서 **가장 높은 산을 오른 가장 나이 든 사람은 80세**였어요.

47 **태평양은** 현재 지구에서 가장 **오래된 대양**이에요. 지각판이 움직이기 때문에 대서양이 커지면서 **태평양은 조금씩 줄어들고** 있어요.

48 **러시아의 바이칼호는** 세계에서 가장 **오래된 호수**예요. 다른 모든 큰 호수들을 다 합친 것보다 많은 물을 담고 있어요.

49 사람들이 늘 거주하는 마을 중에서 **가장 추운 곳은 시베리아의 오이먀콘 마을**이에요. 기온이 섭씨 **영하 68도**에 달한 때도 있었어요.

50 **고비 사막은 아주 덥고도 추워요.** 기온이 계절에 따라 섭씨 **45도에서 영하 40도**까지 오르내려요.

25가지 심장에 관한

1 위성 사진이 공개되면서 **사랑스러운 하트 모양**이 알려진 크로아티아의 갈레스냐크섬에 휴가를 오려는 사람이 늘었어요.

2 사람의 **심장 모양**으로 생긴 뉴욕 하트섬에는 **아내를 향한 사랑의 증표**로 지은 볼트성이 있어요.

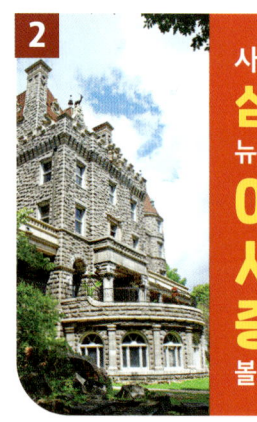

3 미국 테네시주 멤피스의 하트브레이크 호텔에 투숙하면, **심장 모양의 수영장**에서 수영을 할 수 있어요.

4 코끼리의 심장은 무게가 **21**킬로그램에 달해요. 네 살 아이의 몸무게와 비슷해요.

5 빌보드에서 '심장(HEART)'으로 검색하면 그 단어를 포함한 노래가 **5만 곡** 넘게 나와요.

6 사람의 심장은 무게가 약 **280그램**이고, 주먹과 비슷한 모양이에요.

7 '스위트하트'라는 심장 모양 캔디은 거의 해마다 **800만 개** 이상 생산돼요.

8 사람의 심장은 하루에 10만 번 뛰고, **1년이면 4000만 번** 뛰어요.

9 사람의 심장은 거의 5.6리터의 피를 온몸으로 **순환시켜요**. (피의 양은 어른 기준이에요!)

10 사람 태아가 발달할 때 심장의 모습은 처음에 **물고기 같다가** 이어서 개구리 같다가, 다음에 뱀 같은 시기를 거쳐서 마지막에 **사람의 심장**이 돼요.

11 기린의 심장은 길이가 **0.6미터**, 무게가 **11킬로그램**이에요.

12 오스트레일리아에는 심장 모양의 **산호초**가 있어요.

13 불가사리는 **심장 박동**이 없어요. 왜냐하면 불가사리는 **심장이 없으니까요.**

14 아티초크는 사실 커다란 꽃봉오리이고, 심장 모양 부분은 꽃받침이지요.

15 지렁이는 **심장이 다섯 개예요.**

16 벌새의 심장은 **크랜베리 한 알**만 해요.

17 대왕고래의 심장은 **작은 자동차**만 해요.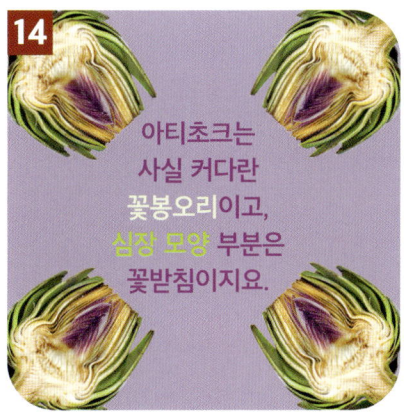

두근거리는 지식

18 사람의 심장은 길이가 9만 650킬로미터에 달하는 혈관계로 피를 보내요.

19 **사람의 심장이 한 번** 두근거릴 때마다 심장의 네 방에 새 피가 채워져요.

20 리처드 캐드버리는 **밸런타인데이 선물용 심장 모양 사탕 상자**를 1861년에 발명했어요.

21 심장 모양의 하트 기호는 사랑을 뜻해요. 하지만 사랑의 감정은 **심장과는 전혀 상관없어요.** 그 신경학적 반응은 **뇌에서 화학 물질이 만들어 내는 거죠.**

22 뱀독은 사람의 심근경색증을 예방하는 두 가지 약물을 만드는 데 쓰여요.

23 세계에서 가장 큰 심장 모양의 분홍색 에메랄드는 무게가 **169** 캐럿이고 가치는 **수십억 원에 달해요.**

24 베트남의 일부 식당에서는 **아직 뛰고 있는 뱀의 심장**을 주문할 수 있어요.

25 성인의 심장은 평균적으로 **1분에 72번** 뛰어요. 흰고래의 심장은 평균적으로 **1분에 100번** 뛰지만 잠수할 때는 1분에 **12~20번으로 느려져요.**

✱ 지금까지 배운 지식은 935가지!

외계 생명체에

❶ **미국인의 4분의 1**은 이미 우리 지구에 **외계인**이 방문한 적이 있다고 믿어요.

❷ 과학자들은 다른 행성에도 **빛과 공기 오염**이 있는지 살펴보기 시작했어요. **지적 생명체가 창안한 기술의 증거**일 테니까요.

❸ 영화 「**아바타**」에는 나비족이 쓰는 **외계인 언어인 나비어**를 연구하는 언어학자가 나와요. 나비어는 배우들이 실제로 발음할 수 있지만, 지구의 어떤 언어와도 닮지 않은 인공 언어예요.

❹ 한 과학자 집단이 **외계 생명체에게 전자 우편을 보내 달라고 요청하는 웹사이트**를 만들었어요. 지금까지는 **사기꾼들의 메시지**만 왔어요.

❺ 고대 그리스인들도 **우주에 우리 외에 다른 생명체가 있을 가능성**을 생각했어요.

❻ 외계 생명체의 가능성을 탐구하는 **과학자들은 중금속이 있는 항성계를 살펴보고** 있어요. 그런 금속이 없는 항성계에서는 지구형 행성도 생명도 생겨날 수 없을 테니까요. 또 **레이저 광선이 나오는지도 살펴보아요**. 지적 생명체가 만든 것일 테니까요.

❼ 1977년 전파 망원경을 들여다보던 한 천문학자가 지구에서 멀리 떨어진 곳에서 온 **수수께끼 같은 72초짜리 신호**를 검출했어요. 어쩌면 블랙홀의 사건의 지평선에서 나온 것일 수도 있었지요. 그처럼 길고 강한 전파 신호는 두 번 다시 검출되지 않았어요.

❽ 예전에 사람들은 **화성인이 그 붉은 행성**에 **운하를 건설했다**고 믿었어요.

❾ 지금까지 과학자들은 대체로 100광년 안쪽에 있는 수천 개의 별을 훑으면서 지적 생명체가 있는지 조사했어요. **10만 광년 이내에는 별이 4000억 개쯤** 있으니까, 살펴볼 곳이 훨씬 더 많아요. 게다가 이건 **우리 은하만 훑어보는** 거예요.

대한 15가지 지식

❿ UFO 목격담 하면 으레 **미국 네바다주**의 한 공군 기지에 속하는 **'51구역'**을 빼놓을 수 없지요. 개발 중인 항공기를 시험하던 장소예요.

⓫ **1947년**, 추락 사고가 **미국 뉴멕시코주 로즈웰** 인근에서 일어났어요. 공군은 실험용 감시 기구가 추락한 것이라고 말했지요. 하지만 **외계인 우주선**이 추락한 것이고 정부가 외계인들을 **비밀리에 데려가서 연구했다**고 주장하는 이들도 있어요.

⓬ **세티(CETI) 연구소**는 지구 바깥에서 지적 생명체를 찾으려고 애쓰는 과학자들이 모인 곳이에요. **푸에르토리코의 아레시보 전파 관측소**에 있는 전파 망원경 등을 통해 자료를 모으고 있어요. 지름 305미터인 이 망원경은 **영화 「콘택트」**(1997)에도 나왔지요.

⓭ 우주에 있는 모든 별의 약 **98퍼센트**가 생명을 지닌 행성을 거느리고 있을 수도 있어요.

⓮ **1977년** 지구의 생명체를 대변하는 소리와 사진을 실은 **우주선 두 대가 발사되었어요.** 이 우주선들이 다른 행성계에 가까이 가기까지 **4만 년**이 걸릴 거예요.

⓯ **1938년** 미국 라디오 방송에서 엄청 많은 운석이 뉴저지주 농장에 쏟아졌고, 뉴욕시가 **촉수 달린 화성인에게 공격받는다**는 뉴스가 나왔어요. 사실은 소설 『우주 전쟁』을 라디오 드라마로 만든 것이었지만 **수많은 사람들이 진짜로 공포에 질렸어요.**

※ 지금까지 배운 지식은 950가지!

75가지 식물에

① '안데스의 여왕'이라고 불리는 푸야 라이몬디는 80여 년에 한 번씩 꽃을 피워요.

② 일부 거미와 작은 박쥐는 나무껍질 틈새에서 잠을 자요.

③ 털송이풀의 꽃 주위에 난 털은 태양의 열기를 가두어서 꽃 주변의 기온을 20도까지 올려요.

④ 시체꽃은 썩은 고기 냄새를 풍겨서 그런 이름이 붙었어요. 이 냄새로 꽃가루를 옮기는 파리 같은 곤충을 꾀지요.

⑤ 동물은 식물이 없으면 살 수 없어요. 식물은 태양의 빛 에너지를 이용해 양분을 만들고, 그 과정에서 대기로 산소를 뿜어내기 때문이에요.

⑥ 고대 그리스, 로마, 이집트에서는 셀러리로 화환을 만들어 장례식에 썼어요.

⑦ 1876년 미국 네브래스카주에서 제1회 식목일을 기념하기 위해 100만 그루가 넘는 나무를 심었어요.

⑧ 현재의 이라크 지역에 있던 고대 도시 국가 우르를 지배한 어느 여왕의 4500년 된 무덤에서는 실에 줄줄이 꿴 말린 사과들이 발견되었어요.

⑨ 유럽에서 미국 뉴잉글랜드로 온 정착민들이 1623년 아메리카 대륙에 사과 씨를 처음 심었어요.

⑩ 미국 수도 워싱턴 디시의 인공 호수 타이들 베이슨에는 1912년 일본의 도쿄 시장이 선물한 벚나무 수천 그루가 있어요. 보답으로 미국은 일본에 산딸나무를 보냈어요.

⑪ 나팔꽃은 대개 태양의 빛과 온기를 받아서 아침에 피었다가, 저녁에 빛이 약해지고 기온이 떨어지면 오므려요.

⑫ 「해리 포터」 시리즈에서 비명을 지르는 식물로 나오는 맨드레이크의 뿌리는 예전에 진통제로 쓰였어요. 수술할 때 썼다가 '정신 착란'을 일으키기도 했어요.

⑬ 「해리 포터」에서 약물로 쓰인 투구꽃은 수백 년 전 유럽에서는 늑대를 중독시키는 데 썼어요.

⑭ 중세 유럽에서는 마녀가 독성이 있는 벨라도나의 도움을 받아서 하늘을 난다고 믿었어요.

⑮ 고대 그리스인은 호랑가시나무 가지가 번개, 독, 주술을 막아 준다고 믿었어요.

⑯ 「해리 포터」에서 볼드모트의 지팡이 재료였던 주목에는 몇 종류의 암을 치료하는 데 쓰이는 화학 물질이 들어 있어요.

⑰ 힌두교에서는 코코넛을 신성한 식물로 여기며, 신에게 공물로 바치곤 해요.

⑱ 많은 문화에서 올리브나무는 평화의 상징이에요.

⑲ 대나무는 세상에서 가장 큰 풀이에요.

⑳ 크리스마스트리로도 쓰이는 독일가문비는 2004년에 뿌리 나이가 9550년 된 것이 발견됐어요.

㉑ 강털소나무는 가장 오래 사는 나무 중 하나예요. 미국 캘리포니아주에는 므두셀라 나무라는 별명이 붙은 나무가 있는데 4700년이 넘었어요.

㉒ 해바라기 꽃은 커다랗지만 사실은 아주 작은 꽃 1000~2000개가 나선형으로 배열된 거예요.

나팔꽃

관한 상 놀라운 지식

㉓ 투구꽃류는 어느 부위든 먹으면 목숨이 위험해질 수 있어요.

㉔ 큰돼지풀(자이언트호그위드) 수액은 고통스러운 발진을 일으킬 수 있어요. 이 끈적거리는 물질에 닿은 뒤 햇빛을 쪼이면 발진이 생겨요.

㉕ 벚나무는 말에게 위험한 독성이 있어요.

㉖ 다람쥐에게는 다행스럽게도, 도토리는 사람에게 독성이 있어요.

㉗ 덩굴옻나무를 태울 때 나는 연기는 유독해요.

㉘ 식물은 약 40만 종이 알려져 있어요. 곤충의 종수보다 더 적어요.

㉙ 속설과 달리, 포인세티아는 사람에게 독성이 없어요.

㉚ 노르웨이의 한 섬에 있는 넓은 지하 저장고(시드볼트)에는 수억 개의 씨앗이 저장되어 있어요. 만일을 대비해 지구의 식물을 안전하게 지키려는 거예요.

㉛ 네덜란드금낭화는 꽃이 빨랫줄에 거꾸로 널어놓은 바지처럼 생겼어요.

㉜ 1980년 5월 미국 세인트헬렌스 화산이 분화했어요. 이듬해에 화산재로 뒤덮인 황량한 그곳에서 올라온 루피너스 싹이 발견됐어요.

㉝ 미국 백악관의 크리스마스트리는 몇 종의 상록수 중에서 고르는데, 높이가 천장까지 닿게 5.6미터쯤 되어야 해요.

㉞ 식충 식물인 끈끈이주걱은 끈끈한 방울을 분비해서 곤충을 꾀어 가둔 다음, 그 곤충의 영양소를 흡수해요.

㉟ 벌레잡이풀에는 소화액이 담긴 통이 있어요. 곤충은 달콤한 냄새에 끌려서 왔다가 이 통에 빠져요. 풀은 곤충이 서서히 소화되면서 나오는 양분을 흡수해요.

㊱ 파리지옥은 잎 가장자리의 미세한 털을 벌레가 두 번 건드리면 탁 닫혀요.

㊲ 난초는 종류가 많아요. 꽃식물의 4분의 1이 난초이고, 종수가 포유류의 4배, 조류의 2배예요.

㊳ 지구의 역사를 1시간으로 줄이면, 꽃식물은 마지막 90초에 출현했어요.

㊴ 부피로 따질 때 가장 큰 나무는 별명이 셔먼 장군인 세쿼이아예요. 부피가 1487세제곱미터를 넘어요.

㊵ 사탕소나무 솔방울은 길이가 거의 61센티미터까지 자랄 수 있어요.

㊶ 아스피린의 활성 성분은 원래 버드나무에서 얻었어요.

㊷ 이끼, 고사리, 많은 조류는 꽃과 씨가 아니라 홀씨를 만들어요.

㊸ 아자라 미크로필라(*Azara microphylla*)의 섬세한 노란 꽃은 초콜릿과 바닐라 향기가 나요.

㊹ 미모사라는 예민한 식물의 잎은 건드리면 접혀서 축 늘어져요.

㊺ 구갑목단은 돌처럼 생겼지만 작고 납작한 사막 식물이에요. 살아 있는 바위라고 불리지요.

㊻ 부활초는 물이 없으면 쪼그라들어 말린 공처럼 변해서 죽은 듯이 여러 해를 보내요. 마침내 비가 내리면, 펼쳐져 초록 잎을 내밀어요.

㊼ 미국 캘리포니아주에 있는 삼나무 하이페리언은 높이 115.92미터로 세계에서 가장 큰 나무예요. 자유의 여신상보다 약 21미터 더 커요.

㊽ 메이플시럽은 사탕단풍의 수액으로 만들어요. 수액은 낮에는 맑고 춥지만 영하는 아니면서, 밤에는 서리가 내리는 날이 며칠 이어진 뒤에만 채취해요.

㊾ 2022년에 미국에서 인기 있는 아기 이름 100개에 포함된 릴리와 아이리스는 꽃의 이름이기도 해요. 백합과 붓꽃이지요.

㊿ 호박은 나뭇진 화석이에요.

(51) 코피 루왁은 인도네시아의 사향고양이가 먹고 배설한 커피 콩으로 만드는 커피예요.

(52) 감초 맛은 감초 뿌리로 내지만, 허브인 아니스와 회향으로도 내요.

(53) 발사나무는 밤에만 꽃을 피워요. 꽃에 2.5센티미터 깊이로 고인 꿀을 먹기 위해서 새, 박쥐, 킨카주너구리, 주머니쥐, 원숭이 등이 모여들지요.

(54) 사탕수수 줄기는 5미터 이상 자라요.

(55) 석탄은 대부분 고대 식물의 잔해예요.

(56) 옥수수는 미국에서 가장 많이 심는 작물이에요.

(57) 알라딘, 드리밍메이드, 아이스크림, 쿵푸, 미시즈 존 T. 쉬퍼스는 모두 튤립 품종의 이름이에요.

(58) 달맞이꽃, 밤나팔꽃, 나이트플록스는 해가 지고 어두워질 때까지 꽃잎을 펴 놓아요.

(59) 세이셸야자인 코코드메르는 식물 중에서 가장 큰 씨를 맺어요. 씨 무게가 30킬로그램까지 나가요.

(60) 가장 작은 씨(난초) 300개를 죽 늘어놓으면 2.5센티미터쯤 될 거예요.

(61) 제왕나비 애벌레는 독성이 있는 식물 아스클레피오스를 먹고 그 독과 악취를 몸에 지녀서 포식자를 피해요.

(62) 계핏가루(시나몬)는 몇몇 녹나무 종의 껍질, 즉 계피를 말려서 만들어요.

(63) 캘리포니아 디즈니랜드 투모로우 랜드에 자라는 식물은 모두 식용이에요.

(64) 웰위치아는 잎이 2개만 나는데, 약 9미터까지 자라며 1500년을 살아요.

(65) 세계에서 가장 큰 꽃은 인도네시아 우림에 있고, 자동차 타이어보다 커요.

(66) 존 채프먼은 200여 년 전 미국 서부를 가로지르며 사과나무를 심어서 조니 애플시드(사과 씨)란 별명으로 유명해요.

(67) 무화과 하나는 사실 1000개가 넘는 작은 열매로 이루어져 있어요.

(68) 돼지감자는 사실 감자가 아니에요.

(69) 샐러드에 쓰이는 약간 매운 잎채소인 루콜라는 로켓, 아루굴라라고도 해요.

(70) 고대 그리스인은 무덤에 파슬리를 심었어요.

(71) 붓순나무의 씨는 별 모양 꼬투리에 들어 있어요.

(72) 바닐라 향은 난초과 덩굴식물에서 얻어요.

(73) 생강은 약초로 먼저 쓰였어요.

(74) 아시아가 원산지인 칡은 하루에 30센티미터씩 자라는 덩굴 식물로 북아메리카의 주요 침입 외래종이에요.

(75) 사와로선인장(변경주)은 15미터까지 자랄 수 있지만, 처음 8년 동안은 겨우 2.5~3.8센티미터쯤 자랄 뿐이에요.

*지금까지 배운 지식은 1,025가지!

① 오스트레일리아와 뉴질랜드는 남반구에 있기에 **'저 아래 땅'**이란 별명이 있어요.

② 오스트레일리아는 태평양의 섬들, 뉴질랜드와 함께 **오세아니아**에 속해요. 오스트레일리아와 뉴질랜드의 거리는 서울-부산 거리의 12.7배예요.

③ 캔버라 국회 의사당은 언덕을 살려 지어서 **잔디가 덮인 지붕**에 걸어 올라갈 수 있어요.

④ 오스트레일리아에서만 사는 **코알라**는 물을 거의 마시지 않아요. 필요한 물은 먹이인 유칼립투스 잎에서 대부분 얻거든요.

⑤ 오스트레일리아는 모든 대륙 중에서 가장 작아요. 하지만 세계에서 가장 큰 섬인 그린란드보다 **3배 더 커요**.

⑥ 오스트레일리아 동부에 깔때기거미가 **40종** 있는데, 그중 일부는 독이 있어요.

⑦ 오스트레일리아 내륙의 유명한 건조 지역, **아웃백**에는 태양이 지글지글 끓고 물은 찾기 힘든 거대한 사막이 넓게 펼쳐져요.

⑧ 약 2만 6500년 전에 뉴질랜드 타우포에서 역사상 가장 강력한 **화산 분화**가 일어났어요. 분출된 물질은 50킬로미터 상공까지 치솟았어요.

⑨ 1995년 이전의 **국제 날짜 변경선**은 섬나라 키리바시를 둘로 나누었어요. 그 나라의 서쪽이 월요일이면 동쪽은 화요일로 접어들었지요.

⑩ 오스트레일리아의 초기 정착민 중에는 **범죄자**가 많았어요. 당시에 영국에서 죄수들을 오스트레일리아로 유형 보냈거든요.

⑪ 세계에서 가장 **독성이 높은 뱀** 10종의 원산지가 오스트레일리아예요. **코브라**보다 독성이 **10배**나 더 많은 바다뱀도 있어요.

⑫ 오스트레일리아 북부에서 두 달간의 **우기**에 내리는 비는 런던의 일 년 강수량보다 훨씬 많아요.

⑬ **파푸아 뉴기니**에는 **언어가 700종**이 넘게 있어요. 그 어느 나라보다 많아요.

⑭ **바다악어**는 오스트레일리아 토착종이고, 세계에서 가장 위험한 동물로 자주 꼽혀요.

⑮ 오스트레일리아 사람들이 즐겨 하는 **네트볼**은 드리블이 없는 것만 빼면 농구와 비슷해요.

⑯ 1851년에 오스트레일리아에서 금이 발견되자 8년도 안 되어 **인구**가 거의 **두 배**로 늘었어요.

오스트레일리아와
알수록 신기한

⑰ 오스트레일리아의 야생 개인 **딩고**는 아시아에서 배를 타고 **3500년 전**에 처음 오스트레일리아로 건너왔어요.

⑱ 오스트레일리아 남동부의 스키 리조트는 인기가 높아요. 해마다 8월에 **캥거루 호펫**이란 국제 스키 행사를 열고, 42킬로미터 경주도 치러요.

⑲ 영국인 정착민은 1788년에 처음 오스트레일리아 대륙에 들어왔어요. 하지만 이미 **6만 년** 전부터 살고 있는 원주민이 있었어요.

⑳ 약 1만 년 전에 **태즈메이니아**는 섬이 아니라 오스트레일리아 대륙과 연결된 육지였어요.

㉑ 파푸아 뉴기니에서 제2차 세계 대전 중 **침몰한 배**들은 오늘날 스쿠버 다이버들에게 인기 있는 잠수 명소예요.

㉒ 오스트레일리아에는 **고유한 토착 식물**과 동물의 보전을 돕는 보호 구역이 1만 곳 넘게 있어요.

㉓ 뉴질랜드에는 양이 한 **사람당 약 10마리** 정도로 있어요.

㉔ 오스트레일리아에 사는 사람들의 4분의 1 이상이 **다른 나라**에서 태어났어요.

㉕ 오스트레일리아에서 가장 큰 새인 **날지 못하는 에뮤**는 시속 64킬로미터로 달릴 수 있어요.

㉖ **유칼립투스 나무**의 단단한 껍질은 오스트레일리아의 건조 지역에서 자연적으로 일어나는 위험한 화재에도 견딜 수 있어요.

㉗ 오스트레일리아에는 사람보다 **캥거루**가 더 많이 살아요.

㉘ **왈라루**는 캥거루보다 작은 유대류예요. 헤엄칠 때는 육지에서 뛸 때와 달리 뒷다리를 따로따로 움직여요.

㉙ 뉴질랜드에서 자라나는 식물의 약 **90퍼센트**는 전 세계 **어디에서도** 찾아볼 수 **없어요**.

㉚ 파푸아 뉴기니의 싱싱 축제에서는 사람들이 **몸과 얼굴을 칠하고** 전통 노래를 부르며 춤을 춰요.

㉛ 사모아인들은 중요한 행사에서 **카바**를 마셔요. 카바는 카바 식물의 뿌리로 만든 음료로서 긴장을 풀어 준다고 해요.

㉜ **에뮤**의 키는 2미터나 돼요. 이 새는 날지 못하기 때문에 맹금류의 공격을 받으면 지그재그로 뛰어 도망가요.

㉝ 2000년 시드니 하계 올림픽에서 오스트레일리아는 **메달을 58개** 받았어요. 이 나라 역사상 가장 많은 메달 기록이었어요.

㉞ 세계에서 가장 큰 바위인 **울루루**는 오스트레일리아 한가운데에 있으며, 114층 건물보다 더 높아요.

㉟ 뉴질랜드 북섬 로토루아에는 진흙이 끓고, 간헐천을 내뿜는 **지열 온천** 지대가 있어요. 2001년에는 암석과 진흙이 10미터 높이로 솟구쳤어요.

오세아니아에 대한 35가지 지식

※ 지금까지 배운 지식은 1,060가지!

1. 반려동물만을 승객으로 태우는 전용 비행기가 있어요. **2.** 치타는 경주차보다 더 빨리 가속할 수 있어요. **3.** 플라스틱병 1만 2500개로 만든 돛단배로 미국 캘리포니아주 샌프란시스코에서 오스트레일리아까지 항해한 사람들이 있어요. **4.** 열쇠로 자동차 시동을 걸기 시작한 때는 1949년부터였어요. **5.** 두 명의 조종사가 11일 7시간 만에 헬리콥터로 세계 일주를 하는 신기록을 세웠어요. **6.** 1930년에 두 남자가 자동차를 후진만으로 몰고 뉴욕에서 로스앤젤레스까지 갔다가 돌아왔어요. 42일이 걸렸어요. **7.** 미국 미네소타주에서는 오토바이로 시속 330킬로미터로 달리다가 과속으로 걸린 사람이 있었어요. 당시 그 주에서 최고 속도였어요. **8.** 1769년에 증기 기관으로 움직이는 트랙터가 나왔어요. 이 트랙터는 시속 4킬로미터로 달릴 수 있었어요. **9.** 마력은 엔진이 얼마나 많은 힘을 낼 수 있는지를 측정하는 단위예요. 말 한 마리가 무게 75킬로그램을 1초에 1미터 들어 올리는 힘이 1마력이지요. 현대 승용차는 대개 수백 마력의 힘을 내요. **10.** 최초의 진정한 자동차는 바퀴가 3개였어요. **11.** 배기가스에 특수한 기름을 섞으면 항공기로 하늘에 글자를 쓸 수 있어요. 미국의 한 회사는 1년에 50건이 넘는 청혼 메시지를 하늘에 썼어요. **12.** 현재 세계에서 가장 빠른 고속 열차의 기록은 일본이 지니고 있어요. 시험 트랙에서 시속 581킬로미터로 달렸지요. **13.** 미국의 66번 도로는 시카고에서 로스앤젤레스로 이어지는 국도예요. 1926년에 중서부, 남서부, 캘리포니아 남부를 잇기 위해 건설되었어요. **14.** 디즈니 픽사의 애니메이션 「카」에 나오는 도시인 '레디에이터 스프링스'는 미국 애리조나주의 피치 스프링스를 본뜬 거예요. 영화 속 도시처럼 예전에는 66번 도로와 연결되어 있었지만, 새 고속도로가 난 뒤로 유령 도시가 된 곳이지요. **15.** 최초의 자동차는 자전거 바퀴를 달았어요. **16.** 최초의 휘발유 엔진 자동차는 3마력이었고 시속 30킬로미터로 달릴 수 있었어요. **17.** 초기 자동차는 승객 좌석이 운전석 뒤가 아니라 앞에 있었어요. 운전자는 고개를 좌우로 내밀어서 앞을 봐야 했지요! **18.** 1901년부터 대부분의 국가는 자동차에 번호판을 달게 했어요. 번호판은 운전자가 직접 제작해야 했어요. 그래서 두꺼운 종이로 만들어 붙인 사람도 많았어요! **19.** '클래리언 벨'은 현대식 자동차 경적의 초기 형태였어요. 이 종을 울려서 사람들에게 비키라고 알렸지요. 운전대에서 손을 뗄 필요가 없도록, 종은 발로 조작할 수 있었어요. **20.** 자동차에 방향 지시등과 미등이 없던 시절에는 운전자가 손으로 신호하거나 속도를 늦추어서 방향을 바꾼다고 다른 차들에 알렸어요. **21.** 헨리 포드가 만든 포드 모델 T는 대중이 구입할 수 있을 만한 가격으로 나온 최초의 자동차였어요. 1908년 발표 당시에는 850달러였다가, 1914년에는 약 500달러로 가격을 내렸지요. 5년 동안 25만 대가 팔렸어요. **22.** 모델 T는 색깔이 검은색 한 가지뿐이었어요. 페인트 비용을 줄이기 위해서 한 색깔만 쓴 거예요. **23.** 1920년대에 전구로 만든 전조등을 달기 이전에는, 자동차에 촛불이나 기름으로 밝히는 램프를 달았어요. **24.** 경주차는 홈이 없는 매끄러운 타이어를 써요. 달리면서 타이어 고무가 열을 받으면 부드러워져서 바닥에 잘 달라붙거든요. **25.** 미국 자동차의 경적은 대부분 파(F)에 해당하는 음을 써요. 한국 자동차는 솔(G) 음을 주로 써요. **26.** 미국에서 최초로 속도위반으로 걸린 사람은 뉴욕시의 택시 기사였어요. 시속 19킬로미터로 택시를 몰았어요. **27.** 세계 최초의 교통 신호등은 1868년 런던에 설치되었어요. 자동차가 발명되기 전이었지요. 말이 끄는 마차들의 교통을 정리하기 위해서였지요. **28.** 1920년 미국 디트로이트시에서 세계 최초로 빨강, 초록, 노랑 불빛을 써서 교통을 통제했어요. 교통경찰이 단추나 스위치를 직접 눌러서 신호를 바꾸어야 했어요. **29.** 미국 오클라호마시에서 1935년 세계 최초로 동전으로 작동하는 주차 요금기를 설치했어요. 요금은 1시간에 5센트였어요. **30.** 자동차를 탄 채로 주문하는 최초의 맥도널드 매장은 1975년 미국 애리조나주의 군 기지 근처에 문을 열었어요. 당시 군인은 군복을 입은 채로 기지 밖에서는 자동차에서 내릴 수 없었기 때문에 생긴 거지요. **31.** 범퍼카 오래 타기로 세계 기록을 세운 사람은 꼬박 28시간을 탔어요. **32.** 스마트포투는 대량 생산되는 차 중에서 가장 짧은 차이고 좌석이 두 개예요. 길이가 2.5미터로, 다른 큰 승용차의 절반 길이예요. **33.** 세계에서 가장 많이 팔린 차는 도요타 코롤라예요. 2022년 도요타는 전 세계 판매량이 5000만 대를 넘었다고 발표했어요. **34.** 최초의 오토바이는 작은 증기 기관으로 움직였어요. **35.** 오토바이 엔진의 피스톤은 1초에 100번까지 위아래로 움직여요. **36.** 오토바이는 후진 기어가 없어요. **37.** 시어도어 루스벨트는 자동차를 소유한 최초의 미국 대통령이었어요. **38.** 최초의 케이블카는 1873년에 첫선을 보였어요. 케이블카를 만든 발명가는 미국 샌프란시스코에서 말들이 가파른 자갈길을 따라 마차를 힘겹게 끌고 올라가는 모습을 보고 착안했다고 해요. 케이블카는 땅속에 설치한 케이블이 돌아가면서 움직여요. **39.** 대형 여객선은 승용차 230대와 화물차 300대를 실을 수 있어요. 6.5시간에 걸쳐서 네덜란드에서 영국까지 항해하지요. **40.** 세계에서 가장 빠른 차는 스러스트 SSC예요. 최고 속도가 시속 1228킬로미터를 기록했어요. **41.** 미국 해군에는 원격 조종으로 외딴 기지까지 군수품을 운반하는 무인 헬기가 있어요. **42.** 난기류 방지 기술을 갖춘 신형 항공기는 기체의 흔들림을 줄여서 멀미가 덜 나게 해요. **43.** 한 프랑스인은 비행기로 변신할 수 있는 호화 요트를 설계했어요. 돛 4개를 접으면 날개가 되어서 총알 모양인 선체가 공기와 바다를 가르며 나아가는 데 보탬이 돼요. **44.** 스위스 공학자들은 태양 전지로 전기 모터를 돌려서 24시간 계속 날 수 있는 항공기를 설계했어요. **45.** 증기 기관차는 보일러에서 연료를 태워 생기는 증기로 동력을 얻어요. 기관차를 움직일 만한 증기를 발생시키려면 3시간이 걸려요. **46.** 미국의 대륙 횡단 철도는 1869년에 완공되었어요. 당시 금광 개발 열풍이 불어서 철도 건설이 활기를 띠었지요. **47.** 나무 조각을 태워서 달리는 자동차도 만들어졌어요. **48.** 오스트레일리아의 시드니 하버 브리지는 세계에서 가장 큰 강철 아치 다리예요. 수면 위로 134미터 높이에 이르지요.

49. 배우 톰 행크스는 애니메이션 「폴라 익스프레스」에서 6개 배역을 맡았어요. **50.** 칭장철도는 세계에서 가장 높은 곳에 있어요. 5072미터까지 올라가지요. 고산병에 대비해서 승객용 산소 호흡기도 싣고 있어요. **51.** 짧게 '처널'이라고 불리는 채널 터널은 영국 해협에 건설된 해저 터널로서 영국을 벨기에, 프랑스와 연결해요. 이 터널 속에서는 열차가 시속 322킬로미터 이상으로 달릴 수 있어요. **52.** 일본은 1964년에 최초로 현대식 고속 열차를 도입했어요. '총알 열차'라고 했지요. **53.** 뉴욕시 지하철에는 회전문이 3만 1180개 있어요. 타임스스퀘어역이 가장 붐벼요. **54.** 도쿄 지하철은 연간 37억 명이 이용해요. **55.** 미국 샌프란시스코의 골든게이트교는 1937년에 생긴 뒤로 20억 대가 넘는 자동차가 지나갔어요. **56.** 중국의 자오저우완 대교는 해상에 건설된 세계에서 가장 긴 다리예요. 길이가 42.5킬로미터지요. 끝에서 끝까지 달리면 마라톤을 뛰는 것이나 다름없어요! **57.** 실크로드는 실제 도로가 아니에요. 로마와 중국 사이에 물품을 싣고 오가던 총길이 6400킬로미터에 달하는 고대 교역로의 이름이지요. **58.** 영국 런던의 애비로드는 록 그룹 비틀스가 횡단보도를 건너는 사진을 찍은 곳으로 유명해요. 그 사진은 같은 이름의 앨범 표지에 실렸어요. **59.** 스위스 알프스산맥에 길이 약 57킬로미터의 고트하르트 철도 터널이 뚫리자 유럽의 남쪽과 북쪽 사이를 오가는 시간이 대폭 줄었어요. 세계에서 가장 긴 철도 터널이에요. **60.** 미국 샌프란시스코시의 롬바드가는 세상에서 가장 꼬불꼬불한 거리로 여겨져요. 한 블록이 여덟 번 굽었어요. 경사가 가파른 곳을 안전히 내려가도록 한 거예요. **61.** 시베리아 횡단 철도는 세계에서 가장 긴 철도예요. 길이가 9288킬로미터이고 7개 시간대에 걸쳐 있어요! **62.** 호버크라프트는 배가 아니라 물 위로 공중에 떠서 가는 교통수단이라고 할 수 있어요. **63.** 뗏목과 배의 차이점은 배는 앉을 의자가 있고, 뗏목은 의자가 없어서 바닥에 앉아야 한다는 거예요. **64.** 영화 「트랜스포머 3」을 촬영할 때 차량이 500대 이상 파괴되었어요. **65.** 고대 그리스와 로마에서는 1800명이 노를 젓는 전함을 만들었어요! **66.** 세계에서 가장 큰 강배였던 미시시피퀸호는 승객 422명을 태울 수 있었어요. **67.** 제트 엔진으로 나아가는 수중익선이 세운 속도 세계 기록은 시속 511킬로미터였어요. **68.** 딩기는 커다란 배 옆에 매달아 놓고 구명정으로 쓰는 작은 배예요. **69.** 중국에서는 전통적으로 앞에 용머리를 장식한 용선을 썼어요. 용선으로 미국 미주리강에서 545킬로미터를 항해하기도 했어요. **70.** 탐험가 어니스트 섀클턴이 탄 인듀어런스호는 1915년 남극 대륙 탐험을 위한 항해에 나섰다가 11개월을 얼음 속에 갇혀 있었어요. 그 배의 깃발은 18만 600달러에 팔렸어요. 지금까지 거래된 깃발 중 가장 높은 가격이었어요. **71.** 세계에서 가장 큰 여객선은 길이가 365미터예요. 타이태닉호보다 96미터가 더 길어요. **72.** 과학자들은 커피 찌꺼기와 사용한 기저귀를 자동차 연료로 쓸 방법을 연구하고 있어요! **73.** 오토바이를 타고 1분에 36번 회전한 사람이 있어요. **74.** 미국 수도 워싱턴과 시카고에서는 운전자들이 교통 정체 때문에 연간 70시간 이상을 허비해요. **75.** 에어백은 1953년에 특허를 받았지만, 빨리 팽창시키기가 어려웠기에 수십 년 뒤에야 자동차에 장착되었어요. 오늘날 에어백은 팽창하는 데 25분의 1초밖에 안 걸려요. **76.** 나스카 자동차 경주에서는 15초 안에 타이어를 갈고 연료를 채워요. **77.** 최초의 소방차는 말의 힘으로 수차를 돌려서 물을 끌어 올렸어요. **78.** 광산에서 쓰는 덤프트럭은 타이어가 어른 두 명의 키보다 더 커요! **79.** 흰색의 차는 다른 짙은 색깔의 차보다 사고가 더 적게 나요. **80.** 미국인은 1000명당 908대의 차가 있어요. 한국인은 1000명당 526대의 차가 있지요. **81.** 팬보트는 비행기처럼 프로펠러를 뒤에 달고 회전시켜서 물 위를 나아가는 배예요. 미국 플로리다주 에버글레이즈 습지에서 흔히 쓰여요. **82.** 이탈리아 베네치아에서는 곤돌라를 타고 운하를 돌아다녀요. 곤돌라는 모두 검은색으로 칠해요. **83.** 택시라는 이름은 자동차가 움직인 거리와 시간을 재서 요금을 표시하는 장치인 택시미터에서 나왔어요. **84.** 뉴욕시에는 택시가 약 1만 3000대 있어요. **85.** 개 썰매는 수백 년 동안 교통수단으로 쓰였어요. 미국 알래스카주의 아이디타로드 개 썰매 경주는 앵커리지에서 놈까지 1851킬로미터를 개 썰매로 달리는 경주예요. **86.** 인도의 카지랑가 국립 공원에서는 경비원들이 코끼리를 타고 순찰해요. **87.** 버진갤럭틱은 승객을 해발 10만 9728미터 상공까지 올려 보내 무중력 상태를 경험하게 하는 회사예요. 최초 요금은 20만 달러였어요. **88.** 필리핀의 트라이시클은 4~5명까지 탈 수 있게 좌석을 붙인 오토바이 택시예요. **89.** 태국에는 툭툭이라는 택시가 있어요. 양옆이 트여 있고 지붕이 있는 삼륜차 형태예요. **90.** 베이징에서는 한때 도로 건설 때문에 10일 동안 교통 정체가 계속되기도 했어요. **91.** 도요타 프리우스는 부품의 85퍼센트를 재활용할 수 있어요. **92.** 자동차에 뒷거울을 처음 단 순간은 1911년 제1회 인디애나폴리스 500 경주 대회 때였어요. **93.** 낙타는 무거운 짐을 진 채로 마시지도 않고 8일까지 걸을 수 있어서, 수천 년 동안 아프리카와 중동 사막에서 교통수단으로 널리 쓰였어요. **94.** 카우치바이크는 자전거 두 대에 긴 의자를 붙인 거예요. 두 사람이 나란히 의자에 앉아서 페달을 밟아 천천히 다닐 수 있어요. **95.** 후방 카메라와 센서는 1970년대부터 건설 트럭에 쓰였지만, 승용차에는 최근에 쓰이기 시작했어요. **96.** 1959년에 운행을 시작한 디즈니랜드의 모노레일은 서반구에서 최초로 매일같이 운행한 모노레일이에요. **97.** 런던의 지하철은 언더그라운드나 튜브라고 해요. **98.** 구급차 앞쪽에 구급차라는 단어를 표시할 때에는 좌우를 뒤집어요. 앞에 있는 차의 운전자가 뒷거울로 봤을 때 바로 보이도록 하는 거예요. **99.** 부가티 베이론은 일반 도로로 다닐 수 있는 차 중에서 가장 비싸요. 165만 유로(약 25억 원)지요. 최고 속도가 시속 407킬로미터예요. **100.** 중국에서는 '터널 버스'로 교통 정체를 해결하겠다는 구상도 나왔어요. 1200명까지 탈 수 있는 버스 바퀴가 차선의 양쪽 끝에 설치된 레일을 달리고, 도로와 버스의 바닥 사이 높이가 2.1미터여서 그 가운데로 보통 자동차가 다닌다는 계획이에요.

탈것과 교통수단에 관한 100가지 지식

* 지금까지 배운 지식은 1,160가지!

45가지

사랑스러운 새끼 동물들에 관한 귀여운 (그리고 썩 귀엽지 않은 5가지) 지식

1 새끼 **해마**는 태어날 때 **엄마가 아니라 아빠**의 배에서 나와요!

2 새끼 **큰개미핥기**는 태어나서 1년 동안은 어미의 **등에 매달려** 다녀요.

3 새끼 **염소**는 태어나자마자 눈을 떠요.

4 새끼 **아르마딜로**는 태어날 때는 **등딱지가 부드러워요**. 며칠 지나면 딱딱해져요.

5 새끼 **큰귀여우**는 **치와와**와 조금 닮았어요.

6 새끼 **치타**는 목과 어깨에 **멋진 갈기**가 있어요.

7 **무족영원**은 지렁이처럼 생긴 양서류예요. 그중 몇몇 종의 새끼는 태어난 직후에 **특수한 이빨로 어미의 등**에서 피부층을 갉아 먹어요.

8 새끼 **태즈메이니아데빌**은 열심히 자라야 해요. 쌀알 만 한 크기에서 몸무게 **8킬로그램**까지 크거든요.

9 **기린**은 태어날 때, 약 1.8미터 높이에서 머리 쪽부터 나와서 땅에 **떨어져요**.

10 새끼 **바위너구리**는 **똥을 먹어서** 식물을 소화하는 데 필요한 장내 세균을 얻어요.

11 새끼 멧돼지는 대개 **줄무늬**가 있어요.

12 새끼 **홍학**은 어미와 아비의 소화관 위쪽에서 생기는 물질인 소낭유를 마셔요.

13 새끼 **호저**의 **가시**는 태어날 때는 **부드럽지만** 며칠 지나면 단단해져요.

14 오스트레일리아의 위부화개구리는 별난 방식으로 태어나요. **새끼가 어미의 위장에서** 알을 깨고 **부화하면** 어미가 올챙이를 **입으로 토해요**.

15 새끼 **나무늘보**는 태어나자마자 **어미의 털**을 붙들고 매달려요.

16 **침팬지**는 약 4세가 **되어야** 비로소 자기 힘으로 **제대로 걸을 수 있어요**.

17 기린의 유일한 현생 친척인 **오카피**는 태어나서 **한 달**까지 응가를 하지 않아요.

새끼 치타

* 지금까지 배운 지식은 1,210가지!

18
스컹크의 친척인 **벌꿀오소리**는 태어난 지 **3주째에 하얀 줄무늬**가 생겨요.

19
하마는 물속에서도 땅에서도 태어날 수 있어요.

20
새끼 바다사자는 수많은 바다사자들 중에서 **소리를 듣고 어미를 찾아내요.**

21
얼룩말은 태어날 때에는 **흰색**에 **짙은 갈색** 줄무늬가 있어요.

22
갓 태어난 **새끼 판다**는 **막대 초콜릿**만 해요.

23
가시투성이 유대류인 **가시두더지**는 포유류이지만 새끼가 알을 깨고 나와요!

24
동물원 사육사는 **새끼 코알라**를 담요로 둘둘 감싸 놓아요. **어미의 주머니** 안에 있는 것처럼 **느끼도록** 도와주려는 거예요.

25
수달은 태어난 지 **두 달**이 지나야 **헤엄을 칠 수 있어요.**

26
가지뿔영양은 태어난 지 **이틀 만에** 다 자란 **말보다 더 빨리** 달릴 수 있어요.

27
무엇이든 연습이 필요해요. **새끼 코끼리**도 처음에는 코를 쓰는 일이 **서툴러요.**

28
새끼 **고슴도치**는 태어날 때 이미 가시가 있지만, 이 가시는 **부드럽고 잘** 구부러져요.

29
날지 못하는 커다란 새인 **화식조**는 오로지 **수컷**만 새끼를 키워요.

30
순록은 **태어난 지 하루 만에** 우리보다 더 **빨리 달릴 수 있어요.**

31
새끼 벌새는 **부리에 혹**이 나 있어요.

32
벌새는 대개 부화할 때 몸길이가 겨우 **2.5센티미터**예요.

33
타조는 새끼를 **함께 키우는데** 새끼가 동시에 **300마리**에 이르기도 해요.

34
새끼 **전갈**은 **침을 쏘를 수 없어요.**

35
파나마황금개구리의 **올챙이**는 폭우가 내린 뒤 하천 물살이 빨라지면, **이빨로 바위에 꽉 달라붙어요.**

36
독개구리의 올챙이는 땅에서 부화한 뒤 **꼬물거리며 부모의 등에 올라타요.** 그러면 부모가 물에 데려다주지요.

37
새끼 웜뱃은 **여섯 달**이 지난 뒤에야 어미의 주머니 밖으로 고개를 내밀어요.

38
많은 **새끼 파충류**가 주둥이 앞쪽에 난 **이빨**을 써서 **알을 깨고** 나와요.

39
새끼 악어는 위험할 때 **어미의 입으로 헤엄쳐** 들어가곤 해요.

40
새끼 코브라는 부화한 날에 바로 **목을 부풀리고서 공격**할 수 있어요.

41
새끼 거북은 모래 속에서 **부화한 뒤에 땅 위로 올라와요.** 모래를 파고 올라오는 데 한 달이 걸리기도 해요.

42
새끼 방울뱀은 부화하고 1~2주가 지난 뒤에야 꼬리에 **첫 방울 조각이 생겨요.**

43
갓 태어난 낙타는 등에 혹이 없어요.

44
새끼 갈색곰은 적어도 첫 달은 잠자는 어미와 지내야 해요. 어미 갈색곰은 **잠을 자면서 새끼를 낳기도 해요!**

45
새끼 코뿔소는 몸무게가 **사람 어른**만 해요.

46
피그미마모셋은 태어날 때 겨우 사람 **엄지손가락**만 해요.
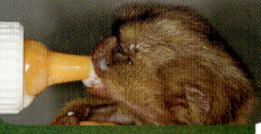

47
새끼 사자는 대부분 어미가 입으로 **뱉어 낸 먹이**나 반쯤 **소화된 먹이**를 먹어요.

48
파슨카멜레온은 새끼가 알에서 **부화하기까지 2년**이 걸리기도 해요.

49
새끼 대왕고래는 하루에 약 **90킬로그램**씩 몸무게가 늘어요.

50
갓 태어난 **캥거루**는 몸길이가 **종이 클립**만 해요.

1 세계에서 **가장 큰 이글루**에는 **200명** 이상 들어갈 수 있었어요.

2 **1만 1500년 전** 마지막 빙하기 때, 지구 표면의 3분의 1이 얼음에 덮였어요. 지금은 10분의 1만 덮여 있어요.

3 지금까지 찾아낸 **운석**의 **90퍼센트**는 남극 대륙에서 나왔어요. 얼어붙은 곳이라 운석이 잘 보존되었거든요. 온통 얼음이라 찾기도 쉽고요.

4 **눈 폭풍**이 올 때 **번갯불**이 일기도 해요.

5 **미국 하와이**에서도 눈에서 스키를 탈 수 있어요.

25가지 서늘하고

6 러시아 상트페테르부르크의 이 **얼음 궁전** 조각은 200년 전 안나 이바노브나 여제가 지었다는 얼음 궁전을 재현한 거예요.

7 대공황 때 팔았던 **스노콘**은 '불경기 아이스크림'이라고 불렸어요. 값싸게 만들 수 있었거든요.

8 절대로 따라 하지 말아요! 영하의 날씨에 금속 막대에 혀를 대면, 그대로 달라붙을 수 있어요.

9 초기에 썼던 하키 퍽은 **얼어붙은 쇠똥**이었어요.

10 화성에서는 물이 섭씨 10도에서 끓어요.

11 **송장개구리**는 세포 안팎에 특수한 동결 방지제 역할을 하는 화학 물질이 있어서, **거의 꽁꽁 얼었다가** 녹으면 다시 뛰어다녀요.

12 차가운 음료나 음식을 먹을 때 **머리가 띵해지는 것**은 사실 뇌와는 아무 상관이 없어요. 두피의 혈관이 수축해서 그래요.

멋진 지식

13 스웨덴에는 해마다 눈과 얼음을 써서 새로 짓는 호텔이 있어요. 의자, 탁자, 침대도 얼음으로 만들어요!

14 한 해에 **올림픽 경기용 수영장 수십 개**를 채울 만큼의 **슬러시 음료**가 팔려요.

15 한 여성은 언 와플 **73개**를 양손에 쌓아 올려서 세계 기록을 세웠어요.

16 어린이는 평균적으로 1년에 **8**번쯤 감기에 걸려요.

17 한 네덜란드 미술가는 **기후 변화**의 심각성을 알리기 위해서 **사막 한가운데**에 「태양빙하」라는 제목의 얼음 조각을 만들었어요.

18 지름이 5미터를 넘는 커다란 얼음덩어리를 **빙산**, 5미터 미만은 **빙산편**, 2미터 미만은 **빙암**이라고 구분하기도 해요.

19 **남극 대륙**에는 얼음 두께가 **5킬로미터**인 곳도 있어요!

20 남극 대륙에는 **30-30-30 법칙**이 있어요. 기온이 화씨 30도(-34.4℃) 이하에서 풍속이 시속 30마일(48.3km)일 때 사람 피부가 30초 안에 언다는 거예요.

21 지구에서 기록된 가장 낮은 기온은 섭씨 **-89.2도**로 남극 대륙에서 기록됐어요.

22 **그린란드와 남극 대륙**의 대부분을 뒤덮고 있는 광대한 두 빙원이 세계 빙하의 **99퍼센트** 이상을 차지해요.

23 양상추 중에는 빙산상추라는 품종도 있어요.

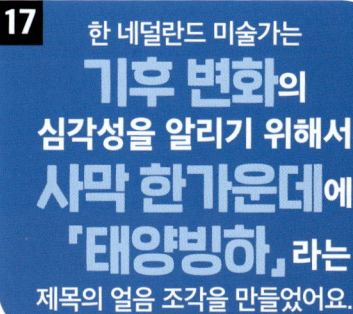

24 빙산은 육지의 빙하가 바다로 밀려 나와 떨어져서 떠다니는 거예요. **주로 민물로 이루어져 있어요.**

25 100여 년 전 11세 소년 **프랭크 에퍼슨**은 막대를 꽂은 탄산음료 컵을 문밖에 놓았다가 밤새 얼어붙은 것을 보고 엡시클이라고 했어요. 훗날 에퍼슨이 자녀들에게 만들어 줬더니, 아이들은 **팝시클**이라고 불러서 그 이름으로 특허를 냈어요.

*지금까지 배운 지식은 1,235가지!

행운을 불러오는

❶ **무당벌레**는 **세계** 어디에서나 **행운**의 상징이에요.

❷ 서유럽에서는 **2600**년 넘는 세월 동안 **토끼**의 발이 행운을 불러온다고 생각했어요.

❸ 많은 사람들이 **손가락 두 개를 교차시키면** 행운이 따른다고 믿어요.

❹ 페루에서는 새해 첫날 **노란색** 속옷을 입으면 행운이 찾아온다고 여겨요.

❺ 독일에서는 굴뚝 청소부의 솔을 **만지면** 행운이 온대요.

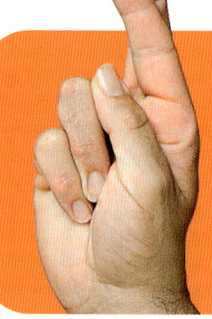

❻ 중국에서 숫자 **8**은 행운의 숫자예요. 중국에서 **2008년 8월 8일**에 30만 쌍이 넘게 **결혼**했어요.

❼ 보통은 네 잎 클로버를 **행운의 상징**으로 여기지만, **세계에서 잎이 가장 많은** 클로버(무려 잎이 56장!)야말로 가장 큰 행운의 클로버가 아닐까요?

58

15가지 사소한 지식

❽ 미국에서는 말굽에 대는 **편자**를 **문**에 걸어 두면 행운이 온다고 믿어요.

❾ "**다리를 부러뜨려.**"라는 표현은 오히려 **무대**에 오를 공연자들에게 행운을 가져다준다고 해요.

❿ 많은 문화권에서 숫자 **7**을 행운의 숫자로 여겨요. 미국에서는 2007년 7월 7일에 **결혼식**이 보통 때보다 세 배나 많이 열렸어요.

⓫ 영국에서는 **웨딩드레스**에서 거미를 발견하면 행운으로 여겨요.

⓬ 에스파냐에서는 새해 첫날 자정에 **포도 12알**을 먹으면 행운이 온대요.

⓭ 미국 남부에서는 새해 첫날에 **동부콩을 먹으면 행운**이 찾아온다고 해요.

⓮ 버락 오바마는 미국 **대통령** 선거 운동을 하는 내내 이라크전 참전 **군인의 팔찌**, 도박꾼의 행운의 칩, 행운을 비는 작은 종교적 **상징물**들을 가지고 다녔어요. 그리고 제44대 미국 대통령이 되었어요.

⓯ 믿거나 말거나, **여러 문화권에서는 새똥**을 맞으면 좋은 일이 생긴다고 하지요.

*지금까지 배운 지식은 1,250가지!

맨드릴

75가지 원숭이를 둘러싼 놀라운 지식

❶ 원숭이는 유인원이 아니에요. 고릴라, 침팬지, 보노보, 오랑우탄, 사람은 유인원에 속해요.

❷ 원숭이는 꼬리가 있지만, 유인원은 꼬리가 없어요.

❸ 태국의 몇몇 원숭이는 새끼에게 치실을 사용하는 법을 가르쳐요.

❹ 다른 수많은 원숭이 아빠와 달리, 큰긴팔원숭이 수컷은 육아를 도와요.

❺ 배럴 오브 멍키스라는 게임에는 원숭이가 12마리 들어 있어요. 1965년에 만들어진 오래된 게임으로 원숭이를 많이 연결하는 거예요.

❻ 사키원숭이는 털이 덥수룩해요. 물에 젖으면, 털에서 물을 빨아 마시기도 해요.

❼ 영어에는 '원숭이처럼 돌아다니지 마.'라는 표현이 있어요. '장난 그만해.'라는 뜻이에요.

❽ 미국 켄터키주 서부에는 이름이 '멍키스 아이브로(원숭이 눈썹)'인 작은 도시가 있어요.

❾ 유인원과 원숭이는 서로 털을 골라줘요. 털에 붙은 벌레와 더러운 것을 떼어내 주지요.

❿ 코코라는 고릴라는 수화를 배워서 사람과 의사소통했어요.

⓫ 짖는원숭이는 숲에 사는데 거의 3킬로미터 떨어진 곳에서도 들릴 만큼 크게 소리를 질러서 무리에게 경고하기 때문에 그런 이름이 붙었어요.

⓬ 제인 구달이 1960년 탄자니아에서 처음 침팬지를 연구할 때, 당국은 제인에게 보호자가 필요하다고 했어요. 그래서 제인은 어머니와 함께 갔어요.

⓭ 야생의 여우원숭이는 마다가스카르섬에만 살아요.

⓮ 개코원숭이가 다른 수컷에게 발바닥을 보인다면, 상대를 알파 수컷, 즉 두목으로 인정한다는 뜻이에요.

⓯ 슈퍼맨의 반려동물은 베포라는 원숭이예요. 1959년 만화에 처음 등장했어요.

⓰ 오랑우탄은 세 마리 중 한 마리꼴로 나무에서 떨어져 뼈가 부러져요.

⑰ 일본원숭이는 빨리 배워요. 이모라는 일본원숭이는 고구마를 물에 씻어 먹는 법을 알아냈어요. 곧 같은 무리의 원숭이들도 녀석을 따라 했어요.

⑱ 태국에서 열리는 원숭이 축제에 참가한 사람들은 사탕, 채소, 과일을 원숭이에게 주어요. 원숭이들은 원하는 만큼 먹을 수 있어요.

⑲ 긴팔원숭이는 부부가 함께 노래해요.

⑳ 제인 구달이 연구한 침팬지인 마이크는 기름통을 두드리면서 경쟁자들을 위협하곤 했어요.

㉑ 두크원숭이는 6미터 거리 나무로 건너뛸 수 있어요.

㉒ 푸 만추라는 오랑우탄은 철사를 입안에 숨겨뒀다가 자물쇠를 따서 오마하 동물원의 우리에서 탈출했어요.

㉓ 파타스원숭이는 땅에서 달릴 때는 시속 55킬로미터까지 속도를 낼 수 있어요.

㉔ 사람처럼 원숭이도 늙으면 대머리가 될 수 있어요.

㉕ 유인원은 대개 팔이 다리보다 길어요. 오랑우탄은 팔이 다리보다 거의 2배로 길지요.

㉖ 거미원숭이의 이름은 긴 팔과 꼬리를 움직일 때면 거미처럼 보여서 붙여졌어요.

㉗ 견원지간은 개와 원숭이가 서로를 원수로 생각한다는 말이에요.

㉘ 콜로부스원숭이는 다른 원숭이와 친하게 지내고 싶을 때 트림을 해요.

㉙ 다 자란 맨드릴개코원숭이 수컷은 코가 빨간색과 파란색이에요. 흥분하거나 화가 나면 색이 더 선명해지지요.

㉚ 침팬지는 긴 나무 막대기를 흰개미 집에 찔러 넣었다가 꺼내어 막대기에 달라붙은 흰개미들을 훑어 먹어요.

㉛ 황제타마린은 풍성한 콧수염으로 몸집이 더 커 보이도록 해요.

㉜ 아마존 숲에서 밤에 돌아다니는 작은 올빼미원숭이는 아메리카수리부엉이의 먹이가 돼요.

㉝ 태엽을 감으면 원숭이 인형이 북을 치거나 심벌즈를 맞부딪는 옛날 장난감은 온라인 중고 사이트에서 꽤 비싸게 팔리기도 해요.

㉞ 1996년 빈티 주아라는 고릴라는 미국 일리노이주의 한 동물원에서 고릴라 우리에 떨어진 세 살 남자아이를 구해 주었어요.

㉟ 큰긴팔원숭이는 샤망이라고도 해요. 샤망들은 서로 노래를 불러서 자기 위치를 알려요.

㊱ 일본원숭이는 눈싸움을 하기도 해요.

㊲ 원숭이는 사람 어른과 똑같이 이빨이 32개예요.

㊳ 대부분의 원숭이와 유인원은 나뭇가지를 모아서 나무 위에 아늑한 둥지를 만들고 잠을 자요.

㊴ 다이앤 포시는 아프리카 르완다에서 고릴라를 연구했어요. 포시는 처음으로 팔을 뻗어서 자신의 손을 만진 고릴라에게 피너츠라는 이름을 붙였어요.

㊵ 침팬지는 비가 올 때 잎을 따서 우산으로 써요.

㊶ 사람은 단어로 말할 수 있는 유일한 유인원이에요.

㊷ 힌두교도는 랑구르원숭이를 신성하게 여겨요. 그래서 랑구르가 마당에서 음식을 가져가도 그냥 놔두지요.

㊸ 침팬지는 10분 안에 둥지를 지을 수 있어요.

㊹ 사람이 낮에 낮잠을 자는 것처럼, 야행성인 올빼미원숭이도 한밤중에 잠깐씩 잠을 자요.

㊺ 1966년 서아프리카에서 털이 흰 고릴라가 발견되었어요. '눈송이'라는 이름을 얻었지요. 눈송이는 에스파냐 바르셀로나의 동물원으로 옮겨졌고, 그 뒤 자식을 30마리 낳았어요!

㊻ 긴팔원숭이는 아주 날래서 나무에서 뛰어 공중에서 새를 잡을 수 있어요.

㊼ 원숭이와 유인원은 사람에게서 질병을 옮을 수 있어요.

㊽ 알렌원숭이는 독특한 방식으로 낚시를 해요. 물에 나뭇잎을 띄운 뒤, 그 아래에 숨으러 오는 물고기를 움켜잡아요.

㊾ 원숭이는 바나나의 껍질을 벗겨서 버리고 속살을 먹어요.

㊿ 침팬지는 서로 안아 줘요.

(51) 마모셋원숭이는 나무즙을 먹어요.

(52) 원숭이는 함께 놀 때 얼굴을 찌푸리곤 해요.

(53) 1959년에 최초로 우주로 날아간 원숭이들은 15분 동안 우주에 있다가 무사히 돌아왔어요.

(54) 말레이시아의 돼지꼬리마카크는 나무를 기어올라 코코넛을 따는 일을 해요. 일한 대가로 바나나를 받아요.

(55) NBA 농구팀 피닉스 선즈의 마스코트는 고릴라예요. 중간 휴식 시간에 나와서 슬램 덩크 묘기를 부려요.

(56) 발리의 신성한 원숭이 숲에는 필리핀원숭이가 500마리가량 살고 있어요. 사람들은 이 원숭이들이 숲에 있는 사원을 수호한다고 믿어요.

(57) 고릴라는 화가 나면 울부짖어요.

(58) 마이클 잭슨의 반려동물은 버블스라는 침팬지였어요. 서로 옷을 맞춰 입곤 했지요.

(59) 침팬지는 잎을 씹어서 스펀지처럼 만들곤 해요. 그 스펀지를 물에 담갔다가 꺼내어 물을 짜 마셔요.

(60) 1970년대에 만들어진 해나-바베라 만화에 나오는 자주색 고릴라 '그레이프 에이프'는 키가 12.2미터였어요. 실제 고릴라는 키가 1.4~2미터예요.

(61) 침팬지가 그린 그림 네 점이 전시회에 출품되어 평론가들의 찬사를 받았어요. 평론가들은 사람이 그렸다고 생각했지요.

(62) 영화 「타잔」에서 제인을 연기한 배우는 타잔의 침팬지인 치타가 '기회가 있을 때마다' 사신을 때렸다고 투덜거렸어요.

(63) 큰긴팔원숭이와 긴팔원숭이는 물을 싫어해서, 개울이나 연못을 건너려 하지 않아요.

(64) 인도 델리에서는 사람들을 성가시게 하는 작은 마카크가 다가오지 못하게 하려고 큰 랑구르원숭이 사진을 오려 곳곳에 붙였어요.

(65) 1981년 유니버설 스튜디오는 게임 「동키콩」이 영화 「킹콩」과 너무 유사하다면서 닌텐도를 고소했어요. 하지만 소송에서 이기지 못했어요.

(66) 마카크는 볼주머니에 위장만큼 먹이를 많이 담을 수 있어요.

(67) 침팬지는 먹이를 얻기 위해 동물을 사냥하기도 하는데, 창까지 만들어 써요.

(68) 과학자들은 예전에는 보노보가 침팬지의 한 종류라고 여겼지만, 지금은 다른 종이라고 생각해요.

(69) 원숭이도 사람처럼 개체마다 지문이 달라요.

(70) 유인원은 종에 따라 털 아래의 피부 색깔이 달라요. 오랑우탄의 피부는 파르스름해 보이기도 해요.

(71) 나무 위에 있는 짖는원숭이는 밑으로 걸어가는 사람을 향해 오줌을 눌 수도 있어요.

(72) 긴팔원숭이는 부모와 새끼들로 이루어진 가족이 함께 생활해요.

(73) 멍키 렌치 또는 멍키 스패너는 볼트나 너트 크기에 맞춰 입의 폭을 조절할 수 있어요.

(74) 일본원숭이는 추울 때 따뜻한 온천에 들어가기도 해요.

(75) 카리브해의 버빗원숭이는 해변에 누워서 일광욕하는 사람의 음료를 훔치곤 해요.

* 지금까지 배운 지식은 1,325가지!

역사를 만든 여성들에 대한 35가지 지식

1 열한 살 난 소녀가 대통령 후보인 **에이브러햄 링컨**에게 수염을 기르라고 편지했어요. 링컨은 수염을 길렀어요!

2 진실의 올가미로 악당들과 싸우는 만화 속 슈퍼 영웅인 **원더 우먼**은 1941년에 처음 등장했고, 1972년 잡지 《미즈》의 창간호 표지를 장식했어요.

3 유명한 **브론테 자매**인 샬럿, 에밀리, 앤은 저마다 커러 벨, 엘리스 벨, 액턴 벨이라는 **가짜 남자 이름**으로 소설을 출판했어요.

4 **빅토리아 여왕**은 1837년부터 1901년까지 영국을 다스렸는데, 영국 역사에서 두 번째로 긴 통치 기록이에요.

5 미국 남북 전쟁 당시 북군의 군의관이었던 **메리 워커**는 1965년에 명예 훈장을 받았어요. **여성으로는 처음**이자 유일한 수훈자예요.

6 여성 인권 운동가이자 「공화국의 전투 찬가」의 작사가로 유명한 **줄리아 워드 하우**는 평화를 기리는 날로 어머니 날을 만들자고 처음 제안했어요.

7 2006년에 발굴한 1600년 된 왕의 **미라**는 나중에 여성으로 밝혀졌어요. 이로써 고대 페루의 지배자는 오직 남자였다는 믿음이 흔들리게 되었지요.

8 1903년, 마리 퀴리는 여성 최초로 **노벨 물리학상**을 받았어요. 1911년에는 노벨 화학상도 받았고, 1935년에는 딸도 노벨 화학상을 받았어요.

9 **노벨 평화상** 수상자이자 환경 운동가인 **왕가리 마타이**는 동포인 케냐인들을 북돋워 1977년부터 4500만 그루 넘게 나무를 심었어요.

10 1558년부터 1603년까지 영국(당시 잉글랜드)을 통치한 **엘리자베스 1세**는 **25세**에 여왕이 되었어요.

11 고대 **수메르 여왕 푸아비**의 무덤에서는 황금 장신구 더미, 보드게임, 수금, 함께 순장된 시녀 10명과 군인 5명의 시신도 발견됐어요.

12 육상 선수 **윌마 루돌프**는 소아마비를 딛고 1960년 올림픽에서 **금메달 3개**를 땄어요. 미국 여성 최초로 올림픽 금메달 3관왕이 되었지요.

영국 빅토리아 여왕

⑬ 약 2000년 전 베트남에서 쯩짝과 쯩니 자매는 중국 지배자들에 맞서 군대를 이끌고 싸웠어요. 몇 년에 걸쳐 요새 수십 개를 점령했어요.

⑭ 남북 전쟁 때 병사들에게 의복, 식량, 보급품을 지원하기 위해 위험을 무릅썼던 **클라라 바턴**은 60세이던 1881년, **미국 적십자사**를 세웠어요.

⑮ 1943년 봄, 시카고의 리글리 필드에서 열린 테스트에서 뽑힌 미국 여성 60명은 세계 최초의 **여자 프로 야구** 리그에서 뛰게 되었지요.

⑯ 2006년에 라이베리아의 **엘런 존슨설리프**는 아프리카 최초의 선출직 여성 대통령으로 임기를 시작했어요.

⑰ 미국 1달러 동전에 새겨진 원주민 **새커거위아**는 1805년에 루이스와 클라크 탐험대의 통역을 맡았어요. 탐험 기간 내내 어린 아들을 업고 다녔죠.

⑱ **줄리아 차일드**는 유명한 요리사가 되기 전, 제2차 세계 대전 때 미국 전략 정보부에서 상어 퇴치제 개발과 아시아에서의 극비 임무를 수행했어요.

⑲ 11955년 아프리카계 미국인 **로자 파크스**가 앨라배마주 버스에서 자리를 백인에게 내주지 않은 일은 인종 차별 반대 운동에 불을 붙였어요.

⑳ 1893년에 **뉴질랜드**는 세계 최초로 여성이 **투표**할 수 있는 나라가 되었어요. 118년 뒤 2011년에는 사우디아라비아 여성도 투표권을 얻었어요.

㉑ '해리 포터' 시리즈는 70개 언어로 번역되어 5억 부 넘게 팔렸어요. 작가인 **J. K. 롤링**은 21세기 첫 10년간 가장 많은 책이 팔린 작가예요.

㉒ 1901년 **애니 에드슨 테일러**는 나무통에 들어간 채로 **나이아가라 폭포**에서 떨어지는 모험에서 처음으로 성공했어요.

㉓ 2011년에 **독일 총리 앙겔라 메르켈**은 세계에서 가장 영향력 있는 100인 중 4위였고 10위 안의 유일한 여성이었어요.

㉔ 1903년에 **메리 앤더슨**은 뉴욕시의 운전자들이 비가 올 때면 앞을 보려고 머리를 창밖으로 내미는 것을 보고 자동차 앞 유리 와이퍼를 발명했어요.

㉕ 1926년에 **거트루드 에덜리**는 여성 최초로 **영국 해협**을 헤엄쳐 건넜어요. 찬 바다에서 56킬로미터를 14시간 39분 만에 헤엄쳤어요.

㉖ **헬렌 켈러**는 생후 19개월 때 열병을 앓고 시력과 청력을 잃었지만, **읽고 쓰고 말하는 법**을 배웠고 대학을 우등으로 졸업했어요.

㉗ 2007년에 인도에서는 72세의 **프라티바 파틸**을 **첫 여성 대통령**으로 뽑았어요.

㉘ 1980년대와 1990년대에 파키스탄 총리를 두 번 지낸 **베나지르 부토**는 이슬람 국가의 첫 여성 지도자였어요.

㉙ **발렌티나 V. 테레시코바**는 1963년에 최초의 여성 우주인으로서 70시간 50분 동안 지구를 48바퀴 돌았어요.

㉚ 2008년 베이징 하계 올림픽에서 **비너스**와 **세리나 윌리엄스** 자매는 여자 복식 테니스에서 금메달을 땄어요.

㉛ 일본의 **다베이 준코**는 1975년 5월 16일 여성 최초로 **에베레스트산** 정상에 올랐어요.

㉜ 1984년 7월 17일, **스베틀라나 사비츠카야**는 여성으로는 세계 최초로 우주선 밖으로 나가 움직이는 우주 유영을 했어요.

㉝ 이제까지 **미국 대통령 선거**에 출마한 여성은 50명이 넘어요.

㉞ 독일 태생의 세계적인 영화배우 **마를레네 디트리히**는 제2차 세계 대전 중 미국의 **스파이**로 활동했어요.

㉟ **엘리자베스 스미스 밀러**는 여성으로서 **바지**를 처음 입은 이 중 하나예요. 1851년 치마 차림으로 정원 일을 하다 "이 족쇄를 더는 참으면 안 된다."고 결심했대요.

✻ 지금까지 배운 지식은 1,360가지!

100가지 지식으로 본

1. 우림의 임관층을 이루는 나무들은 20층 건물만큼 높을 수 있어요. 2. 우림은 몇 개의 '층'으로 이루어져요. 바닥층에 사는 동물들은 꼭대기에 사는 동물들과 전혀 달라요. 3. 세계 어딘가에서 우림이 1초마다 축구장 면적만큼 사라지고 있어요. 4. 콩고 우림에는 700종의 어류가 살아요. 5. 우림 바닥에는 식물들이 빽빽하게 우거져 있어서, 땅에 사는 동물들은 소리를 내어 서로 의사소통할 수밖에 없어요. 6. 우림을 돌아다닐 때에는 강을 따라 카누를 많이 타요. 7. 푸에르토리코 엘윤케 국립 공원의 고지대 숲에는 연간 508센티미터의 비가 내려요. 이 숲은 미국에서 보호하는 국유림 중 유일한 열대 우림이에요. 8. 지구 동식물의 절반은 우림에 살아요. 9. 코뿔새 수컷은 짝과 새끼를 속이 빈 나무 안에 안전하게 숨겨요. 부리가 딱 들어갈 만한 구멍을 통해서 먹이를 건네주지요. 10. 나무늘보는 에너지를 아끼기 위해서 하루에 15~18시간을 자요. 11. 과학자들이 우림 식물 중에서 약으로 쓸 수 있는지 조사한 종은 100분의 1도 안 돼요. 12. 우림에서는 위장술이 최고예요! 우림에는 곤충처럼 생긴 꽃도 있고, 잎처럼 생긴 곤충도 있어요. 13. 우림에서 살아남는 법을 가르치는 학교도 있어요. 14. 우림의 임관층은 우산 역할을 해서 아래에 있는 동식물에 닿는 바람, 물, 빛의 상당량을 막아 줘요. 15. 열대 우림은 1억 년 전부터 자라기 시작했어요. 16. 우림에서 쓰러진 나무는 다른 식물에게 자양분이 돼요. 그 나무에서 얻은 영양소를 써서 곧 다른 식물들이 자라요. 17. 지구 민물의 20퍼센트는 남아메리카의 아마존강 유역에 있어요. 18. 우림에는 사과나무만큼 크게 자라는 제비꽃과 식물도 있어요. 19. 우림은 대개 연간 강수량이 적어도 203센티미터를 넘어요. 이 비가 모두 한꺼번에 와서 땅에 고인다면, 어른 키보다도 높을 거예요. 20. 예전에 우림은 지구의 많은 지역을 뒤덮었어요. 지금은 지표면의 2퍼센트만 덮을 정도예요. 21. 우림은 나무들이 아주 빽빽하게 자라서 햇빛이 숲 바닥에 닿는 비율이 2퍼센트밖에 안 돼요. 22. 우림에는 나이가 1000년을 넘는 나무도 많아요. 23. 남극 대륙은 유일하게 우림이 없는 대륙이에요. 24. 고무는 고무나무에서 나오는 즙으로 만들어요. 고무나무는 아마존 우림에 자라요. 25. 우림의 나무 중에는 평생 단 한 번 꽃을 피우고 씨를 퍼뜨린 뒤 죽는 종류도 있어요. 26. 비록 앞을 보지 못하지만, 군대개미는 수백만 마리씩 줄지어 우림을 나아가면서 닥치는 대로 먹어 치우곤 해요. 27. 우리가 매일같이 파인애플, 계피, 초콜릿, 바닐라 등 많은 식품을 먹을 수 있는 것은 우림 덕분이에요. 28. 우림에는 다른 동물들만 사는 것이 아니에요. 사람도 3000만 명 넘게 살아요. 29. 모기가 퍼뜨리는 치명적인 질병인 말라리아의 치료제 원료는 우림에서 얻어요. 30. 브라질너트나무의 꽃은 하루 만에 져요. 31. 세계에 알려진 나비 종의 4분의 1은 남아메리카 우림에 살아요. 32. 아마존 우림을 흐르는 강들을 다 이으면 길이가 6437킬로미터를 넘어요.

회색앵무

33. 나무늘보는 지구에서 가장 느린 포유동물이에요. 1분에 약 1.8~2.4미터를 움직여요. **34.** 과학자들은 항암제 성분을 지닌 우림 식물이 2000종이 넘을 것이라고 생각해요. **35.** 양말 고린내 같은 냄새를 풍기지만 아주 맛있는 열매인 두리안은 동남아시아 숲에서 자라고, 오랑우탄이 좋아하는 먹이예요. **36.** 카옌페퍼, 후추, 고추는 모두 우림에서 나요. **37.** 일부 나비들의 화려한 색깔은 독이 있다는 신호예요. **38.** 아마존 우림에 있던 나무의 절반 이상은 소 목장을 만드느라 베어 냈어요. **39.** 나무늘보는 먹이를 소화하는 데 한 달까지 걸리기도 해요. **40.** 아마존 우림의 침수림은 지구에서 어류가 열매와 씨를 먹을 수 있는 유일한 장소예요. **41.** 우림에는 속눈썹살무사처럼 색깔이 선명한 뱀들도 살아요. **42.** 일부 과학자는 우림에 3000만 종의 곤충이 산다고 추정해요. **43.** 세계에서 가장 큰 나비인 알렉산드라비단제비나비는 날개폭이 30.5센티미터인 것도 있어요. **44.** 고대 중앙아메리카 사람들은 재규어를 충직함의 상징으로 삼았어요. 재규어가 자신들을 악으로부터 보호해 준다고 믿었기 때문이에요. **45.** 아마존 우림에서는 우기에 영국만 한 면적의 땅이 물에 잠겨요. **46.** 북아메리카에서 가장 큰 엘크인 루스벨트엘크는 온대 우림에 살아요. 수컷은 어깨높이가 1.5미터까지 자라곤 해요. **47.** 알래스카에도 우림이 있어요. **48.** 우림에 내리기 시작한 빗물이 땅에 다다르기까지 10분이 걸릴 수도 있어요. **49.** 나무타기캥거루는 오스트레일리아의 우림에 살아요. 땅에서는 굼뜨지만, 나무 위에서는 날쌔고 빨라요. **50.** 아마존의 피라냐 중 일부는 견과를 깨서 알맹이를 꺼내 먹을 수 있어요. **51.** 아마존매너티는 무게가 약 454킬로그램까지 나가요. **52.** 골리앗왕꽃무지는 무게가 100그램까지도 나가요. 중간 크기의 사과만 하지요. **53.** 우림 0.4헥타르를 가로지르는 동안에 같은 종류의 나무를 두 번 보지 못할 수도 있어요. 동네에서 한번 실험해 봐요! **54.** 짖는원숭이는 울부짖어서 여기가 자기 영토라고 다른 원숭이들에게 알려요. **55.** 아마존 사람들은 탐바키라는 물고기를 먹어요. 놀랄 일도 아니지요. 탐바키는 무게가 치타만큼 자랄 수 있으니까요! **56.** 아마존 우림은 인도보다 2배는 커요. **57.** 교살무화과는 자신이 붙어 자라는 나무를 졸라 죽이고 그 자리를 차지하기 때문에 지어진 이름이에요. **58.** 일부 식물은 잎들을 겹쳐서 '컵'을 만들어요. 그 안에 물을 담고 있어요. **59.** 호아친이라는 새는 썩어 가는 잎을 먹어서 소똥 거름 냄새를 풍겨요. **60.** 아르마딜로는 우림에 살고, 물을 건널 때에는 6분 동안 숨을 참을 수 있어요. 때로는 강 바닥을 걸어서 건너기도 해요. **61.** 나무늘보는 털에 붙어 사는 생물들 때문에 초록색을 띠어요. 그래서 식물들과 섞여서 잘 들키지 않아요. **62.** 우림에서는 낙엽이 썩어서 약 6주 안에 분해되지만, 북부 소나무 숲에서는 7년까지 걸리기도 해요. **63.** 아마존 우림에 사는 꼬리감는원숭이는 아주 영리해요. 훈련을 받으면 장애인을 도울 수 있을 정도로 영리하지요. **64.** 우림에는 딱정벌레가 많이 살아요. 과학자들은 파나마의 한 나무에서 거의 1000종의 딱정벌레를 찾아냈어요. **65.** 빨간눈청개구리는 발가락의 끈적거리는 점액 덕분에 젖고 미끄러운 표면에도 달라붙을 수 있어요. **66.** 피라냐는 무시무시한 식욕으로 악명이 높지만, 사실 채식주의자인 피라냐도 있어요. **67.** 일부 나무뱀은 땅에 아예 내려오지 않은 채, 나무 사이를 활공하면서 임관층을 돌아다녀요. **68.** 우림의 화려한 모르포나비들은 색깔이 아주 두드러지게 선명해서 낮게 나는 비행기에서도 보일 정도예요. **69.** 아마존강의 돌고래는 다양한 분홍빛 색조를 띠어요. **70.** 브라질은 세계 열대 우림의 30퍼센트를 차지해요. 두 번째로 넓은 우림을 지닌 나라는 콩고 민주 공화국이에요. **71.** 열대 우림에는 추운 겨울이 없어요. 평균 기온이 섭씨 24도로 따뜻해요. **72.** 땅속에서 자라는 난초도 있어요. **73.** 마야인과 잉카인은 우림에 대규모 문명을 건설했어요. **74.** 우림 친화적인 코코아로 만든 초콜릿 바도 있어요. **75.** 열대 우림의 임관을 이루는 나무 한 그루에서는 한 해에 잎을 통해 760리터의 물이 공기로 빠져나와요. **76.** 열대에서는 한 시간에 50밀리미터씩 폭우가 내리기도 해요. **77.** 임관에서 땅으로 결코 내려오지 않는 동물도 있어요. **78.** 페루 우림의 메뚜기는 무지갯빛으로 반짝이곤 해요. **79.** 과일박쥐는 과일을 먹어요. 씨는 그대로 소화계를 거쳐서 하늘을 날 때 배설되지요. **80.** 고지대의 우림은 '운무림'이라고 해요. 늘 안개와 구름에 감싸여 있거든요. **81.** 화려한 색깔의 금강앵무는 때로 불법으로 포획되어 이국적인 애완동물로 팔리곤 해요. **82.** 연구자는 열기구를 타고 우림 위를 날면서 조사하기도 해요. **83.** 아마존 우림에서 현재 속도로 벌목이 계속된다면, 2030년이면 숲의 절반 이상이 사라질 수 있어요. **84.** 우림의 덩굴은 여러분의 다리만큼 굵게 자랄 수 있어요. **85.** 빨간눈청개구리는 배가 선명한 형광색을 띠어요. 공격을 받으면 배를 뒤집어 보여서 포식자가 깜짝 놀랐을 때 재빨리 달아나요. **86.** 씹는 껌은 원래 우림 나무에서 얻었어요. 지금은 인공적으로 만들 수 있어요. **87.** 회색앵무는 나무 한 그루에 100마리까지도 내려앉곤 해요. **88.** 우림은 지구 온난화를 일으키는 기체 중 하나인 이산화 탄소를 흡수해요. **89.** 오스트레일리아에서는 생태 친화적인 나무집에서 야생 생물을 지켜보면서 머물 수 있어요. **90.** 육식성 피라냐는 염소가 물에 빠지면 마구 뜯어 먹을 거예요. **91.** 일부 타란툴라는 자신을 공격하려고 시도하려는 동물을 향해 몸에 난 털을 튕겨 날릴 거예요. **92.** 고무나무는 동물이 먹으려고 할 때 굳으면 끈끈해지는 라텍스를 분비해요. 동물의 입은 끈끈이로 덮이지요. **93.** 일부 대나무는 하루에 0.3미터씩 자랄 수 있어요. **94.** 우림은 밤에 가장 활기를 띠어요. 모든 동물 활동의 80퍼센트는 어둠 속에서 일어나요. **95.** 오랑우탄 새끼는 어미가 과일을 찾아 돌아다닐 때 어미의 배에 찰싹 달라붙어 있어요. 더 자라면 등에 업혀 다니지요! **96.** 일부 숲에서는 잎꾼개미가 자라나는 모든 잎의 15퍼센트 이상을 가져가요. **97.** 아마존강 유역에서는 카누를 만들면 물이 새지 않도록 불에 그을려요. **98.** 아마존 유역에 사는 사람들 중 일부는 깊은 숲에서 나오지 않아요. 그들은 휴대 전화도 자동차도 본 적이 없어요. **99.** 브라질맥이라고도 알려진 남아메리카테이퍼는 새끼 때에는 몸에 줄무늬와 반점이 있지만, 자란 뒤에는 온통 갈색이에요. **100.** 야행성 원숭이인 갈라고는 가능한 한 많은 빛을 받아들이기 위해서 눈이 아주 커요.

* 지금까지 배운 지식은 1,460가지!

50가지 곰에 관한 덥수룩한 지식

1 북아메리카에 사는 **갈색곰**은 그리즐리곰이라고도 불려요.

2 북극곰은 발바닥이 거칠어 얼음에서 미끄러지지 않아요.

3 곰은 **쓰레기통**을 뒤져서 먹을 것을 찾아 먹기도 해요.

4 **태양곰**은 대개 한 번에 **새끼를 한 마리만** 낳아요. 다른 곰들은 두세 마리를 낳지요.

5 스칸디나비아 원주민인 **사미족**은 곰을 '발자국 넓히는 자'나 '겨울 잠꾸러기'라고 불렀어요.

6 **갈색곰**은 겨울잠을 잘 때 체중이 **수십 킬로그램 줄어들기도** 해요. 세탁기 무게만큼 빠지는 셈이에요.

7 큰개미핥기는 '**개미곰**'으로도 불려요.

8 **북극곰**은 한 번 헤엄치면 161킬로미터까지도 간다고 해요!

9 느림보곰은 앞니 사이의 틈새로 흰개미를 빨아들여요.

10 아시아의 흑곰은 **반달가슴곰**이라고도 해요. 가슴에 하얀 초승달 무늬가 있거든요.

11 **안경곰**은 선인장을 기어올라서 꼭대기에 열린 열매를 먹기도 해요.

12 미국 캘리포니아주 남부의 **베어산**에서는 스키를 탈 수 있고, 뉴욕주의 **베어산**에서는 등산을 할 수 있어요.

13 곰은 겨울잠을 잘 때 대개 무슨 일이 벌어져도 깨지 않아요. **몇 달 동안 똥도 누지 않아요.**

14 야생에 사는 **대왕판다**는 중국 중부의 산속 깊숙한 곳에만 있어요.

15 흑곰 중에서 아주 드물게 털이 하얗게 태어나는 곰이 있어요. 이런 곰을 '**정령곰**'이라고 부르기도 해요.

16 안경곰은 **남아메리카**에 사는 유일한 곰이에요.

17 태양곰은 이름과 정반대로 주로 밤에 활동해요.

18 **고대 그리스인**들은 사람이 곰으로 변신할 수 있다고 믿었어요.

19 북극곰은 1년 내내 사냥할 수 있는 곳에서는 **겨울잠을 자지 않아요.**

25 미국에서는 순찰대 모자를 쓴 곰 캐릭터 **'스모키 베어'**가 산불 예방 캠페인을 해요.

32 갓 태어난 **대왕판다**는 무게도 크기도 **아이스크림 샌드위치**만 해요!

38 **느림보곰**은 정글에서 **흰개미**를 즐겨 먹어요. 새알이나 열매도 먹고요.

45 곰은 하늘에도 **있어요.** 큰곰자리와 작은곰자리이지요.

20 소설 『정글북』에 나오는 발루는 **느림보곰**이에요.

26 갈색곰은 **멕시코**에도 살았지만, 지금은 그 지역에서 **사라졌어요.**

33 곰 중에서 **느림보곰 새끼만이** 지나가는 엄마의 등에 **올라타곤** 할 거예요.

39 갈색곰은 겨울잠을 자기 전 가을에 살을 찌우려고 **하루에 40킬로그램**까지도 먹어요. **바나나 340개**를 먹는 것과 비슷한 양이에요!

46 어미 태양곰은 굴을 마련하기보다는 땅에 **둥지를 지어서** 새끼를 키워요.

21 미국 대통령 토머스 제퍼슨은 반려동물로 **그리즐리곰 2마리**를 백악관에서 **키웠어요.**

27 갈색곰이 뒷다리로 **일어서는 것**이 반드시 위협하려는 행동은 아니에요. **주변을 더 잘 살피기** 위해서 일어서기도 해요.

34 **코알라**는 유대류이지만, 유럽에서 건너온 초기의 정착민들은 **'코알라곰'**이라고 불렀어요. 생김새가 곰과 비슷하다는 이유였어요.

40 세계의 곰들은 대부분 **멸종 위기**에 처해 있어요.

47 흑곰이 부엉이 소리를 낸다는 속설이 있지만, 실제로는 그르렁 으르렁대요.

22 북극곰은 사실 **피부가 검어요.**

28 북극곰의 **털**은 속이 비어 있고 **투명해요.** 그래서 햇빛이 반사되어 하얗게 보이지요.

35 북극곰은 천적이 없어요.

41 **회색곰**은 빨라요. 시속 48킬로미터로 달릴 수 있어요. **말보다 빠르지요.**

48 픽사는 「토이 스토리 3」에서 **랏소 베어**를 위해 가짜 광고도 제작했어요.

23 캐릭터 **요기 베어**는 전설적인 야구 선수 요기 베라의 이름을 땄어요.

29 대왕판다는 매일 **10~16시간**을 먹으면서 보내고 대나무를 하루에 18킬로그램까지 먹어요.

36 **흑곰 수컷**은 207제곱킬로미터에 달하는 영역을 차지하기도 해요.

42 일부 아메리카 원주민은 곰을 **'끈적거리는 입'**이라고 불렀어요.

49 **곰돌이 푸**의 이름은 처음에 **'에드워드 곰'**이었어요.

24 연구자들이 추적했던 어느 북극곰은 쉬지 않고 **9일 동안 헤엄쳤어요.** 약 700킬로미터를 헤엄쳤지요.

30 태양곰은 **곰 중에서 가장 작고** 무게가 약 26킬로그램에 불과해요. 골든레트리버만 하지요.

37 **태양곰**은 긴 혀로 꿀을 핥아서 즐겨 먹기에 '꿀곰'이라고도 해요.

43 **안경곰**은 나무에 며칠씩 앉아서 **열매가 익기를** 기다리기도 해요!

50 테디 베어는 **시어도어 루스벨트 미국 대통령**의 이름을 따서 만들어졌어요. 처음에는 '테디스'라고 했지요.

31 아몬드 페이스트가 들어서 맛있는 이 페이스트리의 이름은 '곰 발톱'이에요.

44 영국에서는 곰 젤리를 **젤리 베이비**라고 해요.

67

25가지 독에 관한

1 **독 있는 동물**은 몸에 독이 있지만, 다른 동물에게 피해를 주려면 먹혀야 해요.

2 **갈색은둔거미**는 컴컴한 곳에 살지만, 눈이 세 쌍밖에 없어요. 다른 거미는 대부분 네 쌍이에요.

3 크리스마스 같은 **기념일에** 쓰는 식물 중에는 고양이를 아프게 하는 것도 있어요. 고양이가 **포인세티아**의 즙을 먹으면 **토할 수** 있어요. 하지만 죽지는 않아요.

4 **독물을 주입하는 동물**은 자기 몸에 지닌 독을 **다른 동물의 몸에 주입해서** 중독시켜요.

5 **'크로커다일 헌터'**인 스티브 어윈은 노랑가오리의 가시에 심장이 찔려서 중독으로 사망했어요. 아주 드문 사례예요.

6 사람에게는 해롭지만 동물에게는 무해한 **세균**이 있어요. 그 반대인 세균도 있어요.

7 **육두구**는 맛을 내기 위해 디저트에 조금 첨가하는 정도는 안전하지만, 많이 먹으면 배가 몹시 아플 수 있어요.

8 박차날개기러기가 특정한 종류의 **딱정벌레**를 먹으면, 몸에 **독이 들어서 고기로 먹지 못할** 수도 있어요.

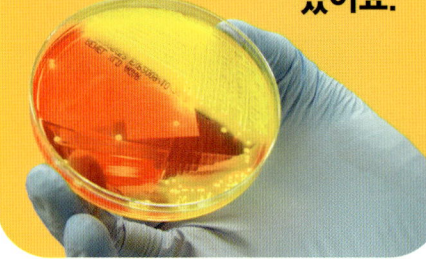

9 **검은과부거미는 이빨이 없어요.** 대신에 바늘처럼 생긴 협각을 써서 먹이에 독을 주입한 뒤, **먹이의 몸속이 녹으면 빨아 먹어요.**

10 우크라이나의 전직 대통령이 **중독되었지만** 살아남은 일이 2004년에 있었어요.

11 에이브러햄 링컨의 모친은 **'우유병'**으로 사망했어요. 독이 있는 풀인 **서양등골나물**을 뜯어 먹은 소의 우유를 마신 뒤에 병에 걸렸지요.

12 세계에서 가장 긴 독사는 바로 **킹코브라**예요. 길이가 자동차와 비슷해요.

13 살갗에 **덩굴옻나무**가 닿으면 몹시 가렵고 발진이 생길 수 있어요. "잎이 세 개면, 일단 건드리지 말 것!"

위험한 지식

14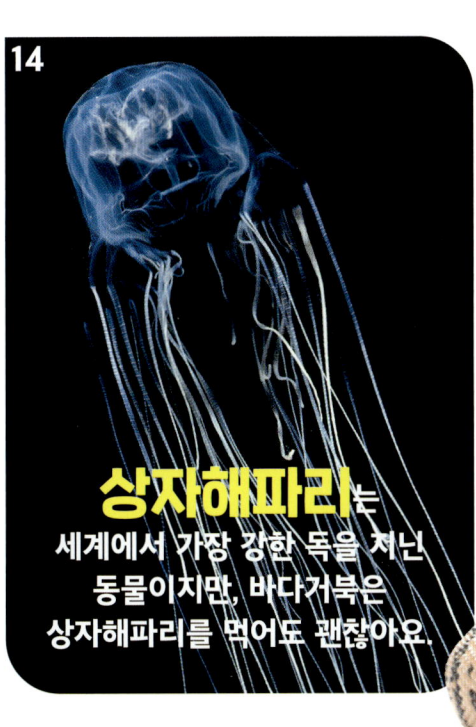
상자해파리는 세계에서 가장 강한 독을 지닌 동물이지만, 바다거북은 상자해파리를 먹어도 괜찮아요.

15 **슬로로리스**는 절대로 건드리지 마요. 팔꿈치 안쪽에서 스며 나오는 독을 핥아서 침과 섞은 뒤 먹이에게 주입하는 동물이니까요.

16 미국에서 유일하게 독을 지닌 도마뱀 **아메리카독도마뱀**은 **먹이**를 물 때 독을 주입할 수 있어요.

17 **까마중 열매**는 잘 익었을 때보다 덜 익었을 때 독성이 더 강해요.

18
악질방울뱀은 **서부다이아몬드방울뱀**이라고도 불리는데 피부에 다이아몬드 무늬가 있어요.

19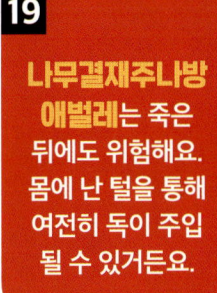
나무결재주나방 애벌레는 죽은 뒤에도 위험해요. 몸에 난 털을 통해 여전히 독이 주입될 수 있거든요.

20 농어와 바리 같은 **물고기**는 독을 지닐 수 있어요. 감염된 물고기를 먹은 뒤에, 얼음을 만지면 불에 덴 듯한 통증을 느낄 수도 있어요.

21 기생 식물인 **겨우살이**는 심장 박동을 늦추고 복통을 일으킬 수 있어요.

22
많은 **버섯**이 먹어도 안전하지만, 광대버섯 같은 야생 독버섯은 먹으면 죽을 수도 있어요.

23 북아메리카 초기 정착민들은 독이 있는 산호뱀과 색이 같지만 독은 없는 뱀을 구분하는 법을 알려 주기 위해 시를 지었어요. '빨강이 검정과 만나면 잭의 친구. 빨강이 노랑과 만나면 친구를 죽일 것.' 다른 지역에서는 통하지 않아요!

24
콩나물에는 치명적인 세균이 들어 있을 수도 있어요. 그 세균은 씻기만 해서는 안 되고 삶아야 죽일 수 있어요.

25 한꺼번에 너무 많은 **물**을 마시면 혈액의 염분 농도가 바뀌어서 **죽을 수도 있어요.**

*지금까지 배운 지식은 1,535가지!

두근두근! 롤러코스터

❶ 아마 **최초의 롤러코스터**는 **17세기 러시아**에 처음 등장한 **얼음 미끄럼틀**이었을 거예요. 나무판에 몇 센티미터 두께로 얼음을 얼려서 만들었죠.

❷ 미국 뉴저지주 잭슨에 있는 롤러코스터 **킹다 카**는 **139미터**까지 솟구쳤다가 단숨에 **127.4미터**를 떨어져요.

❸ 일본의 **스틸 드래곤 2000**은 트랙 길이가 **2479미터**예요. 그다음으로 긴 롤러코스터보다 **210.6미터** 더 길어요.

❹ 2013년 영국의 더 스밀러라는 롤러코스터는 **뒤집기를 14번이나 해서 세계 기록을 세웠어요.**

❺ **4차원 롤러코스터**는 앞으로 나아가는 동시에 사람이 앉은 자리를 **360도 회전**시켜요.

❻ **서서 타는 롤러코스터**의 **모든 분야에서 최고 기록**을 보유한 미국 캘리포니아주의 **리들러스 리벤지**는 가장 빠르고, 가장 길고, 가장 높고, 가장 멀리서 낙하하고, 가장 많이 회전하죠.

에 대한 15가지 지식

❼ 미국 캘리포니아주의 '슈퍼맨: 크립톤에서의 탈출'을 타면 **6.5초 동안 무중력**을 느낄 수 있어요. 롤러코스터 탑승 시간의 4분의 1 이상을 떠 있는 셈이에요.

❽ 아부다비에 있는 세계에서 **가장 빠른 롤러코스터**는 **4초 만에** 시속 240킬로미터에 도달해요. 탑승자는 **안전 고글(보안경)**을 꼭 써야 해요.

❾ 롤러코스터 **오래 타기** 기록 중 최고는 2007년에 세운 **405시간 40분**이에요. 몇 주 동안 계속 탔지요.

❿ 롤러코스터가 가장 많은 대륙은 아시아로, **2549개**나 돼요. 가장 적은 곳은 오스트레일리아이며, 27개가 있어요.

⓫ 미국 펜실베이니아주에는 나무로 만들어진 **립 더 딥스**라고 하는 **가장 오래전부터 운행된** 롤러코스터가 있어요. 1902년부터 운행했어요.

⓬ **시속 160.9킬로미터**에 도달한 최초의 롤러코스터는 1997년에 개장한 오스트레일리아의 **타워 오브 테러**예요. 공포의 탑이란 이름답죠.

⓭ **한 시간**에 **1920명**이나 탈 수 있는 롤러코스터 **인크레더블 헐크**는 미국 플로리다주에 있어요.

⓮ **디즈니랜드**의 롤러코스터인 **마터호른 봅슬레드**의 꼭대기에는 직원들이 휴식 시간에 사용할 수 있는 **농구대**가 있어요.

⓯ 2010년 8월 8일, 영국에서 **벌거벗은 사람 102명**이 롤러코스터인 **그린 스크림**을 타서 **알몸으로 놀이기구 탑승하기 최다** 기록을 세웠어요. 유방암 센터 기금을 마련하기 위한 도전이었어요.

* 지금까지 배운 지식은 1,550가지!

75가지 읽다 보면 나도 모르게 오싹해지는 지식

❶ 고대 이집트인들이 쓴 『사자의 서』에는 죽은 이가 내세로 가는 위험한 여행을 무사히 마치도록 돕는 주문들이 적혀 있어요.

❷ 미국 캘리포니아주의 윈체스터 미스터리 하우스는 세계에서 가장 유령이 자주 출몰하는 곳으로 꼽혀요. 수십 년 동안 쓰지 않은 주방에서 닭고기 수프 냄새가 났다고도 해요.

❸ 자기 치아, 머리카락, 손톱을 써서 자신의 조각상을 만든 사람도 있어요.

❹ 유럽의 어느 동굴 벽화에는 털매머드 등 당시 살았던 동물들뿐 아니라, 비행접시 같은 것도 그려져 있어요.

❺ 우리 코에는 작은 거머리가 살 수도 있어요. 그런 사례가 2007년 페루에서 처음 발견되었어요.

❻ 민촌충은 사람의 창자에서 7.6미터까지 자랄 수 있어요. 낭충이 들어 있는 덜 익힌 쇠고기를 먹어서 몸에 들어오지요. 이 기생충에 감염된 덜 익힌 고기를 먹을 때도 감염돼요.

❼ 1898년에 나온 소설에 묘사된 장면들은 1912년 타이태닉호가 침몰할 때의 상황과 묘하게 비슷해요. 타이탄호라는 큰 원양 여객선이 4월에 첫 항해를 나선 뒤 빙산에 부딪친다는 내용이에요.

❽ 중세에 어느 화가는 이탈리아 아시시에 있는 성 프란체스코 대성당의 벽화를 그렸는데, 구름 속에 몰래 악마의 얼굴을 그려 넣었어요.

❾ 재채기를 참다가 청력이 손상될 수도 있어요.

❿ 아시아 흡혈나방 수컷은 배가 고플 때는 사람 피를 20분간 빨기도 해요.

⓫ 파충류처럼 기어 다니는 동물들을 두려워하는 것을 파충류 공포증이라고 해요.

⓬ 일부 젤라틴은 소와 돼지 같은 동물들의 뼈와 가죽으로 만들어요.

⓭ 유령이 보이면 오싹하겠지요? 미국 버지니아주의 메이저그레이엄 맨션에는 새색시와 소녀의 유령이 나온다는 얘기가 있어요.

⓮ 미국 필라델피아주의 미플린 요새에서 여성이 비명을 지르는 소리를 들었다는 사람들이 있어요. 비명이 아주 커서 경찰을 부르기도 했대요. 미국 독립 전쟁 때 쓰였던 요새예요.

⓯ 우크라이나의 한 테마파크는 문을 열자마자 닫았어요. 1986년 인근의 원자력 발전소에서 사고가 일어나 방사성 물질이 유출되었기 때문이에요.

⓰ 1932년 유령 사냥꾼 해리 프라이스는 독일 염소를 소년으로 변신시키려고 시도했어요.

⓱ 콜럼버스의 항해 일지에는 인어를 3번 봤다고 적혀 있어요.

⓲ 등각류에 속하는 어느 해양 기생 생물은 물고기의 혀를 먹어 치운 뒤 그 자리를 차지하고 입안에 살아요.

⓳ 미국에서 파는 초콜릿에는 곤충 조각이 100그램당 60개까지 들어 있을 수 있어요.

⓴ 뱀파이어라는 개념은 오래전부터 있었어요. 2300년 전의 바빌로니아 예술 작품에도 뱀파이어 사냥꾼에게 쫓기는 뱀파이어가 등장해요.

㉑ 동요 「장미꽃 주위를 돌자」는 흑사병으로 많은 사람이 죽은 시대에 지어졌다고 전해져요.

㉒ 마이크라는 닭은 머리가 잘리고도 18개월을 살았어요.

㉓ 골탄이라는 물감은 소뼈로 만들어요.

㉔ 우리 위장은 늘 세균이 득실대는 수프 그릇이나 다름없어요.

㉕ 배를 부수는 바다 괴물 크라켄의 전설은 대왕오징어 목격담에서 나왔을 수 있어요. 과학자들도 2004년까지 대왕오징어를 제대로 본 적이 없어요.

㉖ 미국 뉴멕시코주 로즈웰에 있는 국제 UFO 박물관 및 연구 센터에는 그곳에 왔다는 UFO와 관련된 물품들이 전시되어 있어요. UFO를 주제로 한 식당에서 식사도 할 수 있어요.

㉗ 투르크메니스탄에는 50년 넘게 불타고 있는 '지옥의 문'이 있어요. 굴착 중에 천연가스가 매장된 곳에 구멍이 뚫렸는데, 위험한 가스를 날려 버리려고 붙인 불이 지금까지 타오르고 있지요.

㉘ 어떤 열대 모기는 팔다리가 붓는 상피병(코끼리피부병)을 감염시켜요.

㉙ 한국에서 온라인 게임을 50시간 동안 하다 죽은 사람이 있었어요.

㉚ **체코의 한 성당에는 사람 뼈로 만든 샹들리에가 있어요.**

㉛ 온몸에 3900개의 피어싱을 한 사람이 있어요. 전부 하는 데 7시간 46분이나 걸렸다고 해요.

㉜ 어떤 종류의 장염은 살아 있는 기생충 알을 삼켜서 치료할 수 있어요.

㉝ 소설 『드라큘라』의 주인공은 500여 년 전 트란실바니아에 살았던 루마니아 귀족 블라드 드라쿨에서 영감을 받았어요. 드라쿨은 수만 명을 죽인 잔혹한 인물로 유명했는데, 사람들을 말뚝으로 찔러 죽였다고 해요.

㉞ 대서양의 버뮤다 삼각지를 지나던 비행기와 배가 '사라진다'고 믿는 사람들이 있어요. 하지만 실제 난파 확률은 다른 바다와 별 차이가 없어요. 단지 강한 멕시코 만류 때문에 재난의 증거가 싹 사라질 수는 있어요.

㉟ 1641년 남아프리카 해안에서 침몰한 플라잉더치맨호의 선원들은 영원한 안식을 취하려고 자신을 대신할 영혼을 찾아다닌다고 해요.

㊱ 죽은 동물을 먹는다고 알려진 터키콘도르는 사실 고기를 잘 뜯지 못해요. 그래서 사체가 썩어 흐물거린 뒤에야 먹을 수 있어요.

㊲ 중앙아메리카에 살았던 마야인은 신에게 제물로 바치려고 사람을 깊은 동굴에 던져 넣었어요.

㊳ 중세 유럽에서는 검은 고양이가 불길한 마력을 지녔다고 믿어서 검은 고양이 수백만 마리를 죽였어요.

㊴ 대만의 싼즈 유에프오 하우스는 1980년대에 지어진 고급 리조트예요. 하지만 수수께끼 같은 사고가 연달아 일어나며 귀신 들렸다고 소문이 났어요. 이 유령 건축물은 30여 년간 흉물로 남아 있다 2010년에 철거되었어요.

㊵ 자신이 늑대라고 믿는 정신병에 걸린 사람들도 있어요.

㊶ 미국 플로리다주 에버글레이즈에서 몸이 터진 채 발견된 비단뱀이 있어요. 한입에 집어삼킨 악어가 너무 컸거든요.

㊷ **바퀴벌레는 머리가 없는 상태로 몇 주 동안 살 수 있어요.**

㊸ 고대 러시아 사람들은 성가를 부르면 늑대인간이 될 수 있다고 생각했어요. 늑대인간에게 긁혀도 마찬가지로 변한다고 믿었답니다.

㊹ 거대 지렁이는 2미터까지도 자라요. 여러분의 키보다 더 길지요!

㊺ 고대 상어인 메갈로돈은 이빨 크기가 사람의 손만 했어요. 대략 18센티미터쯤 되었거든요.

㊻ 이식증이라는 섭식 장애를 앓는 사람들은 음식이 아닌 것들을 먹고 싶어 해요. 불에 탄 성냥이나 돌, 모래, 털 같은 것들을요.

㊼ 대서양 해저에는 방사성 물질을 지닌 핵잠수함 5척이 침몰해 있어요.

㊽ 거미의 피는 투명해요.

㊾ 1940년대에 호두 껍데기 안에 범죄 장면을 미니어처로 재현하는 취미를 가진 할머니가 있었어요. 지역 경찰은 할머니의 범죄 현장 미니어처를 교재로 썼어요.

㊿ 흡혈날개구리의 올챙이는 입가에 엄니 두 개가 튀어나와 있어요.

㊿+1 미국 데스밸리 국립 공원에는 높이가 0.6미터인 울퉁불퉁한 암염 덩어리들이 드러나 있어요. 이곳의 이름은 악마의 골프장이에요.

㊿+2 **남극 대륙의 한 빙하에는 피처럼 붉은 물이 천천히 흘러내리는 폭포가 있어요. 폭포 안의 철분 농도가 높아 피처럼 보여요.**

㊿+3 점성술사 존 헤이즐리그는 1920년, 1940년, 1960년에 뽑힌 미국 대통령이 재임 중 사망한다고 예언했어요. 적중률은 100퍼센트예요.

㊿+4 반려동물을 성형 수술시키는 사람도 있어요.

㊿+5 남아메리카에 사는 골리앗새잡이 거미는 크기가 쟁반만 해요.

㊿+6 '좀비 걷기'는 사람들이 섬뜩한 옷차림을 하고 행진하는 행사예요. 2011년 미국 디트로이트에서 열렸을 때는 700명의 좀비가 모여 걸었어요.

㊿+7 심장사상충 유충이 있는 모기에게 물린 개는 기생충이 옮길 수 있어요. 이 유충은 개의 심장과 허파로 들어가 사상충으로 자라요.

㊿+8 집먼지진드기는 죽은 피부를 먹어요. 진드기가 없다면 눈알까지 죽은 피부 세포로 뒤덮일지도 몰라요.

㊿+9 늙은 마녀가 구슬피 흐느끼는 소리가 바람에 실려 오면 사랑하는 사람이 곧 죽는다는 속설이 있어요.

⑥⓪ 지렁이는 팔다리도, 눈도 없어요. 4000제곱미터 크기의 땅속에는 지렁이가 100만 마리까지 살기도 해요.

⑥① 미국 오스틴의 '괴상한 박물관'에는 쪼그라든 사람 머리와 거대 거미 타란툴라도 전시되어 있어요.

⑥② 아프리카 콩고강에 사는 골리앗 타이거피시는 이빨이 무척 날카로워요. 몸길이는 1.5미터까지 자라고, 무게는 열 살 어린이보다 무거워요.

⑥③ 건드리지 않아도 연주할 수 있는 악기가 있어요. 테레민은 손을 두 개의 안테나 근처에서 움직이면 소리가 나요.

⑥④ 무족영원은 다리가 없는 양서류예요. 커다란 지렁이나 작은 뱀처럼 보이지요. 땅굴에 살면서 날카로운 이빨로 먹이를 잡아 통째로 삼켜요.

⑥⑤ 미국 매사추세츠주 세일럼에서는 1692년에 마녀로 몰린 남녀 19명을 교수형에 처했어요.

⑥⑥ 해파리는 죽어서도 침을 쏴요.

⑥⑦ 미국 아칸소주에서는 새해 전날 밤, 하늘에서 갑자기 죽은 대륙검은지빠귀들이 떨어졌어요. 과학자들은 밤눈이 어두운 지빠귀들이 건물에 부딪혔다고 생각해요.

⑥⑧ 서양에서는 벌레가 물지 못하도록 이불을 꼭 여미고 자라고 말하고는 해요. 이는 실제로 존재하는 곤충 때문인데요, 바로 밤에 나와 피를 빠는 빈대지요.

⑥⑨ 일본 도쿄의 하치오지성에는 성이 공격당할 때 성벽에서 뛰어내려 죽은 여자들의 귀신이 나온다고 해요.

⑦⓪ 이집트 미라를 빻은 가루로 그린 그림이 있었어요. 제목은 「미라」예요.

⑦① 예전에 캐나다에서는 붉은 강물이 흘렀어요. 폭우로 퇴적물이 흘러들면서 강물이 붉게 변했어요.

⑦② **1942년 인도의 고원에서 해골로 가득 찬 호수가 발견되었어요. 과학자들은 850년에 갑작스레 쏟아진 우박으로 사망한 수백 명의 해골로 추정해요.**

⑦③ 미국 유타주 스컬밸리 보호 구역에는 단 23명의 원주민만 남아 있어요.

⑦④ 1327년 영국의 왕 에드워드 2세가 사망한 뒤 해마다 그날이면 에드워드 2세 유령이 지르는 비명을 들었다는 사람이 나타나요.

⑦⑤ 아프리카의 갈기쥐는 독이 있는 나무를 씹어 털에 문질러요. 포식자가 이 쥐를 먹으려다가는 앓거나 죽지요.

*지금까지 배운 지식은 1,625가지!

73

35가지 셀 수 있는

1 아프리카 회색 앵무인 알렉스는 숫자를 **6**까지 셀 수 있어요.

2 **1초에 숫자 하나**씩, 쉬지 않고 **10억**까지 세는데 31년 259일 1시간 46분 40초가 걸려요

3 '빌리언(billion)'은 처음 영국에서는 **1조**, 미국에서는 **10억**을 뜻하는 말이었어요. 하지만 지금은 영국에서도 10억을 뜻해요.

4 물 378만 5411리터(100만 갤런)를 채우려면 **길이 81미터, 너비 50미터, 깊이 3미터** 크기의 수영장이 필요해요.

5 **100만 일**은 약 2700년이에요. 100만 시간은 114년이 조금 넘고요, 100만 분은 거의 2년 정도지요.

6 1900년대 초 '**똑똑한 한스**'라는 말은 발로 땅을 굴러 쉬운 수학 문제를 풀었는데, 사실은 훈련사가 몸짓으로 힌트를 주었대요

7 **소수**는 1과 자기 자신으로만 나누어지는 수예요.

8 **1~20 사이**에서 숫자 하나를 고르라고 할 때, 사람들이 가장 많이 선택하는 숫자는 **17**이에요.

9 **소금 한 꼬집**에는 약 1000개의 알갱이가 들어 있어요. **테이블스푼** 하나에 10만 개가 들어가고, 욕조에 가득 채우려면 10억 개는 필요할 거예요.

10 금붕어 10억 마리를 담기 위해서는 **축구장만** 한 그릇이 필요해요.

11 2019년 기준 전 세계에서 달리는 **차**는 **10억 대**가 넘어요.

12 보폭에 따라 다르지만 보통 1.6킬로미터는 2000~2500보 정도 걸어야 해요.

13 육면체 주사위 두 개를 굴려 얻는 **수의 합은 대부분** 7이에요.

14 디즈니의 '트와일라이트 존 타워 오브 테러'는 엘리베이터에 탄 탑승자들을 **13층에서 떨어뜨리는** 놀이기구예요. 현재는 운영하지 않아요.

15 체스판에 그려진 **정사각형**은 모두 **64개**예요.

16 모든 사과에는 **씨앗 주머니가 5개** 있어요. 하지만 사과의 씨앗 수는 나무의 건강 상태에 따라 달라요.

17 **구골**은 10의 100제곱을 가리키는 숫자로, 1 뒤에 **0**이 100개 달린 수예요.

숫자에 대한 지식

18 대칭수(혹은 회문수)란 **523, 325**와 같이 앞에서부터 읽든, 뒤에서부터 읽든 똑같은 숫자를 말해요.

19 1927년 **베이브 루스**가 60호 홈런을 쳤을 때는 등번호가 없었어요. 뉴욕 양키스는 1929년에 등번호를 쓰기 시작했지요.

20 **십삼각형은 변이 13개**인 다각형이에요.

21 일부 아시아 지역에서는 **숫자 4**를 불길하게 여겨요. 그래서 **4층 표시가 없는** 건물도 있어요.

22 런던의 킹스크로스역에서 **호그와트행 열차**를 탈 수는 없어요. 그러나 9번 승강장 근처의 벽돌에는 **9¾** 표시가 있어요.

23 **백세인**은 나이가 **100살**이 넘은 사람을 뜻해요.

24 스카이콩콩을 타고 **1분 동안 238번**이나 뛴 사람도 있어요.

25 옥타곤(팔각형)은 **변이 8개**예요. 옥타콘타곤(팔십각형)은 **80개**고요.

26 노래기의 영어 이름은 밀리페드 즉, **'천 개의 다리'**라고 해요. 하지만 가장 큰 노래기라도 다리는 천 개가 아닌 **750개**예요.

27 지네는 영어로 센티페드 즉, **'백 개의 다리'**라는 뜻이에요. 그러나 실제로 **다리의 개수는 30~300개 이상**이에요.

28 태양력에서 1년의 길이는 **365.2422일**이에요.

29 **긴급 구조 번호**는 한국은 **119**이고 **미국**은 **911**이에요. 영국과 사우디아라비아, 홍콩에서는 **999**지요.

30 알파벳으로 단어를 만드는 게임인 스크래블에서 '돈키호테 같은 성격'을 뜻하는 단어 "quixotry"로 **365점**을 기록한 사람이 있어요.

31 **수비학**은 숫자의 신비한 의미를 연구하는 학문이에요.

32 트위터(현재 X)는 처음에 **글자 수를 140자**로 제한했어요. 대부분의 문자 메시지 길이가 그 정도로 제한되기 때문이에요.

33 원주율 파이(PI)를 나타나는 기호 π(파이)는 **그리스 문자의 16번째 글자**예요.

34 영어 단어 **더즌**은 **12**를 뜻해요. 하지만 **제빵사들의 더즌**은 덤을 하나 넣어 **13**이에요.

35 농구 선수 **샤킬 오닐**의 발 크기는 **400밀리미터**에 달해요.

*지금까지 배운 지식은 1,660가지!

100가지 멀고도 광활한 우주에 관한 지식

1. 우주 탐사선 딥스페이스 1호는 4일간 100만 킬로미터를 달렸어요. 제트기로 가면 꼬박 6주가 걸리는 거리예요. **2.** 미국 항공 우주국(이하 나사)는 2011년 7월 21일 30여 년간 운항한 우주 왕복선의 운항을 종료했어요. **3.** 나사의 우주 왕복선은 이륙 시 무게가 약 2041톤에 달했어요. **4.** 나사의 우주 왕복선은 최초로 재사용이 가능한 우주선이었어요. **5.** 만화 『피너츠』에 나오는 개 스누피는 우주 비행사들 사이에서 안전을 상징하는 마스코트예요. **6.** 2000년 11월 2일부터 우주 비행사들이 상주 중인 국제 우주 정거장은 무게가 39만 908킬로그램에 달해요. **7.** 우주 자체에는 온도가 없어요. 우주에 존재하는 것들만이 온도를 지니지요. **8.** 천문 단위인 AU는 우리 태양계 내에서 거리를 계산할 때 쓰는 단위예요. 1AU는 태양에서 지구까지의 평균 거리로, 약 149,597,890킬로미터지요. **9.** 지구는 태양계에서 유일하게 액체 상태의 물이 존재하는 행성이에요. **10.** 금성은 짙은 구름으로 덮여서 햇빛을 많이 반사해요. 그래서 밤하늘에서 가장 밝게 빛나는 행성이에요. **11.** 138억 년 전 우주를 형성한 빅뱅은 폭발이 아니라, 거대한 풍선이 부푸는 듯한 사건이었어요. **12.** 미국 애리조나주 남부의 베린저 충돌구는 지름 1.2킬로미터, 깊이가 183미터에 달하는 구덩이에요. 약 5만 년 전 운석이 충돌한 흔적이죠. **13.** 우주는 가시광선과 복사선으로 가득해요. 복사선은 X선과 전파 등 맨눈으로는 볼 수 없는 빛이에요. **14.** 우리 태양계는 약 45억 년 전에 형성되었고, 8개의 행성이 태양 주위를 돌고 있어요. 과학자들은 행성을 지닌 별들을 계속 발견하고 있어요. **15.** 우주는 아주 넓어서 과학자들은 광년이라는 단위로 거리를 측정해요. 1광년은 빛이 1년 동안 가는 거리로, 약 9조 4600만 킬로미터

예요. **16.** 금성은 태양계 행성 중 대기 밀도가 가장 높아요. 어느 정도냐 하면 우리가 금성 표면을 걸었다가는 즉시 빈 음료 깡통처럼 짜부라질 정도예요. **17.** 지구에서 가장 밝게 보이는 천체는 해와 달, 그리고 금성이에요. **18.** 금성은 비가 내리는 일도 없고, 온도가 변하는 일도 없이 언제나 섭씨 462도로 유지되지요. **19.** 수성의 하루는 지구의 176일과 같아요. **20.** 수성에는 태양계에서 가장 큰 충돌구가 있어요. 지름이 1287킬로미터나 되는 칼로리스 분지는 거대한 소행성의 충돌로 생겼어요. **21.** 별의 수명을 생각해 보면, 40억 년이 넘은 태양은 이제 중년의 나이에요. **22.** 태양 안에는 지구가 약 100만 개 들어갈 수 있어요. 하지만 태양의 크기는 별의 평균에 불과해요. **23.** 다른 모든 별처럼 태양도 주로 수소 가스로 이루어진 거대한 공으로, 표면이 전혀 단단하지 않아요. **24.** 태양계의 행성들은 태양 주위를 돌고, 태양 자체는 우리 은하의 중심 주위를 돌아요. **25.** 우리 몸을 구성한 원소는 모두 앞서 폭발한 두 별의 잔해를 재활용한 것이에요. **26.** 우주에 있는 우주 비행사의 눈에는 태양이 새하얗게 보여요. **27.** 태양의 코로나, 즉 후광처럼 보이는 테두리는 태양 표면보다 수백만 배 더 뜨거울 수 있어요. 지구에서는 일식 때만 이 코로나를 볼 수 있어요. **28.** 태양 표면의 흑점은 주변보다 온도가 조금 낮아서 검은 점처럼 보여요. 가장 큰 흑점은 지구보다 거의 2배는 커요. **29.** 어느 별자리를 타고났다는 말은 무슨 뜻일까요? 자기 생일에 태양이 지구와 어떤 별자리 사이에 놓인다는 뜻이에요. **30.** 화성의 화산 중에는 지구의 화산보다 약 100배 더 큰 것도 있어요. **31.** 목성과 토성, 천왕성, 해왕성에서는 걸을 수가 없어요. 단단한 표면이 아예 없으니까요. **32.** 우주 비행사 앨런 셰퍼드는 1971년 달 표면을 탐사하며 골프공 3개를 쳤어요. **33.** 목성에는 지구보다 거의 3배나 큰 폭풍이 수백 년째 치고 있어요. **34.** 지구의 달은 1개지만 목성은 50개 이상일 거예요. 수성은 하나도 없어요. **35.** 토성과 목성, 해왕성, 천왕성에는 모두 고리가 있어요. 하지만 지구에서 망원경으로 볼 수 있는 것은 토성의 고리뿐이에요. **36.** 과학자들은 지구 바깥의 생명을 찾아내지 못했지만, 2010년에 바티칸의 천문학자는 가톨릭계가 외계 생명체를 환영할 것이라고 선언했어요. **37.** 천왕성은 축이 98도 기울어져 있어, 옆으로 누운 것처럼 보여요. **38.** 천왕성의 위성들은 대부분 영국의 대문호 윌리엄 셰익스피어 작품 속 등장인물 이름을 땄어요. **39.** 해왕성에서는 시속 2000킬로미터로 바람이 불어요. **40.** 해왕성의 중심핵은 태양보다 뜨겁지만, 대기 구름의 온도는 영하 212도예요. **41.**

별은 연료가 다 타면 죽어요. 무거울수록 별의 수명은 짧아져서, 아주 무거운 별은 고작 400년을 살고, 더 가벼운 별은 수조 년을 살아요. **42.** 모든 별은 성운이라는 우주 신생아실에서 태어나요. 성운은 거대한 수소 가스 구름이에요. **43.** 무거운 별은 파란색, 더 가벼운 별은 빨간색이에요. **44.** 초신성은 아주 큰 별이 폭발하면서 죽는 모습이에요. 우주에서 가장 강한 중력을 지닌 블랙홀은 초신성의 잔해에서 생길 수 있어요. **45.** 천문학자들은 지금까지 먼 별의 주위를 도는 행성을 수천 개 발견했어요. 그중에는 쌍성을 도는 행성도 있어요. 그 말은 해돋이와 해넘이가 하루에 두 번씩 일어난다는 뜻이지요. **46.** 우리 은하는 나선 모양으로, 수십 억 개의 별이 살고 있어요. 태양은 이 많은 별 중 하나일 뿐이에요. **47.** 가장 가까운 이웃 은하는 안드로메다로 우리 은하보다 약 2배 커요. 두 은하는 시속 48만 3000킬로미터의 속도로 가까워지고 있어서 수십 억 년 안에 충돌할 거예요. **48.** 우주 비행사들은 우주 왕복선 안에서 감자를 키웠어요. **49.** 우주는 점점 더 빠른 속도로 팽창하고 있어요. 그만큼 공간이 더 늘어나는 중이지요. **50.** 일부 과학자는 다른 우주도 존재한다고 믿지만, 그렇다고 해도 우리가 갈 수도, 대화를 나눌 수도 없을 거예요. **51.** 나사는 천문학자 갈릴레오 갈릴레이와 로마의 신 유피테르와 유노 부부를 닮은 레고 캐릭터를 우주로 보냈어요. **52.** 혜성은 약 45억 년 전 태양계가 형성될 때 남은 것들이에요. 모래와 얼음, 이산화 탄소로 이루어졌어요. **53.** 혜성의 꼬리는 언제나 태양의 반대편을 향해요. 꼬리의 길이는 수억 킬로미터에 달하기도 해요. **54.** 감마선 폭발은 우주에서 가장 밝은 폭발로, 블랙홀이 탄생할 때 일어나요. **55.** 화성의 해넘이는 파란색으로 보여요. **56.** 1969년 미국의 우주 비행사 닐 암스트롱은 인류 최초로 달에 발을 디뎠어요. **57.** 해왕성 너머에 혜성과 얼음덩어리, 명왕성, 하우메아, 마케마케, 에리스 등의 왜행성이 모인 곳을 카이퍼대라고 해요. **58.** 2006년 지구의 달보다 크기가 작은 명왕성은 행성에서 왜행성으로 지위가 떨어졌어요. **59.** 태양계에서 가장 춥고, 가장 먼 천체는 왜행성인 에리스예요. 558년마다 태양을 한 바퀴 돌아요. **60.** 천왕성은 심하게 기울어져 한쪽은 42년 동안 햇빛을 받고, 반대쪽은 42년 동안 어둠에 잠겨 있어요. **61.** 태양은 1초에 수소 6억 톤을 태워요. **62.** 초질량 블랙홀은 태양보다 수백만 배, 심지어 수십 억 배 더 무거워요. **63.** 과학자들은 달 표면 연구를 위해 2009년 10월, 로켓을 달에 충돌시켰어요. 이때 튀어 오른 수증기와 얼음을 통해 적어도 달에 물이(치즈가 아니라) 얼마간 있다는 사실이 증명되었지요. **64.** 1991년 이래 천문학자들은 태양계 바깥에 존재하는 외계 행성 수천 개를 발견했어요. **65.** 1982년 미국 앨라배마주 헌츠빌에서 우주 캠프 프로그램이 시작된 이래, 지금까지 50만 명이 넘는 아이와 어른이 참가했어요. **66.** 은하들은 대부분 우리 은하처럼 나선형이에요. 하지만 달걀이나 이쑤시개, 고리 등 다른 모양의 은하들도 있어요. **67.** 화성의 위성은 2개예요. 포보스와 데이모스로 둘 다 감자처럼 생겼어요. **68.** 화성의 영어 이름은 마르스예요. 로마 신화 중 전쟁의 신 이름을 땄어요. 고대 이집트인은 '허 데셔'라고 했는데 '빨간 것'이라는 뜻이에요. **69.** 2010년 4월 5일 여성 우주 비행사 4명-미국인 3명, 일본인 1명-이 국제 우주 정거장에 탔어요. 가장 많은 여성이 동시에 우주 궤도에 존재하는 기록을 세웠지요. **70.** 천왕성의 영어 이름은 우라노스예요. 그리스 신화에서 하늘의 신이지요. 그런데 사실 1781년 우라노스를 발견한 학자는 영국 왕 조지 3세의 이름을 붙이고 싶어 했어요. **71.** 매년 약 1개꼴로 자동차만 한 소행성이 지구 대기권으로 들어오는데, 대부분은 땅에 떨어지기 전에 불타서 사라져요. **72.** 나사는 수천 개에 달하는 '지구 위협 천체'를 감시해요. 이는 충돌이 위협적일 만큼 지구 궤도에 가까이 다가오는 바윗덩어리들을 뜻해요. **73.** 소행성대는 화성과 목성 사이에 위치하고, 태양계의 소행성 대부분은 여기에 있어요. **74.** 2005년 일본의 우주 탐사선이 소행성에 착륙했어요. **75.** 소행성의 이름은 별난 것이 많아요. 미스터 스팍, 도널드 덕이나 산타, 예스라는 이름도 있어요. **76.** 소행성은 지름이 952킬로미터인 것부터 1킬로미터인 것까지 그 크기가 다양해요. **77.** 알려진 소행성 수백만 개 중 약 300개는 위성이 있어요. **78.** 국제 천문학 연맹의 정의에 의하면 행성은 태양 궤도를 돌고, 거의 둥근 모양에, 위성이 아니며, 궤도 안에 다른 행성이 없는 천체를 뜻해요. **79.** 지구에서 여러분의 몸무게가 45킬로그램이라면, 혜성에서는 0.005킬로그램이, 수성에서는 17킬로그램이 돼요. **80.** 금성에서는 해가 서쪽에서 뜨고 동쪽으로 져요. 지구와 정반대이지요. **81.** 별똥별은 사실 유성이에요. 대기권에 진입하면서 가열되어 밝게 타오르는 물질로, 매일 밤 하늘에서 시간당 몇 개는 볼 수 있어요. **82.** 운석은 대기권에서 완전히 불타지 않고 지표면에 충돌한 유성이에요. 지금까지 지구에서 발견된 운석 중 가장 큰 것은 아프리카 남서부에 떨어졌어요. 무게가 5만 4000킬로그램이나 돼요. **83.** 1954년 무게 3.6킬로그램짜리 운석이 앨라배마주 한 여성의 지붕을 뚫고 떨어졌어요. **84.** 매일 운석 물질 약 900~9000톤이 지구로 떨어지지만, 대부분은 작은 알갱이나 우주 먼지 형태예요. **85.** 소행성 베스타에는 에베레스트산보다 3배나 높은 산이 있어요. **86.** 토성의 위성 엔켈라두스는 100미터 두께의 눈으로 덮여 있어요. **87.** 목성의 위성 유로파는 거대한 얼음으로 덮여 있어요. 과학자들은 그 밑에 거대한 바다와 외계 생명체가 존재할 수도 있다고 생각해요. **88.** 우주 망원경 허블은 길이가 스쿨버스만 하고, 무게가 코끼리 2마리와 비슷해요. 1990년부터 시속 2만 8160킬로미터의 속도로 지구 궤도를 돌면서 먼 행성과 별, 은하의 영상을 무수히 찍었지요. **89.** 우주 비행사는 우주에서 토르티야를 먹어요. 잘게 부서져서 장비를 망가뜨릴 일이 없거든요. **90.** 우주 비행사는 빨래를 지구로 가져오지 않아요. 입었던 옷은 자루에 넣었다가 지구 재진입 때 대기에서 태워요. **91.** 국제 우주 정거장에서 일하는 우주 비행사도 주말에는 쉬어요. 정거장 안에서 경주하거나, 공중제비를 돌거나, 그냥 창밖을 내다보면서 시간을 보내지요. **92.** 마야의 천문학자들은 1300여 년 전에 금성을 상세히 관찰했어요. **93.** 행성을 뜻하는 영어 단어인 플래닛(planet)은 방랑자라는 뜻의 그리스어 '플라네테스(planetes)'에서 나왔어요. **94.** 우주 탐사선 카시니호는 7년이 채 안 걸려 토성까지 32억 킬로미터를 날아갔어요. 시속 100킬로미터로 달리는 차라면 3653년이 걸릴 거예요. **95.** 달에 꽂힌 미국 국기는 모두 6기예요. **96.** 1967년 발효된 우주법은 어느 한 나라가 우주에 있는 행성, 별 등 자연적 천체를 소유하는 것을 금지해요. **97.** 비행기로 명왕성까지 간다면, 800년 넘게 걸릴 거예요. **98.** 해왕성에는 지구만 한 폭풍 구름이 떠다녀요. **99.** 고대 그리스인들은 태양을 '헬리오스(Helios)', 고대 로마인은 '솔(Sol)'이라고 했어요. **100.** 해왕성은 1846년에 인류에게 발견되었는데, 2011년에야 궤도를 한 바퀴 돌아 발견된 자리로 왔어요.

맛있고 달콤한 사탕에 관한 지식 50가지

1 보통 크기의 **페즈** 한 줄에는 사탕 **12개**가 들어 있어요.

2 허쉬 창업자는 **18세**에 사탕 제조 사업을 시작했어요.

3 허쉬 키세스에는 처음 **14년** 동안 은박지 포장 위로 솟은 종이 **'깃발'**이 없었어요.

4 만화 『피너츠』의 작가 찰스 슐츠는 식탁에 놓인 사탕에서 영감을 받아 **페퍼민트 패티**라는 이름을 지었다고 말했어요.

5 **블루 젤리 벨리**는 미국 레이건 대통령의 취임식을 위해 개발되었어요. 이 행사를 위해 붉은색, 흰색, 푸른색 젤리를 무려 3톤 넘게 만들었어요.

6 가장 오랜 역사를 가진 사탕인 **록 캔디**는 처음에는 **약국에서만 팔았고, 약으로 쓰였어요.**

7 알렉산드로스 대왕은 **감초를 먹었어요.**

8 고대 그리스인은 **박하가 딸꾹질을 치료**한다고 믿었어요.

9 **치아를 썩게 하는** 건 설탕이 아니라 입안의 **연쇄상 구균**이에요. 이 균은 **설탕을 좋아해서**, 설탕을 먹고 산을 내보내 치아에 충치를 만들어요.

10 **소금물 맛 태피**는 소금과 물을 쓰지만, **바닷물을 넣지는 않아요.**

11 영화 『E.T.』의 인기가 높아지자, 영화에 나온 **리스 사탕**의 판매량이 최소 65퍼센트 늘어났어요. (M&M은 그 역할을 거절했지요.)

12 **당밀 태피**는 미국에서 만들어진 최초의 사탕 중 하나예요.

13 세계에서 **가장 큰 롤리팝의 무게는 2955킬로그램**, 높이가 **7.50미터**로, 세우는데 크레인이 필요했지요.

14 윈터그린 라이프세이버를 오도독 씹으면 **입안이 화해요.**

15 **마시멜로**는 고대 이집트에서 만든 거예요.

16 아시아 많은 나라에서 **말리고 절인 과일들**은 인기 있는 간식이에요. 보통 **새콤달콤한 가루**가 덮여 있어요.

17 속이 쫄깃한 사탕 **봉봉**은 프랑스어로 **'좋아-좋아'**라는 뜻이에요.

* 지금까지 배운 지식은 1,810가지!

18 중앙아메리카와 남아메리카에서는 **카카오 콩을 통화로** 쓰기도 했어요.

19 1969년 처음 출시된 **틱택**은 포도와 계피 같은 맛들을 처음 선보였어요. **딸기 밭**과 과일 모험 맛도 인기 있는 새로운 맛이에요.

20 부모를 대상으로 한 설문 조사에 따르면, **90퍼센트**가 자녀의 **핼러윈 사탕을 몰래 먹는대요**.

21 미국에서 10월 30일은 **전국 캔디 콘의 날**이에요.

22 글이 써진 **'대화용 하트 사탕'**은 예전에는 하트 모양이 아니라 **말굽과 야구공 모양**이었어요.

23 해마다 생산되는 **캔디 케인**을 늘어놓으면, 미국 **인디애나주 산타클로스부터 알래스카주 노스폴까지 32번 왕복**할 수 있어요.

24 아이들의 **54퍼센트**는 캔디 케인을 쭉쭉 빨아 먹어요. 이 사탕을 깨 먹을 확률은 남자아이가 여자아이보다 **2배 높아요**.

25 투시 팝을 몇 번 핥으면 속에 닿는지 알아내려고 대학 두 곳에서 **핥기 기계**를 만들었고, 각각 **411번, 364번** 핥았다고 해요.

26 **껌을 삼키면** 소화 기관을 통과하는 데 **7년**이 걸린다는 말은 **사실이 아니에요**.

27 **설탕은 늘어나지 않으므로** 풍선껌을 더 크게 불리려면, 일단 설탕이 녹을 때까지 씹어야 해요.

28 **솜사탕**은 원래 **'요정의 엉킨 실'**이라고 불렸어요.

29 옷에 붙은 껌은 **얼음**으로 뗄 수 있어요.

30 사탕이 **가장 많이 팔리는 날**은 핼러윈이에요.

31 1981년 이후 모든 **우주 왕복선**에는 M&M이 실렸어요. 우주 비행사들은 우주선 내를 떠다니는 초콜릿을 팩맨 게임처럼 덥석덥석 먹었지요.

32 **구미 베어**(쫀득한 곰)는 원래 **'춤추는 곰'**이라고 불렸어요.

33 해마다 미국에서는 **높이 27미터, 너비 18미터** 크기의 부활절 달걀 안을 채우고 남을 만큼 **젤리빈**이 생산돼요.

34 **스키틀즈**는 매일 **2억 개**씩 생산돼요.

35 초기 롤리팝 기계는 **1분**에 **롤리팝 40개**를 만들었는데, 요즘 기계들은 1분에 **5900개**나 만들어요.

36 사람들이 사는 모든 **마시멜로의 반 이상**이 여름에 불에 구워져요.

37 **투씨롤**을 비롯한 어떤 사탕들은 **건강식품**으로 팔리기도 했어요.

38 사람들의 **76퍼센트**는 초콜릿 토끼의 **귀부터 먹어요**.

39 세계에서 가장 큰 부활절 **초콜릿 달걀**은 이탈리아에서 만들었어요. **높이는 3층**에 달하고 **코끼리만큼 무거웠죠**.

40 1953년에는 병아리 모양 마시멜로인 **마시멜로 핍**을 만드는데 **27시간**이 걸렸지만, 지금은 **6분**이면 충분해요.

41 해마다 만들어지는 **마시멜로 핍**은 **12억 개**로, 하루 **300만 개**가 넘어요.

42 처음에는 마시멜로 **핍의 눈을 손으로 그렸지만**, 지금은 기계가 분당 **3500개**의 핍에 눈을 그려요.

43 초콜릿, 블루베리, 시금치, 귀지, 토사물 맛 젤리는 「해리 포터」 속 버티 보트의 **'온갖 맛이 나는 젤리빈'** 중 일부예요. 현재는 머글 세계에서도 팔고 있어요.

44 「초콜렛 천국」(1971) 영화에 나오는 **초콜릿 강은 진짜 초콜릿이 아니라**, 물감을 푼 물로 만들었어요.

45 60여 년 전, M&M의 **첫 'M' 자는 흰색이 아니라 검은색**이었어요.

46 바주카 풍선껌 포장지 만화 「바주카 조」는 **7000여 종**에 달해요.

47 빨간색 **레드 바인**에는 **감초가 없어요**. 검은색에만 감초 성분이 들어 있지요.

48 M&M의 M은 회사를 세운 두 사람의 **성에서 첫 글자**를 각각 가져온 거예요.

49 **팝 록스**는 **이산화 탄소**를 고압으로 사탕에 넣어, 사탕 안에 **아주 작은 기포**가 들어 있는 사탕이에요.

50 팝 록스는 입안에서만 **터지는 게 아니에요**. 그릇에 넣고 사탕을 으깨면 팝 하고 터지는 소리가 들려요.

1 **나노 로봇**은 원자 크기로 기어다닐 수 있어요. 금속이 아닌 **사람의 DNA**로 이루어졌지요.

2 제1회 국제 **로봇 올림픽**이 1990년 스코틀랜드에서 열렸어요. **벽 기어오르기, 말하기, 충돌 피하기** 같은 경기를 했지요.

3 가장 작은 인간형 로봇은 키가 **15.3센티미터**예요. 걷고, 차고, 팔 굽혀 펴기도 할 수 있어요.

4 과학자들은 **침팬지**의 행동을 연구해, 한 살 아기의 감정을 흉내 낼 수 있는 인간형 로봇 나오를 개발했어요.

5 2010년 5월 16일, 시바타 토모히로와 이노우에 사토코가 아이페어리의 주례로 결혼했어요. 주례를 선 최초의 로봇이었어요.

로봇에 관한

6 '로봇'이라는 단어는 약 **100년 전**에 나왔어요. 1920년 체코의 한 희곡에 처음 실렸지요.

7 **링고로이드**는 **삐 소리**를 조합해 스스로 **언어**를 만들어 **서로 의사소통** 해요.

8 2011년 2월 나사는 최초로 **인간형 로봇**을 우주로 보냈어요. **로보노트 2**는 국제 우주 정거장에서 우주 비행사들을 도왔어요.

9 아이 돌보미 로봇 파페로는 눈 2개와 귀 8개, 3000개의 단어로 아이들과 상호 작용해요.

10 해마다 **전 세계 로봇**이 모여 **로보컵** 대회를 열어요. 로봇이 하는 축구 경기예요.

11 무거운 짐을 옮기거나, 문을 알아서 열거나, 국경을 지키는 **로봇 개**도 나왔어요.

12 움직이는 작은 **스낵봇**은 로봇과 사람이 어떻게 상호 작용하는지 보여 줘요. 그리고 과자도 옮겨 주지요.

25가지 놀라운 지식

13 스위스 연구진은 **사람의 동맥 속을 헤엄쳐 다닐 만큼 작은 로봇을** 만들었어요.

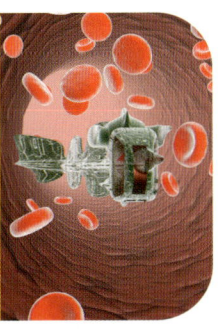

14 캘리포니아 대학교 샌디에이고의 과학자들은 **알베르트 아인슈타인**처럼 보이는 로봇을 만들었어요. 이 로봇은 웃고, 찌푸리는 등의 표정을 스스로 학습할 수 있어요.

15 **코넬 대학교 연구진**은 스스로 걷는 법을 터득하고, 손상을 입으면 **절뚝거리며 걷는** 법을 배운 **네 발 달린 로봇**을 만들었어요.

16 로봇학자 이시구로 히로시는 진짜 사람 같은 기계에 사람들이 어떻게 반응하는지 알아보기 위해 **자기 얼굴과 똑같은 로봇**을 만들었어요.

17 『스타워즈』에 나오는 로봇 **C-3PO**는 키가 1.7미터고, **R2-D2**는 0.97미터예요.

18 최초의 로봇은 1961년 탄생해 **제너럴모터스 자동차 공장에서 일**했어요.

19 2004년 **스피릿**과 **오퍼튜니티**라는 두 로봇 지질학자가 **화성**에 착륙해 표면을 탐사하기 시작했어요.

20 로봇학자들은 루빅큐브를 빨리 맞추는 로봇도 개발해 왔어요. **0.38초** 만에 성공한 로봇도 등장했어요.

21 쓰레기 수거 로봇이 나오는 영화 『**월·E**』는 2009년 오스카의 애니메이션 부문에서 수상했어요.

22 원유를 흡수하는 로봇 **시스윕**은 석유 유출 사고 발생 시 정화가 가능해요. 이 로봇은 자기 무게의 20배까지 기름을 빨아들일 수 있어요.

23 **홍콩**에는 로봇이 손님을 맞이하고 안내하며, 요리도 하는 **로봇 식당**이 있어요.

24 과학 소설 작가 아이작 아시모프는 로봇 3법칙을 썼어요.
1) **로봇은** 사람을 해치거나, 사람이 피해 입는 것을 보고만 있어서도 안 된다.
2) **로봇은** 제1 법칙에 어긋나지 않는 한, 사람의 지시를 따라야 한다.
3) **로봇은** 제1 법칙과 제2 법칙에 어긋나지 않는 한, 자신을 지킨다.

25 2010년 9월 19일 **미국 일리노이주의 고등학생 525명**은 단체로 **로봇 춤**을 춘 **세계 기록**을 세웠어요.

*지금까지 배운 지식은 1,835가지!

별난 해양 생물에 관한

❶ **노랑거북복**은 상자 모양이에요. 자동차 회사 **메르세데스벤츠**는 이 복어에게 영감을 받아 연료 효율이 높은 자동차를 설계하기도 했어요.

❷ 몸길이가 15센티미터쯤 되는 **흡혈오징어**는 심해에 살아요. 팔을 몸쪽으로 당겨 공격을 피해서 **안팎이 뒤집혀** 보여요.

❸ **블롭피시**의 피부는 흐느적거리는 옅은 분홍색이에요. 해저에 사는 이 물고기는 **주먹코** 노인의 찌푸린 얼굴 같은 모습이에요.

❹ **쏨뱅이**의 등지느러미 가시에는 독이 있어요. **어류의 독 중에서도 강한 편**이에요.

❺ 그레이트배리어리프에 사는 **크리스마스트리관갯지렁이**는 **색깔이 화려한 장식**처럼 보여요. 포식자가 다가오면 살아 있는 산호에 파 놓은 구멍 속으로 쏙 들어가요.

❻ 멕시코만에 사는 **파리지옥말미잘**은 열대 우림의 식충 식물 파리지옥과 놀라울 만큼 비슷해 보여요. 하지만 곤충을 낚는 대신, **촉수로 침을 쏘아** 먹이를 잡아요.

❼ 새하얀 **설인게**는 집게발이 털로 뒤덮여 눈 속에 산다는 **수수께끼의 존재 예티**처럼 보여요.

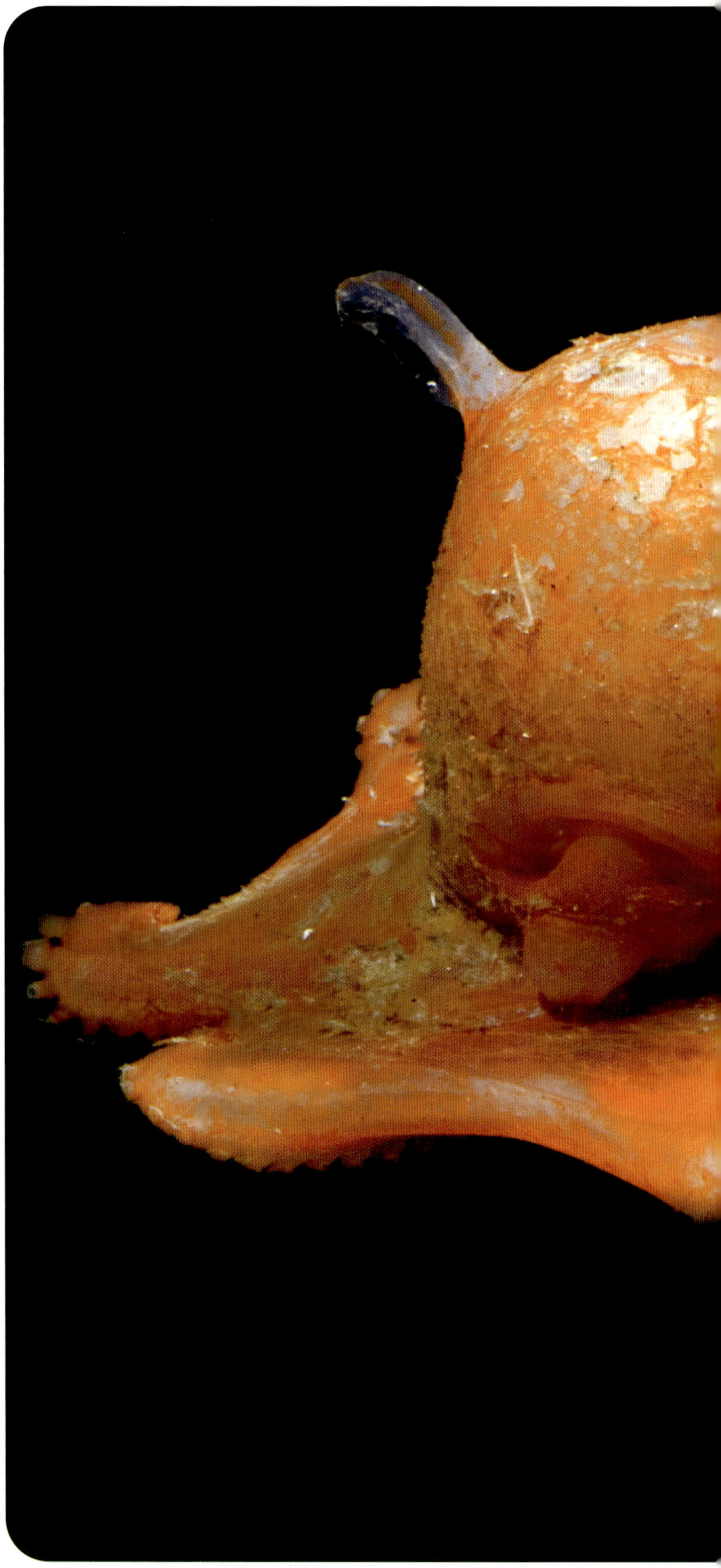

15가지 놀라운 지식

❽ **덤보문어**는 심해에서 귀처럼 생긴 지느러미를 펄럭펄럭 움직이며 헤엄쳐요.

❾ 몸길이 10센티미터인 **호주빨강부치**는 헤엄치는 대신 지느러미를 써서 태즈메이니아 주변의 바다 밑을 **걸어 다녀요**.

❿ **가시선인장**은 해양 동물이 아니라 **해리 포터의 깃펜**이 해저에 박힌 것처럼 보여요. 깃털처럼 보이는 털은 사실 많은 폴립으로 이루어져 있어요. 말미잘처럼 생긴 개체들이 공동체를 이루어 협력하며 살아가요.

⓫ 해마의 가까운 친척인 **나뭇잎해룡**은 완벽하게 **바닷말**로 위장해요.

⓬ **큰지느러미오징어**는 팔로 눈이 멀 듯한 밝은 빛을 비추어 멍하게 만든 뒤 잡아요.

⓭ 남극 대륙 주변 차디찬 바다 밑에는 쟁반만 한 **바다거미**가 기어다녀요.

⓮ 세계에서 손꼽히게 작은 해마인 **데니스피그미해마**는 크기가 **종이 클립**만 해요.

⓯ 태즈메이니아 인근 바다에서는 깜박거리는 **LED 전구**들을 모아 놓은 것처럼 보이는 해파리가 살아요. 헤엄치는 데 쓰는 **작은 돌기**들이 빛을 반사해 무지갯빛으로 반짝여요.

＊ 지금까지 배운 지식은 1,850가지!

75가지 아이디어가

❶ 어떤 고등학생은 수어를 번역해 화면에 문자로 띄우는 장갑을 발명했어요.

❷ 시속 113킬로미터의 강풍도 견디는 공기 역학적 우산이 발명되었어요.

❸ 1950년대에 발명된 초창기의 TV 리모컨은 개의 예민한 귀를 괴롭히는 소음을 냈어요.

❹ 한 회사는 베이컨으로 다양한 일상용품을 제작했어요. 베이컨 치실, 베이컨 방향제, 베이컨 막대 사탕, 심지어 베이컨 비누도 있었어요!

❺ 나이키 창업자는 1971년 아내의 와플 기계에 뜨거운 고무액을 부어 운동화의 와플 밑창을 발명했어요.

❻ 최초의 스마트폰은 1992년에 발명되었어요. 이름은 사이먼이고, 무게는 아이폰의 5배에 달했어요.

❼ 1968년에 아이패드처럼 생긴 아동용 태블릿 컴퓨터가 발명되긴 했지만, 앵그리 버드 앱이 깔린 애플 태블릿은 40년 뒤에나 등장한답니다.

❽ 과학자들은 관절과 근육에 전기를 보내 손가락의 움직임을 제어하는 팔띠를 개발했어요. 팔에 차기만 하면, 생각하지 않고서도 기타를 칠 수 있어요!

❾ LED 전구는 백열전구보다 수명이 훨씬 길고, 전기를 훨씬 덜 써요.

❿ 태블릿에 연결해서 쓰는 디지털 펜은 1950년에 처음 등장했어요.

⓫ 패션 디자이너들은 머리에 쓰면 감정 상태에 반응하는 고양이 귀를 발명했어요. 신기할 땐 귀가 쫑긋 서고, 기운이 없을 땐 귀도 축 늘어지지요.

⓬ IBM은 퀴즈 쇼 「제퍼디!」에 출연해 정답을 내놓는 컴퓨터 '왓슨'을 개발했어요. 2011년 왓슨은 74번이나 우승한 챔피언을 물리쳤어요.

⓭ 인류 최초의 발명품은? 도구예요. 돌을 때려 모서리를 떼 내는 식으로 도끼와 화살촉, 망치를 만들었어요.

⓮ 바퀴는 약 5000년 전, 지금의 중동에서 발명되었어요.

⓯ 포크와 피자 칼을 합친 도구가 발명된 적도 있어요. 지금은 굴림 칼로 피자를 자른 후, 포크로 찍으면 돼요.

⓰ 라이트 형제는 여러 해 동안 조사하고 모형을 만들고 힘겹게 시험한 끝에 1903년에야 최초로 공기보다 무겁지만 동력으로 추진되고 조종이 가능한 기계를 날리는 데 성공했어요.

⓱ 존 디어는 1846년 강철 쟁기를 발명했어요. 1855년경에는 연간 1만 3000대가 팔려 나갔어요. 여기서 유래한 디어앤컴퍼니는 존 디어란 상표명으로 초록색 트랙터를 비롯한 농업 장비를 제작하고 판매해요.

⓲ 에디슨이 백열전구를 발명한 것은 아니에요. 하지만 상용화가 가능한 전구를 최초로 발명한 것은 맞아요. 에디슨이 처음으로 만든 제대로 된 전구는 13.5시간 동안 빛을 냈어요.

⓳ 1455년 요하네스 구텐베르크는 인쇄기를 발명했어요. 그 덕에 인쇄업자는 책을 수천 부씩 찍을 수 있었지요. 그전까지는 몇 달이나 몇 년에 걸쳐 손으로 다 베껴 써야 했어요.

⓴ 전화를 만든 알렉산더 그레이엄 벨은 첫 통화에서 이렇게 말했어요. "왓슨, 이리로 오게. 자네를 봐야 해."

㉑ 최초의 컬러 TV 방송이 송출된 1954년 1월 1일 당시에 컬러 TV는 겨우 200대만 팔린 상태였어요.

㉒ 새뮤얼 모스는 원래 화가였어요. 1838년 모스 부호(문자와 숫자를 점과 선의 조합으로 바꾼 것)를 보내는 데 쓰는 전신을 발명했어요.

㉓ 토머스 에디슨은 아이일 때 청력을 잃기 시작했어요. 하지만 덕분에 일에 집중하고, 잠도 깊이 잘 수 있어서 더 나은 발명가가 되었다고 말했어요.

㉔ 미국 뉴저지주에 위치한 토머스 에디슨 연구소의 별명은 '발명 공장'이었어요.

㉕ 2009년 19세의 대학생이 환경 친화적인 외발 전기 오토바이를 발명했어요.

㉖ 벤저민 프랭클린은 어릴 때 손에 끼우면 헤엄치는 속도를 높여 주는 노를 발명했어요.

㉗ 벤저민 프랭클린은 난로, 이중 초점 안경, 높은 책장의 책을 꺼낼 수 있는 '긴 팔'도 발명했어요.

㉘ 벤저민 프랭클린이 1752년 발명한 피뢰침은 번갯불이 치지 않는 안전한 길을 만들었어요. 지금도 집과 건물이 번개 때문에 화재가 나지 않도록 지켜 준답니다.

㉙ 벤저민 프랭클린이 뇌우 속에서 날린 연에 번개가 내리쳤고, 연줄에 묶인 열쇠에서는 불꽃이 튀었어요. 이렇게 번개가 전기임을 증명했다고 해요.

㉚ 인스턴트 라면은 '미스터 누들'로 알려진 일본인이 발명했어요. 처음에는 비싼 식품이었지요.

㉛ 초기 자동차는 앞 유리에 와이퍼가 없었어요. 잘 안 보일 만큼 더러워지면 그냥 몸을 내밀어 유리를 닦았지요. 1905년 메리 앤더슨이 끝에 고무 날이 달린 막대를 움직이는 장치에 특허를 받으며 모든 게 달라졌어요.

㉜ 플라스틱은 1907년에 발명되었어요. 초기에는 단추나 당구공, 변기 시트 등의 재료였어요.

㉝ 최초로 작동한 잠수함은 '터틀'이라고 불렸어요. 나무로 만들어졌고, 미국 독립 전쟁 때 적군의 배에 폭탄을 장착하는 데 쓰였어요.

㉞ 게토레이는 1965년 미국에서 운동선수들의 기력을 북돋아 줄 음료가 뭐가 있을까 고민하던 한 의사에 의해 탄생했어요. 플로리다 대학 축구팀의 이름을 따 '게이터스'라고 이름 붙였어요.

㉟ 1955년 찍찍이(벨크로)를 발명한 사람은 개털에 붙은 우엉 씨를 현미경으로 살펴보다가 아이디어를 떠올렸어요!

빛나는 발명의 지식

㊱ 일회용 반창고는 1917년 미국에서 발명됐지만, 7년 뒤 미국 스카우트에게 공짜로 나누어 주면서 인기를 얻었어요. 그 뒤로 수천 억 개가 생산되었지요!

㊲ 셀로판테이프는 1930년에 발명되었어요. 처음에는 가운데를 뺀 가장자리에만 접착제를 발랐어요.

㊳ 조지 페리스는 1983년 80미터 높이의 회전 관람차를 공개했어요. 오늘날 가장 높은 회전 관람차는 250미터 높이로 두바이에 있어요.

㊴ 슬링키는 우연히 발명되었어요. 1940년대에 한 발명가는 배의 장치를 안정되게 유지하는 스프링을 만들려고 했어요. 그런데 스프링 하나가 빠져나가 책 더미를 '걸어 내려갔고' 그때 멋진 장난감이 될 것을 알았대요.

㊵ 슈퍼소커 물총은 1989년 원자력 공학자가 발명했어요.

㊶ 1893년 발명된 지퍼의 원래 이름은 '악수 잠그개(clasp locker)'였어요.

㊷ 윌 켈로그는 1894년 반죽을 만들다 실수해 콘플레이크를 발명했어요. 그리고 곧 신제품이 될 것을 깨달았지요. 몇 년 뒤 켈로그의 콘플레이크는 유명해졌어요.

㊸ 1970년대 한 남성이 '반려돌'을 발명했어요. 숨구멍을 낸 멋진 휴대용 상자에 작은 돌을 넣고 4달러에 팔았어요. 그는 곧 백만장자가 되었죠.

㊹ 트램펄린의 발명자는 에스파냐어로 다이빙대를 뜻하는 엘 트람폴린을 따서 이름을 붙였어요.

㊺ 코카콜라를 발명한 사람은 약사이자 의사였어요. 콜라는 처음에 피로와 두통을 없애는 약으로 팔렸어요.

㊻ 어릴 때 한쪽 시력을 잃은 캐나다 영화 제작자는 배터리로 작동하는 무선 비디오카메라를 의안으로 개발했어요. 자기가 보는 모든 것을 디지털 영상으로 찍을 수 있어요.

㊼ 통굽 구두는 16세기 이탈리아 베네치아에서 발명되었어요. 물이 흥건한 거리에서 발을 적시지 않기 위해서였지요.

㊽ 1877년 미국 메인주의 18세 청년이 '귀 보호개' 특허를 받았어요. 세계 최초의 귀 가리개였지요. 15세 때 밖에서 놀고 싶은데 귀가 너무 시려서 착상을 떠올렸다고 해요.

㊾ 망원경은 1608년에 발명되었어요. 그리고 1년도 지나기 전에 갈릴레오는 직접 망원경을 만들어 달을 관찰했어요.

㊿ 덕트 테이프는 제2차 세계 대전 당시에 발명됐어요. 군인들이 쉽게 뜯어 수리할 수 있는 방수 테이프를 원했으니까요. 지금은 어디에서나 쓰여요. 세계에서 가장 큰 덕트 테이프 지갑은 길이가 2.7미터예요.

(51) 자동차가 하늘을 나는 날이 오기를 꿈꾼다고요? 이미 여러 기업에서 개발을 끝냈어요. 안전과 허가 등 법적인 문제들만 해결하면 된답니다.

(52) 1596년 수세식 화장실을 발명한 사람은 곧장 엘리자베스 1세에게 선보였어요. 영국 여왕은 그 즉시 궁전 중 한곳에 수세식 화장실을 설치하게 했지요.

(53) 소닉 밤 알람 시계는 잠에서 잘 못 깨는 사람을 위해 발명됐어요. 알람이 마치 천둥 소리처럼 113데시벨로 울려요.

(54) 과학자들은 죽은 파리에서 동력을 얻는 시계를 발명했어요.

(55) 1888년 공기를 불어 넣는 고무 타이어가 발명되기 전에는 나무 바퀴에 금속으로 테두리를 둘렀어요.

(56) 요즘 휴대폰은 생활 방수가 되어서 물에 잠깐 빠져도 아무 문제 없어요.

(57) 최초의 전자 우편은 1969년 미국 캘리포니아 대학과 스탠퍼드 대학 사이에 오고 갔어요. 전송자는 'Login'을 치려 했지만 'g'부터 오류가 생겨 'Lo'만 수신되었지요.

(58) 해리 웨슬리 쿠퍼는 1940~1950년대에 군에서 사용할 접착제를 연구했어요. 접착력이 너무 강력해 총기 부품이 계속 망가지자, 발상을 전환했지요. 이 초강력 접착제를 판매해 큰돈을 벌었어요.

(59) 오늘날 자동차에 쓰이는 3점식 안전띠는 1959년에 발명되었어요. 연간 약 40만 명의 목숨을 구하고 있지요.

(60) 포스트잇은 1980년에 탄생했어요. 끈적거리지만 영원히 붙지는 않는 접착제가 개발되면서였지요. 지금까지 많이 팔린 사무용품 5위 안에 들어요.

(61) 알루미늄을 값싸게 만드는 방법이 개발되기 전까지 다 마신 음료 깡통은 비싼 금속으로 여겨져, 고급 장신구를 만드는 데 쓰였어요.

(62) 얼어붙은 자동차 앞 유리를 녹이다 지각할 수 있어요. 그래서 워셔액을 가열해 뿜는 장치도 개발되었지요.

(63) 뇌 활동을 감지하는 센서가 장착된 모자를 쓰면, 생각만으로 글을 쓸 수 있대요.

(64) 1896년 뉴욕 코니아일랜드에서 최초의 에스컬레이터 중 하나가 놀이기구로 가동되었어요. 2.1미터를 올랐고 약 7만 5000명이 탔어요.

(65) 최초의 휴대용 진공청소기는 한 청소부가 발명했어요. 선풍기 모터, 비누 상자, 빗자루 손잡이로 이루어졌지요.

(66) 회전문은 고층 건물에서 쓰기 위해 발명되었어요. 건물이 높으면 따뜻한 내부와 차가운 바깥 공기 사이에 압력 차가 생겨 여닫이문은 열기 어렵거든요.

(67) 예전에는 스케이트장 표면을 매끄럽게 다듬기 위해 청소부들이 한 시간 반 동안 일했어요. 그러다 1960년 동계 올림픽에서 처음 잠보니 정빙기가 등장해 15분 만에 일을 끝냈어요.

(68) 1855년 이전까지는 쉽게 열 수 있는 자물쇠만 있었어요. 그러다 소유자가 숫자 조합을 바꿀 수 있는 '예일 마법 금고 자물쇠'가 나왔어요. 이 자물쇠는 지금도 은행 금고에 쓰여요.

(69) 실내 스포츠 경기장에 쓰이는 인조 잔디는 1967년 켐그래스라는 이름으로 세상에 나왔어요.

(70) 다이슨 진공청소기를 발명한 사람은 회전 날개가 없는 선풍기도 만들었어요. 시원한 공기가 원형 테두리를 통해 흘러나오지요.

(71) 1906년 한 배관공은 학교에 갔다가 아이들이 컵을 서로 돌려서 쓰는 것을 보았어요. 병균이 옮기 쉬운 환경이었지요. 그리고 5년이 지나기 전에 그는 물이 분수처럼 나오는 음수대를 발명했어요.

(72) 리바이 스트로스는 1853년 미국 샌프란시스코에 금광 광부들을 위한 가게를 열었어요. 그는 동료와 데님 천에 징을 박아 튼튼한 바지를 만들었어요. 가장 인기 있는 청바지, 리바이스를 말이에요.

(73) 젤라틴은 17세기에 동물 뼈를 끓이다 발견했어요. 하지만 인기를 얻은 건 1902년 젤라틴을 이용한 디저트 젤오(Jell-O) 푸딩이 나온 후지요. 젤라틴은 지금도 같은 방식으로 가공해 얻고, 젤오는 미국 유타주의 공식 간식이에요.

(74) 립스틱은 수천 년 전부터 쓰였지만, 튜브 형태가 나온 건 1915년이에요.

(75) 스케이트보드는 1950년대 서퍼들이 날씨가 나쁘거나 파도가 너무 심할 때 땅에서 연습하기 위해 발명했어요. 나무 판에 롤러스케이트 바퀴를 붙였지요.

* 지금까지 배운 지식은 1,952가지!

미라에 관한 35가지

1. 화학적 처리나, 알맞은 자연환경을 만나면 사체가 부패하지 않고 보존되어 **미라**가 돼요.

2. 이른바 **늪지대 미라**는 북유럽의 차가운 이탄 습지에 잘 보존되어 있어요. 죽었을 때 모습 그대로, 머리카락까지 있지요.

3. **페루 피라미드**에서 발견된 기원후 450년 미라의 몸에는 거미와 뱀, 상상의 동물 모양 **문신**이 새겨져 있었어요.

4. 혹시 배가 고파요? 알버츠는 신기한 사탕을 만드는 회사예요. '쫄깃쫄깃 미라의 관'이라는 젤리도 있어요.

5. 1800년대 런던, 무대에서 **진짜 이집트 미라를 감싼 아마포**를 푸는 공연이 열렸어요.

7. 의사들은 기계로 우리 몸속을 볼 수 있는 것처럼 미라의 속도 자세히 들여다볼 수 있어요.

8. 1920년에 죽은 **두 살짜리 여자 아기**는 보존 상태가 너무 완벽해 과학자들이 '**잠자는 미녀**'라는 별명을 붙였어요.

9. 2500년 된 **시베리아의 얼음** 속에서 젊은 여자 미라가 꽁꽁 언 채 발견되었어요. 눈알 자리에는 털 뭉치가 끼워져 있었어요.

10. **투탕카멘** 또는 '**투트 왕**'은 겨우 **19세**에 죽었지만, 이미 10년간 파라오 자리에 있었어요.

11. 덴마크에서 발견된 2400년 된 미라 '**툴랜드 맨**'은 교수형을 받고 이탄 습지에 던져진 범죄자로 여겨져요.

12. 중국 타림 분지에서 발견된 '**누란의 미녀**' 미라는 정교한 머리 장식에 **머리카락 한 올**을 감고 있었어요.

13. 이집트인들은 **하마**, 유인원, 개, 고양이를 미라로 만들었어요.

14. 1998년 대한민국 안동의 한 건설 현장에서 1586년에 병으로 죽은 이응태의 미라가 발견되었어요.

15. '머미(미라)'란 말은 **끈적끈적한 검은색 물질인 역청**을 뜻하는 아랍어에서 나온 거예요. 이집트 미라를 만들 때 쓰인 물질이래요.

17. 100명이 넘는 칠레 북부 친초로족 **아이들이** 갑자기 **비소에 중독되어 죽은 뒤** 미라화되었어요.

18. 북극권 위에서 발견된 미라들은 **때마침 미끄러져 내린 얼음** 때문에 꽁꽁 얼어 있었지요.

19. 하워드 카터가 1922년 투탕카멘왕의 무덤을 발견했지만, **도굴꾼들이 한발 앞섰다는** 증거가 있어요.

20. 페루 리마 근처의 푸루추코에는 **2200구가 넘는 미라**가 있어요.

22. 이집트 미라는 **떠오르는 태양 모양의 부적**과 함께 발견되곤 하는데, 이는 **영생**을 상징해요.

23. 이집트 미라는 대체로 사람 모양인 **돌널(석관)**에 담겼어요. 이 관의 겉면은 고인의 모습으로 장식되어 있어요.

24. 파푸아 뉴기니의 앙가 부족은 1950년 **족장**이 세상을 떠나자, 미라로 만들었어요. 그 뒤로 그는 수십 년간 **절벽**에서 마을을 굽어보았지요.

25. 미라를 고대에만 만든 것은 아니에요. 소련의 지도자 **블라디미르 레닌**은 1924년 미라로 만들어졌어요.

26. 과학자들은 **아이스맨 미라**가 누군가 뒤에서 쏜 화살에 맞아 죽은 사실을 밝혀냈어요.

29. 고대 이집트인들은 **파라오가 사후 세계에서 행복하도록** 많은 부장품을 함께 묻었어요.

30. 투탕카멘이 자기 무덤을 파헤친 사람들에게 저주를 내렸다고 믿는 사람들도 있지만, **미라의 저주가** 진짜라는 증거는 없어요.

31. **혀를 내민 모습**을 한 이집트 미라가 발견되기도 했어요.

32. 미라는 **남극 대륙만 빼고** 모든 대륙에서 발견되었어요.

33. 고고학자들은 **잉카의 얼음 소녀**가 약 500년 전, 안데스산맥 높은 곳에서 부족민에 의해 신들에게 바쳐진 희생 제물이라고 추측해요.

6
2007년 순록을 치던 목동이 시베리아에서 **털북숭이 새끼 매머드 미라**를 발견했어요. 물에 빠져 질식해, 진흙 속에서 약 4만 년간 보존될 수 있었어요.

16
알프스산맥에서 발견된 5300년 된 **아이스맨 미라**는 죽기 직전에 푸짐하게 먹었어요.

21
고대 이집트인들은 미라를 만들 때 **뇌는 버리고** 심장과 기타 장기들은 따로 보존했어요.

오싹한 지식

27
안데스산맥이나 시베리아 같은 곳의 얼음이 **지구 온난화**로 녹으면서 미라가 **발견**되기도 해요.

28
미라는 수분이 모두 말라 가벼워요. 중국 '누란의 미녀' 미라는 **무게가 겨우 10.6킬로그램**이에요.

34
미라에 쫓기는 기분은 어떨까요? 미국 플로리다주 유니버설 스튜디오에서 '미라의 복수' 롤러코스터를 타 보세요!

35
네덜란드에서 발견된 2000년 전 **청소년 미라**는 가슴을 칼에 찔렸거나, 목이 졸려 죽은 상태였어요.

* 지금까지 배운 지식은 1,960가지!

1. 피부 세포의 수명은 14~28일이에요. 적혈구는 120일을 살지요. **2.** 사람들의 유전자는 서로 99.9퍼센트가 같아요. **3.** 사람과 침팬지의 유전자는 98.8퍼센트가 같아요. 사람과 초파리는 유전자의 60퍼센트만 같아요. **4.** 우리 몸은 하루 약 두 컵(400~500밀리리터) 정도 땀을 흘려요. **5.** 일란성 쌍둥이의 성별은 언제나 같아요. **6.** 우리 몸에서는 1분에 3만~4만 개의 죽은 피부 세포가 떨어져 나가요. **7.** 피부가 가장 얇은 곳은 눈꺼풀이고, 가장 두꺼운 곳은 손바닥과 발뒤꿈치예요. **8.** 85퍼센트의 아이들이 여드름이 나요. **9.** 햇빛을 직접 쬘 때, 뼈와 면역계에 도움이 되는 비타민 D가 만들어져요. **10.** 땀과 소변은 같은 물질이 들어 있어요. **11.** 지문은 죽을 때까지 변하지 않고, 사람마다 달라요. **12.** 몸에는 500만 개의 털이 자라지만, 머리털은 약 10만 개에 불과해요. **13.** 머리털은 하루에 약 0.35밀리미터씩 자라요. **14.** 머리털은 정수리 쪽이 다른 부위보다 더 빨리 자라요. **15.** 손톱은 새로 자라는데 6개월, 발톱은 18개월이 걸려요. **16.** 아이 손톱은 여름에 가장 빨리 자라요. **17.** 사람에게는 400개 이상의 관절로 연결된 206개의 뼈가 있어요. **18.** 성인의 뼈 무게는 평균 9킬로그램이에요. **19.** 몸에서 가장 긴 뼈는 넙다리뼈예요. 성인은 약 46센티미터지요. **20.** 몸에서 가장 짧은 뼈는 길이가 2.6밀리미터로 귀 안에 있어요. **21.** 우리 몸은 매일 1억 개 이상의 혈액 세포를 만들어요. **22.** 얼굴 뼈는 모두 14개예요. **23.** 치아는 뼈가 아니에요. 법랑질과 상아질, 시멘트질이라는 단단한 물질이 속질이라는 부드러운 조직을 감싼 형태예요. **24.** 손에는 뼈가 27개, 발은 26개 있어요. **25.** 아기는 어른보다 뼈가 더 많아요. 크면서 일부 작은 뼈들은 합쳐져요. **26.** 사람들은 대부분 평발로 태어나요. 활 모양 발로 태어나지는 않는다는 뜻이에요. **27.** 근육을 뜻하는 영어 단어 '머슬(muscle)'은 '작은 생쥐'라는 뜻의 라틴어 '무스쿨루스(musculus)'에서 왔어요. 로마인은 움직이는 근육을 보면 피부밑에서 생쥐가 움직이는 것처럼 보인다고 생각했어요. **28.** 우리 몸의 근육은 모두 650개예요, 가장 큰 근육은 큰볼기근이에요. **29.** 걸을 때 쓰는 다리 근육은 12개예요. **30.** 웃을 때 쓰는 근육은 12개, 찌푸릴 때는 11개예요. **31.** 어른 몸의

달각거리는 뼈와

혈관을 다 이으면 지구를 2.5번 감을 수 있어요. **32.** 피는 하루에 1만 9000킬로미터를 여행해요. **33.** 심장은 가장 큰 동맥으로 피를 뿜는 속도는 시속 1.6킬로미터에 달해요. 모세혈관에서는 피가 시속 109센티미터로 아주 느리게 움직이지요. **34.** 새 혈액 세포는 대부분 뼛속의 골수라는 부드러운 조직에서 만들어져요. **35.** 피 자체의 온도는 섭씨 38도로, 평균 체온보다 조금 높아요. **36.** 피는 언제나 빨갛지만, 신체 부위에 따라 색조가 달라요. **37.** 겁을 먹거나 화가 날 때 심장 박동수는 1분에 30~40번 더 증가해요. **38.** 손에 테니스공을 꽉 쥐어 보면, 심장이 얼마나 열심히 피를 뿜어내는지 느낄 수 있어요. **39.** 여자의 심장 무게는 0.2킬로그램이고, 남성은 좀 더 무거워요. **40.** 몸에서 가장 작은 혈관은 사람의 털보다 훨씬 가늘어요. 적혈구가 겨우 한 줄로 지나갈 수 있을 정도예요. **41.** 크로아티아의 한 남자는 24분 33초나 숨을 참아 세계 기록을 세웠어요. **42.** 하루에 허파로 들어오는 공기는 1만 리터쯤이에요. **43.** 허파를 뜻하는 영어 단어 '렁(lung)'은 '빛'을 뜻하는 게르만어에서 나왔어요. 몸속 허파 한 쌍의 무게는 1.1킬로그램밖에 나가지 않아요. **44.** 옛날에는 재채기할 때 심장이 멈춘다는 속설이 있었어요. 이건 사실이 아니에요! **45.** 눈 뜬 채 재채기를 하기는 어려워요. **46.** 10~15분간 웃으면 약 50칼로리가 소비돼요. **47.** 미국인이 평생 먹는 음식의 양은 약 4만 5359킬로그램이에요. **48.** 우리 입은 하루에 약 0.9~1.4리터의 침을 분비해요. **49.** 위장은 59밀리리터에서 3.8리터까지 늘어날 수 있어요.

50. 음식물이 길이 3미터의 작은창자를 통과하는 데는 3~5시간이 걸려요. 51. 간의 무게는 약 1.3킬로그램이고, 몸에서 가장 큰 분비샘이에요. 52. 어른이 일 년간 뀐 방귀를 모으면 181.7리터 정도예요. 53. 소름은 털집 주위의 근육이 오그라들며 생겨요. 54. 위장은 배가 고프든, 소화 중이든 꾸르륵거려요. 55. 머리카락은 하루에 약 50~100가닥씩 빠져요. 56. 걸을 때 발은 내 몸무게의 약 3배에 해당하는 힘으로 땅을 디뎌요. 57. 아래턱뼈는 머리뼈 중 유일하게 움직일 수 있는 뼈예요. 58. 다른 손가락들과 마주 보는 엄지손가락 덕에 사람은 온갖 것을 꽉 쥘 수 있어요. 59. 기침할 때 침방울은 시속 161킬로미터로 튀어 나갈 수 있어요. 60. 허파는 왼쪽이 오른쪽보다 약 10퍼센트 작아요 바로 옆에 심장이 있기 때문이에요. 61. 허파는 태어날 땐 연분홍색이지만, 살면서 탄소가 쌓여 회색이나 검은색으로 변해요. 62. 죽을 때까지 숨을 참기란 불가능해요. 뇌가 호흡하라고 명령하기 때문이죠. 63. 배꼽 생물 다양성 계획에 참여한 과학자들은 사람의 배꼽에서 1400가지가 넘는 세균을 찾아냈어요. 64. 사람은 하루에 1.9~2.8리터의 물이 필요해요. 65. 위산은 쇠못도 녹일 수 있을 정도예요. 66. 적혈구는 다른 종류의 세포에는 다 있는 핵이 없어서 가운데가 납작해요. 67. 허파 안의 작은 공기주머니인 허파 꽈리를 다 펼친 넓이는 80제곱미터나 돼요. 68. 사람은 호흡으로 하루에 약 0.3리터의 물을 배출해요. 69. 들숨은 약 2초, 날숨은 약 3초 동안 이어져요. 70. 휴식 중 사람의 심장은 1분간 약 70~80번 뛰어요. 대왕고래의 심장은 1분간 겨우 6번만 뛰어요. 71. 어른의 이는 대개 32개지만, 가끔 35개인 사람도 있어요. 72. 어른의 몸은 50~100조 개의 세포로 이루어져 있어요. 73. 등에서 발가락까지 뻗은 신경 세포는 길이가 0.9미터 이상이에요. 74. 콩팥은 1분에 약 0.9리터의 피를 걸러 내요. 75. 음식물이 우리 몸을 통과하는 데는 15시간에서 최대 2일이 걸려요. 76. 작은창자에 작은 손가락 모양으로 난 융털은 표면적을 8배 이상 늘려요. 77. 홍채 얼룩증은 양쪽 눈의 색이 다른 거예요. 사람에게는 드물지만, 개에게는 흔해요. 78. 사람의 뇌는 1만 가지 이상의 냄새를 구별할 수 있어요. 79. 우리 뇌의 무게는 몸무게의 2퍼센트만 차지하지만, 에너지의 20~25퍼센트를 써요. 80. 척수는 길이가 약 44센티미터에 불과하지만, 그 안에는 신경 세포가 10억 개나 들어 있어요. 81. 사람의 혀에는 약 9000개의 맛봉오리가 있어요. 82. 고대 그리스 의사 히포크라테스는 꿀에 적신 양털 뭉치로 이를 닦으라고 권했어요. 83. 음식물은 물에 녹아야 맛이 나요. 입에서 침이 나오는 이유 중 하나예요. 84. 우리 몸에는 사람의 세포보다 세균의 세포가 10배 더 많아요. 85. 눈알의 무게는 약 7.5그램이에요. 86. 눈은 평균 2.8초에 한 번씩 깜

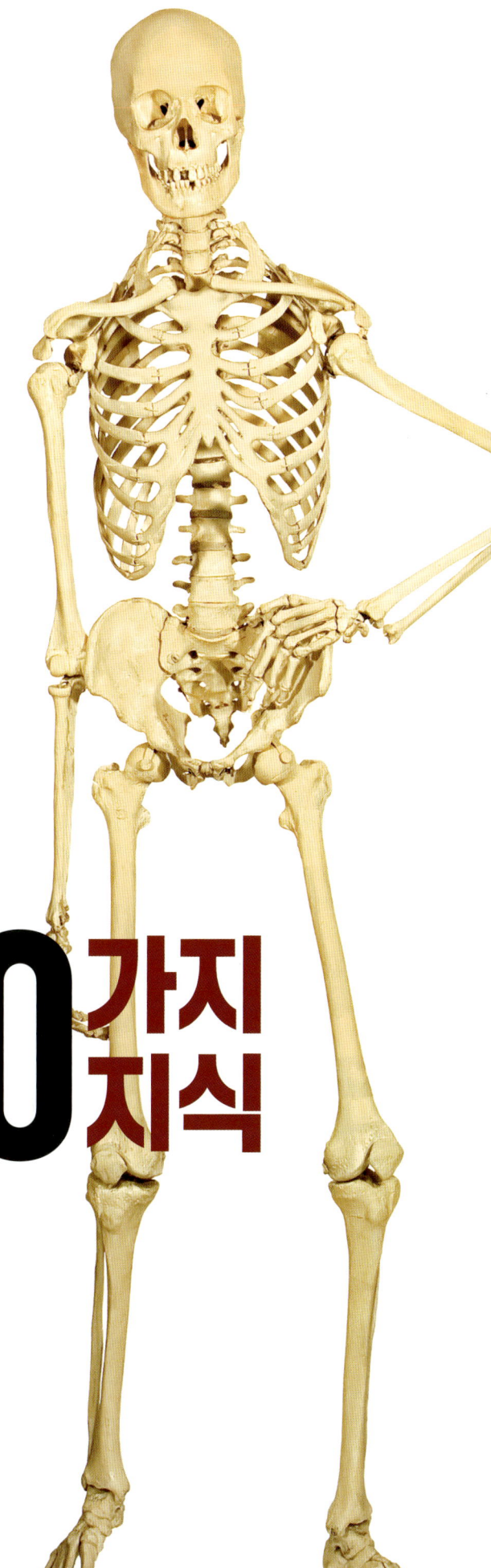

몸에 관한 100가지 지식

박여요. 87. 사람 피부의 무게는 약 4.1킬로그램이에요. 88. 피부를 벗어 바닥에 쫙 펼친다면 그 넓이는 약 1.9제곱미터예요. 89. 키가 더 작고 더 통통할수록 위장은 옆으로 퍼지는 경향이 있어요. 반대로 키가 크고 마를수록 위장은 세로로 늘어지는 경향이 있지요. 90. 통제 불능 손 증후군은 손이 제멋대로 움직이는 병이에요. 91. 세계에서 가장 손톱이 긴 사람의 손톱 길이를 다 더하면 6미터로, 범고래의 몸 길이만 해요. 92. 쭉 내민 혀가 가장 긴 사람의 기록은 9.8센티미터예요. 93. 코가 가장 긴 사람은 콧등에서 코끝까지 길이가 8.8센티미터를 기록했어요. 94. 세계에서 귀 털이 가장 긴 사람은 귀 한가운데에 약 15센티미터의 털이 나 있어요. 95. 세계에서 가장 힘센 혀는 12.5킬로그램을 들어 올릴 수 있어요. 96. 세계에서 가장 길게 기른 머리카락은 5.6미터예요. 1973년부터 한 번도 머리를 자르지 않았대요. 97. 스스로 간지럼 태울 수 있는 사람은 없어요. 98. 털과 손톱이 죽은 뒤에도 계속 자란다고요? 으스스한 괴담에 불과해요. 99. 당근을 아주 많이 먹으면 피부가 주황색으로 변할지도 몰라요. 100. 손가락 지문처럼 혀 지문도 사람마다 달라요.

＊ 지금까지 배운 지식은 2,060가지!

1 건조한 곳에 사는 **미어캣**은 먹이인 뿌리와 열매에서 수분을 얻어요.

2 **흑멧돼지**는 외부의 포식자를 피하기 위해 아주 빠르게 굴을 파요.

3 **코알라**는 앞발에 **엄지가 2개**씩 있어서 나무를 아주 잘 타요.

4 **물총새**는 언덕과 절벽의 비탈에 둥지를 파는데, 물에 잠기지 않기 위해 통로를 위로 향하게 만들어요.

5 **웜뱃의 주머니 입구**는 몸쪽이 아닌 **뒤쪽으로 향해 있어요.** 그래서 굴을 파도 흙이 들어가지 않아요.

6 **나무늘보**는 거의 온종일 매달려 지내기 때문에 **배털**이 등 쪽으로 향해 있어요. 그래서 폭우가 쏟아질 때 머리에서 흘러내린 물이 잘 빠져나가요.

7 **고슴도치**는 공격당하면 몸을 공처럼 말아 **부드러운 배**를 보호해요.

8 **덫개미**는 시속 **233킬로미터**로 턱을 닫는 힘을 이용해 공중으로 튀어 올라 포식자에게서 달아날 수 있어요.

9 낙타는 모래가 눈에 들어오지 않도록 아주 **긴 속눈썹이 두 줄**로 나 있어요.

10 **베일드카멜레온**이 쓰고 있는 고깔모자 같은 부위는 물을 모아 입으로 보내는 역할을 해요.

11 **부엉이는 소리를 죽이는 깃털** 덕에 **조용히** 날면서 먹이를 잡을 수 있어요.

12 **낙타**는 한 번에 물을 **145리터**까지 마실 수 있어요.

13 아라비아모래가젤은 **물을 아끼기 위해 간의 크기를 3분의 1로 줄일 수 있어요.**

14 **사막꿩**은 가슴 깃털을 물에 담갔다가 새끼들이 있는 둥지로 가요. 새끼는 스펀지처럼 깃털에 흡수된 물을 빨아 먹어요.

15 어떤 새는 **물에 뜬 하마**를 타고 다니며 낚시해요.

16 **부엉이는 눈알이 너무 커서** 눈동자를 이리저리 돌릴 수가 없어요. 대신 머리를 아주 큰 각도까지 돌려 주위를 살펴요.

17 **톰슨가젤**은 **누**와 **얼룩말**을 따라다녀요. 큰 동물들이 더 질긴 풀을 먹고 나면 가젤이 좋아하는 부드러운 풀은 남겨든요.

50가지

동물의 적응력에 관한 놀라운 지식

18 벌거숭이두더지쥐는 따뜻한 사막의 땅속에서 평생을 보내기 때문에 털이 없어요. 체온 유지나 햇빛을 가릴 필요가 없거든요

19 독수리는 대부분 **머리에 깃털이 없어요**. 죽은 동물을 뜯어먹을 때 깃털이 엉키면 방해되니까요.

20 전갈은 자기 독에 면역이 있어 침으로 **자기 몸을 찔러도 끄떡없어요**.

21 꿀을 좋아하는 **벌꿀오소리**는 악취를 풍겨 벌을 집에서 쫓아내요. 피부가 두꺼워 벌에 쏘여도 괜찮아요.

22 얼룩말이 모여 있으면 **줄무늬**가 뒤섞여 몇 마리인지 헷갈려요. 그래서 포식자는 **한 마리를 꼭 찍어** 공격하기 어려워지지요.

23 코뿔소는 햇빛에 화상을 입지 않도록, **진흙에 뒹굴며 온몸에 칠해요**.

24 큰개미핥기는 헤엄칠 때 긴 주둥이를 **스노클처럼** 써요.

25 **하마**는 눈과 귀, 콧구멍이 **머리 꼭대기**에 있어요. 그래서 오랫동안 시원한 물속에 몸을 담그고 있을 수 있어요.

26 **치타**는 빠르게 달릴 때 공기를 더 많이 들이마시기 좋게 코가 커요.

27 사자의 **두터운 갈기**는 수컷끼리 서로 싸울 때 **목을 보호해요**.

28 **큰부리새**는 **큰 부리**를 써서 아주 가느다란 가지 끝에 있는 먹이도 잡을 수 있어요.

29 **북극 지방**에 사는 **사향소**는 다리와 꼬리가 짧아서 **열 손실이 적어요**.

30 뇌조는 발에 솜털이 있어 추운 날에도 발이 **따뜻해요**.

31 북극 지방 새들은 체온을 유지하기 위해 **한 다리로 서거나 머리를 날갯죽지에 묻곤 해요**.

32 줄무늬도마뱀붙이는 **모래에 빠지지 않도록 발가락 사이에 물갈퀴**가 있어요.

33 우림의 설치류인 **아구티**는 나무 꼭대기에서 먹이를 찾아 **원숭이와 앵무새를 따라다닙니다** 실수로 땅에 떨어지기도 해요.

34 남미뿔매미의 뾰족한 모습은 위장용인 동시에 **삼키기 어렵게** 만드는 역할을 해요.

35 **악어머리뿔매미**는 위협당하면 날개를 쫙 펼쳐요. 그러면 **커다란 눈알 무늬**가 드러나면서 몸이 훨씬 크게 보여요.

36 귀가 짧은 토끼처럼 생긴 **바위너구리**는 작은 발의 **발바닥이 빨판처럼** 생겼어요.

37 레밍은 앞발의 **발톱이 더 길게 자라** 한겨울 눈 속에서도 쉽게 굴을 파요.

38 **물꿩**은 넓게 벌어진 긴 발가락들 덕에 **물에 뜬 잎들 위를 걸어 다닐 수 있어요**.

39 하마는 땀을 흘리지 않아요. 대신 피부에서 **붉은 체액**을 분비해 피부를 축축하게 하고 자외선도 막지요.

40 물거미는 **거미줄**로 공기를 가둔 방울을 수중 보육실로 삼아요.

41 많은 심해어가 **스스로 빛을 내** 먹이를 꾀어요.

42 일부 심해어는 **몸이 투명해서** 포식자의 눈에 거의 띄지 않아요.

43 쏘기미는 물살이 센 곳에서는 배의 **빨판**을 이용해 바위에 **달라붙어요**.

44 해달은 떠내려가지 않도록 **다시마를 몸에 감고** 자요.

45 산에 사는 **많은 곤충**은 강풍에 날려 가지 않도록 **날개가 없어요**.

46 호랑이의 줄무늬는 높이 자란 풀숲에 **몸을 숨기는 데** 좋아요.

47 **딱따구리의 두꺼운 머리뼈**는 나무를 두드릴 때 충격을 흡수하게 해 줘요.

48 **바다소**는 몸에 공기를 **많이 채워** 물에 떠요. 반대로 뼈가 무거워 물속에 있을 수도 있지요.

49 얼룩말은 **비틀린 긴 귀** 덕에 주위를 둘러보지 않고도 소리가 어디서 나는지 알 수 있어요.

50 개미핥기의 친척인 작은개미핥기는 **위협받으면, 꼬리와 뒷다리로 일어서** 앞발 발톱으로 싸워요.

25가지 달콤 쌉싸름한

1 해마다 밸런타인데이에 미국인들이 사는 초콜릿의 양은 **2180만 킬로그램**이에요. 대왕고래 128마리의 무게와 비슷하죠!

2 **화이트초콜릿**은 엄밀하게는 **초콜릿이 아니에요.** 진짜 초콜릿 바는 코코아가루로 만들지만, 이것은 카카오버터, 우유, 설탕으로 만들거든요.

3 미국 펜실베이니아주 허쉬는 어디를 가든 초콜릿 냄새가 나요. 허쉬 초콜릿 공장에서 하루에 **2000만 개가 넘는 허쉬 키세스**를 만들거든요.

4 초콜릿을 입힌 **베이컨**은 많은 미국 주립 박람회에서 인기 있는 음식이에요.

5 초콜릿은 적도 부근에서만 자라는 카카오나무의 열매인 카카오 콩으로 만들어요.

6 M&M을 처음으로 먹은 사람들은 제2차 세계 대전에 참전한 미국 군인들이에요. 사탕을 입혀 잘 녹지 않기에 휴대용으로 가지고 다닐 수 있는 고열량 간식이었지요.

7 저녁밥 대신 초콜릿을 먹고 싶나요? 혼자만의 생각은 아니에요. 처음에 초콜릿 광고는 고기보다 초콜릿이 더 포만감을 줄 수 있다고 주장했어요.

8 미니어처로 자유의 여신상을 만드는 데 초콜릿이 **104 킬로그램** 들어갔어요.

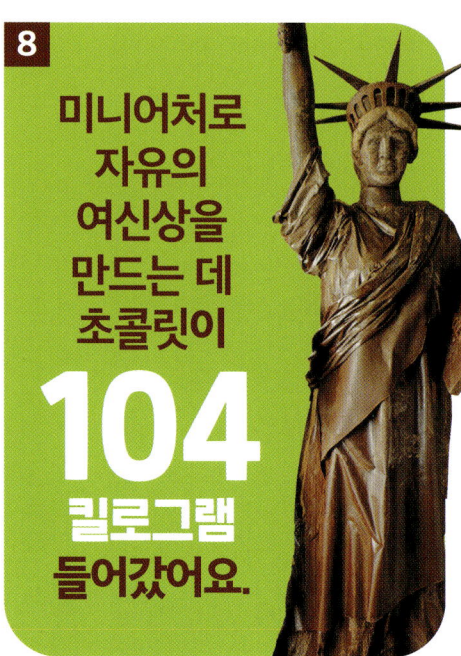

9 **초콜릿**의 학명인 **테오브로마 카카오**는 '신의 음식'이라는 뜻이에요.

10 럭비공 모양의 카카오 꼬투리에는 30~50개의 씨가 들어 있어요. 밀크 초콜릿 7개를 만들 수 있어요.

달콤한 초콜릿의 역사

21 기원전 1000년 — 지금의 멕시코와 중앙아메리카에 있던 (사진 속 거대 두상으로 유명한) 고대 올멕 사람들이 처음으로 카카오를 이용했대요.

22 1300년 — 아스텍 사람들은 카카오 씨앗과 고추를 섞어 거품이 나는 매운 음료를 만들었어요.

초콜릿에 대한 지식

11 미국인이 **일 년**에 먹는 초콜릿의 양은 약 **5.4** 킬로그램이에요.

12 스위스의 한 회사에서 **섭씨 55도**가 될 때까지 녹지 않는 초콜릿을 발명했어요.

13 멕시코와 중앙아메리카에 있었던 아스테카 왕국에서는 초콜릿에 마법이 깃들었다고 믿었어요. 그래서 왕족들은 맵고 쓴 초콜릿 음료를 황금 잔에 넣어 마셨어요.

14 다음 번에 감기에 걸리면 초콜릿을 먹어 보세요. 초콜릿 안의 천연 화학 물질이 기침을 가라앉혀요.

15 영국인이 판 초콜릿 1000개를 먹는 동안 중국인은 고작 1개를 먹어요.

16 아스테카 왕국의 황제 몬테수마 2세는 초콜릿 음료를 하루에 3.8리터 넘게 마셨다고 해요.

17 멕시코에서는 초콜릿을 입힌 **개미**를 간식으로 먹어요.

18 초콜릿 냄새를 맡으면 **행복해져요**. 카카오에 함유된 화학 물질은 뇌에서 기분이 좋아지는 호르몬을 내보내거든요.

19 1660~1683년 프랑스 왕비였던 마리 테레즈는 왕실 초콜릿 제조사를 궁정 직원으로 두었어요.

20 허쉬 판 초콜릿을 쭉 쭉 이어 달까지 닿으려면 15,133,852,800개가 필요해요.

---

23 **1528년** 탐험가 에르난 코르테스가 아스테카의 이 음료를 에스파냐에 들여왔어요.

24 **1500년대 중반** 프랑스와 에스파냐 귀족들은 이 쓴 음료에 계피와 사탕수수 설탕을 넣어 달게 마셨어요.

25 **1847년** 영국의 조셉 프라이 앤 썬스에서 최초의 판 초콜릿을 만들었어요.

*지금까지 배운 지식은 2,135가지!

15가지 미스터리한

❶ 고대 서사시 『일리아드』에서 트로이와 전쟁 중이던 그리스 연합군은 **거대한 목마**를 남기고 물러나요. 그 목마 안에는 그리스인들이 숨어 있었지요. 고고학자 대부분은 이 도시가 실존했다고 생각하며, 100년 넘게 이곳을 찾고 있어요.

❷ 이스터섬의 25개 나무판에서 발견된 **롱고롱고 문자**는 아직 아무도 읽지 못해요. 이 판의 글자들은 줄이 바뀔 때마다 위아래가 반대로 새겨져 있어요.

❸ 1937년 **어밀리아 에어하트**는 여성 조종사 최초로 세계 일주 비행에 나섰어요. 남태평양에서 연료 부족을 무전으로 알린 뒤, 그녀와 항법사, 그리고 비행기는 영원히 사라졌어요.

❹ 남태평양의 작은 섬에서 발견된 증거에 의하면 어밀리아 에어하트는 비행기 추락 후 **조난**을 당한 것 같아요.

역사의 지식

❺ 최초의 **영국 식민지**인 북아메리카 로어노크섬에 보급선이 도착했을 때, 주민은 아무도 없었어요. 선원들이 발견한 것은 나무에 새겨진 **"CROATOAN (크로아토안)"**이라는 글자뿐이었죠.

❻ 기원전 360년쯤 그리스의 철학자 **플라톤**은 **잃어버린 도시 아틀란티스**에 대한 글을 썼어요. 아틀란티스는 그리스보다 수천 년 전에 존재했던 반은 신이고 반은 인간인 이들이 만든 문명이었지요. 이 도시를 찾아내려는 사람도 있지만, 과학자들 대부분은 그곳이 실재했다고 생각하지 않아요.

❼ 높이가 4미터나 되는 거대 석상 **모아이**를 만든 **이스터섬** 주민들에게 무슨 일이 있었는지는 아무도 몰라요. 환경이 바뀌었거나, 설치류가 넘쳐나 이들이 섬을 떠났을 수도 있어요.

❽ 1911년 페루에 있던 미국인 탐험가가 높은 산등성이에 있는 '잃어버린' 도시 **마추픽추**로 안내되었어요. 이유는 알 수 없지만 수백 년 전에 잉카인이 버린 도시였어요.

❾ 고대인은 페루의 건조한 고원에 거대한 기하학적 도형과 동식물을 새겼어요. 연구자들은 **나스카 지상화**라고 불리는 이 그림들이 비를 내려 달라고 **신에게 바친 공물**일지도 모른다고 생각해요.

❿ 페루의 나스카 지상화가 원시적 열기구에서 내려다볼 수 있게 설계된 것이라고 믿는 사람도 있어요. 또는 **외계 생명체의 우주선**이 착륙하는 곳이나 표지판이라는 가설도 있어요.

⓫ 돌 하나의 무게가 트럭 한 대만 한 영국 **스톤헨지**의 큰 바위들은 400킬로미터 떨어진 곳에서부터 왔어요. 이 돌을 어떻게 옮겼는지는 밝혀지지 않았어요.

⓬ 전문가들은 **스톤헨지**가 세워진 이유에 대해 아직도 다투고 있어요. **천문력**, 태양 숭배의 장소, 치유의 장소, 다목적 공간 등의 가설이 힘을 얻는 중이에요.

⓭ 머리는 사람이고 몸은 사자인 이집트의 **스핑크스**는 높이가 6층 건물과 비슷해 세계에서 **가장 큰 조각상** 중 하나예요. 왜 만들어졌을까요? 새로운 연구에 따르면 스핑크스와 피라미드들은 하루 중 중요한 시간마다 태양과 일직선을 이룬다고 해요.

⓮ 일부 전문가들은 **이집트인**들이 **피라미드**의 재료인 거대한 석회암 덩어리들을 채석장에서 뗏목을 이용해 나일강 하류에 **떠내려 보낸 뒤**, 경사로로 **밀어 올려** 제자리에 놓았다고 생각해요.

⓯ 이집트 피라미드들의 위치는 매우 **정밀해서** 피라미드가 무덤이 아니라 **거대한 천문대**일 것이라 여기는 사람들도 있어요.

※ 지금까지 배운 지식은 2,150가지!

❶ 1872년 옐로스톤은 세계 최초의 국립 공원으로 지정되었어요.

❷ 미국 옐로스톤 국립 공원은 3개 주(와이오밍 96%, 몬태나 3%, 아이다호 1%)에 걸쳐 있어요.

❸ 캘리포니아주와 네바다주에 있는 데스밸리 국립 공원은 미국에서 가장 더운 곳이에요. 기온이 섭씨 56.7도까지 치솟지요.

❹ 지구에서 가장 큰 나무인 세쿼이아는 미국 레드우드 국립 공원을 비롯해 캘리포니아주와 오리건주에만 자라요. 가장 큰 세쿼이아는 115미터에 이르지요.

❺ 미국에서 가장 깊은 호수인 크레이터호는 오리건주 크레이터레이크 국립 공원의 화산 분화구 안에 있어요. 깊이가 592미터나 돼요.

❻ 콜로라도주의 그레이트샌드듄스 국립 공원에서 발견된 북아메리카에서 가장 높은 모래 언덕은 75층 높이에요.

❼ 미국 네바다주 그레이트 베이슨 국립 공원 안의 강털 소나무는 5000여 년 동안 서 있었지만, 지금은 베였어요.

❽ 늑대들은 미국 본토에서 거의 멸종 위기에 처했지만, 1995년 생물학자들이 옐로스톤 국립 공원에 다시 들여와 지금은 개체 수가 거의 100여 마리에 이르러요.

❾ 에콰도르 해안에서 965킬로미터 떨어진 갈라파고스 국립 공원은 땅거북, 바다이구아나, 바다사자 같은 토착종이 보존되어 있어요. 찰스 다윈이 종의 진화를 연구한 곳이기도 하죠.

❿ 네팔 사가르마타 국립 공원 안에는 에베레스트산이 있어요. 약 8850미터로 세계에서 가장 높은 산이에요.

⓫ 데스밸리 국립 공원의 저지대 레이스트랙에서는 돌들이 저절로 움직여요. 그 밑의 매끄러운 고운 모래와 거센 바람 때문인가 봐요.

⓬ 테네시주와 노스캐롤라이나주에 걸친 그레이트스모키산맥 국립 공원은 미국 국립 공원 중 방문객이 가장 많아요. 매년 300만 명이 넘게 찾아와요. 최고예요.

⓭ 미국 뉴멕시코주의 칼즈배드 동굴 국립 공원에서는 엘리베이터를 타고 지하 229미터 깊이의 동굴로 들어가요.

⓮ 옐로스톤 국립 공원에는 회색곰과 무스, 퓨마, 큰뿔양, 버팔로 등 포유류 67종이 살아요.

⓯ 미국 유타주 브라이스캐니언 국립 공원은 날씨와 침식으로 생긴 석회암 첨탑인 후두가 빼곡해요.

⓰ 미국에서 가장 낮은 데스밸리의 배드워터 분지는 해수면보다 86미터 낮아요. 불과 145킬로미터 떨어진 곳에 미국 본토에서 가장 높은 봉우리인 휘트니산이 솟아 있어요.

⓱ 알래스카 랭겔세인트 일라이어스 국립 공원은 빙하가 150개나 있는 미국에서 가장 큰 국립 공원이에요. 옐로스톤, 그랜드 캐니언, 데스밸리를 합친 것의 2배예요.

⓲ 해마다 6300만 명이 미국 내 58개 국립 공원을 찾아요.

⓳ 미국 켄터키주 매머드 케이브 국립 공원은 세계에서 가장 큰 동굴 단지예요. 이곳에서 지도에 기록된 동굴 통로의 길이만 563킬로미터가 넘어요.

⓴ 한때 공룡은 미국 사우스다코타주 배드랜즈 국립 공원을 누볐어요. 고생물학자들은 이곳에서 7500만 년 된 화석을 발견했어요.

㉑ 늑대는 캐나다에서 얼어붙은 슈피리어호를 건너며 22킬로미터를 걸어 미국 미시간주 아일 로열 국립 공원으로 이주했어요.

㉒ 미국 미네소타주의 보야저 국립 공원에는 섬이 500개가 넘어요.

㉓ 그랜드 캐니언의 너비는 29킬로미터이고, 깊이는 1.6킬로미터예요.

㉔ 미국 캘리포니아주에 있는 요세미티 국립 공원의 크기는 미국 로드아일랜드주의 크기와 맞먹어요.

㉕ 해마다 혹등고래 약 600마리가 미국 알래스카주 글레이셔베이 국립 공원 주위 바다를 찾아와요.

㉖ 미국 하와이주 할레아칼라 국립 공원 안의 화산은 해발 3055미터로 우뚝 서 있어요. 정상에 오르는 61킬로미터의 도로는 가파르기로 유명해요.

㉗ 알래스카주 카트마이 국립 공원에는 2000마리가 넘는 알래스카 불곰이 살아요. 강에서 곰들이 연어를 잡는 모습도 볼 수 있어요.

㉘ 남아프리카 공화국의 크루거 국립 공원에서 사파리 투어를 하면 공원의 5대 동물인 버팔로와 사자, 코끼리, 코뿔소, 표범을 볼 수 있어요.

㉙ 23세 남성이 보호 장비 없이 맨몸으로 2시간 45분이 걸려 요세미티 국립 공원 내 649미터 높이의 화강암 벽인 하프돔에 올라갔어요.

㉚ 옐로스톤의 올드 페이스풀 인은 세계에서 가장 오래된 통나무 호텔 중 한 곳이에요.

㉛ 높이 739미터의 요세미티 폭포는 북아메리카에서 가장 높은 폭포예요. 눈이 녹아 흐르며 장관을 이루지요.

㉜ 제럴드 포드는 미국 대통령이 되기 전 옐로스톤 국립 공원의 관리인으로 일했어요.

㉝ 미국 알래스카주 디날리 국립 공원 내 맥킨리산은 미국의 최저 기온 기록을 몇 번이나 갱신했어요. 체감 온도가 영하 122도일 때도 있어요.

㉞ 국립 공원과 보호 구역으로 지정된 11만 3000곳은 전 세계 육지의 약 6퍼센트를 차지해요.

㉟ 1885년 지정된 밴프 국립 공원은 캐나다 최초의 국립 공원이자, 세계에서 세 번째로 지정된 국립 공원이에요. 이곳에 1000개가 넘는 빙하가 있어요.

㊱ 캘리포니아주 세쿼이아 국립 공원 안의 제너럴 셔먼 나무는 이 세상에서 가장 큰 나무예요. 무게는 120만 킬로그램이고 나이도 2100살이 넘지만, 아직도 자라는 중이에요!

㊲ 미국 유타주 자이언 국립 공원에 있는 길이 87.6미터의 콜롭 아치는 홀로선 자연 아치 중 가장 커요.

㊳ 미국 유타주 아치스 국립 공원에는 2000개가 넘는 아치가 있어요. 목록에 이름을 올리려면 아치 지름이 최소 0.9미터는 되어야 해요. 가장 큰 아치 랜드스케이프 아치는 축구장보다 커요.

㊴ 앨리게이터와 크로커다일은 둘 다 악어지만 종이 달라요. 미국 에버글레이즈 국립 공원은 두 종의 악어가 함께 있는 유일한 곳이에요.

㊵ 미국 몬태나주의 글레이셔 국립 공원에서 빙하가 녹은 물은 태평양, 멕시코만, 허드슨만으로 흘러요.

㊶ 그랜드 캐니언 국립 공원은 미국에서 공기가 가장 맑은 곳이에요. 어느 방향으로든지 145~147킬로미터까지 보여요.

㊷ 세계에서 가장 큰 국립 공원인 노스이스트 그린란드 국립 공원은 면적이 97만 2000제곱미터에 이르러요.

㊸ 세계에서 가장 큰 노출 화강암인 요세미티 국립 공원의 엘 캐피탄은 높이가 350층에 가까워요.

㊹ 편지함 찾기는 1854년 영국 다트무어 국립 공원에서 시작됐어요. 지도에 숨겨진 보물 상자들을 찾아낼 수 있는 실마리가 담겨 있어요. 상자 안에는 다녀갔다는 서명을 남길 공책과 고무도장이 들어 있어요.

㊺ 프랑스 피레네 국립 공원의 꼬마 열차인 쁘띠 트랑 다르투스트를 타면 해발 2000미터 높이까지 올라가 산의 경치를 감상할 수 있어요. 이 철도는 한때 유럽에서 가장 가팔랐어요.

㊻ 밧줄이나 보호 장비 없이 하는 자유 암벽 등반은 19세기 작센 스위스 국립 공원에서 처음 시작되었다고 해요.

㊼ 그리스의 올림포스 국립 공원은 그리스에서 가장 높은 산이자, 신화 속 신들이 사는 곳의 이름을 딴 거예요.

㊽ 아일랜드의 킬러니 국립 공원에는 아일랜드에서 가장 높은 산맥인 맥길리커디스 릭스가 있어요. 가장 높은 봉우리의 높이는 1041미터예요.

㊾ 이탈리아 에트나 국립 공원은 화산 활동이 활발하기로 손꼽히는 에트나산이 있어요. 이 산은 지난 50만 년 동안 거의 내내 분화 중이죠!

㊿ 코끼리, 가젤, 코뿔소, 사자, 치타, 표범, 누, 얼룩말을 비롯한 수백 종의 동물은 여름에 마음껏 먹기 위해 케냐의 마사이마라 국립 공원으로 이동해요.

96

(51) 「반지의 제왕」 3부작의 촬영지인 뉴질랜드 피오르드랜드 국립 공원에서 반지의 제왕 투어를 할 수 있어요.

(52) 스타워즈 시리즈 중 「제다이의 귀환」에서 엔도 행성의 이워크족이 등장하는 몇몇 장면은 레드우드 국립 공원에서 촬영되었어요.

(53) 탄자니아의 킬리만자로 국립 공원에는 높이 5895미터로 아프리카에서 가장 높은 킬리만자로산이 있어요.

(54) 인도의 반다브가르 국립 공원에는 야생 호랑이 약 50마리가 살아요.

(55) 인도의 카지랑가 국립 공원에는 시속 40킬로미터로 달릴 수 있는 인도코뿔소 2000마리가 살아요.

(56) 스카프타펠 국립 공원의 스바르티포스 뒤 절벽은 용암이 급격히 식어 육각기둥 모양으로 굳어져 생긴 주상절리예요.

(57) 남아프리카 공화국의 야생 사자는 대부분 크루거 국립 공원과 그 주위에 살아요.

(58) 과테말라의 티칼 국립 공원에서 1000년 이상 된 마야 거주지 유적이 발견되었어요.

(59) 가이아나 카이투르 국립 공원의 카이투르 폭포는 나이아가라 폭포보다 5배나 높아요.

(60) 해마다 200종 넘는 새들이 미국 유타주 자이언 국립 공원을 날아다녀요.

(61) 큰뿔양은 미국 콜로라도주 로키산맥 국립 공원에서 볼 수 있어요. 다 자란 수컷의 뿔은 크게 구부러져 끝이 밖을 향해요. 다 자란 암컷의 뿔은 그보다 약간 작고 날카로운 직선이에요.

(62) 로키산맥 국립 공원의 말코손바닥사슴은 언제 어디에 있을지 예측이 가능해요. 매해 겨울 거의 같은 날 작년에도 왔던 말코손바닥사슴들은 버드나무가 무리 지어 있는 똑같은 장소로 돌아오지요.

(63) 탄자니아의 세렝게티 국립 공원에서는 누, 얼룩말, 가젤 들이 연간 수십만 마리나 이동해요. 이곳은 매우 오래된 생태계 중 하나로 꼽혀요.

(64) 스위스의 스위스 국립 공원에서는 에델바이스가 자라요. 해발 수백 미터 높이에서 자라는 이 꽃은 영화 「사운드 오브 뮤직」에도 등장해요.

(65) 영국의 레이크 디스트릭트 국립 공원과 그 주변은 『피터 래빗』의 작가 베아트릭스 포터에게 영감을 주었대요.

(66) 코스타리카의 마누엘 안토니오 국립 공원에서는 나무늘보, 이구아나, 다람쥐원숭이와 같은 열대 우림에 사는 동물을 만날 수 있어요.

(67) 오스트레일리아의 카카두 국립 공원에는 오스트레일리아 원주민인 애버리지니들이 5만 년 넘게 살지요.

(68) 미국 캘리포니아주 조슈아트리 국립 공원에는 몸길이는 5~7.5센티미터, 다리 길이가 10센티미터에 이르는 타란툴라들이 살아요.

(69) 화석화된 나무인 규화목은 미국 애리조나주 페트리파이드 포레스트 국립 공원에서 볼 수 있어요. 석영만큼 단단해 다이아몬드 톱날로만 잘려요.

(70) 미국 캘리포니아주 래슨 화산 국립 공원에는 전 세계에서 발견되는 4가지 유형의(순상, 용암돔, 분석구, 복합) 화산이 모두 있어요.

(71) 미국 애리조나주 사와로 국립 공원에는 핑크플라워 고슴도치선인장과 테디베어 쵸야 선인장 등 25종의 선인장이 자라요.

(72) 에버글레이즈 국립 공원에 사는 서인도제도바다소가 해초를 뜯어 먹는 시간은 매일 8시간쯤이에요.

(73) 버진아일랜드 국립 공원에 사는 이구아나는 12~15미터 높이에서 떨어져도 전혀 다치지 않아요.

(74) 겨울에 옐로스톤 국립 공원 내 많은 도로는 스노코치와 스노모빌만 이용할 수 있어요. 스노코치는 바퀴 대신 트랙이 달린 차예요.

(75) 저녁 시간이면 칼즈배드 동굴에서 분당 5000마리가 넘는 박쥐가 쏟아져 나와요.

미국 유타주 아치스 국립 공원

75가지 장엄한 자연환경과 국립 공원에 관한 지식

※ 지금까지 배운 지식은 2,225가지!

백발백중! 무기에 관한 35가지 지식

1. 최초의 **페즈 사탕**은 우주총 모양이었어요.

2. 바주카포는 **바주카**라는 악기의 이름을 땄어요.

3. **'스마트 폭탄'**은 목표 지점에 다다라 터지도록 되어 있어요. 특수 유도 장치를 통해 표적을 겨냥해요.

4. 어떤 「스타워즈」 광팬은 첫 영화 두 편에 소품으로 쓰인 광선검을 **24만 달러**에 샀어요.

5. 불타는 연료를 뿜어내는 **화염 방사기**는 수천 년 전부터 전쟁에 쓰였어요.

6. **총검**은 총에 끼우는 칼이에요. 총알을 장전할 수 없거나 육박전을 벌일 때 쓰지요.

7. 사람들은 1839년 고무가 발명된 직후부터 **새총**을 쓰기 시작했어요. 게임계에도 들어와 앵그리버드가 새총에서 날아가는 게임이 나왔어요.

8. 오스트레일리아 원주민은 **부메랑**으로 새와 토끼 같은 작은 동물들을 사냥했어요.

9. 초기 아메리카 정착민이 **머스킷 총**을 한번 장전하는 시간에, 아메리카 원주민들은 **화살**을 적어도 12발 쏠 수 있었어요.

10. **빅토리녹스**의 스위스 만능 칼에는 33가지 도구가 들어 있어요. 돋보기, 이쑤시개, 물고기 비늘 제거기와 톱도 들어 있지요.

11. 일본 **사무라이**는 말을 타고 활을 쏘며 싸웠어요. 화살이 다 떨어진 뒤에야 칼을 들고 싸웠지요.

12. 고고학자들이 해적 '검은 수염'이 탔던 퀸앤즈리벤지호로 여겨지는 배를 발견했을 때, 배의 대포에는 다른 배의 돛을 찢을 수 있는 볼트, 못 같은 것들이 장전되어 있었어요.

13. 악명 높은 은행 강도 존 딜린저는 나무로 만든 **가짜 총**으로 탈옥했어요.

14. 영화 「크리스마스 스토리」에 나온 듯한 **레드라이더 BB** 총은 한 만화에 등장한 카우보이의 이름을 땄어요.

15 펌프를 이용한 **마시멜로 총**은 작은 마시멜로를 몇 미터까지 쏠 수 있어요.

16 알프레드 노벨은 건설 현장에서만 쓰려고 **다이너마이트**를 개발했어요. 그는 자기의 유산을 인류를 위해 일하는 **과학자들의 상금**으로 써 달라고 유언했어요.

17 올림픽의 한 종목 **바이애슬론**은 선수가 한쪽 어깨에 총을 메고 스키를 타다 특정 지점에 다다르면 표적을 쏘는 경기예요.

18 **일본 닌자**는 등에 칼을 메고 표창을 던지면서 전사이자 첩자 일을 했대요.

19 **펜싱 경기**에서는 전선이 든 칼을 써요. 이 칼이 금속 조끼에 닿으면 점수가 올라가요.

20 13세기 스코틀랜드의 어떤 전사는 영국인과 싸울 때 **1.7미터 길이의 칼**을 휘둘렀어요.

21 **스퍼드 총**은 공기압으로 감자 조각을 시속 483킬로미터로 발사할 수 있어요.

22 중앙아메리카와 남아메리카에서는 **독화살개구리**의 독을 화살촉에 발라 **입으로 불어 쏴요.**

23 미 해군은 버스만 한 **'슈퍼 대포'**를 개발했어요. 음속의 7배를 넘는 시속 9072킬로미터로 대포알을 쏠 수 있어요.

24 검투사들은 경기장에서 **칼, 창, 단검, 투석기, 삼지창**으로 싸웠어요.

25 카멜레온 같은 신형 **탱크**가 개발되었어요. 특수한 판을 달아 열로 감지하는 야간 투시경으로 보면 소나 자동차처럼 보이지요.

26 **화약**은 처음에 전쟁용이 아닌 불꽃놀이와 신호를 보내는 데 썼어요.

27 **최초의 총**은 약 1000년 전에 만들어졌어요. 대나무 통에 화약을 채워서 작은 창을 쐈지요.

28 총을 쏘면 총알에는 흔적이 남아요. 경찰은 이 **흔적을 총과 대조**해서 누가 범인지 알아내지요.

29 15세기에는 항아리에 화약을 부은 뒤 불을 붙이는 일종의 **수류탄**이 쓰였어요.

30 **다이너마이트**라는 이름은 '힘'을 뜻하는 그리스어에서 나왔어요.

31 **활과 화살**은 로빈 후드가 등장하기 훨씬 이전부터, 약 **4만 년** 동안 써 왔어요.

32 이라크와 아프가니스탄의 전쟁에서 **총을 든 로봇**도 등장했어요.

33 오른쪽 사진은 **존 윌크스 부스**가 워싱턴 포드 극장에서 에이브러햄 링컨 대통령을 암살할 때 쓴 총이에요.

34 폭약인 TNT가 든 **어뢰**는 배에 헛간 문만 한 구멍을 낼 수 있어요.

35 50년 전 미국은 **수소 폭탄**을 우주 바깥에서 터뜨리는 무기 실험을 했어요. 하와이에서 뉴질랜드까지 하늘이 빨갛고 푸른 빛으로 번쩍였어요.

✱ 지금까지 배운 지식은 **2,260가지**!

1. 집파리는 발로 맛을 봐요. **2.** 진드기는 쌀알만 한 크기에서 공깃돌만 한 크기로 커질 수 있어요. **3.** 비단실 0.45킬로그램을 얻으려면 누에고치 2000마리가 필요해요. **4.** 먹이를 구하러 다니는 벌은 하루에 97킬로미터를 날기도 해요. **5.** 개미는 자기 무게의 50배 이상을 들어 올릴 수 있어요. **6.** 멕시코 뛰는콩은 가열하면 뛰어올라요. 꼬투리 안에 모충이 살고 있어서예요. **7.** 제왕나비 100마리의 무게는 30그램이에요. **8.** 오스트레일리아는 수백만 마리의 소가 싸는 똥을 처리하기 위해 쇠똥구리를 수입했어요. **9.** 일부 흰개미 여왕은 하루에 알을 4만 개까지도 낳아요. **10.** 곤충은 약 3억 5000만 년 전부터 살았어요. **11.** 곤충 중 약 3분의 1은 육식성이고, 대부분은 썩어 가는 고기나 똥을 먹는 대신에 사냥을 해요. **12.** 브라질의 일부 박각시나방 애벌레는 위협받으면 몸을 부풀려요. 그러면 뱀의 머리처럼 보여요. **13.** 이름이 있는 곤충은 150만 종이에요. **14.** 암컷 모기만 사람을 물어요. 수컷은 식물과 썩어 가는 동물의 체액을 빨아 먹어요. **15.** 많은 곤충이 겨울이 되면 체액을 동결 방지제 역할을 하는 화학 물질로 대체해 추위를 견뎌요. **16.** 식물보다 딱정벌레의 종수가 더 많아요. **17.** 미국 테네시주 그레이트스모키산맥 국립 공원에는 6월에 2주간 수많은 반딧불이가 모여 똑같이 불빛을 깜박여요. **18.** 쇠똥구리는 쇠똥을 먹기도 하고, 나중에 부화한 새끼가 먹을 수 있도록 둥글게 굴려 땅속에 모아 놓기도 해요. **19.** 우체부나비 모충은 새똥처럼 보여 포식자의 눈을 피해요. **20.** 곤충의 다리는 세 쌍이에요. **21.** 곤충의 심장은 관 모양이에요. **22.** 곤충은 최초로 하늘을 난 동물이었어요. **23.** 곤충은 대부분 날개가 두 쌍이지만, 진정한 파리류는 한 쌍만 있거나 아예 없어요. **24.** 파리는 앞뒤, 좌우, 위아래로 날 수 있어요. **25.** 많은 곤충이 추운 날에는 비행 근육을 진동시켜 데운 뒤 이륙해요. **26.** 깔따구는 날갯짓을 1분에 6만 2760번 할 수 있어요. 벌새보다 10배는 빠르죠. **27.** 꽃사마귀는 다리 한 쌍의 사이에 귀가 하나 있어요. **28.** 사마귀는 머리를 돌려 뒤쪽을 볼 수 있는 유일한 곤충이에요. **29.** 불나방은 초음파를 내보내 포식자에게 경고하고, 맛있는 먹이를 찾는 박쥐를 혼란에 빠뜨려요. **30.** 물방개는 잠수할 때 날개 밑에 공기 방울을 만들어 물속에서도 호흡할 수 있어요. **31.** 곤충의 3분의 1은 딱정벌레예요. **32.** 양파리 암컷은 양의 콧구멍에 애벌레를 낳아요. 애벌레는 양의 머릿속에서 1년을 살다가, 콧구멍을 통해 땅으로 떨어진 뒤 땅속에 들어가 번데기가 되지요. **33.** 박각시나방은 시속 50킬로미터로 날 수 있어요. **34.** 벌의 '털'은 추운 날씨에 날 때 체온을 유지해 줘요. **35.** 개미 군체는 지하 6미터 아래까지 들어가 살 수 있어요. **36.** 주기매미는 땅속에서 17년을 살다가, 몇 시간 사이에 수백만 마리씩 한 달간 계속 땅 위로 올라와요. **37.** 에콰도르의 히바로 원주민은 화려한 색의 딱정벌레 겉날개를 귀걸이로 써요. **38.** 박물관은 포유류의 뼈대를 발라낼 때 수시렁이를 이용해요. 수시렁이는 뼈만 남기고 거의 다 먹어 치워요. **39.** 고대 이집트에서는 쇠똥구리가 아침 태양신 케프리를 상징했어요. **40.** 1889년 대규모 메뚜기 떼가 홍해를 건넜어요. 약 2500억 마리가 2000제곱킬로미터의 땅을 뒤덮었어요. 이 메뚜기 떼의 무게는 45만 3600톤에 달했을 거예요. **41.** 전 세계 개미의 수는 1경 마리가 넘어요! **42.** 덫개미는 시속 233킬로미터 속도로 턱을 다물어요. 동물계에서 가장 빨라요.

곤충에 관한 기상천외한 100가지

위: 잎벌레
왼쪽: 클라리스왕메뚜기
(학명: *Tropidacris collaris*)
오른쪽: 무당벌레

43. 아프리카의 한 군대개미 여왕은 연간 약 5000만 개의 알을 낳아요. 44. 군대개미는 약 20만 마리가 폭 13.7미터로 펼쳐진 상태로 나아가요. 45. 지구 동물 중 5분의 4는 곤충이에요. 46. 바퀴벌레는 머리 없이도 몇 주간 살 수 있어요. 47. 바퀴벌레는 물속에서 15분까지도 살아요. 48. 곤충은 몸의 옆쪽에 난 구멍을 통해 호흡해요. 49. 제왕나비는 높이 1200미터까지 올라가 날 수 있어요. 50. 러시아 바이칼호의 수심 1360미터에 사는 깔따구도 있어요. 51. 가장 열기를 잘 견디는 곤충은 기온이 섭씨 60도 이상 올라가는 사막에 사는 개미예요. 52. 가장 긴 곤충은 딱정벌레의 한 종류로, 길이가 약 16.7센티미터예요. 작은 치와와보다 길지요. 53. 가장 빠른 곤충은 오스트레일리아의 한 길앞잡이로 초속 2.5미터의 속도로 나아가요. 54. 어리호박벌은 지름 3밀리미터로 곤충 가운데 가장 큰 알을 낳아요. 55. 벼룩은 놀라울 만큼 멀리까지 뛸 수 있어요. 몸길이가 몇 밀리미터에 불과한 벼룩은 자기 몸길이의 50배 이상 뛸 수도 있어요. 키가 1.5미터인 사람이 76미터 높이로 뛰는 것과 같아요. 56. 4억 년 된 톡토기 화석이 가장 오래된 곤충 화석이에요. 벼룩과 비슷하게 생겼어요. 57. 5000만 년 된 몸길이가 5.08센티미터인 여왕개미 화석도 있어요. 부리를 뺀 벌새와 비슷한 크기예요. 58. 붉은불개미는 홍수가 나면 서로 엉겨 일종의 방수 뗏목을 만들어 떠다녀요. 59. 이는 보통 옷 주름 속에서 살아가는데, 19만 년 전부터 있었어요. 인간이 옷을 입기 시작한 무렵이죠. 60. 일부 모충은 재빨리 몸을 공처럼 만 뒤에 최대 초속 20센티미터의 속도로 굴러서 포식자에게서 달아나요. 61. 미국 뉴올리언스 오듀본 곤충관의 버그아페테 카페에서는 '초콜릿 처프 쿠키'를 팔아요. 구운 메뚜기를 넣은 초콜릿 쿠키예요. 62. 많은 문화권에서 곤충을 맛있는 간식으로 여겨요. 멕시코에서는 1700종의 곤충을 먹어요. 63. 사랑에 빠진 모기들은 서로 조화롭게 윙윙거려요. 64. 귀뚜라미는 앞날개를 서로 비벼서 소리를 내요. 65. 앉아 있을 때 대개 나비는 날개를 접고, 나방은 펴요. 66. 사마귀 암컷은 교미 중 수컷을 먹어 치우고는 해요. 67. 누에나방은 야생에는 더 이상 없어요. 68. 길앞잡이는 날개 밑에 귀가 있어 날면서도 들을 수 있어요. 69. 무당벌레는 위협당하면 죽은 척하고 다리 관절에서 고약한 맛이 나는 액체를 분비해요. 70. 파리는 눈꺼풀이 없어서 다리로 눈을 닦아요. 71. 개미는 서로 방향을 알려 줘서 먹이가 어디에 있는지 알 수 있어요. 72. 일부 침노린재는 잠자는 사람의 입가에서 피를 빨아요. 73. 노래기는 각 몸마디에 다리가 두 쌍씩 달린 반면, 지네는 한 쌍씩 달려 있어요. 둘 다 곤충은 아니에요. 74. 노린재는 방해받으면 악취를 내뿜어요. 75. 마다가스카르휘파람바퀴는 싸울 때 휘파람 소리를 내요. 이기는 바퀴가 더 큰 소리를 내지요.

북미파란잠자리

지식

76. 대벌레는 잔가지처럼 생겨서 33센티미터까지 자랄 수 있어요. 77. 개미벌은 개미처럼 생겼지만, 사실은 날개 없는 말벌 암컷이에요. 78. 아프리카 흰개미 둔덕은 높이 13미터까지 커질 수 있어요. 79. 잎꾼개미는 잎을 잘라 땅속에 있는 집으로 가져가서 곰팡이를 키우는 데 써요. 이 곰팡이는 유충의 먹이예요. 80. 미국 50개 주 중 41개 주는 주를 대표하는 곤충이 있어요. 81. 장구애비는 배 끝에 호흡관이 있어요. 몸의 대부분을 물에 담근 채 관 끝을 물 위로 내밀어 호흡할 수 있지요. 82. 일반적으로 나비는 낮에 날고, 나방은 밤에 날아요. 83. 흰마녀나방은 날개 폭이 28센티미터예요. 84. 일본에는 곤충을 반려동물로 삼는 사람들이 많아요. 시장에서 대나무 우리에 든 귀뚜라미도 볼 수 있지요. 85. 콩고 민주 공화국에서는 살짝 튀긴 흰개미를 간식으로 팔아요. 86. 군대개미는 가다가 건너가기 힘든 구멍을 만나면 줄줄이 자신들끼리 몸을 겹쳐 이어서 다리가 되어 동료 개미들이 지나가도록 해요. 87. 과학자들은 무중력 상태에서 어떻게 움직이는지 알아보기 위해 무당벌레 4마리와 진딧물이 든 병을 우주 왕복선에 실었어요. 무당벌레는 중력이 없어도 먹이를 잡을 수 있었어요. 88. 잠자리와 실잠자리는 공룡보다 먼저 출현했어요. 89. 잠자리는 두 쌍의 날개를 함께 칠 수도 있고 따로 칠 수도 있어요. 덕분에 헬기처럼 정지 비행과 후진 비행도 할 수 있지요. 90. 잠자리는 날개를 펴고 쉬어요. 접을 수가 없어요. 91. 딱정벌레는 다리로 더듬이를 닦아요. 92. 아메리카대벌레는 방어 화학 물질을 분비해 생쥐와 새 같은 포식자의 눈을 일시적으로 멀게 해요. 93. 곤충은 뼈가 없어요. 대신 겉뼈대라는 단단한 껍데기로 몸을 감싸요. 94. 곤충은 피 대신 피림프라는 체액이 몸을 채우고 있어요. 95. 곤충의 날개는 큐티클로 만들어져요. 우리 손톱과 마찬가지지요. 96. 하루살이는 2~3년을 살지만, 성체 단계에서는 하루밖에 못 살아요. 97. 대벌레는 공격받으면 다리가 떨어져 나가기도 하지만, 나중에 다시 자라요. 98. 곤충은 대부분 알을 낳지만, 일부 바퀴는 새끼를 낳아요. 99. 매미 소리는 1.5킬로미터 떨어진 곳에서도 들려요. 100. 메뚜기 떼 500억 마리는 하루에 9만 718톤의 먹이를 먹을 수 있어요.

※ 지금까지 배운 지식은 2,360가지!

1 과학자들은 펭귄이 물고기를 충분히 **잡아먹는지** 알기 위해 펭귄의 키를 재요.

2 어떤 펭귄은 해저 300미터까지 잠수할 수 있어요. 올림픽 수영장보다 **150배 깊어요.**

3 펭귄의 각막은 편평해서 **물속에서 잘 볼 수 있어요.**

4 펭귄은 **날지 못하지만,** 날개(지느러미발)는 물속에서 추진력을 일으키는 데 써요.

5 하늘을 나는 새는 뼛속이 비어서 가벼워요. 펭귄은 잠수하기 좋도록 **뼈가 꽉 차서 무거워요.**

6 태즈메이니아섬 해안에는 **쇠푸른펭귄의 이름을 딴** 펭귄이라는 소도시가 있어요.

7 펭귄은 거의 **남반구**에만 살아요.

8 펭귄은 먹이는 **물에서 잡고,** 새끼는 **육지에서 키워요.**

9 **쇠푸른펭귄**은 키가 41센티미터로 가장 작은 종이에요. 갓 태어난 사람 아기보다 작지요.

10 **황제펭귄**은 키가 1.1미터로 펭귄 중에 가장 커서 **네 살 어린이**만 하죠.

11 일단 새끼 때 살아남은 펭귄은 **15~20년까지** 살 수 있어요.

12 **예의를 지켜요!** 펭귄은 함께 둥지를 지을 때 서로 고개를 숙여 인사함으로써 함께하자고 알려요.

13 펭귄은 생애의 **75퍼센트**까지 물에서 지내요.

14 임금펭귄과 황제펭귄은 한 번에 알을 1개만 낳아요. 다른 펭귄 종들은 모두 **한 번에 2개**를 낳아요.

15 자카스펭귄은 가슴에 반점이 있어요. 사람의 **지문**처럼 개체마다 다른 무늬를 띠어요.

16 턱끈펭귄은 눈 뒤에서 턱 밑까지 자전거 헬멧 끈처럼 보이는 **가느다란 선**이 있어요.

17 한 과학자는 펭귄 몇 마리를 북극 지방에 풀어놓았어요. 하지만 오래 살지 못했어요.

18 황제펭귄은 바다에서 약 100킬로미터 떨어진 곳에서 집단 번식을 해요. 먹이를 구하려면 그 거리를 **오가야 해요.**

19 펭귄의 연미복을 입은 듯한 모습은 물속에서 몸을 숨기기 위한 **방어피음**이에요.

20 일부 펭귄은 둥지를 짓지 않아요. 알을 발 위에 올리고 알 주머니라고 하는 깃털로 덮인 피부로 덮어 따뜻하게 유지하지요.

21 황제펭귄은 암컷이 먹이를 구하는 동안 수컷이 얼어붙을 정도로 춥고 세찬 바람이 부는 곳에서 **65일** 동안 알을 품고 있어요.

22 황제펭귄 알은 무게가 **450그램**으로 **달걀 8개** 무게와 비슷해요.

23 **아델리펭귄**은 알을 건조하고 따뜻하게 유지하기 위해 땅을 파고 그 주위를 작은 돌로 둘러 둥지를 지어요.

24 일부 펭귄은 눈 위에 **엎드려** 발로 밀면서 썰매를 타요.

25 영화 「파퍼씨네 펭귄들」에 나온 젠투펭귄은 진짜였어요 (컴퓨터로 좀 다듬긴 했어요). 대신 촬영장을 **냉장고 안처럼 춥게** 했지요.

26 펭귄은 잘 때 눕지 **않아요.** 선 채로 부리를 날개 밑에 집어넣고 자요.

27 **젠투펭귄**은 먹이를 구하기 위해 하루 **450번**까지도 잠수해요.

28 펭귄은 대부분 뒤뚱뒤뚱 걷지만, **바위뛰기펭귄**은 이름 그대로 해안을 뛰어다녀요.

29 바위뛰기펭귄은 머리 위에 뾰족한 노란 볏과 검은 깃털이 나 있고, **눈이 새빨갛고,** 부리는 주황색, 물갈퀴 달린 발은 분홍색이에요.

30 바위뛰기펭귄은 **배 치기**로 물 밖으로 뛰어올라 바위 위에 내려앉고는 해요.

31 **아델리펭귄**은 몰려다녀야 안전하다는 걸 알아요. 남극 대륙에서 40만 마리까지 모여서 집단 번식해요.

32 한 과학자가 발견한 **3600년 전의** 펭귄 화석은 키가 사람 어깨높이만 했어요.

50가지 깜짝 놀랄 만한 펭귄에 관한 지식

33 부모 임금펭귄은 제 알이나 새끼를 공격하려고 시도하는 새들을 물리치기 위해 교대로 하루 4시간씩 **2000번 넘게 적들을 쪼아 대곤** 해요.

34 모든 펭귄은 저마다 **독특한 소리**를 내요. 무리 안에서 짝이나 새끼를 찾는 데 아주 유용해요.

35 부모 펭귄은 반쯤 소화된 먹이를 **게워 내** 새끼에게 먹여요.

36 새끼 펭귄은 부모의 부리 옆쪽을 톡톡 **두드려** 먹이를 달라고 졸라요.

37 펭귄의 바깥 깃털 층은 **기름지고, 방수 기능**이 있어요.

38 일부 펭귄은 **돌고래처럼** 물 위로 뛰어올라 숨을 쉬어요.

39 펭귄은 무얼 먹었는지에 따라 **배설물** 색이 달라져요. 흰색은 물고기를 많이 먹었다는 뜻, 초록색은 먹지 못해 굶주렸단 뜻이에요.

40 코끼리물범은 물속에서는 펭귄을 잡아먹지만, 육지에서는 펭귄이 주위를 돌아다녀도 거의 신경 쓰지 않아요.

41 얼룩무늬물범은 하루에 펭귄을 15마리까지 잡아먹어요.

42 사람과 달리 펭귄은 **바닷물을 마실 수 있어요.** 물에 든 소금은 특수한 분비샘을 통해 배출해요.

43 펭귄의 발은 **동상**에 걸리지 않아요. 영하의 날씨에도 따뜻하게 해 주는 특수한 순환계 덕이에요.

44 황제펭귄은 한 번에 **14킬로그램**까지 먹을 수 있어요. **치킨 너겟 900개를** 먹는 것과 비슷해요.

45 열대 섬에 사는 갈라파고스펭귄은 육지에서 체온을 낮추기 위해 **개처럼 헐떡거려요.**

46 펭귄은 고래와 물범이 등장하기 **전부터** 바다에 살았어요.

47 모든 펭귄이 추운 기후에 사는 것은 아니에요. **갈라파고스펭귄**은 적도의 따뜻한 물에서 헤엄을 치지요.

48 범고래는 펭귄 번식지가 있는 해변까지 올라와 펭귄을 덥석 물어 바다로 돌아가곤 해요.

49 마젤란펭귄은 탐험가 페르디난드 마젤란의 이름을 땄어요. **1520년** 남아메리카 끝에서 펭귄을 보았지요.

50 마카로니펭귄은 눈 위에 노란 깃털이 나 있어요.

마카로니 펭귄

* 지금까지 배운 지식은 2,410가지!

감각에 관한 25가지

1 **말똥가리**는 공중에서 **4572미터** 떨어진 곳에 있는 설치류를 알아볼 수 있어요.

2 **동물**은 사람보다 먼저 **자연재해**를 감지할 수 있어요.

3 잘 익은 솔방울은 약한 열을 내요. 많은 곤충은 사람에게 보이지 않는 **적외선**을 볼 수 있어 주변 환경보다 **따뜻한 약 15도**의 이 열매를 찾아내요.

4 **사람의 혀**에는 5가지 미각 세포가 있어요. **짠맛, 단맛, 신맛, 쓴맛, 감칠맛**을 느끼는 세포들이에요. 쓴맛을 느끼는 세포는 **창자, 코, 허파**에도 있어요.

5 파리는 다른 파리가 풀잎에 내려앉는 소리를 들을 수 있어요.

6 **잠자리 눈**에는 수정체가 **3만** 개나 있는데, 사람은 1개예요.

7 **펭귄**은 썩어 가는 알의 냄새에 끌려요.

8 메기는 사람보다 맛봉오리가 **10배** 많아요.

9 **신맛**을 감지하는 세포는 탄산음료의 **거품**도 감지할 수 있어요.

10 **집파리**는 발로 맛을 느껴요. 사람의 혀보다 **1000만 배** 더 민감해요.

11 박쥐는 모든 육상 동물 중에서 **청력이 가장 좋아요.**

12 많은 동물은 **페로몬**이라는 화학 물질로 서로 의사소통해요.

놀라운 지식

13 **상자해파리**는 눈이 24개예요.

14 **불가사리**는 눈이 없어요. 그 대신에 팔로 **빛**을 감지해요.

가리비는 눈이 약 100개지요.

15 색맹인 사람은 대부분 초록과 빨강을 구별하지 못해요.

16 카멜레온과 해마는 **두 눈을 따로따로 움직일 수 있어서** 동시에 다른 **두 방향**을 볼 수 있지요.

17 **운동맹**인 사람은 **움직임을 못 봐요.** 수도꼭지에 흐르는 물이나 지나가는 자동차를 못 보지요.

18 별코두더지의 주둥이는 사람의 손보다 6배 더 민감해요.

19 **어류**는 입뿐 아니라 **온몸으로 맛을 느낄 수 있어요.**

20 **올빼미**는 23미터 떨어진 곳에서 생쥐가 움직이는 소리를 들을 수 있어요.

21 **얼굴인식불능증**이 있는 사람은 얼굴을 잘 알아보지 못해요. **심지어 자기 얼굴도요.**

22 **코요테**는 30센티미터 쌓인 눈 밑에서 생쥐가 움직이는 소리를 들을 수 있어요.

23 사람의 눈은 약 **1000만** 가지의 색깔을 볼 수 있어요.

24 **동반감각증을** 지닌 사람은 감각들이 뒤섞여요. 피자를 볼 때 드럼 소리가 들리거나, 누군가가 오른팔을 건드리면 담배 냄새가 난다고 느껴요.

25 **텍사스동굴도롱뇽**처럼 빛이 전혀 없는 곳에 살면서 **시력을 완전히 잃은** 동물도 많아요.

✱ 지금까지 배운 지식은 2,435가지!

35가지 남아메리카에

1 남아메리카 열대 우림에는 지구상 모든 나비 종의 4분의 1이 살아요.

2 남아메리카에 사는 푸두라는 작은 사슴은 어깨까지의 높이가 겨우 30센티미터예요. 먹이에 닿기 위해 뒷다리로 서야 할 때도 있지요.

3 볼리비아에는 세계에서 가장 높은 스키 리조트가 있어요. 한번 활강하기 위해 30분을 올라가야 해요.

4 아르헨티나 부에노스아이레스에는 뉴욕 자유의 여신상과 같은 모습의 크기만 작은 조각상이 있어요.

5 베네수엘라에서는 해마다 새해의 시작을 알리기 위해 그 전날에 실물 크기의 걱정 인형을 태워요.

6 세계에서 가장 높은 폭포인 베네수엘라 앙헬 폭포는 높이가 979미터예요. 최초로 폭포 위를 비행한 미국인 비행사 지미 엔젤의 이름을 땄어요.

7 본토에서 약 1000킬로미터 떨어져 있는 갈라파고스 제도의 섬 19개에는 1.4미터 길이의 이구아나를 비롯해 독특한 동물들이 살아요.

8 페루에는 감자 종류가 3000종도 넘어요.

9 열대 섬에 좌초된 조난자가 나오는 책 『로빈슨 크루소』는 실제 칠레 연안의 섬에서 배가 난파된 일에서 영감을 얻어 쓰였어요.

10 칠레의 아리카는 세계에서 가장 건조한 곳으로 비가 거의 내리지 않아요.

11 에콰도르에는 노란색, 녹색, 빨간색 미니 바나나가 있어요.

12 19세기 페루인들은 비료로 쓰이는 새똥을 팔아 돈을 벌었어요.

13 콜롬비아는 크리스토퍼 콜럼버스의 이름을 땄어요.

14 브라질은 에콰도르와 칠레를 뺀 남아메리카 모든 나라와 국경을 맞대고 있어요.

15 파라과이의 춤 갤로파에는 여자들이 머리에 병을 이고 추는 동작이 있어요.

16 아르헨티나 부에노스아이레스에는 세계에서 가장 넓은 도로가 있어요. 폭이 110미터에, 차선이 16개나 돼요.

17 브라질에는 70만 종이 넘는 다양한 곤충이 살고 있어요.

18 콜롬비아는 태평양과 대서양 양쪽에서 모두 수영할 수 있는 남아메리카의 유일한 나라예요. 동서 모두 해안선이 있기 때문이죠.

19 남아메리카의 열대 우림에는 세계에서 가장 작은 원숭이인 피그미마모셋과 가장 큰 원숭이인 짖는원숭이가 살아요.

남아메리카라마

대한 신기한 지식

20 잉카의 지배자들은 비쿠냐의 털로 지은 옷을 입었어요. 비쿠냐는 라마와 닮은 동물로 털이 부드럽기로 유명해요.

21 칠레 남부의 **파타고니아** 지역은 피오르, 섬, 만, 작은 만으로 이루어진 해안선이 **9만 킬로미터** 넘어요. 지구 둘레의 약 2배 길이지요.

22 가우초라 불리는 우루과이 카우보이들은 검은 모자를 쓰고 다녀요.

23 에메랄드 10개 중 9개는 **콜롬비아산**이에요.

24 안데스산맥은 육지에 있는 산맥 중 가장 커요. 일직선으로 놓으면 미국 시카고에서 독일 베를린까지 이어질 거예요.

25 아르헨티나 대통령은 '라 카사 로사다'로 알려진 분홍색 저택에서 일해요.

26 고추는 약 6000년 전부터 음식의 맛을 내었고, 남아메리카 어디서든 거래됐어요. 현대의 너무 '매운' 고추는 장갑을 껴도 화상을 입어요.

27 라마는 낙타와 친척이지만 혹은 없어요. 남아메리카 사람들은 라마를 짐 싣는 데 쓰지만, 짐이 너무 무거우면 라마가 걷지 않으려 해요.

28 페루와 볼리비아 국경 지대에 있는 **티티카카호수**에는 갈대로 엮은 섬들이 떠다녀요. 섬에는 사람들도 사는데, 가장 큰 곳에서는 10가족이 살기도 해요.

29 칠레는 국토의 평균 너비가 약 175킬로미터인 매우 폭이 좁은 나라예요. 하지만 길이는 태평양을 따라 약 6440킬로미터까지 뻗어 있어요.

30 브라질에서 축구의 인기는 대단해요. 브라질 국가대표팀은 월드컵에서 **5번이나** 우승했어요. 그 어떤 나라보다 많아요.

31 콜롬비아 사람들이 가장 좋아하는 음식은 호미가 쿨롱, 즉 구운 개미예요.

32 페루 마누 국립 공원에는 알록달록한 금강앵무 6종과 박쥐 100여 종이 살아요. 재규어도 공원을 어슬렁거리지요.

33 2011년 4월 브라질 상파울루에 레고 50만 개로 만든 높이 31미터 탑이 세워졌어요. 10층 건물과 비슷한 높이예요.

34 **에콰도르**에서는 북반구와 남반구에 양발을 딛고 설 수 있어요. 적도가 지나가거든요. 에콰도르는 에스파냐어로 '적도'라는 뜻이에요.

35 볼리비아에 있는 어떤 은광은 너무 위험해 '사람을 잡아먹는 산'이라는 별명이 붙었어요.

※ 지금까지 배운 지식은 2,470가지!

107

야생 고양이에 관한

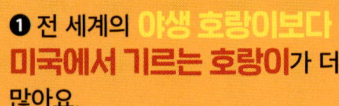

❶ 전 세계의 **야생 호랑이**보다 **미국에서 기르는 호랑이**가 더 많아요.

❷ 호랑이 아종 **8종** 중에서 **3종**이 멸종했어요.

❸ **큰 고양이**류는 대개 **으르렁거려요**. 작은 **고양이**류는 대개 **가릉**거리지요.

❹ **벵골호랑이**는 **인도의 국가** 동물이에요.

❺ **사자**는 **3~30마리까지 무리**를 지어 생활해요.

❻ **큰 고양이류** 동물은 **사람보다 후각이 20배** 뛰어나요.

❼ **눈표범**은 자기 **몸무게의 3배에 달하는 먹이**도 잡을 수 있어요.

벵골호랑이

＊지금까지 배운 지식은 **2,485**가지!

15가지 놀라운 지식

❽ **치타**는 **경주용 차**보다 **더 빨리 가속**할 수 있어요.

❾ **야생 고양이**는 전 세계에 **35종**이 있어요.

❿ **호랑이**는 한 번에 **고기를 36킬로그램** 이상 먹을 수 있어요. **티본스테이크 70개**를 먹는 것과 비슷한 양이에요!

⓫ 큰 고양이류는 종마다 **털의 무늬와 색깔이 독특**해요. 위장용이지요.

⓬ **퓨마**는 **산사자, 팬서, 쿠거**라고 해요.

⓭ **서벌**은 커다란 **귀**로 작은 동물이 쪼르르 달려가는 **조그만 소리도 들을 수 있어요.**

⓮ **표범**은 사냥한 작은 영양을 나무 위 15미터까지 끌어 올릴 수 있어요.

⓯ **사자**는 최고 시속 15킬로미터로 달릴 수 있어요.

109

50가지 고대부터 현대까지, 음악에 대한 지식

1 물체의 진동 패턴이 일정하지 않으면 소음으로 들려요. 리듬이 **규칙적일** 땐 음악으로 들리죠.

2 2011년 인도에서 열린 콘서트에서 한 음악가는 **피아노 건반**을 1분간 **669번** 쳤어요.

3 오케스트라에서는 **소리가 부드러운** 악기들이 앞에 있어요. 북처럼 소리가 큰 악기는 뒷자리에 있지요.

4 고고학자들은 7000~9000년 전 동물의 뼈로 만들어진 **고대의 피리들을 지금도 연주**할 수 있어요.

5 유네스코 세계 문화 유산에 등록된 최근의 건물은 1973년 완공된 **시드니 오페라 하우스**예요.

6 토머스 에디슨은 자기가 발명한 '틴포일' 축음기를 시험하기 위해 동요 **「메리에겐 어린 양이 있었네」**를 녹음했어요.

7 **모차르트**는 「피아노 협주곡 G장조」 마지막 악장의 아이디어를 자신이 키우던 **찌르레기의 노랫소리**에서 얻었다고 했어요.

8 음악가 3명이 사람들이 좋아하지 않는 음악을 조사한 뒤, **「가장 듣고 싶지 않은 음악」**이라는 곡을 만들었어요. 캐럴과 카우보이 음악이 녹아 있죠.

9 밴드 '토킹 헤즈'의 **데이비드 번**은 골동품 오르간을 텅 빈 건물의 파이프와 기둥, 대들보에 연결해 음악으로 채웠어요.

10 유명 작곡가 베토벤은 한창 활동할 시기에 **귀가 전혀 안 들리게** 되었어요.

11 작곡가 젬 파이너가 작곡한 「롱플레이어」는 20분 20초의 곡조를 6개의 패턴으로 변주해요. **1000년 간 연주해도** 단 하나의 조합도 겹치지 않는다고 해요.

12 **어른들**은 일부 고주파 핸드폰 벨 소리를 **못 들어요.** 인간의 귀는 나이가 들수록 특정 주파수를 감지할 수 없게 되거든요.

13 **쇼파르**는 고대 히브리인들이 연주하던 숫양의 뿔로 만든 악기예요. 지금도 유대 종교 행사에서 연주돼요.

14 어느 음악가가 다친 **동물들을 달래기 위한** 하프 음악을 작곡했어요. 이 곡을 들은 개들은 심박수와 호흡수, 불안감 등이 한결 줄어들었어요.

15 모차르트는 겨우 **6세**에 바이에른 왕실에서 첫 연주를 했어요.

16 인도 악기인 **시타르**는 큰 기타처럼 생겼어요. 연주자들은 앉아서 연주해요.

17 클래식 기타의 줄은 **양의 창자**로 만들어요.

18 힙합은 1970년대 중반에 어떤 디제이가 **춤추는 사람들**을 위해 턴테이블 두 개로 음악을 만들면서 시작되었어요.

※ 지금까지 배운 지식은 **2,535가지**

19 색소폰은 발명가 **아돌프 삭스**의 이름을 땄어요.

20 미국 국가 **『성조기(별이 박힌 깃발)』**의 가사는 시에서, 곡조는 옛 영국 노래에서 빌려 왔어요

21 아이슬란드의 한 음악가가 길이 5미터짜리 피리를 만들었어요. 각 구멍의 너비는 8.5센티미터예요.

22 **그래미상**은 음악을 재생하는 초창기 장치 **그라모폰**의 이름에서 유래되었어요.

23 대평원 지역에 살던 **북아메리카 원주민**들은 자신의 북을 '**북 집**'이라는 특별 장소에 보관하기도 했어요.

24 **기원전 1400년 시리아**의 석판에서 발견된 **찬송가**는 기록된 노래 중 가장 오래되었다고 해요.

25 스위스의 **알프호른**은 매우 멀리서도 소리가 들려요. 알프스산맥에서 목동들을 부를 때 쓰였지요.

26 엘비스 프레슬리를 흉내 내는 사람은 전 세계에 **20만 명**이 넘어요. 낙하산을 메고 비행기에서 뛰어내리는 스카이다이버 그룹 '플라잉 엘비'도 있지요.

27 작곡가 존 윌리엄스는 런던 심포니와 함께 **『스타워즈』**의 음악을 만들었어요.

28 **『생일 축하합니다』**의 저작권사는 이 노래로 한 해에 **200만 달러**를 번다고 해요.

29 **저그 밴드**는 빨래판, 숟가락, 빈 병 등의 생활용품을 악기로 사용해요.

30 전설적 왼손잡이 기타리스트 **지미 헨드릭스**는 오른손잡이용 기타에 줄을 **거꾸로 매서** 연주했어요.

31 18세기 영국 왕실 연회에서 **『불꽃놀이를 위한 음악』**이 연주되는 동안, 진짜 불꽃놀이 때문에 어느 건물에 불이 났어요.

32 작곡가 존 케이지의 곡 **『4'33"』**는 4분 33초 동안 **침묵**이 이어져요.

33 마카크원숭이와 침팬지는 가끔 **죽은 나무를 북처럼** 쳐요.

34 저스틴 비버는 6세에 기타를 혼자 터득했어요.

35 마이클 잭슨은 1983년 모타운 25주년 특별 방송에서 처음으로 관객들에게 **문워크**를 보여 주었어요.

36 중국 경극에는 음악과 **무술 공연**도 포함되어요.

37 전통에 따르면 오스트레일리아 원주민이 사용하던 고대 악기인 **디저리두는 남자들만 연주할 수 있어요.**

38 세계에서 가장 긴 국가는 그리스 국가예요. **158절**이나 되지만 현재는 앞의 두 절만 불러요.

39 1892년 **『호두까기 인형』** 첫 공연은 비평가들의 **비난**을 받았어요. 하지만 지금은 크리스마스 시즌 대표작으로 사랑받고 있지요.

40 브라질 **500달러 지폐**에는 작곡가 **에이토르 빌라로부스**가 그려져 있어요.

41 고대 그리스인들은 지금도 많은 음악가가 사용하는 **음악 표기법의 체계**를 세웠어요.

42 미국에서 제작된 **최초의 CD**는 1984년 브루스 스프링스틴의 앨범 **『미국 출생**(Born In The U.S.A.)**』**이에요.

43 존 레논의 치아 하나는 경매에서 약 **3만 1000달러**에 팔렸어요.

44 전통적으로 서인도에서는 **석유 드럼통**을 재사용해 악기로 썼는데, 그게 바로 **강철 드럼**이에요.

45 최초의 휴대용 오디오 장치 중 하나인 워크맨은 미국에서 '**사운드 어바웃**'으로 불렸어요.

46 1979년 힙합 밴드 슈거힐 갱의 **『래퍼의 기쁨』**이 인기를 끌며 **『랩』**은 이 새로운 유형을 가리키는 음악의 한 분야가 되었어요.

47 미국의 싱어송라이터 겸 배우인 프린스는 16세도 되기 전에 **악기를 12개나 다룰 수** 있었어요.

48 버락 오바마 미국 대통령은 2010년 11월 첼리스트 요요마에게 **자유의 메달**을 수여했어요.

49 닐 암스트롱은 새로운 세계인 달에 갈 때 드보르자크의 유명한 교향곡 **『신세계로부터』** 녹음본을 가지고 갔어요.

50 고양이들이 **『징글벨』**과 **『고요한 밤』** 같은 노래들을 '부르는' 징글 캣츠 노래 20곡을 만드는 데, **고양이 소리가 1000번 이상** 들어갔어요.

35가지 잠에 관한

1 사람은 눈을 뜬 채로 낮잠을 잘 수도 있어요.

2 우리는 평균적으로 하루의 3분의 1을 잠으로 보내요. 1년에 약 4개월이지요. 70세까지 산다면 **23년을 잠으로** 보내는 거예요.

3 하품은 전염될 수 있어요! 주변의 누군가가 하품하면, 나도 하고 싶어져요. 그 사람이 아는 사람이라면 더 그래요.

4 칠면조를 먹으면 트립토판이라는 화학 물질 때문에 **잠이 온다는 속설은 틀린 말**이에요.

5 1700년대에 과학자 칼 린네는 낮에 열리고 밤에 닫히는 꽃들로 시간을 알려 주는 **꽃시계**를 고안했어요. 하지만 실제로 만들지는 않았어요.

6 2005년 영국 런던에서 한 10대 소녀가 **자면서 집을 나와** 40미터 높이의 기중기를 기어오르고 들보를 건너다 그 위에서 잠들었어요.

7 **파랑비늘돔**은 잘 때 자신을 보호하기 위해 **점액**을 분비해 몸을 고치처럼 감싸요. 숨은 포식자의 후각을 속일 수 있어요.

8 싱가포르 창이 공항은 세계에서 가장 편히 잘 수 있는 공항에 주는 **황금 베개상**을 15번 잇달아 받았어요.

9 **베개**는 **고대 이집트 무덤**에서도 발견되었어요.

10 일과 중에 **낮잠**을 짧게 자는 사람이 전혀 안 자는 사람보다 생산성이 더 높을 수 있어요.

11 기린은 하루에 **2시간도 안 자요**.

눈이 뜨이는 지식

12 꿈꿀 때는 몇 시간이 지난 것처럼 느끼지만, 실제로는 몇 분밖에 지나지 않았을 수도 있어요.

13 1965년 고등학생 랜디 가드너는 과학 과제를 위해 **264시간 동안 안 자고** 버텼어요.

14 우주 왕복선에 탄 우주 비행사들은 벽에 걸린 **침낭에 들어가 자요.**

15 새는 **30초 간격**으로 잘 수도 있어요. 장거리 이주 때 이 방법으로 쉬지 않고 계속 날아요.

16 코끼리는 서서 자기도 하고, 누워서 자기도 해요. 꿈을 꾸는 단계인 렘수면 때는 누워 있어요.

17 **렘수면** 때 몸은 사실상 **마비**돼요. 꿈꾸면서 움직이지 않기 위해서예요. 이를 수면 마비나 무긴장 상태라고 해요.

18 **한 무리**에 속한 돌고래들은 잠도 **함께** 자곤 해요.

19 **해리엇 터브먼**은 사람들의 탈출을 돕는 **지하철도 활동** 중에 갑자기 잠들곤 했어요. 기면증을 앓았던 것 같아요.

20 **가터뱀**은 체온을 유지하기 위해 바위 틈새 같은 곳에 한데 뒤엉켜 **겨울잠을 자요.** 아주 많은 개체가 더미처럼 쌓여 있기도 해요.

21 디온 맥그리거는 자면서 아주 또렷하게 말했어요. 1960년대에 동료가 녹음해서 '디온 맥그리거의 꿈 세계: 그는 자면서 말한다'로 발표됐어요.

22 의학자들에 따르면 몽유 문자증이 늘고 있어요. 이 증상이 있는 사람들은 **자는 동안 문자를 보내서** 깨어난 뒤 전화기를 보고 놀라요.

23 잠자는 자세로 성격을 어느 정도 알 수 있어요. 웅크리고 자면 소심할 가능성이 높다고 하네요.

24 **영국군**은 군인을 **깨어 있게 하는 방법**을 최초로 고안했어요. 잠들려고 하면, 해돋이 장면을 보여 주는 특수한 안경을 썼어요.

25 **코알라**는 하루에 **22시간까지도** 자요. 주식인 유칼립투스 나무는 영양가가 적어서 에너지를 아끼기 위해서예요.

26 때로 우리 **뇌**는 깨어 있을 때보다 **자고 있을 때** 더 활발하게 활동하기도 해요.

27 미국 북부의 **오지브웨 부족**은 전통적으로 나쁜 꿈을 붙잡기 위해 요람 위에 **드림캐처**를 걸어 두었어요.

28 소설 '트와일라잇' 시리즈의 작가 스테파니 메이어는 두 주인공을 생생하게 꿈꾸고 나서 첫 이야기를 구상하여 쓰기 시작했어요.

29 **10세 아이**는 잠드는 데 평균 약 **20분**이 걸려요.

30 찰스 린드버그는 대서양 상공을 건널 때, **손가락으로 눈꺼풀을 끌어 올리며** 잠들지 않으려 했어요. 몇 분간 졸았다가 비행기가 추락할 뻔도 했어요.

31 벌잡이새는 전선에 나란히 앉아서 잠자요. 양쪽 끝에 앉은 새는 다른 새들이 자는 동안 깨어서 **망을 봐요.** 얼마 뒤 교대도 해요.

32 코는 **렘수면**이 아닐 때만 골 수 있어요.

33 **더운 밤**에는 잠을 잘 못 이룰 수 있어요. 잠들려면 체온이 좀 떨어져야 하거든요.

34 바위를 뚫는 **착암기** 소리보다 더 큰 소리로 코를 고는 사람도 있어요.

35 어린이의 **밤공포증** (야경증)은 악몽과 달라요. 잠들고 몇 시간 뒤에 나타나요. 깊은 잠을 잘 때라 깨고 나면 거의 기억하지 못해요.

＊ 지금까지 배운 지식은 2,570가지!

1. 중력은 물체(야구공 같은)를 땅으로 끌어당기는 힘인데, 중력 덕분에 지구의 모든 물체는 무게를 지녀요. 2. 원자는 아주 작지만, 원자의 중심에 있는 원자핵은 훨씬 더 작아요. 원자가 야구 경기장만 하다면, 원자핵은 그 한가운데 앉은 파리만 해요. 3. 시속 약 480만 킬로미터로 움직이는 중성자별도 있어요. 우주에서 가장 빠른 천체예요. 4. 탄산음료의 맛은 어느 정도는 인산에서 나와요. 인산은 거품이 이는 물에 시큼한 과일 맛을 내요. 5. 냉동실에 든 음식의 물 분자는 냉동실에서 더 추운 곳으로 달아날 수 있어요. 그래서 동결 변색이 일어나요. 식품 표면이 말라서 색이 변하는 곳과 서리가 끼는 곳이 생기지요. 6. 물속에 있는 물체는 30퍼센트 더 커 보여요. 7. 영화는 스틸 사진들을 연속으로 보여 주는 것일 뿐이에요. 대개는 1초에 24장을 보여 주지요. 8. 인간이 만든 구멍 중 세계에서 가장 큰 것은 미국 유타주의 빙엄 구리 광산이에요. 면적이 농구장 2만 5000개만 해요. 9. 고대 그리스인들은 물질의 종류, 즉 원소가 4가지라고 생각했어요. 흙, 물, 불, 공기예요. 지금 우리가 아는 원소는 100가지가 넘어요. 10. 과학자들은 배양 접시에서 세균, 세포, 조류를 배양해요. 지금은 데이터를 컴퓨터로 바로 전송하는 배양 접시도 있어요. 11. 알베르트 아인슈타인 사후에 그의 뇌가 어디로 사라졌는지는 20년 동안 수수께끼였어요. 그러다 미국 뉴저지주의 한 기자가 뇌를 꺼낸 의사의 책장에서 찾아냈어요(병에 담겨 있었지요). 12. 과학자들은 액체의 양을 정확히 잴 때 피펫이라는 기구를 써요. 13. 알베르트 아인슈타인은 열두 살에 미적분을 공부하기 시작했어요. 14. 차가운 바닷물은 따뜻한 민물보다 밀도가 높아요. 그래서 아래로 가라앉아 대양 해류를 계속 흐르게 해요. 15. 엄마 배 속의 아기를 보는 데 쓰이는 초음파 장치는 잠수함에 쓰이던 음파 탐지 기술을 적용한 것이에요. 16. 우리 주위의 공기에 떠다니는 모든 작은 알갱이는 무게가 있고 줄곧 위에서 누르는 압력을 받아요. 기압이라고 하지요. 17. 말무리(조류)를 연구하는 조류학자는 인공위성을 써서 호수와 바다에서 일어나는 조류 대발생의 양상을 조사해요. 18. 태양력이나 풍력 같은 재생 에너지를 이용해 충전하는 배터리가 점점 널리 쓰이고 있어요. 19. 수천 년 전의 조상들은 오로지 운석에 든 철만 이용할 수 있었어요. 지금은 용광로에서 철광석을 가열해 철을 얻어요. 20. 핵폭발 시 나오는 감마선은 거의 모든 물체를 통과해요. 두꺼운 납이나 강철만이 막을 수 있어요. 21. 안톤 판 레이우엔훅은 대상을 10배까지 확대할 수 있는 현미경을 직접 만들고, 그것으로 세균과 혈구를 발견했어요. 22. 스케이트보드로 플립(360도 회전)을 할 때, 스케이트보드는 무게 중심을 따라 돌아요. 무게 중심은 스케이트보드가 받는 모든 힘이 균형을 이루는 점이에요. 23. 약 2400년 전 그리스 철학자 소크라테스는 겨울에 남향이 되도록 집을 지으면 태양열로 집이 따뜻해진다는 것을 이해했어요. 24. 옛날에는 광택을 낸 금속을 거

과학 실험에 관한 놀라운 지식 100가지

울로 썼어요. 지금은 유리에 알루미늄을 입혀 만들어요. 25. 쿼츠 시계는 1초에 3만 2768번 진동하는 석영 결정의 진동을 이용해 시간을 맞춰요. 26. 과학자들은 실험실에서 새 원소를 만들 수 있지만, 이런 원소는 불안정해서 수명이 1초에 한참 못 미쳐요. 27. 고드름은 대개 녹은 눈이 천천히 떨어질 때 층층이 생겨요. 2010년 미국 노스캐롤라이나주 하이포인트에서는 영하의 날씨에 건물에서 물이 새면서 5층짜리 고드름이 생겼어요. 28. 자동차 공학자들은 연료를 덜 쓰며 더 빨리 달릴 수 있도록, 자동차를 가능한 한 공기 역학적으로 만들려고 노력해요. 눈물방울은 자연에서 가장 공기 역학적인 모양이에요. 29. 1870년 당구공을 만들 새 재료를 찾던 사람이 플라스틱을 발명했어요. 그전까지 당구공은 상아로 만들었는데, 점점 구하기 어려워지고 있었거든요. 30. 원유가 누출되면 사람들은 세제를 써서 동물에 묻은 기름을 닦아 내요. 세제는 오물과 기름을 떼어 내 가두는 역할을 해요. 그 뒤 물로 씻어 내지요. 31. 태양을 동력원으로 이용할 수 있다면, 지구가 필요로 한 양보다 2만 배 더 많은 에너지를 얻을 수 있어요. 32. 어떤 곤충학자는 장난감 차만 하고 다리보다 턱이 더 긴 새로운 말벌 종을 발견했어요. 33. 보온병은 두 겹의 플라스틱이나 금속 사이의 공기를 차단하는 단열 상태로 안에 든 음료를 뜨겁거나 차가운 상태로 유지하지요. 34. 비글호를 타고 세계를 돌아다닌 찰스 다윈은 뱃멀미로 꽤 고생했지만, 결국 진화론을 정립했지요. 35. 무대에서 안개 효과를 일으키는 데 쓰이는 드라이아이스는 사실 고체 이산화 탄소예요. 36. 지각에서 가장 풍부한 원소는 산소, 우주는 수소예요. 37. 법의학자는 미국 테네시주 녹스빌 외곽의 '시체 농장'

에서 인체가 어떻게 분해되는지 연구해요. **38.** 미술학자들은 엑스선을 써서 에스파냐 화가 고야의 그림 뒤에 숨겨진 다른 그림을 발견했어요. **39.** 소리는 공기보다 물에서 더 빨라요. **40.** 모든 물질은 원자로 이루어져 있어요. 고대 그리스 사상가 레우키포스는 2400년 전에 처음으로 원자론을 제시했어요. **41.** 서퍼는 파도의 앞쪽에서 기다리다가 파도에 올라타요. 몇몇 강에서는 빠른 물살에 올라탈 수도 있어요. **42.** 미래에는 전기 지팡이로 불을 쓸 수 있을지도 몰라요. 지팡이를 휘둘러 전기장을 일으켜 불붙은 연료와 타지 않은 연료를 분리하는 방식이에요. **43.** 갈릴레이는 최초로 망원경을 써서 목성의 달을 관측했어요. **44.** 스카이다이버는 비행기에서 뛰어내리면, 시속 약 200킬로미터의 일정한 속도로 떨어져요. **45.** 과학자들은 깊은 바닷속의 물을 채집하기 위해 통을 줄에 묶어 수백 미터 아래로 내려보내요. 부피가 250리터인 통도 있어요. **46.** 소금은 비누와 유리 제조에 쓰이는 화학 물질을 만드는 데 쓰여요. **47.** 과학자들은 옛날 사하라 사막에 영국만 한 호수가 있었다는 증거를 찾았어요. **48.** 번지 점프용 밧줄은 고무로 만들어요. 신축성이 있고 충격을 잘 흡수하거든요. **49.** 같은 와트라면 빨간 레이저보다 초록 레이저가 더 밝아요. 우리 눈이 빨간빛보다 초록빛에 더 민감하기 때문이지요. **50.** 세계 최대의 전파 망원경은 중국의 톈옌으로 지름이 500미터예요. **51.** 상온(섭씨 15~25도)에서 액체인 원소는 브롬과 수은 2개뿐이에요. **52.** 회전하는 팽이는 마찰력 때문에 속도가 느려져요. 마찰력은 두 물체가 서로 접촉할 때 생기는 힘이지요. 마찰력이 없으면 팽이는 훨씬 더 오랫동안 돌 수 있어요. **53.** 자동차 좌석에 놓인 공은 차가 갑자기 멈추면 앞으로 쏠리면서 바닥으로 떨어지는 것처럼 보여요. 하지만 사실 공은 자동차가 멈출 때도 그냥 계속 앞으로 가고 있던 것일 뿐이에요. **54.** 지구는 5분에 8047킬로미터 이상의 속도로 나아가요. **55.** 순수한 물은 섭씨 0도에서 얼어요. 물에 소금을 넣으면 어는점이 더 낮아져 영하에서 얼 거예요. **56.** 많은 플라스틱 물병이 가운데가 오목해요. 넘어지지 않도록 돕고 플라스틱 두께를 더 얇게 만들 수 있어서예요. **57.** 1996년 복제 양 돌리가 태어났어요. 세계 최초로 복제된 포유동물이지요. **58.** 열을 내는 물질은 모두 적외선을 내뿜어요. 야간 투시경은 이 적외선을 감지해서 보는 거예요. **59.** 썩은 달걀은 신선한 달걀보다 가벼워서 물에 떠요. **60.** 딱총새우가 내는 딱딱 소리는 대왕고래의 울음소리보다 더 커요. **61.** 여러분의 몸무게가 지구에서 45킬로그램이라면, 목성에서는 107킬로그램이 돼요. **62.** 기온이 섭씨 영하 34도 이하인 추운 곳에서 뜨거운 물을 뿌리면 거의 즉시 얼어붙어요. **63.** 우리가 음식을 통해 얻는 에너지는 열량(칼로리)으로 측정해요. **64.** 헬륨 원소의 이름은 태양을 뜻하는 그리스어에서 왔어요. **65.** 무지개가 보일 때면 반드시 뒤쪽에 해가 있어요. **66.** 에폭시 수지라는 끈적거리는 물질은 광고판에 차를 붙이는 데 쓰여 왔어요. **67.** '엔지니어'라는 단어는 영리하다는 뜻의 라틴어에서 나왔어요. **68.** 풍력은 곡물을 빻거나 전기를 생산하는 데 쓰여요. **69.** 미국에는 다이아몬드 광산이 딱 한 곳이에요. 아칸소주 머프리즈버러지요. 미국 정부 소유예요. **70.** 광섬유 케이블은 빛으로 정보를 전달해요. 해저 케이블을 통해 대륙 사이에도 연결되어 있어요. **71.** 미술가는 청동으로 조각상을 만들어요. 녹이 슬지 않거든요. 영화 「박물관이 살아 있다」에 나온 로댕의 조각상 '생각하는 사람'은 청동과 대리석으로 만들어졌어요. **72.** 발명가 토머스 에디슨은 낮잠을 자주 자곤 했어요. 실험대에 엎드려 자기도 했지요. **73.** 식물학자들은 씨앗을 모아서 북극권 외딴섬에 있는 스발바르 국제 종자 저장고에 저장해요. 22억 5000만 개의 씨를 저장할 수 있어요. **74.** 고압의 물로 금속을 자를 수 있어요. **75.** 우리를 포함해 모든 동물은 식물을 먹거나 식물을 먹은 동물을 먹어서 에너지를 얻어요. **76.** 조류학자는 새(조류)를 연구해요. 말무리(조류)를 연구하는 학자도 조류학자지요. **77.** 자동차의 연료통을 채울 양의 휘발유로 플라스틱 쓰레기통 3개나 폴리에스터 셔츠 10장을 생산하는 데 쓸 화학 물질을 생산할 수 있어요. **78.** 발전소에서 언제나 같은 양의 전기를 생산하는 것은 아니에요. 기술자들은 에너지가 얼마나 필요한지에 따라 발전량을 조절해요. **79.** 철은 끓는 물보다 15배 높은 온도인 섭씨 1535도에서 녹아요. **80.** 1787년 미국 뉴햄프셔주의 한 남성은 알람 시계를 만들었어요. 하지만 오전 4시에만 울렸는데, 그가 깨고 싶어 한 시각이었지요. **81.** 풍선을 몸에 문지르면 정전기가 발생해 벽에 달라붙을 거예요. 정전기는 전하가 느리게 움직이며 생겨요. **82.** 전 세계에서 미터법을 공식적으로 쓰지 않는 나라는 3곳이에요. 미국과 라이베리아, 미얀마지요. **83.** 세계 최초의 과학 학술지는 300여 년 전인 1665년에 나왔어요. **84.** 과학자들은 스키를 타는 사람들이 눈사태에 묻히지 않고 계속 눈 위쪽에서 내려가게 해 줄 에어백을 개발했어요. **85.** 저명한 물리학자 스티븐 호킹은 아홉 살 때 반에서 꼴찌였어요. **86.** 남아프리카의 타우토나 금광은 거의 지하 4킬로미터에 이르렀어요. **87.** 괘종시계는 영어로 할아버지 시계라고 해요. 「할아버지의 낡은 시계」라는 노래 제목에서 유래했지요. **88.** 머리카락에 붙은 껌은 땅콩버터로 떼어 낼 수 있어요. 땅콩버터의 기름이 껌과 머리카락 사이로 들어가 달라붙지 않게 해요. **89.** 그릇에 담은 물에 후춧가루를 뿌리고 손가락을 담그면, 가루들이 손가락 주위로 모여요. 손가락에 주방 세제를 바른 뒤 담그면 가루들이 흩어져요. 주방 세제가 물의 표면 장력을 바꾸기 때문이에요. **90.** 피클을 만들 때는 오이를 소금물에 담가요. 세균이 오이의 당을 먹어 치우며 분해해 시큼한 맛이 나지요. **91.** 전등 스위치나 카펫에 뒹군 반려동물처럼 무언가의 표면에 전하가 잔뜩 쌓인 상태에서 손을 대면, 전기 충격이 와요. **92.** 중국은 2000여 년 전 쇠 바늘을 자화시켜 최초의 나침반을 발명했어요. 자기를 띠는 바늘은 물에 띄우면 언제나 북쪽을 가리키지요. **93.** 야광봉은 막대기를 구부릴 때 그 안에 관이 깨지면서 화학 반응이 일어나 빛을 내는 거예요. **94.** 고속 도로에서 빨리 달리면 목적지에 더 빨리 갈 수는 있지만, 연료가 더 많이 소비돼요. **95.** 16세기에 사람들은 자신이 본 동물의 모습을 묘사한 편지를 스위스의 자연사학자 콘라트 폰 게스너에게 보냈어요. 그는 자신이 받은 내용을 책으로 펴냈는데, 거대한 바다뱀 같은 괴이한 생물도 실려 있었어요. **96.** 센물을 쓰면 비누 거품이 잘 생기지 않아요. 센물은 암석에서 녹아 나온 화학 물질이 많이 든 물이에요. **97.** 채찍을 휘두를 때 나는 날카로운 소리는 채찍의 끝이 음속보다 빨리 움직이면서 나요. **98.** 미국 플로리다주의 유니버설 스튜디오 바깥에 설치된 커다란 지구본은 잘못된 방향으로 돌고 있어요. **99.** 영화 촬영에 쓰는 가짜 유리는 플라스틱으로 만들어요. 진짜 유리처럼 보이지만 쉽게 깨져요. **100.** TV 리모컨은 적외선으로 채널과 음량을 바꿔요.

* 지금까지 배운 지식은 2,670가지!

1
'대양의 심장'은 영화 「타이타닉」에서 로즈가 착용한 하트 모양의 푸른 다이아몬드 목걸이예요. 영화에서는 바다에 던져졌지만, 복제품을 살 수 있어요.

2
영화 「해리 포터」에서 해리 포터 역을 맡은 대니얼 래드클리프는 촬영장에서 안경을 처음 쓰고 알레르기가 생겼어요.

3
「오즈의 마법사」에서 주디 갈랜드가 춤추는 장면에서 신은 루비 슬리퍼는 미국 국립 역사 박물관에 전시되어 있어요.

4
모션 캡처 애니메이션은 배우들이 수백 개의 센서를 달고 캐릭터의 움직임을 연기하면, 그 움직임을 데이터화해 애니메이션으로 전달하는 방식이에요.

5
「캐리비안의 해적: 낯선 조류」를 촬영할 때 코코야자 773그루의 열매를 미리 땄어요. 배우와 제작진에게 떨어지면 큰일이니까요.

6
「해리 포터와 비밀의 방」에서 덤블도어는 버드나무 장면을 촬영할 때 진짜 자동차 14대가 심하게 부서졌어요.

7
영화 「머펫」 시리즈를 만든 이들은 일단 찍고 편집할 때 인형사를 지우고 싶지 않아서 속이 텅 빈 가구들을 비롯해 인형사들이 숨을 수 있는 세트를 지었어요.

8
「아바타」는 전 세계 어느 영화보다 현장 판매 수입이 높았어요. 전 세계에서 무려 28억 달러를 벌어들였죠!

9
「타이타닉」,「반지의 제왕: 왕의 귀환」,「벤허」는 각각 오스카상 11개 부문을 휩쓸었어요. 이 기록을 넘는 영화는 아직 나오지 않았어요.

10
배우 줄리 앤드루스는 「메리 포핀스」,「사운드 오브 뮤직」,「엘로이즈 무도회 소동」에서 유모를 연기했어요.

11
'오즈의 마법사」는 먼저 책, 만화, 뮤지컬, 무성 영화로 나온 뒤에야 영화로 나왔죠!

12
픽사 영화 「카」에서 라이트닝 맥퀸의 자동차 번호는 95예요. 「토이 스토리」가 나온 해인 1995년을 뜻해요.

13
「머펫」의 창작자인 짐 헨슨은 개구리 커밋, 개 롤프, 닥터 티스 그리고 (스웨덴어를 몰랐지만) 스웨덴 요리사의 목소리를 연기했어요.

14
「스타워즈」로 유명한 R2-D2는 리모컨으로 작동시키거나, 배우가 그 안에 쪼그리고 앉아 움직이곤 했어요.

15
「스타워즈」의 C-3PO는 600만 개가 넘는 언어를 잘 할 줄 안다고 해요. 사실 전 세계에서 사용되는 언어는 7000개 정도인데 말이죠.

16
최초로 사람 목소리가 나오는 애니메이션은 1928년에 나온 「증기선 윌리」였어요. 「미키 마우스」의 이 초기 버전에는 미키의 창작자인 월트 디즈니의 목소리를 넣었어요.

17
픽사는 최초의 컴퓨터 애니메이션 장편 영화인 「토이 스토리」에서 버즈 라이트이어와 우디를 등장시켰어요.

18
고전 그림책 『괴물들이 사는 나라』를 영화로 만들 때, 괴물들은 컴퓨터 애니메이션과 거대한 괴물 의상을 입은 사람들을 섞어서 사용했어요.

19
'인디아나 존스: 최후의 성전」 중 사암 암벽을 깎아 만든 사원 장면은 요르단 페트라에 실제로 있는 유적인 알 카즈네(보물창고)에서 촬영했어요.

20
백악관에는 42명이 입장할 수 있는 자체 영화관이 있어요.

21
「스타 워즈」에서 요다의 목소리를 맡은 배우는 미스 피기의 목소리도 연기했어요.

22
미국인들은 영화관에서 주전부리로 팝콘을 먹어요. 일본에서는 생선 뼈를 튀겨 간장과 설탕을 입힌 것을, 한국에서는 군밤을 즐겼지만, 이제는 팝콘과 음료가 대세예요.

23
세계 최대의 아이맥스 극장은 독일 레온베르크에 있어요. 스크린 크기가 높이 21미터, 너비 38.8미터이고 574명이 들어가요.

24
영화 「배트맨 포에버」에 사용된 자동차 배트모빌은 경매에서 33만 5000달러에 팔렸어요.

25
인도의 한 남자가 가장 오래 영화 보기 세계 기록을 세웠어요. 무려 120시간 23분 동안 계속 영화를 봤지요!

26
조니 뎁은 자기가 출연한 영화를 3D로 볼 수 없어요. 드물게 두 눈에서 오는 시각 정보가 잘 합쳐지지 않는 '입체맹'이거든요.

27
「그린치」(2000) 촬영을 위해 짐 캐리가 분장할 때 2시간 30분이 걸렸어요. 촬영 기간은 92일이었고요. 그러니까 230시간 동안 가만히 앉아 있었던 거죠!

28
애니메이션 영화를 찍을 때 배우들은 아예 못 만나기도 해요. 각자 맡은 부분을 따로 녹음하고, 이것들을 모아서 대화를 만들거든요.

29
슈렉은 이디시어로 '괴물'이란 뜻이에요.

30
「E.T.」는 20주년을 맞아 재개봉할 때 원래 영화에서 경찰관이 들고 있던 총을 디지털 방식으로 지우고 워키토키로 바꾸었어요.

*지금까지 배운 지식은 2,720가지

50가지 영화에 대한 지식

31 「박물관이 살아 있다」가 나오자, 뉴욕에 있는 미국 자연사 박물관의 관람객이 **20퍼센트** 늘었어요.

32 여름 저녁 무렵이면 **로스앤젤레스 공동묘지** 한가운데에서 고전 영화를 상영해요!

33 '할리우드 사인'의 글자는 건물 **4.5층 높이**예요.

34 배우이자 성우인 **존 라첸버거**의 목소리는 「니모를 찾아서」의 물고기 떼와, 「카」의 대형 트럭인 맥을 비롯해 픽사의 모든 장편 영화에 들어갔어요.

35 「백설 공주와 일곱 난쟁이」는 **컬러와 소리를 넣은** 최초의 장편 애니메이션 영화였어요.

36 「고스트버스터즈」의 끝부분에서 **마시멜로맨이 폭발**한 뒤 끈적끈적한 질감을 나타내는 데 쓴 것은 면도 크림이었어요.

37 영화에 여러 번 등장한 **스파이더맨**은 U2가 음악을 맡은 브로드웨이 뮤지컬에서도 인기를 누리고 있어요.

38 지금까지 제작된 영화 중 **가장 비용이 많이 든** 영화는 「캐리비안의 해적: 세상의 끝에서」예요. 제작 예산은 약 **3억 달러**였어요.

39 「E.T.」는 원래 **공포 영화**로 만들 생각이었어요.

40 영화에 나온 제품의 회사가 큰돈을 벌기도 해요. 「맨 인 블랙」의 주인공들이 꼈던 **레이밴** 선글라스는 엄청나게 팔렸지요.

41 「죠스」에 나오는 기계 상어의 별명은 **브루스**예요. 변호사의 이름을 따서 지었어요.

42 스티븐 스필버그는 「쥬라기 공원」의 공룡이 사실적으로 보이도록 **고생물학자**도 참여시켰어요.

43 클레이메이션 영화 「월레스와 그로밋 - 화려한 외출」을 **제작하는 데 7년이 걸렸어요.** 필름 1초당 프레임 24개가 필요했지요.

44 「니모를 찾아서」를 만들기에 앞서, 미술 담당은 영감을 얻기 위해 오스트레일리아의 대산호초 지역인 **그레이트배리어리프**에 찾아갔어요.

45 어떤 슈퍼 히어로가 최고일까요? 배트맨이에요. 「**다크 나이트**」는 최고 수익을 올린 슈퍼 히어로 영화예요. 이 영화는 5억 3000만 달러 넘게 벌었지요.

46 「반지의 제왕」에서 골룸을 연기한 배우는 「혹성 탈출: 진화의 시작」에서 **시저** 역을, 「킹콩」에서는 주인공을 맡았어요.

47 디즈니의 「인어 공주」는 에리얼이 왕자와 결혼하는 것으로 끝나요. 하지만 한스 크리스티안 안데르센의 원작에서는 에리얼이 **바다 거품**으로 변하지요!

48 배우 **톰 크루즈**는 「미션 임파서블」에서 위험한 동작들을 거의 다 직접 했어요.

49 「나 홀로 집에」에서 케빈이 혼자 지켜야 했던 집은 미국 시카고 근처에 있는 실제 주택이에요. 이 집은 약 **200만 달러**에 팔렸어요.

50 '월·E'는 지구 폐기물 수거 및 처리용 로봇(Waste Allocation Load Lifter—Earth class)의 약자예요.

25가지 놀랍고 신기한

1 1912년 이래로 미국에서 약 **2000개 댐**이 **제거**되어서, 강은 본래의 **자연스러운 흐름을** **회복**했어요.

2 오스트레일리아, 인도네시아, 뉴기니의 습지에 사는 **뱀목거북**은 **스컹크 같은 냄새를 풍겨요.**

3 **빨간눈청개구리 암컷**은 잎의 밑면에 알을 낳아요. 그래서 부화한 올챙이가 곧바로 **물로 떨어져요.**

4 **갑옷메기**는 피부가 은은하게 빛나는 것처럼 보이지만, 사실은 빛이 피부 아래 있는 얇은 결정 층에서 반사되는 거예요.

5 테니스나 골프보다 **낚시**가 취미인 미국인이 더 많아요.

6 오늘 내리는 비는 수억 년 전에 공룡이 마신 물이기도 해요.

7 세계에서 가장 긴 강이라고 여겨지는 **나일강**은 길이가 약 6400킬로미터예요. 지폐 4200만 장을 죽 늘어놓은 것보다 길어요.

8 민물은 전 지구에 있는 물의 **3퍼센트도 안 돼요.**

9 욕조를 쓰면 **75분 샤워**할 때보다 물을 **75퍼센트 더 써요.**

10 **수달**은 잠수할 때 물이 들어가지 않도록 귀와 코를 꽉 닫아요.

11 미국에 흐르는 하천들을 쭉 이으면 **560만 킬로미터**에 달해요.

12 미국인은 매일 약 **1600컵**의 물을 써요. 한국인은 매일 약 1220컵을 써요.

물에 관한 지식

13 **찬물**은 뜨거운 물보다 더 가벼워요.

14 얼음은 물보다 가벼워서, 물에 떠요.

15 플로리다 **에버글레이즈 국립 공원**은 남한 면적의 절반을 넘어요. 이 습지에는 표범, 악어, 장수거북도 살지요.

16 연못, 호수, 강에 사는 작은 은빛 물고기인 **피라미류**는 목에 이빨이 있어요.

17 **잠자리 애벌레**는 물속에서 살다가 나와서 하늘을 나는 성체가 되어요.

18 **머드퍼피**라는 **도롱뇽**은 물고기처럼 평생을 물속에서 살아요.

19 청바지 한 벌을 만드는 데 **물이 1만 977리터**나 들어가요.

20 지구에 있는 물의 양은 **지구가 처음 생겼을 때나 지금이나 똑같아요.**

21 **하마**는 호수와 강의 바닥에서 걸을 수 있어요.

22 지구에 있는 물의 **97퍼센트**는 먹을 수 있어요. 나머지 중 2퍼센트는 극지방의 얼음에 갇혀 있지요.

23 우리가 이용할 수 있는 물은 지구 물의 **1퍼센트**도 안 돼요.

24 물은 체온을 조절해요.

25 물이 없다면 사람은 **일주일밖에** 못 살아요.

* 지금까지 배운 지식은 2,745가지!

세계 지도자에 대한

❶ 미국의 44대 대통령 **버락 오바마**는 『스파이더맨』과 『야만인 코난』 만화책을 수집해요.

❷ 애플의 공동 창업자이자 아이팟, 아이폰, 아이패드 개발에 큰 책임을 맡았던 **스티브 잡스**는 1997년부터 2011년 세상을 떠날 때까지 **연봉이 1달러였어요.**

❸ **투탕카멘의 이름은 고대 이집트의 모든 기록에서 빠져 있었어요.** 그래서 그의 무덤이 **3000년 뒤 거의 완벽한 상태**로 발견되기 전까지 알려진 게 거의 없었지요.

❹ **인도의 독립**을 위해 비폭력 저항을 했던 **마하트마 간디**는 **모든 사람이 평등하게 대우받아야 한다**고 믿었어요. 그래서 아들이 대학 장학금 신청서에 아버지의 이름을 쓰려고 하자 거절했어요.

❺ 로마 장군 **율리우스 카이사르**를 만나야 했던 **클레오파트라**는 **돌돌 만 양탄자**에 숨어 시종이 선물인 척 바치도록 해 알렉산드리아의 궁전에 들어갔지요.

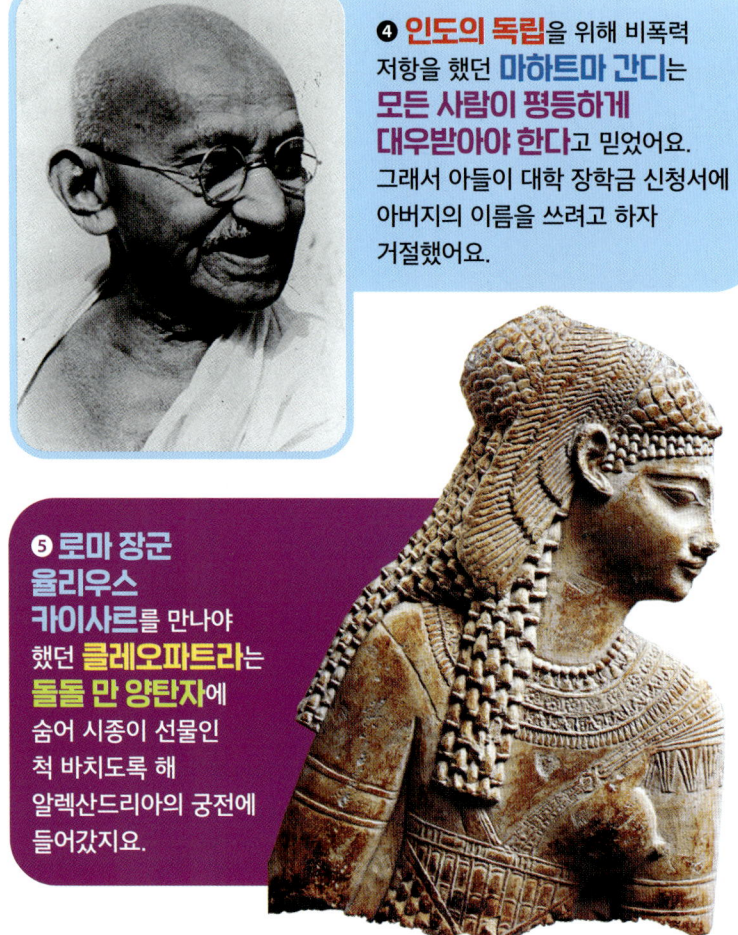

❻ 1957년에서 1968년 사이에 목사이자 인권 운동가인 **마틴 루서 킹 주니어**는 미국 시민의 평등권을 위해 **960만 킬로미터가 넘는 거리를 다니며 2500회 넘게** 연설했어요.

15가지 별난 지식

❼ 2010년에 **지우마 호세프**는 **브라질의 첫 여성 대통령**이 되었어요.

❽ **푸미폰 아둔야뎃**이 **라마 9세**로서 태국 국왕 자리에 있는 동안 미국 **대통령은 13번 바뀌었어요**.

❾ 청나라 12대 황제이자 **중국의 마지막 황제**인 **푸이**는 **세 번째 생일을 앞두고 즉위**했어요.

❿ **1840년** 영국 **빅토리아 여왕이 결혼식에서 흰 웨딩드레스**를 입은 뒤부터 **흰색 웨딩드레스**가 널리 퍼졌어요.

⓫ 로마 황제 **칼리굴라**는 자기 말 **인키타투스**를 너무 사랑해서 **연회마다 참석**시켰고, **원로원 의원으로 임명**하려고 했어요.

⓬ 제2차 세계 대전 때 영국 수상이었던 **윈스턴 처칠**은 **언어 장애를 극복**하기 위해 오랫동안 노력했어요.

⓭ 러시아 대통령 **블라디미르 푸틴**은 **검은 띠**를 딴 **유도 유단자**예요.

⓮ 2006년에 TV 진행자이자 코미디언인 **코난 오브라이언**은 자기와 닮았다는 이유로 **타르야 할로넨 핀란드 대통령의 재선 출마를 지지하는 광고**를 냈어요. 그리고 **타르야가 당선**되었지요.

⓯ 전임 **교황 베네딕토 16세**의 개인 서재에 있는 책은 **2만여 권**에 달했어요.

＊ 지금까지 배운 지식은 **2,760가지!**

❶ 런던의 시계 빅벤의 분침은 1년 동안 째깍째깍 190킬로미터를 여행해요.

❷ 인도의 타지마할을 짓기 위해 22년 동안 2만여 명이 일했어요.

❸ 미국 뉴욕 프랭크 로이드 라이트의 구겐하임 미술관은 소장한 작품들 못지않게 건물 자체가 예술품이에요. 방문객들은 40킬로미터 정도의 나선형 경사로를 따라 벽에 걸린 예술 작품을 지나가게 돼요. 휘어진 벽에 작품을 걸기가 너무 어렵다며 그 디자인에 항의하는 예술가들도 있었어요.

❹ 건축가들은 멕시코시티에 65층짜리 '지구 스크래이퍼 (지구 긁개)'를 설계했어요. 건물을 쌓아 올리는 대신 지하로 300미터를 파 내려가는 거예요!

❺ 미국 네바다주 라스베이거스의 룩소 호텔 앤 카지노에 있는 피라미드 꼭대기의 조명은 촛불 400억 개 정도의 밝기로 하늘을 밝혀요.

❻ 미국 샌프란시스코에서 가장 높은 건물인 트랜스아메리카 피라미드는 29층 양옆으로 날개가 나와 있어요. 이 날개들은 엘리베이터를 뽀족한 피라미드 위쪽으로 올려 주는 통로예요.

❼ 워싱턴 디시의 링컨 기념관 기둥 36개는 링컨 대통령 사망 당시 미국 연방에 속한 주들을 뜻해요.

❽ 동독과 서독이 통일되자, 두 예술가가 베를린의 역사적 건물인 국가 의회 의사당을 99,964제곱미터의 은빛 천으로 감쌌어요.

❾ 캄보디아 앙코르와트 주변을 둘러싼 네모난 해자의 너비는 올림픽 수영장 두 개만 하고, 우주에서도 보여요.

❿ 3048미터 높이에 있는 티베트의 포탈라궁은 방이 약 1000개 있어요. 1300년 동안 왕과 승려들이 살던 곳이지만, 달라이 라마는 이제 그곳에 살지 않아요. 1959년에 망명했거든요.

⓫ 소련의 지도자 이오시프 스탈린은 16세기에 지어진 모스크바의 성 바실리 대성당을 허물고 그 자리에 지하철역을 만들라고 명령했어요. 그 일을 맡은 건축가는 거절했고 감옥에 끌려갔지만, 이 성당은 그대로 남았어요.

⓬ 토머스 제퍼슨은 미국 대통령이었을 뿐 아니라 건축가였어요. 그는 버지니아주의 자기 집인 몬티셀로를 설계하고 건축하는 데 40년을 보냈어요. 그곳에는 방이 43개, 벽난로가 8개, 채광창이 13개 있어요.

⓭ 1930년대에 건축가 프랭크 로이드 라이트는 자신이 '유기적' 건축이라고 부른 방법으로 미국 펜실베이니아주에 '낙수장'이라는 저택을 설계했어요. 폭포 위에 지어진 이 집의 거실에는 큰 바위가 있어 화덕으로 쓰이기도 해요.

⓮ 프랑스 파리의 루브르 피라미드는 루브르 박물관의 정문 역할을 해요. 루브르 박물관 앞 지하상가 안에는 더 작은 피라미드가 거꾸로 세워져 있어요.

⓯ 파리의 예술, 음악, 교육 센터인 퐁피두 센터의 바깥으로 빙 둘러 있는 튜브형 에스컬레이터는 '햄스터 길'이란 별명이 있어요.

⓰ 오래전, 이탈리아 로마의 콜로세움에서는 5만 명 넘게 모여 앉아 검투사들이 싸우다가 죽는 것을 구경했어요. 샛문들을 통해 투사를 깜짝 등장시키고, 죽은 자들을 끌어냈어요.

⓱ 미국 워싱턴 국립 대성당의 가고일(이무깃돌) 중에는 다스베이더도 있어요.

⓲ 아랍에미리트 두바이의 호텔인 부르즈 알 아랍에는 펜트하우스 스위트룸과 연결되는 헬리콥터 이착륙대와 잠수함으로만 갈 수 있는 수중 레스토랑이 있어요.

⓳ 높이 452미터인 말레이시아 쿠알라룸푸르의 페트로나스 타워는 1998년에 완공되어 당시 세계에서 가장 높은 고층 건물이 되었어요.

⓴ 지하 주차장에서 페트로나스 타워 88층 꼭대기까지 엘리베이터로 90초 걸려요.

㉑ 페트로나스 타워를 짓는 데 강철 3만 3500톤이 들어갔어요. 코끼리 5000마리보다 더 무거운 무게죠.

㉒ 1930년에 완공된 높이 319미터인 미국 뉴욕의 크라이슬러 빌딩은 겨우 11개월 동안만 세계에서 가장 높은 건물이었어요. 다음 해에 완공된 엠파이어 스테이트 빌딩이 62미터 더 높거든요.

㉓ 일본 오사카에 있는 16층짜리 게이트 타워 빌딩은 5층에서 7층까지 고속 도로가 통과해요.

㉔ 한 프로 스케이트보드 선수가 설계한 집은 모든 공간이 둥글고 안에서 스케이트보드를 탈 수 있어요. 수납장 안과 가구 위에서도요!

㉕ 크라이슬러 빌딩은 빛나는 합금으로 만들어졌고, 꼭대기 근처의 강철 독수리 가고일들이 도시를 굽어봐요. 크라이슬러 자동차 회사를 유명하게 만들 독특한 건물을 짓는 것이 목표였지요.

㉖ 엠파이어 스테이트 빌딩은 1972년 세계 무역 센터가 완공될 때까지 41년 동안 세계에서 가장 높은 빌딩이었어요.

㉗ 엠파이어 스테이트 빌딩은 1년에 100번쯤 번개를 맞아요.

㉘ 미국 일리노이주 시카고의 윌리스 타워의 스카이 덱에서는 미국 4개 주(일리노이, 인디애나, 미시간, 위스콘신)를 내려다볼 수 있어요.

㉙ 윌리스 타워의 창문 1만 6100개는 자동 창문 청소 기계로 닦아요.

㉚ 에펠탑은 1889년 파리 만국 박람회에서 공개되었어요. 높이가 300.5미터로 워싱턴 기념비보다 두 배 더 높지만, 무게는 덜 나가요.

㉛ 에펠탑은 진갈색 페인트로 칠해요.

㉜ 바티칸에 있는 성 베드로 대성당 대부분을 설계한 미켈란젤로는 일한 대가를 안 받겠다고 했어요.

㉝ 폴란드의 '비뚤어진 집'은 일반 가정집이 아니라 상점과 레스토랑이 있는 곳이에요. 흔들리는 파도같이 생긴 이 건축물은 마치 유령의 집 거울에 비친 듯한 모습이에요.

㉞ 123년경 완공된 이탈리아 로마의 판테온은 로마 신들을 위한 신전이에요. 벽돌과 콘크리트로 지었는데 거의 원형 그대로 남아 있어요. 돔 한가운데에 낸, 지름 8.2미터짜리 둥근 구멍을 통해서만 자연의 빛줄기가 들어와요.

㉟ 건축가들은 아랍 에미리트 두바이를 위해 모양이 바뀌는 다이내믹 타워를 설계했어요. 각 층이 90분에 한 바퀴씩 회전해서 건물의 형태가 바뀌는 거예요.

㊱ 조지 워싱턴은 1793년에 미국 국회 의사당의 기초를 다졌어요.

㊲ 1966년 미국 휴스턴에 에어컨 시설을 갖춘 아스트로돔이 지어져 무더운 텍사스주의 여름날에도 야구 경기를 할 수 있게 되었죠. 이곳은 지붕이 있는 최초의 구장이에요.

75 가지 세계의 건축에 대한 지식

㊳ 미국 시카고의 초고층 빌딩인 높이 343.5미터짜리 존 핸콕 센터의 별명은 '커다란 존'이에요. 지금은 주소인 875 노스 미시간 애비뉴로 불려요.

㊴ 2012년 올림픽을 위해 영국 런던에 세계 최대 맥도날드 문을 열었어요. 축구장의 절반 크기인 이곳에서 한 번에 1500명이 식사할 수 있었어요.

㊵ 자유의 여신상이 쓴 왕관에 있는 광선 7개는 7개 대륙을 상징해요.

㊶ 자유의 여신상은 기단부터 횃불 꼭대기까지의 높이가 93미터예요.

㊷ 아랍에미리트 두바이의 부르즈 할리파는 세계에서 가장 높은 건물로, 높이가 828미터예요.

㊸ 부르즈 할리파는 세계에서 가장 높은 건물일 뿐 아니라 가장 많은 층과 가장 높은 야외 전망대, 가장 가장 높은 방 이용률을 자랑해요.

㊹ 미국 캔자스 시립 도서관 주차장 외벽은 책들이 나란히 꽂힌 모양으로 디자인되었어요. 책 중에는 『초록 달걀과 햄』, 『잘 자요, 달님』도 있어요.

㊺ 미국 오하이오주에 있는 어느 바구니 제작 회사 건물은 피크닉 바구니 모양이에요.

㊻ 1976년에 세워진 토론토의 CN 타워는 553.3미터예요. 72분마다 한 번씩 회전하는 타워 꼭대기 근처의 식당에서 도시의 전경을 즐길 수 있어요.

㊼ 2004년 대만에 세워진 타이베이 101은 2009년까지 세계에서 가장 높은 고층 건물이었어요. 모두 101층이며, 높이는 508미터에 이르지요.

㊽ 타이베이 101의 엘리베이터는 분속 1010미터로 움직여 지상에서 89층까지 39초 만에 돌파해요.

㊾ 2014년에 완공된 상하이 타워는 분속 1080미터로 올라가는 아주 빠른 엘리베이터를 자랑해요. 이곳은 중국에서 가장 높은 빌딩이자 세계에서 세 번째로 높은 빌딩이에요.

㊿ 말라위에서 한 건축가가 축구공 모양을 한 4층짜리 집을 지었어요.

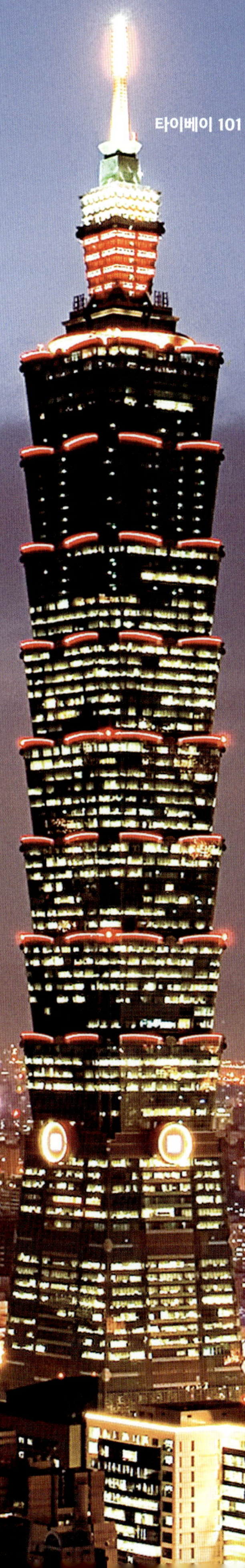

타이베이 101

�51 중국은 그 어느 나라보다 초고층 빌딩이 많아요.

㊾2 초고층 빌딩은 바람에 흔들리도록 설계되었어요.

53 정육면체 모양의 퍼즐 루빅큐브를 발명한 사람은 건축가였어요.

54 초고층 빌딩의 맨 꼭대기에서 층을 계속 올리는 작업을 하는 타워크레인은 무거운 부품들을 들어 올려 스스로 조립해서 키를 높여요.

55 초고층 빌딩은 건설 비용이 너무 높아서, 옆으로 펼치는 것보다 건설 공간이 덜 드는 빽빽한 도시에만 세워져요.

56 미국 미주리주 세인트루이스에 있는 기념물 게이트웨이 아치는 높이가 192미터예요. 양쪽 다리(교대) 사이의 거리도 똑같아요.

57 영국 런던의 어느 5층짜리 집의 폭은 겨우 1.8미터예요.

58 엠파이어 스테이트 빌딩의 외벽은 시기에 따라 조명색이 달라져요. 크리스마스에는 빨간색과 녹색으로, 추수 감사절에는 빨간색, 주황색, 노란색으로 빛나지요.

59 워싱턴 기념탑은 미국 독립 전쟁을 이끈 조지 워싱턴을 기리며 1848년, 1884년에 걸쳐 지었어요. 중간에 20년간 공사가 중단된 후 다른 채석장의 석재를 쓰게 되어 위아래 색이 눈에 띄게 달라요!

60 미국 뉴저지주에는 과자 단지 모양의 집이 있어요. 이 집은 모서리가 없고 안에 나선형 계단이 있어요.

61 미국 의회 명령에 따르면 워싱턴 디시에서는 워싱턴 기념비보다 높은 건물을 지으면 안 돼요.

62 미국 플로리다주 올랜도에 있는 엡콧 테마파크에 있는 공 모양의 스페이스십 어스는 18층이에요. 그 안에서 '타임머신'을 타면 돔 위쪽으로 약 3분의 2 지점까지 올라가요.

63 미 국방부 펜타곤은 오각형이란 이름처럼 5면과 5층으로 세워졌고 5에이커(2만 234제곱미터) 넓이의 정원이 건물 가운데에 있어요.

64 고딕 성당 외벽에서 이무깃돌인 가고일을 볼 수 있어요. 괴물 같은 마음을 밖에 놓고 안에 들어와 내면의 평화를 찾으라는 뜻이지요.

65 시리아에서 발견된 고대의 진흙 집은 벌집 모양이에요.

66 미국 대통령 조지 워싱턴은 백악관 건립을 맡았지만, 정작 자신은 그곳에서 살지 못했어요.

67 한국의 수원에는 변기처럼 생긴 2층 건물이 있어요. 화장실 박물관인 이 '해우재'에서 세계 화장실 협회 회의가 열렸어요.

68 15세기에 세워진 자금성은 중국 베이징 중심부에 있어요. 황제 24명이 살았던 곳이며 작은 궁전 90동과 건물 980동, 방 8704개가 있었어요.

69 영국 런던의 셰익스피어 글로브는 옛 글로브 극장 자리에 세워졌어요. 1599년에 지었던 극장을 "최상의 추측"으로 다시 지은 거예요.

70 사우디아라비아의 알 하람 모스크인 메카는 82만 명을 수용할 수 있어요.

71 미국 캘리포니아주의 크리스털 대성당에는 유리창이 1만 개나 있어요.

72 중앙아시아 사람들은 펠트나 가죽으로 만든 유르트에서 살기도 해요. 유르트는 접고 펼 수 있는 천막이에요.

73 1250년에 완공된 파리 노트르담 대성당에는 중세의 스테인드글라스 창문이 일부 남아 있어요. 남쪽 탑에 있는 종의 무게는 5톤이 넘어, 고릴라 20마리의 무게에 맞먹지요!

74 폴란드 크시비 도메크(비뚤어진 집)는 그림책에서 영감을 받았어요. 가운데가 뾰족하고 양쪽은 눌려서, 마치 진공청소기 안으로 빨려 드는 듯해요.

75 자유의 여신상은 1886년부터 1902년까지 실제 등대로 쓰였어요.

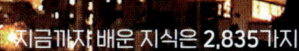
지금까지 배운 지식은 2,835가지!

먹거리에 대해 35가지

1 세계에서 가장 인기 있는 과일은 포도예요.

2 어떤 문화권에서는 새들은 흙을 긁어 뒤로 보내기 때문에 새해 첫날 저녁에 닭과 칠면조를 먹으면 앞으로 1년 내내 어려워질 거라고 믿어요.

3 청교도 개척자들과 왐파노아그족은 미국의 첫 추수 감사절에 거위, 오리, 칠면조, 백조, 비둘기, 사슴, 옥수수, 뱀장어, 조개, 밤, 호박을 함께 먹었어요.

4 식용 곤충인 모파인 애벌레는 남아프리카에서 인기 있는 먹을거리예요. 해마다 1764톤 정도 팔리며, 고급 식당에서 매우 비싼 요리로도 만들어져요!

5 핫도그, 하면 미국이죠. 해마다 7월 4일 뉴욕에서 국제 핫도그 먹기 대회가 열려요. 2023년 우승자는 10분 동안 핫도그 62개를 먹어 치웠어요.

6 사람들은 무려 9000년 전부터 감자를 키웠어요.

7 약 500년 전까지만 해도 밭에서 키우는 당근은 주황색만 빼고 온갖 색이 다 있었어요. 대부분은 보라색이었죠.

8 1964년 처음 시장에 나온 럭키 참스는 마시멜로가 들어 있는 최초의 시리얼이었어요.

9 M&M 초콜릿은 처음 시장에 나오고 9년 뒤인 1950년부터 겉에 'm'을 인쇄했어요. 모방 제품이 많아서 진짜 M&M이라는 표시가 필요했거든요.

10 우크라이나에서 소금은 전통적으로 우정을 상징해요.

11 페루와 볼리비아에서 감자들은 크기, 모양, 색깔이 다양해요. '레케초 새의 발', '며느리 울림이' 같은 이름을 가진 것들도 있어요.

12 레몬 품종에는 이름이 개코원숭이라는 종도 있어요.

13 아시아 사람들은 수천 년 동안 쌀을 경작하고 있고, 오늘날 세계 인구의 절반가량이 쌀을 주식으로 먹어요.

14 19세기 미국에서 재배된 사과 품종은 7000여 종이나 되었어요. 지금은 100종도 채 안 돼요.

15 개미 알은 멕시코에서 고급 음식이에요. 에스카몰레스 또는 '멕시코 캐비어'로 알려져 있어요.

16 모든 소금의 반은 채굴되고, 나머지 반은 바다에서 얻어요.

17 국수는 2200여 년 전에 중국에서 처음 먹기 시작했어요.

18 식료품점에서 훈연 향이 나는 액체 소스를 살 수 있어요.

19 잘 익은 라임은 녹색이 아니라 옅은 노란색이에요.

20 아보카도의 30퍼센트는 지방이에요.

21 버섯은 80~90퍼센트가 수분이에요.

22 인간이 동물 젖을 짰다는 증거로 북유럽에서 발견된 5000년 전의 유물, 사하라의 고대 암각화, 고대 이집트 무덤에서 나온 치즈가 있어요.

23 세계에서 가장 긴 피자는 2017년에 미국에서 만들어졌어요. 무려 1930.39미터 길이였지요.

생각해 볼 지식

24 미국 미주리주 세인트루이스에서 열린 1904년 세계 박람회에서 처음 소개된 솜사탕은 가는 실처럼 뽑아낸 설탕을 돌돌 만 것이었어요.

25 고대 그리스인은 여행길에 마늘 더미를 남겼어요. 자신을 따라오던 악마들이 길을 잃게 된다고 믿었거든요.

26 캄보디아에서는 튀긴 타란툴라를 별미로 먹어요.

27 고대 그리스인들은 포도주와 올리브유를 외국의 무화과와 맞바꾸었어요. 무화과를 먹으면 행복한 꿈을 꾼다고 믿었거든요.

28 태국에서는 귀뚜라미를 식용으로 길러요.

29 바나나 다발은 '손', 바나나 한 개는 '손가락'이라고 표현하는 지역도 있어요.

30 투시 롤이란 이름은 사탕을 만든 사람의 딸인 클라라의 별명인 '투시'를 따서 지어졌어요.

31 5000년 전 고대 이집트인들도 수박을 먹었어요.

32 블루치즈의 블루는 곰팡이예요.

33 헤드치즈는 돼지 머리를 고아 젤라틴으로 굳힌 음식이에요. 스위트브레드는 송아지 같은 어린 동물의 췌장 요리예요.

34 송로 버섯은 매우 귀해요. 버섯 냄새를 잘 맡는 개와 돼지를 앞세워서 캐요.

35 식사가 끝날 무렵에 치즈를 먹으면 충치 억제 효과가 있어요.

*지금까지 배운 지식은 2,870가지!

1. 에이브러햄 링컨은 운동을 매우 좋아했어요. 1860년 대선 직전까지도 친구들과 미국 일리노이주 스프링필드의 골목에서 핸드볼 경기를 했어요. **2.** 제2차 세계 대전 중에는 미식축구 선수 대부분이 군 복무 중이라서, 필라델피아 이글스와 피츠버그 스틸러스는 1943년 시즌을 위해 연합 팀 '스티글스'를 만들었어요. **3.** 최초의 올림픽 우승자는 기원전 776년 183미터 달리기에서 우승한 요리사 코로이보스였어요. **4.** 미국 미식축구 리그(NFL) 역사상 가장 추운 경기는 1967년 12월 31일 미국 위스콘신주 그린베이에서 영하 25도에 열린 댈러스 카우보이스와 그린 페이 패커스와의 경기였어요. 그 뒤, 이 경기는 '얼음 그릇'이란 이름으로 불리게 되었어요. **5.** 야구 선수 켄 그리피 주니어는 자기 이름과 사진을 새겨 넣은 초콜릿에 알레르기가 있었어요. **6.** 2011년 10월 23일, 뉴올리언스 세인츠와 인디애나폴리스 콜츠의 경기 중에 텔레비전 카메라에 UFO로 보이는 것이 찍혔어요. **7.** 베이브 루스는 1920년 시즌에 홈런을 54개나 날렸어요. 당시에 베이브 혼자 친 홈런보다 더 많은 홈런을 기록한 팀은 한 팀뿐이었어요. **8.** 1934년 7월 13일, 베이브 루스는 통산 700번째 홈런을 친 후 베이스를 돌기 전에 "저 공을 내가 갖고 싶어요."라고 외쳤어요. 홈런 공을 받은 아이는 20달러와 사인을 받고 공을 넘겨주었죠. **9.** 미식축구 선수들은 눈 밑에 검은색 패치를 붙여요. 그러면 빛이 흡수되면서 눈부심 현상이 줄어들어 공을 더 잘 볼 수 있거든요. **10.** 마이클 조던은 승리를 기원하며 프로 유니폼 안에 항상 대학 시절에 입던 노스캐롤라이나 대학 반바지를 입었어요. **11.** 유럽과 남아메리카를 빼면 그 어느 대륙의 축구팀도 월드컵에서 우승하지 못했어요. **12.** 영국의 의대생인 로저 배니스터는 1.6킬로미터를 최초로 4분 이하로 뛰었어요. 1954년의 경기에서 3분 59.4초를 기록했지요. **13.** 헤비급 복서 로키 마르시아노는 49연승을 거두고 무패로 은퇴했어요. **14.** 1875년부터 시작된 켄터키 더비는 미국에서 오래된 스포츠 경기예요. **15.** 세계에서 가장 유명한 권투 선수로 손꼽히는 무하마드 알리는 열두 살 때 자전거를 도둑맞고 화가 나서 권투를 시작했어요. **16.** 체스의 최종 목표인 '체크 메이트'는 페르시아어 '샤 맛(Shah Mat)'에서 나왔어요. '샤'는 왕, '맷'는 패배란 뜻이에요. **17.** 일본 나고야 그랜드볼은 세계에서 가장 큰 볼링장이에요. 총 3층, 레인은 156개예요. **18.** 2011년 5월 21일, 락파 체리 셰르파와 사노 바부 스누와르는 에베레스트산에 오른 뒤, 꼭대기에서 패러글라이딩으로 활강하고, 갠지스강을 따라 카약을 타고 노를 저어 인도양까지 총 850킬로미터를 갔어요. 최초로 '산꼭대기에서 바다'까지 간 거예요. **19.** 웨스트 미시간 화이트캡스 구장에서는 지난 10년간 3킬로그램짜리 패티를 5개 넣은 거대한 햄버거를 팔았어요. 2018년 8월로 판매가 끝났어요. **20.** 자동차 경주인 포뮬러 원의 참가자가 경주 중에 흘리는 땀은 최대 3킬로그램에 이르러요. **21.** 1994년 월드컵에 참가한 불가리아 국가대표팀의 선수 22명 중 21명의 성은 'ev'나 'ov'로 끝났어요. 페타르 미호타르스키만 예외였어요. **22.** 북미 아이스하키 리그(NHL) 선수인 데이브 '타이거' 윌리엄스가 페널티 박스 안에서 보낸 시간은 총 66경기를 뛴 시간에 맞먹어요. 이제까지 선수 중 최고 기록이에요. **23.** 1970년 뉴욕 마라톤의 완주자는 55명이었어요. 2011년에는 4만 7323명, 2021년에는 약 3만 3000명이었어요. **24.** 유럽과 남아메리카에서 열리는 보사볼은 배구, 축구, 체조, 브라질 무술인 카포에라가 섞인 거예요. 트램펄린 위에서 팡팡 뛰며 경기해요. **25.** 치즈 굴리기 대회는 가파른 언덕 위에서 바퀴처럼 생긴 3.6킬로그램짜리 치즈를 굴리고, 참가자들이 잡으러 쫓아가는 경기예요. **26.** 아이스하키 퍽은 경기 전에 얼려 놔요. 그래야 따뜻한 퍽보다 잘 미끄러지고 덜 튀거든요. **27.** 경마 대회 켄터키 더비에서 기수가 장비를 갖춘 무게는 57.2킬로그램에 달해요. **28.** 1965년 크리스마스, 셔먼 포펜이라는 사람이 스키 한 쌍을 널찍한 보드에 붙이고, 밧줄을 달아 일어선 채 방향을 바꿀 수 있게 했어요. 그의 아내가 '스너퍼'라고 부른 이 놀잇감은 최초의 스노보드였어요. **29.** '헬리 스키'는 스키장에서 리프트 대신 헬리콥터로 사람들을 산꼭대기로 올려 줘요. **30.** 모험가인 앤드루 스쿠르카는 4만 킬로미터 넘게 장거리 하이킹을 했어요. 지구 한 바퀴를 도는 거리지요. **31.** 미국의 사이클 선수 랜스 암스트롱은 암을 이겨 내고 세계적인 대회인 투르 드 프랑스에서 7번이나 우승했어요. **32.** 푸길(Pugil)은 '권투 선수'를 뜻하는 라틴어예요. 그래서 권투를 푸길리즘이라고도 해요. **33.** 전 야구 투수 터크 웬델은 공을 던지는 내내 감초를 씹다가 회가 바뀌는 사이에 이를 닦곤 했어요. **34.** 1970년대에 죽음을 겁내지 않고 꾸준히 스턴트 연기를 보여 준 저돌적인 오토바이 라이더였던 에빌 나이벨은 '살면서 가장 뼈가 많이 부러진 사람'으로 세계 기록을 세웠어요. **35.** 세계 헤비급 권투 챔피언이 된 최초의 아프리카계 미국인은 가정용 공구 개선 특허를 내기도 했어요. **36.** 1972년 마이애미 돌핀스는 NFL 역사상 유일하게 한 경기도 안 지고 시즌 전체를 끝냈어요. **37.** 1998년 마크 맥과이어는 한 시즌에 홈런 70개를 치는 신기록을 세웠어요. 이 홈런들이 날아간 총거리는 8839미터가 넘는데, 에베레스트산 높이와 비슷하지요. **38.** 매우 빠른 달리기 선수들은 한 번 발을 디딜 때마다 한쪽 다리에 최대 453.6킬로그램의 힘으로 놀라운 속도를 내요. **39.** 권투와 달리 스모에는 체급이 없어요. **40.** 조던 로메로는 열다섯 살 165일째에 일곱 대륙의 최고봉에 모두 오르는 세계 기록을 세웠어요. **41.** 영국군 대위 에드 스태포드가 아마존강이 시작되는 페루를 출발해 브라질 북부까지 6437킬로미터를 걷는데 거의 2년 반이 걸렸어요. **42.** 시속 193킬로미터로 달리는 포뮬러 카는 공기가 차를 누르는 힘인 다운포스를 많이 일으켜서 천장에 붙어서 달릴 수 있을 정도예요. **43.** 1971년 9월, 피츠버그 파이리츠는 메이저 리그 야구팀 중 처음으로 선수 전원을 소수 민족 출신으로 내보냈어요. 이들은 경기에 계속 이겨서 그해 월드 시리즈 우승을 차지했어요. **44.** 1962년 샌프란시스코 자이언츠의 앨빈 다크 감독은 신인 투수인 게일로드 페리에 대해 "게일로드 페리가 홈런을 치느니 인류가 먼저 달에 가겠다."라고 말했어요. 7년 후, 닐 암스트롱이 달에 발을 디디고 1시간 뒤에, 게일로드 페리가 첫 메이저 리그 홈런을 쳤어요. **45.** 프로 축구 선수들은 공이 공중에서 휘게 할 수 있어요. 베르누이의 정리 때문에, 공을 감아 차면 바람의 저항으로 오른쪽과 왼쪽의 기압이 달라져 공이 휘는 거예요. **46.** 2010년 윔블던에서 역사상 가장 긴 테니스 경기가 열렸어요. 사흘에 걸쳐 11시간 5분간 이어졌으며 점수는 6-4, 7-6, 6-7, 3-6, 70-68이었어요. **47.** 2002년, 뉴욕 메츠의 마스코트인 '미스터 메트'의 생일 파티에는 다른 메이저 리그 야구팀들의 마스코트들도 몰려와 축하했어요. **48.** 1984년, 미국 웨스트버지니아 대학팀 센터 조지안 웰스는 공식 대학 농구 경기에서 여성 최초로 슬램 덩크를 기록했어요. **49.** 뜨겁고 건조한 야구공은 차갑고 촉촉한 야구공보다 더 멀리 나간다고 해요. **50.** 세계에서 가장 빠른 인간인 우사인 볼트는 순간 최고 속도가 시속 45킬로미터에 이르러요. **51.** 다니엘 뷰트너가 자전거를 타고 알래스카에서 아르헨티나까지 가는 데 거의 1년이 걸렸어요. 이동 거리가 무려 2만 4568킬로미터였지요. **52.** 중동 최초의 실내 스키장은 아랍 에미리트의 '스키 두바이'예요. **53.** 시카고 화이트삭스의 선수 몇 명이 신시내티 레즈와의 1919년 월드 시리즈에서 일부러 지려는 계획이 밝혀진 후 경기 출전이 금지되었고, '블랙 삭스'라는 별명을 얻었어요. **54.** 19세기 초에는 야구 경기를 9회까지 하지 않았어요. 21점을 먼저 낸 팀이 이겼지요. **55.** 1871년의 한 경기에서 권투 선수 제임스 메이스와 조 코번은 상대에게 아무도 제대로 펀치를 날리지 않으면서 한 시간 넘게 싸웠어요. **56.** 2006년 독일 월드컵 때 차마렌다 나이차피라는 주술사가 에콰도르 국가대표 축구팀을 위해 독일로 가서 악령을 몰아내고 경기의 행운을 비는 의식을 치렀어요. **57.** 4대 메이저 골프 대회 중 하나인 마스터스 토너먼트의 우승자는 1949년부터 녹색 재킷을 부상으로 받아요. **58.** 밀워키 브루어스의 홈구장인 밀러 파크에서는 홈경기마다 6회가 끝나면 소시지로 분장한 사람들이 클레멘트 소시지 회사를 홍보하려고 달리기 경기를 해요. **59.** 미국 이스턴 워싱턴 대학의 미식축구 경기장은 밝은 빨간색으로, 학교의 대표색과 같아요. **60.** 골프공 하나에는 대체로

가자, 승리로! 스포츠에 관한 100가지 지식

330~500개의 홈이 있어요. 이것이 공기 저항을 감소시켜 공은 더 높이, 더 멀리 날아갈 수 있어요. **61.** 메이저 리그 야구에서 베이스 사이의 거리는 27.4미터예요. 시내버스 두 대를 이은 것보다 더 길지요. **62.** 해마다 핀란드에서는 아내 업고 달리기 세계 대회가 열려요. 남자들은 아내를 등에 업거나 어깨에 메고 언덕 지대를 달리지요. **63.** 2011년 최고 연봉을 받은 선수는 약 7500만 달러를 벌어들인 골프 선수 타이거 우즈였어요. **64.** 1962년 메릴랜드주는 미국의 주 가운데 최초로 마상 시합을 공식 스포츠로 결정했어요. **65.** 독일의 조 알렉산더는 2010년에 한 손에 온전한 날달걀을 쥔 채 팔꿈치로 24개의 콘크리트 블록을 깨는 세계 기록을 세웠어요. **66.** 두 다리 모두 무릎 아래가 없고, 왼팔은 팔꿈치 아래가 없이 태어난 로렌 울스텐크로프트는 세계 최고의 알파인 스키 선수 중 한 명으로, 2010년 밴쿠버 장애인 올림픽에서 금메달을 5개나 땄어요. **67.** 보스턴의 펜웨이 파크는 미국에서 가장 오래된 야구장으로, 지금도 경기가 열려요. 왼쪽 필드의 벽은 '녹색 괴물'이라고 불려요. **68.** 대부분의 프로 스포츠와 달리, 야구는 시계를 쓰지 않았고, 경기 시간도 제한하지 않았지만, 이제는 미국 메이저 리그에서는 투구 제한 시간을 20초, 우리나라에서는 12초로 권장하고 있어요. **69.** 야구의 공인구에는 108개의 빨간색 겹실밥이 있어야 해요. **70.** 르브론 제임스 이전에 미국 프로 농구(NBA) 역대 최다 득점자였던 카림 압둘 자바는 양탄자를 수집해요. **71.** 미국에서 농구를 처음 시작했을 때는 복숭아 바구니를 바스켓으로 썼기 때문에, 공을 넣으면 사다리를 올라가서 꺼내 와야 했어요. **72.** 축구공의 별명은 '돼지 껍데기'였어요. 처음에는 돼지 방광을 부풀려 만들었거든요. 지금은 고무와 소가죽으로 만들어요. **73.** 포뮬러 카 운전자들은 특별한 목 근육 강화 운동을 해야 해요. 매우 빠른 속도로 코너를 돌 때의 힘을 제어하려면 목 근육이 튼튼해야 하거든요. **74.** 볼링에서 3연속 스트라이크를 하는 것을 '터키'라고 해요. 예전에 볼링장의 추수 감사절 행사 상품으로 터키, 즉 칠면조를 주었기 때문이래요. **75.** 카드 한 벌의 왕 네 명은 모두 수염이 있지만, 콧수염은 세 명에게만 있어요. 콧수염이 없는 왕이 하트의 왕이에요. **76.** 역사상 최고의 아이스하키 골텐더(골키퍼) 중 한 명인 파트리크 루아는 자신의 팀 골대에 말하면 골대가 자기 말에 대답했다고 주장했어요. **77.** 수중 하키에서는 짧은 스틱으로 무거운 퍽을 쳐서 수영장 바닥을 가로질러 상대편 골문으로 밀어 넣어요. **78.** 피겨 스케이팅 선수 크리스티 야마구치는 발이 기형으로 태어나서, 발과 발목의 힘을 키우려고 스케이트를 시작했어요. **79.** 1935년, 육상 선수 제시 오웬스는 1시간 동안 세계 기록을 4개나 세웠어요. **80.** 스모 경기가 시작되기 전에 선수들은 두 줄로 서서 '링에 입장'하는 의식을 치러요. 최고 등급의 스모 선수가 손뼉을 치고 발을 구르면서 신들의 관심을 끌고 스모 링에서 악을 몰아내는 것으로 끝나지요. **81.** 1951년 알시아 깁슨은 윔블던 토너먼트에 진출한 최초의 흑인 테니스 선수가 되었고, 나중에는 프로 골프 선수가 되었어요. **82.** 프레야 호프마이스터는 노를 저어 오스트레일리아 대륙을 한 바퀴 돈 최초의 여성이에요. 1만 3760킬로미터를 도는 데 332일이 걸렸어요. **83.** 알파인 스키를 탈 때는 경사면인 슬로프에서 S자 모양으로 내려와요. 그래야 가속도를 조절해서 속도를 늦출 수 있거든요. **84.** 루지 선수들이 썰매를 타고 트랙을 미끄러져 내려갈 때 시속은 153킬로미터도 넘어요. **85.** 올림픽 수영장의 수온은 섭씨 25~28도여야 해요. 기온은 수영장 물 온도와 3도 이내로 차이 나야 하고요. **86.** 60세에 잭 랄랜은 미국 샌프란시스코에 있는 앨커트래즈섬에서 항구인 피셔맨스 워프까지 수갑과 족쇄를 차고, 453.6킬로그램짜리 보트를 끌고 1.6킬로미터를 헤엄쳤어요. **87.** '문어의 전설'은 디트로이트 레드윙스 하키 팬들이 행운을 빌며 얼음판 위에 진짜 문어를 던지는 전통이에요. **88.** 2009년 핼러윈 밤, NBA의 샌안토니오 스퍼스와 새크라멘토 킹스 간의 농구 경기는 누군가가 경기장에 살아 있는 박쥐를 던지는 바람에 연기되었어요. **89.** 3루수 웨이드 보그스는 징크스를 굳게 믿었어요. 경기 전에는 반드시 닭고기를 먹었고, 타석에 올라설 때마다 땅바닥에 히브리어로 '삶(Chai)'이라고 썼어요. **90.** 이집트인들은 야구와 비슷한 경기인 '팁캣'을 즐겼어요. **91.** 극한의 다리미질 경기 참가자들은 러시모어산 꼭대기에서도, 낙하산을 타는 동안에도, 황무지에서도, 심지어 물속에서도 옷을 다림질했어요. **92.** 『해리 포터』 시리즈에는 빗자루를 타고 하는 스포츠인 퀴디치가 나와요. 지금은 세계 여러 나라에서 실제로 즐기고 있는데, 가장 팀이 많은 나라는 572개가 있는 미국이에요. **93.** 해마다 영국 더비셔의 웨튼에서 발가락 씨름 선수권 대회가 열려요. **94.** 워싱턴 내셔널스 홈경기 때마다 홍보 행사로 4회 도중 에이브러햄 링컨, 테디 루스벨트, 조지 워싱턴, 토머스 제퍼슨의 가면을 쓴 사람들이 베이스를 따라 한 바퀴 뛰어요. **95.** 워싱턴 대학과 '크레이지 조지 헨더슨'은 파도타기 응원법의 원조를 두고 다퉈요. 워싱턴 대학 학생들은 1981년 동창회 경기에서 자신들이 처음 했다고 주장해요. 전문 치어리더인 크레이지 조지는 자신이 2주 앞서 오클랜드 애틀레틱스와 양키스의 야구 경기에서 처음 시작했다고 주장해요. **96.** 최초의 팀 마스코트는 1889년에 예일 대학교 운동선수들의 사기를 북돋웠던 '잘생긴 댄'이라는 이름의 진짜 불도그였어요. **97.** 이탈리아 산악인 라인홀트 메스너는 세계 최초로 14좌(해발 8000미터가 넘는 봉우리 14개)에 모두 올랐어요. **98.** 빨간색 옷을 입은 선수가 대회에서 우승할 가능성이 더 높다는 연구가 있어요. **99.** 대서양의 페로 제도 축구 국가대표팀은 바닷가에 있는 경기장에서 경기해요. 간혹 경기장에서 튕겨 나오는 공을 줍기 위해 물에서 늘 배가 대기하고 있지요. **100.** 기원전 776년에 제우스 신을 기리고 그리스에 평화를 가져오기 위해 올림픽 경기가 처음 열렸어요.

* 지금까지 배운 지식은 2,970가지!

1
아프리카코끼리는 현재 **가장 큰 육상 포유동물**이에요. 아시아코끼리보다 좀 더 커요.

2
아프리카코끼리는 아프리카 대륙처럼 생긴 **커다란 귀**가 있어요. 아시아코끼리의 귀는 더 작고 둥글어요.

3
코끼리는 사람보다 임신 기간이 **2배** 더 길어요.

4
아프리카코끼리는 **70세**까지 살아요.

5
아프리카코끼리는 어깨높이가 **2.5~4미터**예요.

6
아프리카코끼리는 무게가 2268~6350킬로그램으로 **SUV 두 대보다 무거워요.**

7
아시아코끼리는 아프리카코끼리보다 **짐을 옮기고 일을 하도록** 훈련시키기 더 쉬워요.

8
코끼리는 하루에 **145킬로미터**를 이동할 수 있어요.

9
다 자란 아프리카코끼리는 코가 **2미터**예요. 여러분의 침대보다 길어요!

10
코끼리의 코는 사실 **코와 윗입술**이 길어진 거예요.

11
코끼리는 한 번에 **7.5리터**의 물을 코로 빨아들일 수 있어요. 그런 뒤 코를 입에 대고 불어요. 물은 곧바로 목으로 넘어가지요.

12
미국 애틀랜틱시티에는 '코끼리 루시'라는 **코끼리 모양의 6층 건물**이 있어요. 다리 속 나선형 계단을 통해 등 위에 있는 의자까지 올라갈 수 있어요.

13
코끼리는 코로 물을 몸에 뿌려서 **몸을 식혀요.** 그런 뒤 먼지를 뿌려서 **햇빛을 차단**하지요.

14
코끼리는 깊은 물을 건널 때 코를 **스노클**로 써요.

15
코끼리 코를 움직이는 근육은 **10만 개**가 넘어요.

16
갓 태어난 새끼는 코를 **잘 움직일 수 없어요.** 몇 달이 지난 뒤에야 제대로 움직일 수 있어요.

17
아프리카코끼리는 코끝에 **손가락처럼 튀어나온 두 돌기**를 써서 **땅에 있는 열매를 집는 것**부터 나뭇잎 한 장을 뜯는 것까지 다양한 일을 할 수 있어요.

18
아시아코끼리는 코에 **손가락 같은 돌기가 하나**뿐이에요.

19
코끼리는 멸종한 **털매머드**의 가까운 친척이에요.

20
'**코끼리 귀**'는 반죽을 튀겨 설탕을 뿌린 커다란 빵으로 축제 때 팔아요.

21
코끼리는 잠수함의 **잠망경**처럼 코를 들어 올려서 공기 냄새를 맡아요.

22
어미 코끼리는 코로 언덕을 오르는 새끼를 들어 올리거나 밀고, 진흙에 빠진 코끼리를 꺼내 주고, 갓 태어난 새끼를 일으켜 세울 수 있어요.

23
코끼리 수컷들은 **싸울 때** 엄니를 써요.

24
아프리카코끼리는 암수가 다 엄니가 있는 반면, **아시아코끼리는 수컷만 있어요.**

25
엄니의 크기와 모양은 유전되어요. 우리가 부모의 특징을 물려받는 것처럼요.

26
코끼리의 엄니는 사실 **이빨**이에요.

27
코끼리는 **엄니가 4개**예요. 입의 양쪽 위아래에 하나씩 있어요.

28
코끼리의 엄니는 무게가 5킬로그램이나 되기도 해요. **벽돌만 하지요.**

29
많은 코끼리가 **비싼 엄니 때문에 죽었어요.** 엄니는 장신구나 피아노 건반을 만드는 데 쓰여요. 예술품 같은 것으로 가공된 엄니를 상아라고 해요.

30
코끼리는 긴 코로 몇 킬로미터 떨어진 곳에서도 물 냄새를 맡을 수 있어요.

31
코끼리의 피부는 아주 예민해서 **파리가 앉는 것도 느낄 수 있어요.**

32
엄니는 코끼리의 도구예요. 땅을 파서 물을 찾거나 뿌리를 캐고, 나무껍질을 뜯어내는 데 쓰여요.

놀라운 코끼리에 관한 50가지 지식

33 디즈니랜드의 '하늘을 나는 코끼리 덤보'는 원래 옛날 영화 **'덤보'**에 나오는 장면처럼 모두 분홍색으로 칠하려고 했대요.

34 사람이 왼손잡이와 오른손잡이가 있듯이, **코끼리도 양쪽 엄니 중 자주 쓰는 쪽**이 있어요.

35 코끼리의 발바닥은 충격을 흡수하기 위해 **푹신하고 두꺼워요.**

36 코끼리는 땅을 통해 전달되는 소리의 **진동을 느껴요.** 과학자들은 코끼리가 32킬로미터 떨어진 다른 무리의 움직임을 느낄 수 있다고 생각해요.

37 암컷은 자신이 태어난 무리에 평생 머물러요. 수컷은 12~15세 때 무리를 떠나서 홀로 지내거나, 다른 수컷들과 **'총각'** 무리를 지어요.

38 상아 거래는 **불법**이지만, 상아 때문에 코끼리를 사냥하는 밀렵꾼들이 여전히 있어요.

39 코끼리는 태어날 때 몸무게가 약 **91킬로그램**이에요. 몸집이 큰 **성인과 비슷**해요.

40 갓 태어난 코끼리는 **키가 1미터**예요. 책상 높이만 하지요.

41 새끼 코끼리는 4~5년 동안 어미의 젖을 먹어요.

42 사람 아기가 엄지손가락을 빨 듯이, **새끼 코끼리도** 불안할 때 **자기 코를 빨곤 해요.**

43 코끼리는 **기분이 좋을 때면 가르랑**거리는 소리를 내요.

44 아프리카코끼리는 하루에 먹이를 **136킬로그램**까지 먹어요. **햄버거 1200개**를 먹는 것과 같아요!

45 코끼리는 입과 코로 **툴툴거리고, 으르렁거리고, 뿌 하고** 소리를 질러요. 서로 대화하는 방식이에요.

46 코끼리, 코뿔소, 하마처럼 **피부가 두꺼운 동물을 후피동물**이라고 해요.

47 코끼리물범은 코가 커서 그런 이름이 붙었어요. 수컷의 코는 **코끼리 코처럼 생겼지요.**

48 '덤보」는 **디즈니 애니메이션** 중 가장 짧아요. 상영 시간이 64분밖에 안 돼요.

49 코끼리들은 코를 걸어서 일종의 **코 껴안기**를 해요.

50 코끼리의 귀는 더운 날씨에 열을 내보내 **몸을 식혀요.**

1

지금 쓰이는 미국 지폐 중 100달러짜리가 가장 커요. 그런데 45년 전만 해도 물건을 살 때 **1만 달러** 지폐도 썼대요!

2 돈을 뜻하는 영어 단어 '머니'는 모든 돈의 수호신인 **로마의 여신** 유노 모네타에서 나온 거예요.

3 고대 중국의 동전은 **가운데 구멍**이 있어서 줄에 엮기도 좋고, 들고 다니기도 편했어요. 덴마크, 일본, 파푸아 뉴기니, 필리핀 등에서는 지금도 구멍이 있는 동전을 써요.

4 (유럽 연합에서 사용하는) 50유로 지폐는 **특수잉크**를 써서 만들었어요. 검은색 빛이나 자외선 빛을 쪼이면 노란색 별이 주황색으로, 파란색 서명이 녹색으로 바뀌지요.

5 일부 전문가들은 역사상 가장 작은 동전이 1336~1646년 아시아에 있었던 비자야나가라 제국의 은화인 무게 0.25그램짜리 '타라'라고 주장해요. 지름 4밀리미터인 이 동전은 **벼룩만큼 작아요.**

25가지 돈에 관한

6 캐나다 돈이 미친 루니라고요? 아니요, 그냥 루니예요.

캐나다에서 흔한 아비새(loon)가 새겨진 1달러 동전의 별명이 루니(loonie)일 뿐이에요. 영어로 루니(loony)는 미쳤다는 뜻이라서 좀 헷갈리긴 해요.

7 2007년 몽골에서 존 F. 케네디 미국 대통령의 초상화가 새겨진 기념주화를 발행했어요. **작은 버튼을 누르면 케네디가 한 연설이 짧게 나와요.**

9 모든 동전이 원형은 아니에요. 쿡 제도의 2달러 동전은 **삼각형**이에요. 바하마에서는 15센트 동전이 **사각형**이에요.

8 남아프리카 공화국의 **사자**, 아이슬란드의 **돌고래**, 브라질의 **벌새**, 오스트레일리아의 **캥거루**를 비롯해 전 세계의 지폐에 나온 동물들을 합치면 동물원을 차려도 될걸요?

10 한때 피지의 화폐였던 **고래 이빨**은 매우 귀중해서 19세기에는 한 개가 카누 한 척에 맞먹었어요.

11  2008년에 발행된 칠레(CHILE)의 50페소 동전은 **국가 이름이 'CHIIE'로 잘못 새겨져** 있었어요. 아무도 그것을 알아채지 못해 이 동전은 1년 넘게 쓰였지요.

12 미국 조폐국에서 처음 발행한 금화와 은화에는 숫자가 없었어요. 크기를 보고 가치를 파악해야 했죠.

값진 지식

13
2009년 영국 은행은 낡고 손상된 지폐가 **퇴비로 재활용되도록** 농장에 팔았어요.

14
오스트레일리아, 나이지리아, 멕시코를 비롯한 거의 24개국에서 종이 대신 **플라스틱판에 돈을 인쇄해요.** 이 밝은색 지폐는 아주 빳빳해서 물로 씻어도 될 정도예요.

15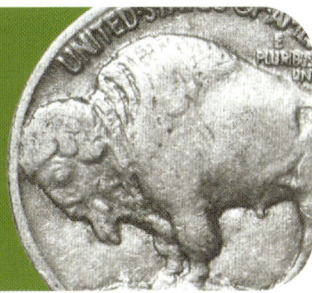
미국의 5센트 동전에 새겨진 들소의 모델은 1893~1915년에 뉴욕시 센트럴 파크 동물원에 살던 **블랙 다이아몬드**라는 실제 들소였대요.

16
1839년에 나온 미국의 1센트 동전은 앞면의 자유의 여신 그림이 우스꽝스럽다는 이유로 **'웃긴 머리통'**이라는 별명이 생겼어요.

17
캐나다의 빨간색 동전은 너무 특이해 보여서 미군은 처음에 그것을 녹음 장치가 숨겨진 스파이 동전으로 생각했어요.

18
1685년, 프랑스 식민 정부의 금화와 은화가 바닥나자, 캐나다 퀘벡의 군인들은 **놀이용 카드**로 급여를 받았어요.

19
베네수엘라에서는 **12½ 센티모** 동전으로 물건을 살 수 있어요. (센티모는 베네수엘라에서 가장 작은 화폐 단위예요.)

20
2021년 경매에서 1933년 발행된 미국의 **쌍독수리 금화**가 역대 최고가인 1890만 달러에 낙찰되었어요.

21
일부 유목 아프리카 부족은 금속 화폐를 **팔찌와 발찌** 같은 장신구 모양으로 만들었어요. 여기저기 이동할 때 돈을 편하게 가지고 다닐 수 있었죠!

22
1946년에 발행되었을 당시 **헝가리의 1해 펭괴**는 가장 액수가 높은 지폐였어요. ('0'이 무려 20개나 됐지요.) 그러나 당시 가치로 미화 20센트 정도였어요.

23
니켈(nickel)이라는 단어는 악당을 뜻하는 독일어에서 유래됐어요. 니켈 광석이 값비싼 구리처럼 생겨서, 가끔 '못돼 먹은' 니켈에 속았던 광부들이 이 말을 만들었대요.

24
노르웨이에서는 **버터**를 통화로 쓴 적도 있었어요.

25
인도양에 있는 태국 서쪽의 니코바르 제도에서는 1900년대 초까지 **코코넛**을 통화로 썼어요.

* 지금까지 배운 지식은 3,045가지!

15가지 돌고 도는

❶ **잎은 가을에 색이 변해요.** 낮이 짧아지고 밤이 길어지면 나무가 광합성을 해서 영양분을 만들고 잎을 녹색으로 만드는 물질인 **엽록소 생산을 멈추기 때문이지요.**

❷ **1998~1999년 겨울 동안 워싱턴주 베이커산**에는 미국 **역사상 가장 많은 눈이 내렸어요.** 강설량이 무려 **2895.6센티미터**를 기록했어요. **10층 건물** 높이예요.

❸ **미국 오클라호마주 비버**에서는 봄에 **세계 쇠똥 던지기 대회**가 열려요.

❹ **그리스 신화**에는 저승의 신 하데스가 봄의 신이자 생장의 여신인 페르세포네를 신부로 삼는 바람에 계절이 생겼다고 나와요. 페르세포네는 **1년 중 4개월을 저승으로 가서** 하데스와 함께 있어야 하는데, 그때 **지상은 춥고 활기 없는 곳**이 되지요.

❺ **북반구가 여름**일 때 **남반구는 겨울**이고, 겨울일 때는 여름이지요.

❻ 계절은 **지구가 축이 기울어진 채로 태양 주위를 돌기 때문에** 나타나요. 한 해의 시기마다 **각 지역이 햇빛을 받는 양이 달라져요.**

❼ **적도는 햇빛의 양이 일 년 내내 거의 같기**에, 이 지역은 **사계절이 없어요.** 대신에 비가 많이 오는 **우기**와 더 적게 오는 **건기**가 있지요.

계절에 관한 지식

❽ **스웨덴**의 도시 **예블레**에서는 해마다 축제 기간에 **밀짚으로 높이 13미터의 염소**를 만들어요.

❾ **봄 소나기는 우주에서도 내려요.** 토성의 가장 큰 위성인 **타이탄**의 사막에는 **메테인 비**가 내릴 거예요.

❿ 역사에 기록된 **가장 강력한 화산 분화**는 엄청난 양의 화산재를 뿜어내 **세계 기후를 바꾸었고**, 1816년 유럽과 북아메리카 등지에 **'여름 없는 해'**가 찾아왔어요.

⓫ **미국 애리조나주 챈들러**에서는 봄에 **타조 축제**가 열려요. 주말에 음악회, 행진, **타조 경주**가 벌어지지요.

⓬ **토성에서는** 한 계절이 지구 시간으로 약 **7년 동안** 이어져요.

⓭ 일부 중국인은 영혼이 한 달 동안 여름휴가를 받아서 돌아온다고 믿어요. 그 영혼들은 **걸신 축제** 기간에 와서 음식과 여흥을 즐기지요.

⓮ **계절성 알레르기**에 시달리는 미국인은 **3500만 명 이상**이에요. **휴지가 아주 많이 필요해져요!**

⓯ **핀란드 케미**에 겨울이 오면 눈 성이 지어져요. **높이 3.7미터의 눈 벽으로 둘러싸인 호텔 겸 식당**이지요. 모든 것이 눈으로 되어 있어요. 천연 눈은 너무 부드러워서, 성은 바닷물로 만들어요.

✽ 지금까지 배운 지식은 3,060가지!

❶ 유럽은 대륙 중에 두 번째로 작지만, 약 6만 8000킬로미터에 이르는 해안선은 지구를 한 바퀴 감쌀 정도로 길어요.

❷ 불가리아의 불의 춤꾼들은 수천 년 전 선조들처럼 새빨간 잉걸불 위에서 춤을 춰요.

❸ 카스피해는 세계에서 가장 큰 호수예요. 완전히 육지로 둘러싸인 이 호수는 일본보다 커요.

❹ 치즈는 스위스 역사에서 큰 역할을 해요. 따뜻한 치즈에 빵이나 소시지 등을 담가 먹는 퐁듀는 스위스에서 시작되었어요. 스위스에서는 치즈의 구멍을 '눈'이라고 해요.

❺ 유럽에서 영어 이름이 S로 시작하는 나라는 산마리노, 세르비아, 슬로바키아, 슬로베니아, 스페인(에스파냐), 스웨덴, 스위스, 7개국이 있어요.

❻ 에스파냐의 전통인 투우 경기는 사람과 소의 대결이에요. 마타도르(투우사)가 빨간 망토를 흔들어 황소를 흥분시켜요. 황소는 색을 볼 수 없지만, 망토가 펄럭이는 모습에 반응해요.

❼ 세계에서 가장 넓은 나라인 러시아는 시간대가 11개이고, 두 대륙(유럽과 아시아)에 걸쳐 있어요.

❽ 유럽 어디서나 발견되는 수달은 장난을 좋아해요. '술래잡기'도 하고, 진흙 기슭이나 눈에서 미끄럼도 타요.

❾ 많은 클래식 음악가들이 빈에서 살았기에 오스트리아는 '음악의 나라'로 불리곤 해요. 오늘날, 오스트리아의 거의 모든 도시마다 밴드나 오케스트라가 있어요.

❿ 라트비아 요리에는 차가운 사워크림 수프와 베이컨 파이인 피라지가 있어요.

⓫ 루마니아 의회당은 우주에서 보일 정도로 커요. 1984년 7월에 첫 삽을 떴고, 한창 공사 중일 때는 하루 24시간 내내 2만 명이 3교대로 일했어요.

⓬ 나이팅게일은 유럽과 서남아시아의 숲과 건조한 삼림 지대에서 발견되는 새예요. 겨울에는 남쪽으로 날아가 따뜻한 아프리카에서 지내지요.

⓭ 이탈리아 로마에는 '진실의 입'을 뜻하는 '보카 델라 베리타'라고 불리는 오래된 대리석 가면 조각상이 있어요. 거짓말쟁이가 이 조각의 입에 손을 넣으면 손이 삼켜진다는 전설이 있죠.

⓮ 모나코는 작은 나라지만, 지중해에 고급 리조트들이 많아요. 어떤 호텔은 8층 스위트룸에서 하룻밤 자는 비용이 1만 4000달러나 해요.

⓯ 대서양에 있는 포르투갈 마데이라 제도의 포르투산투섬에서 매해 9월 크리스토퍼 콜럼버스를 기리는 축제가 일주일간 열려요. 이곳에서 콜럼버스의 첫 아이가 태어났어요.

⓰ 핀란드의 수도 헬싱키는 유럽의 수도 중 가장 북쪽에 있고, 300개가 넘는 섬에 둘러싸여 있어요.

⓱ 이탈리아 시칠리아섬에 있는 에트나산은 거의 늘 분화 중인 화산이에요. 화산 관측소가 세 군데 있어요.

⓲ 세르비아는 전 세계 라즈베리 생산량의 약 3분의 1을 생산해요.

⓳ 덴마크에서 탄생한 레고는 전 세계에서 인기가 높아요. 어느 날 키가 2.4미터인 거대한 레고 인간이 미국 플로리다주 해안으로 떠밀려 왔어요. 추적해 보니 네덜란드 예술가의 작품이었어요.

⓴ 프랑스 파리에 있는 에펠탑의 계단 1665개를 자전거로 내려간 남자가 있었어요.

㉑ 최초의 서커스 공연은 이탈리아 로마에서 열렸어요.

㉒ 스위스 알프스에서는 해마다 눈사태가 약 1만 번쯤 일어나요.

㉓ 스칸디나비아의 사미족은 뛰어난 순록 목동들이에요. 순록들은 1년에 약 5000킬로미터를 움직여요.

㉔ 한 아일랜드 시인은 35초짜리 희곡을 썼어요.

㉕ 국제 사법 재판소 본부는 네덜란드 헤이그의 평화궁 안에 있어요.

㉖ 알프스는 동물 3만 종과 식물 1만 3000종 이상이 살고 있는 '생물 다양성 핫스폿(다양성 중심지)'이에요.

㉗ 독일의 고속 도로망인 아우토반은 제한 속도가 없는 구간이 많아요. 1932년에 쾰른과 본 구간이 처음 개통되었고, 계속 연장되어 지금은 1만 1000킬로미터가 넘어요.

㉘ 러시아에서는 출입구 사이에서 악수하면 복이 나간다고 믿어요.

㉙ 지금껏 알려진 개미 군체 중에서 가장 큰 것은 약 6440킬로미터 길이로 포르투갈, 에스파냐, 프랑스, 이탈리아에 걸쳐 있어요.

㉚ 1792년 베른에서 스위스 최초의 초콜릿 가게가 문을 열었어요.

㉛ 유럽 하늘에는 400종이 넘는 나비들이 날아다녀요. 노란색과 검은색이 어우러진 호랑나비는 높은 초원 지대에서 팔랑거려요.

㉜ 영국 런던의 지하철은 '튜브(통로)' 또는 '언더그라운드(지하)'라고 불려요. 이 안에 살고 있는 쥐는 무려 50만 마리쯤 된대요.

㉝ 아이슬란드에는 화산 활동 지대가 두 곳이 있어요. 이 나라가 두 지각판의 경계에 있거든요.

㉞ 거의 멸종될 뻔했던 유럽들소의 수가 다시 늘어나고 있어요. 유럽들소는 유럽에서 가장 큰 초식 동물이에요.

㉟ 핀란드에는 호수가 18만 8000개나 있어요.

㊱ 포르투갈의 유일한 국립 공원 페네다 제레스에는 고대 로마의 도로와 선사 시대 유적인 고인돌이 있어요.

㊲ 세계에서 가장 인구가 적은 나라인 바티칸 시국의 인구는 2021년 기준, 800명이에요. 바티칸은 이탈리아 로마 안에 있어요.

㊳ 룩셈부르크어는 독일어와 비슷해요. 신문은 독일어로 발행되는 경우가 많고, 행정 업무에는 주로 프랑스어를 써요.

㊴ 빨간 머리는 스코틀랜드에서 가장 많이 태어나요.

75가지 매혹적인 유럽에 대한 지식

㊵ 유럽 연합의 국기는 파란색 바탕에 12개의 노란색 별들이 원을 이루고 있어요. 별은 조화와 화합을 상징해요.

㊶ 영국 해협은 영국과 프랑스 사이의 바다로, 32킬로미터 길이예요. 헤엄쳐서 건널 때, 가장 빠른 기록은 7시간쯤이고, 가장 느린 기록은 하루도 넘는대요!

㊷ 프랑스 파리에 있는 디즈니랜드는 1992년에 개장했어요. 해마다 약 1500만 명이 찾는, 유럽에서 가장 인기 있는 관광지예요.

㊸ 유럽에서 가장 깊은 호수는 노르웨이에서 발견된 호르닌달스바트네 호수예요. 깊이가 무려 514미터나 돼요.

㊹ 아일랜드에는 토종 뱀이 없어요. 전설에 따르면 성 파드라그(영어로 성 패트릭)가 모든 뱀을 몰아냈다고 해요.

㊺ 28년간 독일을 동서로 갈라놓았던 베를린 장벽은 1989년에 무너졌어요. 이곳에는 감시탑 302개와 경비견이 다니는 길 259개가 있었어요. 오늘날, 장벽 해체 후 나온 조각들은 전 세계 박물관에 전시되어 있어요. 이베이에서도 살 수 있죠.

㊻ 헝가리의 수도 부다페스트에는 온천이 100개 넘게 있어요. 온천과 목욕탕에 몸을 담글 때는 주의해야 해요. 수온이 섭씨 76도까지 올라가는 데도 있어서, 화상을 입을지도 모르거든요.

㊼ 이탈리아 베네치아에는 차도는 없어도 운하가 있어요. 이 도시는 100개도 넘는 섬들이 운하로 연결되어 있어요.

㊽ 아이슬란드에서는 1940년 통과된 법에 따라 모든 국민이 수영을 배워야만 해요.

㊾ 더플백이라는 이름은 그 가방을 만드는 천의 생산지인 벨기에 뒤펄의 영어 이름에서 땄어요.

㊿ 세르비아의 구차라는 작은 마을에서는 해마다 트럼펫 축제가 열려요. 전 세계에서 사람들이 몰려와 즐기지요. 최고의 트럼펫 연주자를 뽑는 경연도 열려요.

㉛ 미국 뉴욕시에 있는 자유의 여신상은 프랑스에서 만든 거예요.

㉜ 1976년 영국 더비셔에서 세계 최초로 발가락 씨름 대회가 열렸어요.

㉝ 피사의 사탑은 3층을 올리면서 기울기 시작했어요. 이 중세의 탑은 완공까지 800년 이상 걸렸어요. 1만 2700톤 무게의 탑은 현재는 중심에서 4.5미터쯤 기울어져 있어요. 5.5도 기운 셈이에요.

㉞ 독일의 한 경연에서 빨대 400개를 문 남자가 '입에 가장 많은 빨대를 물고 있기' 기록을 세웠어요.

㉟ 에스파냐 북부 팜플로나의 산 페르민 축제에서 열리는 '황소 달리기'는 14세기부터 시작되었어요.

㊱ 아일랜드에서 가장 긴 지명으로 손꼽히는 벌러넌치트레어럴루인은 골웨이주에 있어요.

㊲ 프랑스와 에스파냐에서는 이빨 요정 대신 이빨 쥐가 아이들의 빠진 이를 모으러 온다는 전설이 있어요.

㊳ 세계에서 초콜릿이 가장 많이 팔리는 곳은 벨기에 브뤼셀 공항이에요.

㊴ 그리스에서는 다른 사람에게 손바닥을 보이는 행동을 무례하다고 여겨요.

㉠ 프랑스와 독일, 오스트리아에서는 식사 중에 손을 식탁 아래로 내리는 행동을 무례하게 여겨요.

㉡ 유럽에서 가장 큰 관람차인 런던 아이는 한 바퀴 도는 데 30분이 걸려요. 느릿느릿 움직이기 때문에 기계를 멈추지 않고 사람들이 오르내릴 수 있어요.

㉢ 러시아의 수도인 모스크바는 유럽에서 가장 큰 도시로, 2011년에는 억만장자가 79명이나 되어서 뉴욕과 런던, 로스앤젤레스보다 많았어요.

㉣ 튀르키예의 이스탄불은 유럽과 아시아, 두 대륙에 걸쳐 있는 유일한 대도시예요. 이스탄불 주민의 약 70퍼센트가 유럽 지역에 살고 있어요.

㉤ 네덜란드의 암스테르담에는 사람보다 자전거가 더 많아요.

프랑스 파리의 에펠탑

㉥ 스웨덴의 일부 지역들은 여름에는 낮이 24시간 계속되지만, 한겨울에는 두 달 동안 태양이 지평선 위로 떠오르지 않아요.

㉦ 독일에서는 해마다 진흙 올림픽이 열려요.

㉧ 독일에서는 플라스틱 오리 경주도 열려요. 플라스틱 오리 약 6000마리를 네카어강에 띄우지요.

㉨ 프랑스 파리의 에펠탑은 약 7년 주기로 페인트를 다시 칠해요. 페인트공 25명으로 이루어진 팀이 쓰는 붓은 1년에 1500개가 넘어요.

㉩ 정복왕 윌리엄 1세는 영국의 뉴포레스트에서 멧돼지와 사슴을 사냥했어요. 이제 국립 공원이 된 이 숲에는 500년 된 떡갈나무들과 영국의 유일한 독사인 북살무사가 있어요.

㉪ 독일 트라센하이데에 있는 완전히 거꾸로 된 집은 매우 괴상한 관광 명소예요. 안쪽도 거꾸로예요. 화장실까지도요!

㉫ 영국 여왕 엘리자베스 2세의 유튜브 채널도 있어요.

㉬ 웨일스의 스노도니아 국립 공원은 아서왕이 살던 곳이라고 자랑해요. 아서왕은 왕을 죽이는 거인 리타 가울과 이 공원의 이름이자 가장 높은 곳인 스노든산 꼭대기에서 싸웠다고 해요.

㉭ 체코의 보헤미안 스위스 국립 공원에 있는 불의 바위는 태양처럼 생긴 둥근 돌이에요. 번개에 맞아 생긴 것이라는 설도 있어요.

㉮ 동유럽에 있는 벨라루스의 이름은 '하얀 러시아'라는 뜻이에요.

㉯ 이탈리아 시빌라산의 이름은 전설적인 여자 예언자 시빌레의 이름에서 왔어요. 조언과 지혜를 얻으려는 기사들이 유럽 전역에서 그녀의 외딴 동굴까지 먼 길을 찾아왔다고 해요.

*지금까지 배운 지식은 3,135가지!

머리 위 조심!
우주 쓰레기에 관한

1. 우주 쓰레기는 인간이 만든 것 중 더 이상 쓸모없으면서 지구 궤도에 떠 있는 모든 것을 말해요.

2. 2009년, 오래된 러시아 위성과 작동 중인 미국 위성이 시베리아 상공에서 충돌하는 바람에 2000개가 넘는 우주 쓰레기가 새로 생겼어요.

3. 2011년에 국제 우주 정거장은 2009년 위성 충돌로 생긴 10센티미터 크기의 우주 쓰레기를 피하려고 경로를 바꿔야만 했어요.

4. 2011년 4월에서 2012년 4월 사이 무게 391톤의 국제 우주 정거장은 우주 쓰레기와 충돌을 피하기 위해 4번 더 경로를 수정했어요.

5. 2001년 1월 무게 70킬로그램의 로켓 조각이 사우디아라비아의 수도 리야드에서 약 240킬로미터 떨어진 곳에 떨어졌어요.

6. 우주 쓰레기는 국제 우주 정거장 설치 당시 떨어뜨린 공구 같은 일상용품부터 로켓과 위성의 파편에 이르기까지 다양해요.

7. 우주 비행사 에드 화이트는 1965년 우주 유영을 하다가 장갑 한 짝을 떨어뜨렸어요. 장갑은 우주에 떠 있다가 대기 중으로 들어오며 불탔어요.

8. 우주 쓰레기는 대부분 지상에서 2000킬로미터 이하에 떠 있고, 750~950킬로미터 상공에 가장 많은 양이 몰려 있어요.

9. 가장 큰 우주 쓰레기는 냉장고만 해요. 가장 작은 것은 페인트 부스러기 같은 것들이지요.

10. 과학자들은 지구 궤도를 도는 지름 1~10센티미터의 우주 쓰레기가 약 50만 개 정도라고 추정해요.

11. 지구 궤도를 떠다니는 크기 1센티미터 미만의 우주 쓰레기 알갱이는 수천만 개나 돼요.

12. 지구 상공 600킬로미터 궤도를 도는 우주 쓰레기는 지구에 떨어지기까지 약 25년이 걸려요.

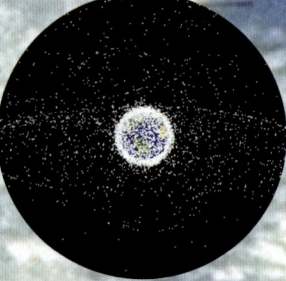

13. 약 805킬로미터 상공에 있는 우주 쓰레기는 수십 년 동안 궤도에 머물러 있을 거예요.

14. 2007년 중국은 퇴역한 기상 위성에 미사일을 쏘아 맞혔어요. 그 결과 새로운 우주 쓰레기가 3000개 이상 늘어났어요.

15. 국제 우주 정거장을 감싸는 '피자 상자'는 1.5×50×50킬로미터 크기의 가상의 상자예요. 이 안에 있는 우주 쓰레기들은 계속 감시해요.

16. 우주 쓰레기는 지상으로 떨어질 때, 시베리아, 오스트레일리아 서쪽, 캐나다 북부처럼 사람이 적은 곳에 떨어지곤 해요.

17. 모든 우주 쓰레기는 만든 정부의 재산이기도 하고, 만지면 건강에 해로울 수 있어요. 그러니 혹시라도 발견하면, 경찰서에 신고해요.

18. 지름이 1센티미터도 안 되는 우주 쓰레기도 위성을 망가뜨릴 수 있어요.

19. 1997년 1월 미국 오클라호마주 털사 공원을 걷는 로티 윌리엄스의 어깨를 작은 우주 쓰레기가 스쳐 갔어요. 낡은 로켓 조각이었죠.

20. 약 400킬로미터 상공에 떠 있는 국제 우주 정거장에서 버린 것들은 모두 약 1년 이내에 지구로 떨어져요.

35가지 지식

21 지구에 떨어진 작고 가벼운 우주 쓰레기가 스쳐 지나간다고 해도, 심각한 부상이나 재산 피해를 입힌 적은 없었어요.

22 지표면은 대부분이 바다이기에, 떨어지는 **우주 쓰레기도 대부분 바다에 떨어져요.**

23 2011년 9월에 약 544킬로그램의 오래된 위성이 26개 조각으로 부서지면서 지구로 추락했어요.

24 1997년 1월 **미국 텍사스주 조지타운** 인근에 오래된 로켓의 무게 **250킬로그램**인 스테인리스 강철 연료통이 떨어졌어요.

25 지구 위 2000킬로미터 이내 상공에 있는 우주 쓰레기들은 초속 7~8킬로미터의 속도로 돌고 있어요.

26 과학자들은 **지구 궤도를** 도는 지름이 10센티미터를 넘는 우주 쓰레기 약 2만 2000개를 추적하고 있어요.

27 어떤 사람이 지구에 떨어지는 우주 쓰레기에 다칠 확률은 연간 수조 분의 1이에요.

28 국제 우주 정거장이 우주 쓰레기를 피하기 위해 회피 기동을 준비하려면 30시간 전 예고가 필요해요.

29 1000킬로미터 이상의 상공에 있는 우주 쓰레기는 적어도 100년 이상 그 위에 머물 거예요.

30 지난 40년 동안 평균 **매일** 한 개꼴로 우주 쓰레기가 지구로 떨어졌어요.

31 뱅가드 1호는 무게 1.47킬로그램의 위성으로 1958년에 발사됐어요. 현재 가장 오래된 우주 쓰레기로, 다음 세기에도 궤도에 **더** 머물 거예요.

32 **121톤 무게의 러시아 우주 정거장 미르**는 지구로 들어오다 태평양 상공에서 분해됐어요. **피지** 사람들은 금색과 흰색 불빛을 봤다고 해요.

33 **미국의 우주 정거장 스카이랩**은 1979년 7월에 지구로 떨어졌어요. 인도양과 오스트레일리아 서부에 파편이 흩어졌지요.

34 2012년 2월 22일, 15년간 지구 궤도를 돌던 지름 1미터의 우주 쓰레기가 브라질의 한 작은 마을에 떨어졌어요. 나무 몇 그루가 상했지만, 다친 사람은 없었어요.

35 국제 우주 정거장은 우주 쓰레기와 충돌할 확률이 1만분의 1을 넘으면 경로를 수정해요. 우주 비행사가 위험에 빠질 수 있으니까요.

✱ 지금까지 배운 지식은 3,170가지!

1. 조지 워싱턴은 하마 엄니로 만든 의치가 있었어요. 2. 타이태닉호는 일등석 승객이 갑판에서 거닐 공간을 넓히려고 구명정 수를 64척에서 20척으로 줄였어요. 이 때문에 침몰하는 배에서 1000명 넘게 못 빠져나왔어요. 3. 제2차 세계 대전에서 매우 중요한 전투에서 승리하기 위해, 영국군과 미국군은 가짜 전차와 탱크, 항공기 등을 갖춘 유령 군대를 만들어 독일군을 혼란에 빠뜨렸어요. 4. 콜럼버스가 아메리카 대륙에 왔을 때, 유럽과 아메리카는 서로 엄청난 것을 맞바꾸었어요. 유럽인들은 말과 돼지를 가져오고 아메리카의 감자와 칠면조를 가지고 돌아갔지요. 5. 1951년에 미국에서 컬러 TV가 처음 나왔어요. 6. 고대 로마 남자들은 팔에 난 털을 싫어했어요. 제모 전문가를 찾아가 털을 뽑았지요. 7. 미국 최초의 '전자책'은 독립 선언문이었어요. 1970년대에 미국 국방부에서 만든 컴퓨터 네트워크로 볼 수 있었지요. 8. 기원전 3~4세기에 살았던 남자는 소나무 송진과 식물 기름을 머리에 발랐어요. 그의 시체는 아일랜드의 이탄 습지에 잘 보존된 미라로 발견되었어요. 9. 명나라의 장군 정화는 배 250여 척, 병사 2만 8000명과 함께 대항해에 7번 나섰어요. 1415년에 유럽인들보다 먼저 아프리카에 도착했지요. 10. '알파벳'이라는 말은 그리스어인 알파와 베타에서 나왔어요. 고대 그리스 알파벳의 글자는 모두 24개였어요. 11. 미국으로 들어가려는 이민자들은 먼저 뉴욕 엘리스섬에서 입국 심사를 받아야 했어요. 1892~1924년까지 약 1700만 명이 엘리스섬을 통해 본토로 들어갔어요. 12. 알래스카 횡단 송유관은 북극권 위에서 알래스카 해안까지 원유를 날라요. 1977년에 개통된 이 송유관의 길이는 1287킬로미터예요. 13. 미국 대통령 시어도어 루스벨트는 반려동물을 약 40마리나 키웠어요. 14. 고대 중국 상나라 시대 사람들은 양과 소의 뼈에 생긴 균열을

역사에 대해 기억할 100가지 지식

읽고 점을 쳤어요. 15. 러시아 상트페테르부르크는 제2차 세계 대전 중 900일간 포위 공격에 시달렸어요. 16. 미국 대법원의 대법관은 9명이에요. 1790년 첫 법정이 열렸을 때 판사들은 당시 유행하던 하얀색 가발을 썼지요. 17. 1848년에 미국은 멕시코와 조약을 맺고 현재 미국 영토가 된 8개 주의 전부 또는 일부 땅을 얻었어요. 이 조약으로 멕시코-미국 전쟁이 끝났어요. 18. 메리웨더 루이스와 윌리엄 클라크는 1800년대 초 탐험대를 꾸려 2년 넘게 루이지애나주 북서쪽을 탐험하고 기록했어요. 19. 미국 최초의 '공인' 은행 강도 사건은 1831년 뉴욕 시티 은행에서 일어났어요. 20. 워싱턴 디시는 1792년에 미국의 수도가 되었어요. 프랑스의 예술가이자 건축가인 피에르 랑팡이 도시를 설계했지요. 21. 포르투갈은 원양선을 이용한 무역을 바탕으로 건설된 강력한 해양 제국이었어요. 그러나 포르투갈 탐험가 바스쿠 다가마가 인도에 처음 도착했을 때 인도 공주는 그가 가져온 것들을 그 무엇과도 바꾸려 하지 않았어요. 22. 19세기에 살았던 플로렌스 나이팅게일은 간호사가 존중받는 직업으로 자리 잡는 데 공헌했어요. 그런데 부모는 딸이 간호사가 되기보다 결혼하기를 바랐어요. 23. 중국과 서역을 잇는 실크 로드에서 짐을 나르는 낙타는 타클라마칸 사막 땅속 깊은 곳에 있는 물 냄새를 맡을 수도 있었어요. 24. 1800년대에 한 기자가 아프리카에서 몇 년 동안 강과 땅을 지도에 기록하던 데이비드 리빙스턴이란 사람을 찾으러 갔어요. 마침내 그를 찾은 기자는 "리빙스턴 박사님이신가요?"라고 질문했어요. 25. 중국인은 1400년대에 시베리아 돼지의 억센 털을 뽑아 손잡이에 고정해서 칫솔을 만들었어요. 26. 백악관에는 방이 132개 있는데, 각 방마다 이름과 디자인이 달라요. 그곳에서 산 첫 대통령은 1800년 11월 1일에 들어간 존 애덤스였어요. 27. 영국의 고 다이애나 왕세자비는 찰스 왕세자와 결혼하기 전, 첫 번째 웨딩드레스가 공개될 경우를 대비해 웨딩드레스를 두 벌 마련해 두었어요. 28. 포니 익스프레스는 미국 전역에서 우편물을 배달한 역마 서비스로, 전성기에는 기수 80명과 말 400여 마리가 있었어요. 29. 파키스탄은 인도를 사이에 두고 동파키스탄과 서파키스탄으로 나뉘어 있었어요. 1971년에 동파키스탄이 분리되어 방글라데시가 탄생했죠. 30. 로마인들은 극장이나 콜로세움 안에 들어가는 통로를 보미토리아라고 불렀어요. 5만 명이 넘는 관중이 들어가는 로마의 콜로세움은 보미토리아 76개를 통해 15분 만에 비워질 수 있을 만큼 효율적으로 설계되었어요. 31. 중국은 천연가스를 운반하기 위해 4000킬로미터에 이르는 가스 수송관을 건설했어요. 이 관은 강 37개와 산 3개를 뚫고 지나가요. 32. 1938년 고고학자들은 풀이 우거진 언덕에서 매장되어 있던 잘 보존된 7세기 앵글로·색슨 시대의 배를 발견했어요. 그 안에서 철로 만들고 주석을 입힌 청동판으로 장식된 귀족의 투구도 나왔어요. 33. 영국 여왕 엘리자베스 1세는 에스파냐 왕 펠리페의 청혼을 거절했고, 나중에 세계 역사에서 매우 중요한 해전인 칼레 해전에서 에스파냐 무적함대를 격파했어요. 34. 갈라파고스 제도는 찰스 다윈과 진화론으로 유명해지기 전에는 해적들이 숨던 곳이었어요. 35. 1998년 캐나다 최초의 다이아몬드 광산에서 채굴을 시작했어요. 오늘날 다이아몬드의 약 15퍼센트가 캐나다산이에요. 36. 마다가스카르에 최초로 도착했다고 알려진 유럽인은 배가 항로를 벗어난 탓에 우연히 그곳에 닿았어요. 37. 1812년 전쟁 중에 발생한 화재로 미국 의회 도서관의 책이 많이 불탔어요. 장서를 복구하기 위해 의회는 토머스 제퍼슨이 간직하던 책 일부를 사들였어요. 38. 아프리카에 있던 유럽의 식민지 17곳은 1960년, 단 1년 안에 독립 국가가 되었어요. 39. 1848년 미국 캘리포니아주에서 금이 발견되자 골드러시가 일어났어요. 금을 찾는 행운을 얻으려고 어

마어마하게 많은 사람이 몰려갔어요. **40.** 미국 남북 전쟁 동안 북군은 남군보다 거의 두 배나 많았어요. **41.** 버지니아주 제임스타운은 1607년 북아메리카에서 영국인이 처음 정착한 곳이에요. 그러나 1609년의 혹독한 겨울에 이 영국 식민지에서는 214명 중 60명만이 살아남았어요. **42.** 민권 운동가인 마틴 루서 킹 주니어의 어머니는 학교 교사이고 아버지는 침례교 목사였어요. **43.** 지중해와 홍해를 잇는 수에즈 운하는 19세기에 건설되었어요. 이로써 인도와 영국 사이의 거리는 1만 2600킬로미터 짧아졌어요. **44.** 남아프리카 공화국 군대에서 사용하는 장갑차의 이름은 벌의 유충을 먹으려고 벌집을 털 정도로 사나운 라텔(벌꿀오소리)을 따서 지었어요. **45.** 나치 독일은 제2차 세계 대전 때 4년 반이나 프랑스를 지배했어요. 프랑스 레지스탕스 전사들은 독일의 통신과 보급선을 방해하려고 노력했어요. **46.** 고대 이집트에서는 땅 주인 간의 경계를 돌로 표시했어요. 주인들은 자기 땅을 늘리려고 돌을 옮기지 않았다고 맹세해야 했어요. **47.** 북유럽 탐험가인 레이프 에이릭손은 선주인 뱌르니 헤률프손이 항로를 벗어나 육지와 숲을 발견했다는 이야기를 들었어요. 레이프는 뱌르니의 배를 사서 기원후 1000년쯤에 북아메리카에 상륙했어요. **48.** 고대 그리스인들은 만찬회에 구운 새, 달팽이, 메뚜기를 특식으로 냈어요. **49.** 프랑크족의 통치자 샤를마뉴 대제는 교육을 열심히 후원했고, 여러 언어를 말할 줄 알았지만, 제대로 쓰는 법을 배운 적이 없었어요. **50.** 캐나다 누나부트 준주의 문장에는 순록, 일각고래, 이글루가 들어가요. **51.** 미국 탐험가 헨리 허드슨의 선원들은 허드슨에게 반발하여 그와 그의 아들, 그들에게 충성하는 사람들을 노도, 식량도 없이 보트에 태웠어요. 이후 허드슨 일행의 행방은 아무도 몰라요. **52.** 아스텍 소년들은 열 살에 머리카락을 잘랐지만, 한 부분은 길게 남겨 두었어요. 소년이 전투에서 첫 포로를 잡으면 그제야 잘라 주었죠. **53.** 하와이의 카메하메하 왕은 어렸을 때 살해되지 않도록 동굴에 숨겨졌어요. **54.** 스위스는 19세기부터 모든 전쟁에서 중립을 지키고 있어요. **55.** 고대 그리스에서 아이들은 3세면 유아기가 끝났다는 표시로 작은 모형 주전자를 받았어요. **56.** 미국 서부의 카우보이 캠프에서는 요리사를 '쿠키'라고 불렀어요. 또한 콩의 달인과 비스킷 선수라고도 했어요. **57.** 영국의 지도자 윈스턴 처칠은 원래 '철의 장막'이란 말을 제2차 세계 대전 이후 동유럽의 비민주주의 국가들을 묘사하기 위해 사용했어요. 그때는 철조망으로 정원을 두 군데로 나누기도 했거든요. **58.** 고대 이집트에서 나일강의 범람을 축하하는 오페트 축제는 27일 동안 계속되었어요. **59.** 세계에서 가장 높은 전장은 인도와 파키스탄 사이의 빙하 위에 있어요. 양쪽 군대는 1984년부터 눈보라와 매서운 추위 속에서 때때로 전투를 벌였지만, 2003년에 휴전이 선언되었어요. **60.** 케냐의 국민 정신인 '하람비!'는 '함께 하자!'라는 뜻이에요. 1964년에 선출된 조모 케냐타 초대 대통령이 이 용어를 처음 썼지요. **61.** 1870년에 한 발명가가 뉴욕에서 차량 한 대가 들어가는 짧은 지하철 터널을 공개했어요. 그러나 뉴욕 지하철은 1904년에야 처음으로 개통되었어요. **62.** 중세 시대에 독일 지역의 지배자들은 주사위 놀이를 매우 싫어했어요. 1452년에 뉘른베르크시는 주사위 4만 2000개를 태웠을 정도였죠. **63.** 1400년대 후반, 유럽의 탐험가들이 금을 찾아 오늘날의 나이지리아 부근인 고대 베냉 왕국까지 왔어요. 그러나 금이 별로 없어서 사람들은 산호 목걸이를 하고 있었지요. **64.** 에티오피아는 아프리카에서 유일하게 식민지가 되지 않은 나라예요. **65.** 칠레는 1823년에 노예 제도를 불법으로 선언했어요. 미국 남북 전쟁이 끝나기 42년 전이었죠. **66.** 미국의 18대 대통령 율리시스 S. 그랜트는 타고 가던 마차가 미국 워싱턴 디시의 거리에서 과속하는 바람에 벌금을 내야 했어요. **67.** 아일랜드의 수도 더블린은 아일랜드인이 아니라 바이킹이 세운 도시예요. **68.** 로마 황제들은 왕관 대신 월계수 잎과 나뭇가지로 만든 화환을 머리에 썼어요. **69.** 미국인은 토마토에 독이 있다고 생각했어요. 그러나 1820년에 한 남자가 공공장소에서 토마토를 먹음으로써 토마토에 독이 없다는 것을 증명했어요. **70.** 고대 중국의 왕조들은 저마다 옷 색깔에 대한 규칙을 만들었어요. 예를 들어, 수나라 때부터 황제만이 노란색 옷을 입을 수 있었어요. **71.** 1967년 비틀스가 인도에 갔을 때 드럼 연주자인 링고 스타는 영국으로 가장 먼저 돌아오면서 인도 음식이 너무 맵다고 불평했어요. **72.** 해리 S. 트루먼 대통령의 'S'는 친할아버지와 외할아버지 이름의 약자예요. **73.** 1628년에 스웨덴이 건조한 대형 군함 바사호는 첫 항해에서 전복되어 침몰했어요. 333년 후에 인양되어, 현재 스톡홀름의 바사 박물관에서 볼 수 있어요. **74.** 영국 탐험가 프랜시스 드레이크 경은 항해 중에 만난 에스파냐 선박을 약탈했어요. 그는 가져간 보물을 영국 여왕 엘리자베스 1세와 나누었어요. **75.** 역사에 기록된 가장 오래된 화장실은 2800년도 넘었어요. 지중해 크레타섬에서 미노스 왕이 썼다는 화장실이지요. **76.** 1991년 모스크바에서 소련(현재 러시아)의 첫 맥도날드가 문을 열었어요. 당시 세계에서 가장 큰 맥도날드였어요. **77.** 아메리카 원주민 추장의 딸인 포카혼타스는 버지니아의 제임스타운 식민지의 지도자였던 존 스미스의 생명을 구했어요. **78.** 프레드릭 더글러스는 노예 제도를 피해 선원으로 변장하고 도망쳤어요. **79.** 나이지리아는 2003년에 첫 인공위성을 (러시아 로켓에 실어) 우주로 발사했어요. **80.** 고대 중국에서는 곡물이나 노역으로 세금을 대신했어요. **81.** 프랑스 탐험가들은 캐나다에 정착했어요. 캐나다의 몬트리올은 오늘날 세계에서 두 번째로 큰 프랑스어 사용 도시예요. **82.** 니켈로디언의 애니메이션인 『네모 바지 스폰지 밥』은 1999년에 처음 나왔어요. **83.** 고대 그리스인은 배를 타고 항해할 때 별들을 기준점으로 삼았어요. **84.** 1300년대에 중국과 아시아 내륙에서 흑사병이 시작되었어요. 몽골이 크림반도의 한 마을을 포위 공격할 때 대포로 흑사병에 감염된 시체를 쏘아 유럽까지 흑사병이 퍼졌지요. **85.** 멕시코계 미국인인 세자르 차베스는 농장 노동 환경을 개선하는 일에 앞장섰어요. 1968년에는 전미 농장 노동자들을 지원하기 위해 25일 동안 단식했어요. **86.** 유럽의 모든 나라 중에서 덴마크 왕실이 가장 오래되었어요. 현재 덴마크 왕가는 1000여 년 전 고름 왕의 혈통을 이었어요. **87.** 튀르키예의 전통 놀이 중에는 수컷 낙타 두 마리가 싸우는 낙타 레슬링이 있어요. **88.** 미국 대통령 에이브러햄 링컨은 중요한 서류를 모자 안에 보관했어요. **89.** 네덜란드인은 1612년에 뉴욕에 처음 정착했어요. 그리고 정착한 곳을 '뉴암스테르담'이라고 불렀어요. **90.** 400여 년 전, 베네수엘라의 가장 중요한 수출품은 코코아였어요. **91.** 아메리카 원주민들의 성지인 러시모어산의 앞면에 미국 대통령 4명의 머리를 조각하는 데 약 14년이 걸렸어요. **92.** 싱코 데 마요는 1862년 5월 5일에 멕시코군이 프랑스군을 기적적으로 물리친 것을 기념하는 날이에요. **93.** 앤드루 잭슨은 대통령이 되기 전 1806년 결투에서 가슴에 총을 맞았어요. 그러나 쓰러지지 않고 계속 총을 쏘아 상대방을 죽였어요. **94.** 오늘날 미국 캘리포니아주에 남아 있는 에스파냐 선교 건물들은 짚과 말뚝으로 지어졌어요. **95.** 고대 그리스인은 다른 민족들을 '바르바로이(야만인)'이라고 불렀어요. 이민족이 하는 말이 그리스인에게는 '바르-바르'처럼 들렸거든요. **96.** 30년 동안 러시아를 지배한 예카테리나 대제는 원래 독일인이고, 본명은 소피였어요. **97.** 버락 오바마 대통령은 2009년 『스파이더맨』 만화책에 등장했어요. **98.** 기원전 221년 진나라 시황제가 중국을 통일했어요. 그의 나라 이름인 '진(Qin)'에서 오늘날 중국을 일컫는 '차이나(China)'라는 이름이 나왔어요. **99.** 샌드위치는 4대 샌드위치 백작인 존 몬태규의 이름을 딴 거예요. 그는 중동에서 본 음식처럼, 빵 두 조각 사이에 속을 채우면 먹으면서 계속 카드놀이를 할 수 있다는 것을 깨달았어요. **100.** 고대 로마에서는 길거리 노점에서 따끈따끈한 음식을 살 수 있었어요. 당시 로마의 아파트에는 대부분 부엌이 없었어요.

＊ 지금까지 배운 지식은 3,270가지!

1 알베르트 아인슈타인의 뇌는 수학과 관련된 영역이 다른 사람들의 평균보다 **15퍼센트 더 컸어요.**

2 사람의 뇌 무게는 약 **1.4킬로그램** 정도예요.

3 평균적으로 **남성의 뇌**가 여성의 뇌보다 더 **커요** (체격이 보통 더 크기 때문이에요).

4 사람의 뇌에는 정보를 전달하는 신경 세포인 **뉴런**이 약 **1000억 개** 있어요. 문어는 뇌에 뉴런이 약 **3억 개** 있어요.

5 **아침형 인간**인지 **저녁형 인간**인지는 뇌의 회로 배선에 따라 정해져요.

6 **긴장을 풀어요.** 스트레스는 뇌가 기억을 처리하는 능력을 낮춰요.

7 **대왕오징어**가 먹이를 먹으면 **뇌**를 지나서 위장으로 들어가요.

8 **미라를 만들기 위해** 시신을 준비할 때, 이집트인들은 콧구멍으로 뇌를 꺼내서 버렸어요. 뇌가 쓸모없다고 생각했거든요.

9 새로운 것을 시도해 봐요. 연구자들은 **호기심을 가지면** 뇌세포 사이의 연결이 늘어난다는 것을 밝혀냈어요.

10 뇌를 보호하는 사람의 머리뼈는 **22개의 뼈**로 이루어져 있어요.

11 뇌를 손으로 만지면 **버섯**처럼 느껴질 거예요.

12 1929년 **뇌파도(EEG)**가 발명됨으로써, 과학자들은 뇌파가 어떻게 활동하는지 지켜볼 수 있게 되었어요.

13 **자기 공명 영상(MRI)**은 뇌의 상세한 **3D 지도**를 작성해요.

14 **두통**은 뇌 안이 아니라 뇌 바깥에서 생겨요.

15 문어의 뇌는 **10원짜리 동전**만 하지만, 장애물을 넘어서 먹이를 찾는 것 같은 문제들을 풀 수 있어요.

16 **오른손잡이**인지 **왼손잡이**인지는 뇌가 정해요. 남성이 여성보다 왼손잡이가 될 확률이 더 높아요.

17 모든 사람의 뇌는 달라요. **일란성 쌍둥이**도 달라요.

18 사람의 뇌는 6세 때 이미 성인 크기의 **90퍼센트**까지 자라요.

19 여성은 11세, 남성은 12세 때 뇌의 **뉴런** 수가 가장 많아요.

20 **아이의 뇌**는 어른의 뇌보다 외국어를 더 쉽게 배워요.

21 사람의 뇌는 나이가 들수록 줄어지지만, **침팬지**의 뇌는 그렇지 않아요.

22 사람이 **뇌의 10 퍼센트만 쓴다**는 말은 틀린 속설이에요. 정확한 비율은 모르지만, 과학자들은 우리가 뇌를 대부분 또는 전부 쓴다고 믿어요.

23 미국 켄터키주 서부 농촌에서는 **다람쥐 뇌**를 별미로 여겨요.

24 뇌는 **한 번에 한 가지에** 집중할 때 가장 일을 잘해요.

25 뇌 회로에는 **손, 입술, 혀**를 담당하는 부분이 많아요.

26 우리 뇌는 잘 때 **기억을 형성**해요.

27 뇌는 **꿈꾸는 동안** 깨어 있을 때만큼 활발하게 활동해요.

28 거울 뉴런이라는 뇌세포들은 **웃음과 하품을 전염**시켜요.

29 **향유고래**는 사람보다 뇌가 5배 이상 무거워요.

30 **개**의 뇌는 무게가 약 70그램이고, 고양이의 뇌는 약 30그램, **햄스터**의 뇌는 약 1그램이에요.

31 사람 뇌의 무게는 보통 **자기 몸무게의 2퍼센트** 정도예요.

32 사람의 뇌는 **78퍼센트가 물**이에요.

※ 지금까지 배운 지식은 3,320가지

50가지 깜짝 놀랄 만한 뇌에 관한 지식

33 뇌산호는 산호동물의 군체가 거대한 뇌 모양으로 자란 거예요. 무게가 0.9톤을 넘기도 해요.

34 과학자들은 차가운 것을 먹을 때 머리가 띵해지는 이유를 아직 잘 몰라요.

35 남아메리카와 남극 대륙 사이에는 뇌섬(브레인섬)이 있어요.

36 뇌의 모든 뉴런을 옆으로 나란히 늘어놓으면 길이가 1000킬로미터에 달할 거예요.

37 뇌를 포함하는 신경계에서 정보가 오가는 속도는 무려 시속 431킬로미터나 돼요.

38 우뇌는 몸의 왼쪽, 좌뇌는 몸의 오른쪽을 통제해요. 서로 엇갈려서요.

39 바퀴벌레의 뇌를 곱게 갈면 해로운 세균을 막을 수 있다는 사실이 드러났어요. 과학자들은 이 성분을 약으로 만들 수 있는지 연구하고 있어요.

40 대체로 사람은 태어날 때 이미 모든 뉴런을 지니고 있어요.

41 동물은 뇌의 특정 영역이 손상되면 재채기하는 능력을 잃을 수도 있어요.

42 뇌세포는 전기와 화학 물질을 써서 서로 의사소통해요.

43 뇌의 뉴런들은 거미집과 비슷하게 그물처럼 연결되어 있어요.

44 나이를 먹을수록 뇌의 뉴런 수는 줄어들지만, 남은 뉴런들 사이에 새로운 연결이 이루어질 수 있어요.

45 깨어 있는 상태에서 하는 각성 뇌 수술도 있어요. 수술하는 동안 환자와 의료진이 대화도 나누지요.

46 실핀의 작은 머리 위에 뉴런을 3만 개 이상 놓을 수 있어요.

47 2008년 영국 고고학자들은 놀라울 만치 잘 보존된 2500년 전의 사람 뇌를 발굴했어요. 추운 지역의 흙에 빨리 묻혔기 때문이에요.

48 우리 뇌에는 주름이 있어요.

49 우리 뇌에 있는 뉴런을 하나하나 세려면 3000년 넘게 걸릴 거예요.

50 성인의 뇌는 평균적으로 높이가 93밀리미터, 앞뒤 길이가 167밀리미터, 폭이 140밀리미터예요.

1 북부 오스트레일리아에서는 8월 첫째 주 월요일이 '**소풍의 날**'이에요. 이날은 야외에서 식사를 즐겨요.

2 1994년 투르크메니스탄에서는 8월 둘째 주 일요일을 멜론 기념일로 정했어요. 물론 이날의 이름은 '**멜론의 날**'이죠.

3 아이슬란드의 **토라블로트 겨울 축제**에서 지역 주민들은 바이킹의 삭힌 상어 고기 요리인 하우카르틀을 먹으며 즐겨요.

4 인도인들은 뱀을 기리는 힌두 축제인 **나가 판차미** 동안 뱀 구멍 옆에 우유가 가득한 그릇을 놓고 뱀을 기리는 사원에서 예배드려요.

5 로이 끄라통 축제 때 태국 사람들은 연꽃 모양의 작은 배에 불이 켜진 초를 꽂아 물에 띄워 보내거나 등을 하늘로 띄워요.

6 미국 시카고에서는 **성 패트릭의 날**을 기념하여 강을 성 패트릭의 상징색인 녹색으로 물들이는 행사를 40년 넘게 이어 오고 있어요.

7 미국 매사추세츠주 플리머스의 첫 **추수 감사절**은 3일 동안 계속되었고, 청교도 개척자들보다 아메리카 원주민들이 더 많이 참석했어요.

8 켈트족의 2000년 된 여름맞이 축제 **벨테인** 때 스코틀랜드 에든버러에서는 사람들이 몸을 붉거나 파랗게 칠해요. 불로 곡예도 하고, 횃불을 든 채 행진도 해요.

9 미국의 링컨 대통령은 시 『메리에겐 새끼 양이 있었네』를 쓴 사라 요제파 헤일의 제안을 받아들여 1863년에 **추수 감사절**을 국경일로 정했어요.

35가지 생각만 해도

10 12월 26일에 영국, 캐나다, 오스트레일리아, 뉴질랜드에서는 스포츠 경기를 보고, 쇼핑하고, 남은 크리스마스 음식을 먹으며 **박싱 데이**를 즐겨요.

11 캐나다의 **추수 감사절**은 10월 두 번째 월요일이에요.

12 핼러윈이 유래된 고대 켈트족의 **삼하인 축제**에서는 사람들에게 장난을 치고 속을 파낸 순무로 만든 등불을 내걸었어요.

13 멕시코인들은 죽은 자들의 날, 거리 축제에서 서로 축하하고 세상을 떠난 친척과 친구들이 가장 좋아하던 음식을 무덤으로 가져가 명복을 빌어요.

14 세계 여성의 지위 향상을 위한 날인 3월 8일 세계 여성의 날은 2022년에 114주년을 맞이했어요.

15 그라운드호그 데이는 굴에서 나온 마멋으로 봄을 예측하는 날이에요. 독일에서 미국으로 건너온 사람들은 마멋이 아닌 오소리로 예측했다고 해요.

16 태국에서는 세계 최대의 물싸움을 벌이며 음력설을 맞이해요. 축제에서 사람들은 물풍선, 양동이, 호스로 서로 물을 퍼부어요.

17 일본의 절에서는 섣달그믐 밤에 종을 108번 쳐요. 8번은 묵은해, 100번은 새해를 위해 치는 거예요. 몇 시간 뒤에 사람들은 첫 해돋이를 보려고 일어나요.

18 버뮤다 데이인 5월 24일은 전통적으로 버뮤다 사람들이 그해의 여름을 맞아 바다에서 수영하거나 배를 물에 띄우는 첫날이에요.

19 유대인의 명절인 유월절 때, 사람들은 자유를 상징하기 위해 비스듬히 누워 식사해요.

20 모든 유대교의 명절은 해가 질 때부터 시작돼요.

21 스웨덴에서는 부활절 전날, 소녀들이 마녀로 분장하고 문을 두드리며 사탕과 동전을 달라고 해요.

22 힌두교도들은 디왈리 축제 때 선이 악을 이기는 상징으로 촛불을 밝히고 불꽃놀이를 해요.

23 아프리카에서는 5월 25일을 아프리카의 날로 기념해요.

24 오스트레일리아에서 산타는 수상 스키를 타고 와요. 가나에서는 정글에서 나오죠.

25 이슬람의 성월인 라마단은 이슬람 음력으로 계산하기 때문에 해마다 날짜가 달라요. 봄, 여름, 가을, 또는 겨울이 될 수도 있어요.

26 라마단 기간에 어른들과 청소년들은 매일 해돋이부터 해넘이까지 먹지도 마시지도 않아요. 심지어 껌도 씹지 않아요.

27 해마다 192개 나라에서 10억 명 넘게 세계 최대의 비종교 행사인 지구의 날을 기념해요.

28 스웨덴과 핀란드의 국경일인 하지제는 북반구에서 1년 중 가장 긴 날인 하지를 기리는 날이에요.

즐거운 휴일에 관한 지식

29 중국 설날인 춘절에는 사람들이 재물을 상징하는 금색과, 행운의 상징인 빨간색으로 장식해요.

30 중국에서는 섣달그믐날에 음식을 많이 만들수록 다음 해에 더 많이 먹을 수 있다고 믿어요.

31 하누카 장난감 팽이인 드레이델에는 '위대한 기적이 그곳에 일어났다.'라고 써 있어요. 이스라엘에서는 '위대한 기적이 이곳에 일어났다.'로 써요.

32 2010년 12월 10일 벨기에에서 크리스마스트리에 19만 4672개의 불이 밝혀졌어요. 트리 한 그루에 불 많이 밝히기 세계 기록이죠.

33 스위트하트 사탕이 밸런타인데이를 기념해 1902년에 처음 새긴 문구는 "내 꺼 해 줘."와 "솔직해 줘."였고, 요즘은 "문자 해." 등이에요.

34 대한민국에서는 해마다 10월 9일 한글날에 세종 대왕의 한글 창제를 기려요.

35 많은 에스파냐 어린이가 1월 6일에야 크리스마스 선물을 받아요. 그날은 동방 박사가 선물을 가져와 예수를 만났다는 공현절이에요.

*지금까지 배운 지식은 3,355가지!

호기심을 풀어 줄 15

❶ **조로증**을 치료할 약은 아직 없어요. 조로증은 어린 사람이 **일찍 나이를 먹는** 희귀한 병으로 **열두 살 무렵이면 노인처럼 보여요.**

❷ **인도의 한 연구소**는 **소똥과 오줌**으로 약을 개발했어요.

❸ 고대 이집트 사제들은 눈병을 치료할 때 **사람의 뇌와 꿀**을-아마 **동물 똥**도 약간-섞은 연고를 발랐어요.

❹ 점점 늘어나는 **주름이 마음에 안 드는** 사람들은 **보툴리눔, 즉 보톡스** 주사를 맞곤 해요. 보톡스는 신경에 작용하는 아주 강한 신경 독소로, 다시 말해 **독**이에요.

❺ **고대 중국에서** 누군가 **열**이 나면, 의사가 **뜨거운 지렁이 탕**을 처방했을 거예요.

❻ 의사의 상징인 **카두세우스**는 **날개 달린 지팡이를 뱀 두 마리가 엇갈려 감은 모양**이에요. 의술을 알려 주는 **그리스 신 헤르메스**를 나타내요.

❼ 그리스의 의학자이자 의학의 아버지로 불린 **히포크라테스**는 **식단과 운동이 건강에 중요**하다고 여겼어요. 이 그리스 의사는 **평온하게 잘 쉬라고** 권했지요.

❽ 1500년대 유럽에서는 으레 **구더기를 상처에 넣어서** 감염을 치료하곤 했어요. 구더기, 즉 파리 애벌레는 괴사한 조직을 먹어 치우고, **건강한 조직은 놔뒀어요.** 이 치료법은 지금도 쓰여요.

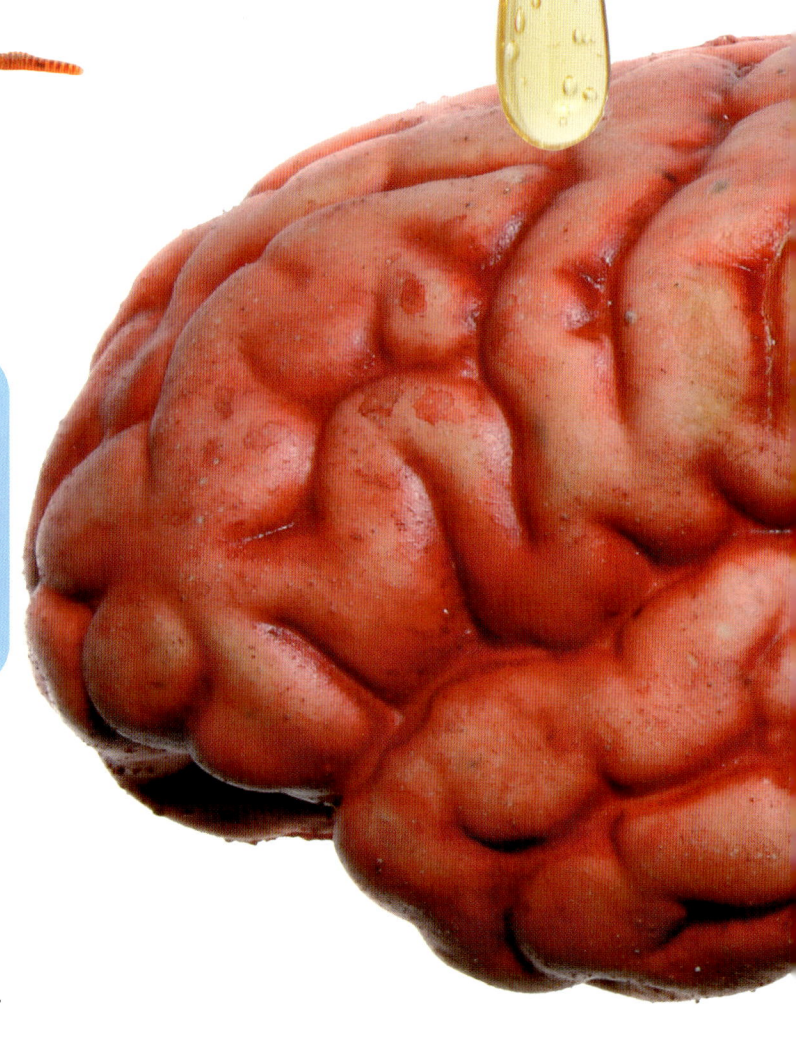

※ 지금까지 배운 지식은 3,370가지!

가지 약에 관한 지식

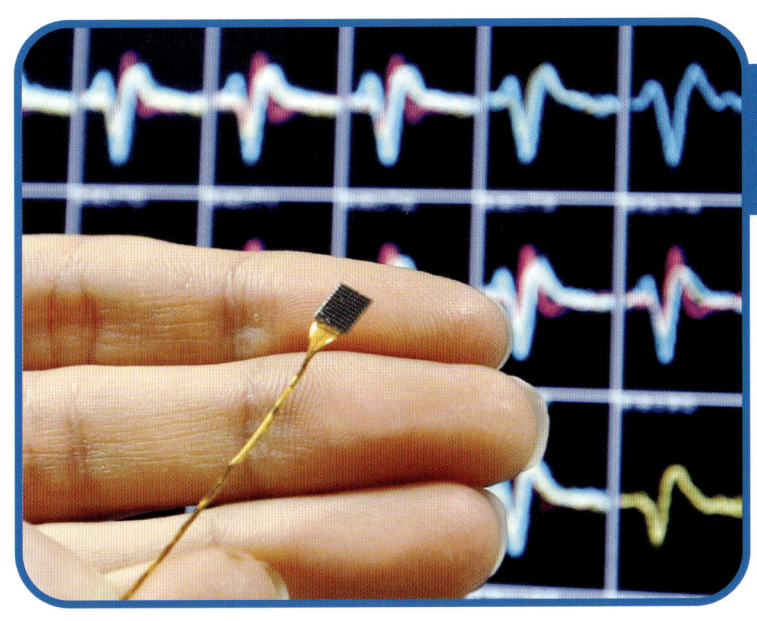

❾ 과학자들은 **마비된 사람의 뇌에 이식할 수 있는 컴퓨터 칩을** 개발해 왔어요. 칩을 이식받은 환자는 **생각만으로** 컴퓨터에 신호를 보낼 수 있어요.

❿ 의사가 처방하는 약 중에는 **별난 부작용을 일으키는 것**도 있어요. 방광의 감염을 치료하는 어떤 약은 **오줌을 파란색으로** 만들고, 야뇨증을 치료하는 어떤 약은 **오줌을 녹색**으로 만들 수 있어요.

⓫ 일부 의사는 **주사를 맞은 부위를 진동시키는 도구**를 써요. 그러면 **환자는 감각에 혼란을 느껴서** 주사 맞은 부위가 덜 아프지요.

⓬ 거의 **400년 전,** 한 영국 의사는 우리 몸에서 **피가 어떻게 순환하는지**를 발견했어요. 당시 의사들은 간에서 음식으로 피를 만든다고 생각했어요.

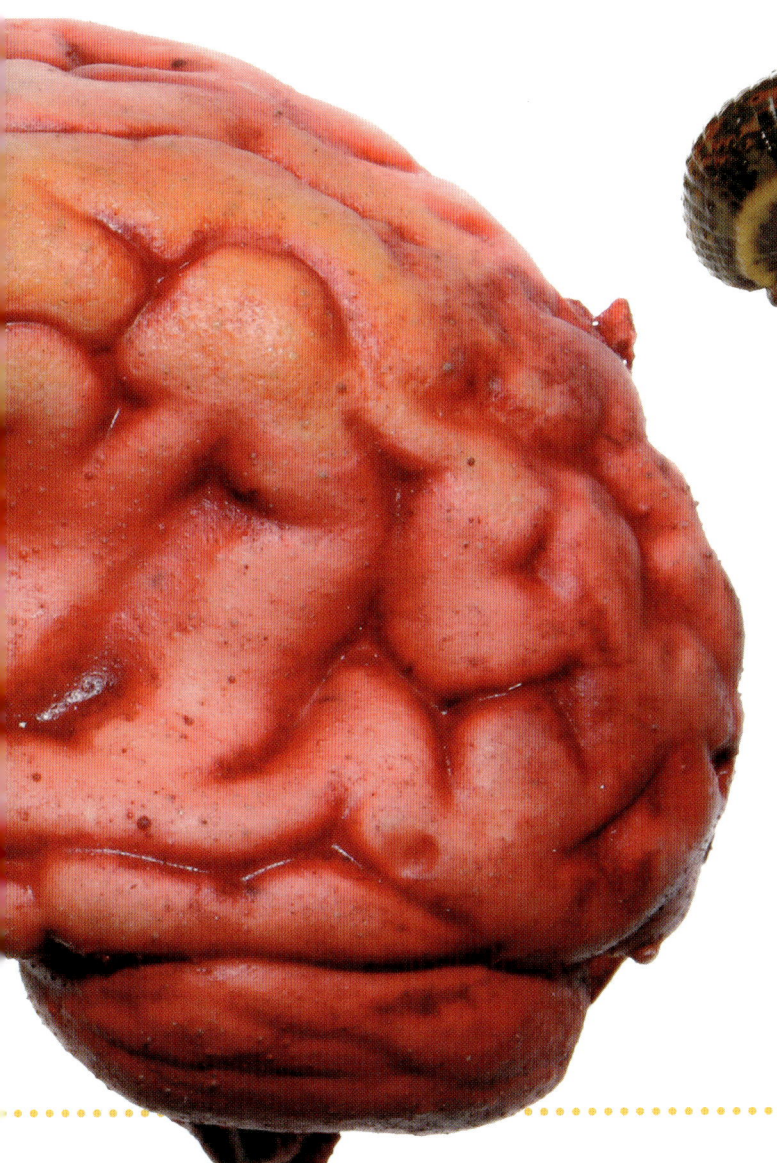

⓭ 1800년대 유럽 의사들은 환자에게 **피를 빠는 거머리를 붙여서** 치료했어요. 한 번에 **거머리 100마리**가 환자의 피를 빨기도 했지요!

⓮ 일부 아메리카 원주민 부족은 **뱀이 배앓이를 일으킨다**고 생각했어요. 그래서 치료사는 **주술 지팡이를 뱀 모양으로** 만들곤 했어요.

⓯ 가장 **감염성이 강한 질병은 감기예요. 약 100가지 바이러스**가 감기를 일으킬 수 있지만, 치료 약은 없어요.

145

25가지 신기한

1 황새치는 치타가 달리는 것만큼 빠르게 헤엄칠 수 있어요.

2 타조의 알은 성체 몸무게의 2퍼센트도 안 돼요.

3 벌새는 1초에 자기 몸길이의 385배를 날 수 있어요. 전투기도 1초에 자기 길이의 150배밖에 못 날아요.

4 일부 개구리는 자기 몸길이의 20배 이상 뛸 수 있어요.

굴뚝새의 알은 성체 몸무게의 13퍼센트쯤 돼요.

5 제왕나비의 이주 거리는 4506킬로미터에 달하는데, 사람이라면 지구를 걸어서 11바퀴 도는 것과 다름없어요.

6 나비는 종이 클립보다 가벼워요.

7 바다거북은 물소만큼 무거워질 수 있어요.

8 공룡은 인간보다 800배 더 긴 기간을 살았어요.

9 바다의 평균 깊이는 에펠탑 12개를 층층이 쌓은 것과 비슷해요.

10 홍학은 새 중에서 몸집에 비해 가장 긴 다리를 지녀요.

11 해왕성의 1년은 지구의 약 165년이에요.

12 몇몇 거대한 해파리는 촉수 길이가 축구장 길이의 3분의 1만 해요.

비율에 관한 지식

13 키위는 닭만 한 새인데 자기보다 키가 3배는 더 크고 몸무게가 20배는 더 나가는 새인 에뮤의 알과 크기가 거의 똑같은 알을 낳아요.

14 눈표범은 한 번에 13.72미터를 뛸 수 있어요. 혹등고래의 몸길이만큼 뛰어요.

15 큰 고양이류는 냄새를 맡는 후각이 사람보다 20배 더 뛰어나요.

16 사람이 1.52미터 거리에서 볼 수 있는 것을 매는 6.1미터 떨어진 곳에서도 볼 수 있어요.

17 토끼는 사람보다 혀에 맛봉오리가 거의 2배 많아요.

18 인체는 대략 60퍼센트가 물이에요.

19 지표면의 약 70퍼센트는 물로 덮여 있어요.

20 우주의 95퍼센트 이상은 우리 눈에 보이지 않아요.

21 태양은 태양계 질량의 99.8퍼센트를 차지해요.

22 현재 세계에서 가장 큰 사람은 키가 250센티미터예요. 현재 가장 작은 사람보다 4배 더 커요.

23 사람과 민달팽이는 유전자의 50퍼센트 이상이 같아요.

24 지구 생물의 80퍼센트는 곤충이에요.

25 오랑우탄이 팔을 양쪽으로 쫙 뻗었을 때의 길이는 자기 몸길이보다 더 길어요.

*지금까지 배운 지식은 3,395가지!

❶ 미국 스미스소니언 국립 자연사 박물관에서 800여 명이 실과 비닐봉지, 카세트테이프로 산호를 흉내 낸 조각을 4000개 넘게 만들어 거대한 산호초 예술 작품이 완성되었답니다.

❷ 산호초의 구성단위인 폴립은 아기의 손톱보다 작아요.

❸ 산호초는 살아 있고, 자세포로 먹이를 잡아요.

❹ 엽산호는 거대한 비행접시 모양이에요.

❺ 줄무늬독나벳도라치는 다른 어류의 점액을 먹어요.

❻ 이스라엘에는 홍해의 산호초를 보며 식사할 수 있는 수중 식당이 있어요.

❼ 카리브해의 수천 킬로미터에 달하는 산호초는 지역 주민과 관광객에게 음식과 관광 거리를 제공해요.

❽ 전 세계 산호초의 총면적은 약 25만 6000제곱킬로미터예요. 그리스보다 약 2배 더 크지요.

❾ 산호초가 햇빛을 반사하고 수심도 더 얕아서, 하늘에서 보면 산호초 부근은 주변 바다보다 더 옅은 색을 띠어요.

❿ 산호초는 바다의 우림이라고 해요. 다양한 종이 살고 있다는 뜻이죠.

⓫ 그레이트배리어리프는 우주에서 보일 만큼 커요.

⓬ 산호초는 해마다 전 세계에 300억 달러의 경제적 혜택을 제공해요.

⓭ 수심 500미터에서 자라는 심해 산호도 있어요.

⓮ 산호초의 모든 틈새에 동물이 숨어 있어서 빈 곳을 찾기 어려울 정도예요.

⓯ 독을 지닌 바다뱀은 산호초에서 동물들을 잡아먹지만, 숨을 쉬려면 수면으로 올라가야 해요.

⓰ 미국 라스베이거스주에는 화려한 산호가 가득한 7만 5700리터 규모의 아쿠아리움을 자랑하는 호텔이 있어요.

⓱ 커다란 뇌산호는 지름 2미터까지 자라고, 100년을 살 수도 있어요.

⓲ 큰양놀래기는 2미터까지 자라요.

⓳ 오스트레일리아의 한 과학자는 100종이 넘는 산호를 발견했어요.

⓴ 영국 탐험가 제임스 쿡 선장은 그레이트배리어리프를 발견했어요. 배가 부딪쳐서 좌초되는 바람에요.

㉑ 퀸즐랜드그루퍼는 냉장고만큼 클 수도 있어요.

㉒ 사탕처럼 보여서 사탕산호라고 불리는 종도 있지만, 먹지 마세요!

㉓ 버뮤다의 섬들과 바하마 연방의 국토는 사실 오래된 산호초예요.

㉔ 인도양 한가운데 있는 한 산호초에는 미국 해군 기지가 있어요.

㉕ 그레이트배리어리프는 긴 산호초 하나가 아니라, 3000개 넘는 산호초로 이루어진 군집이에요.

㉖ 열대 산호초의 3분의 2는 사라질 위험에 처해 있어요.

㉗ 모든 어류 종의 4분의 1은 산호초와 그 주변에 살아요.

㉘ 죽은사람손가락산호는 통통한 손가락들처럼 생겼어요.

㉙ 항아리해면은 어린이가 들어갈 수 있을 만큼 아주 커요.

㉚ 산호초 면적은 지표면의 1퍼센트도 안 돼요.

㉛ 산호초의 화학 물질은 약에 쓰여요.

㉜ 산호초가 번성하려면 햇빛이 바닥에 닿을 정도로 물이 맑아야 해요.

㉝ 산호초는 따뜻한 물을 좋아하지만, 너무 높은 수온은 좋아하지 않아요. 더우면 산호도 스트레스를 받거든요.

㉞ 산호로 만든 목걸이와 반지도 있지만 산호초 보호를 위해서 더 이상 팔지 않으려는 보석상도 있어요.

㉟ 애니메이션 「니모를 찾아서」의 한 장면을 위해서 디자이너들은 산호를 1만 2996개 그렸어요.

㊱ 산호 폴립은 하나의 구멍으로 먹이를 빨아들이고 노폐물을 내보내요.

㊲ 산호의 색깔은 몸속에 어떤 조류가 사는지에 따라 달라져요.

㊳ 피지에는 산호초가 보이는 물속 객실을 갖춘 고급 리조트도 있어요.

㊴ 곰치는 산호초 틈새에서 머리만 내밀고 있다가 어둑하면 사냥하러 나와요.

㊵ 1930년대에 고무 마스크가 나오자 잠수해서 산호초를 탐사할 수 있었어요.

㊶ 산호초 주변 해안에 있는 맹그로브 숲은 산호초 안에 사는 어류들에게 중요한 육아실 역할을 해요.

㊷ 오스트레일리아에서는 수면 가까이 암초처럼 뾰죽 솟아오른 산호초를 '보미(bommie)'라고 해요.

㊸ 파랑비늘돔이 산호를 먹고 내놓은 배설물은 하얀 모래가 되어요.

㊹ 바다에서 가장 독성이 강한 동물인 상자해파리는 그레이트배리어리프가 터전이에요. 사람은 이 촉수에 한 번 닿기만 해도 죽을 수 있어요.

㊺ 오스트레일리아의 해양 안전 요원은 상자해파리에게 쏘이지 않도록 레깅스를 입는다고 해요.

㊻ 홍학혀개오지붙이라는 화려한 고둥은 카리브해 산호초에 살아요. 외투막에 표범 무늬가 있는데, 종종 외투막으로 껍데기를 다 감싸고는 해요.

㊼ 매부리바다거북은 산호를 먹어요.

㊽ 독 가시를 지닌 쏠배감펭은 때로 잠수부도 위협하곤 해요.

㊾ 산호초는 태평양에 가장 많아요.

㊿ 스노클링은 산호초를 구경하는 좋은 방법이에요. 하지만 산호를 건드리면 안 돼요. 군체가 다 죽을 수도 있으니까요.

75가지 아름다운 산호초에 관한 지식

� 갯민숭달팽이는 색이 화려하고 껍데기가 없는 연체동물이에요. 선명한 색깔은 독이 있다고 알리는 신호예요.

� 무늬바리는 어릴 때는 암컷이었다가 나중에 수컷으로 바뀌어요.

㉝ 산호초는 109개 국가의 해안에서 발견돼요.

㉞ 미국 플로리다주 키라고의 수중 호텔은 스쿠버 다이빙으로 들어가요.

㉟ 바다거북은 산호초에 살면서 주변의 모래 해안에 알을 낳아요. 모래 온도에 따라서 새끼의 성별이 결정돼요.

㊱ 인도양의 섬나라 몰디브의 수도인 말레는 산호섬이에요.

㊲ 그레이트배리어리프에는 12미터 길이의 고래상어도 있고, 8밀리미터에 불과한 스타우트 인펀트피시도 살아요.

㊳ 미국은 태평양의 한 환초에서 핵무기 실험을 했어요.

㊴ 회초리산호는 곧게 자라기도 하고, 말아 놓은 채찍처럼 자라기도 해요.

㊵ 대왕조개의 '입술'에는 조개에게 먹이를 제공하는 조류 텃밭이 있어요.

㊶ 해마는 1킬로미터를 이동하는 데 2.5일이 걸려요.

㊷ 흰동가리는 말미잘의 촉수 틈에서 지내지만 말미잘의 침에 찔리지 않아요.

㊸ 미국 유타주 코럴핑크샌드듄스 주립공원에 분홍색 산호모래 언덕이 있어요.

㊹ 산호초는 건물을 파도와 폭풍으로부터 보호해요.

㊺ 두바이에는 바닷물 1000만 리터에 산호초가 있는 아쿠아리움이 있어요.

㊻ 산호 폴립과 말미잘은 친척이에요.

㊼ 지도청자고둥의 독은 사람도 죽일 수 있어요. 하지만 채집가들은 이 흑백색의 껍데기를 무척 좋아해요.

㊽ 대왕조개는 개체마다 색깔이 달라요.

㊾ 일부 해삼은 끈적거리는 실을 뿜어내서 적을 꼼짝 못 하게 해요.

㊿ 갑오징어는 검정, 노랑, 빨강, 줄무늬 등으로 몸 색깔을 다양하게 바꿔요.

㉛ 불산호가 피부에 닿으면 타는 듯이 아프고 빨간 발진이 생겨요.

㉜ 산호초의 물고기들은 저마다 맡은 일이 있어요. 그래서 산호초 전체가 하나의 도시처럼 움직이지요.

㉝ 말미잘의 입은 침을 쏘는 촉수로 둘러싸여 있어요.

㉞ 새가 나무에 살듯이, 망둑어는 부채산호에 살아요.

㉟ 인도양 북부 안다만해의 산호초에는 멸종 위기인 바다거북들이 살고 있어요.

*지금까지 배운 지식은 3,470가지!

35가지 아프리카에

1 아프리카에서 쓰이는 **언어는 2000개가** 넘어요.

2 **만칼라**, 또는 칼라라는 보드게임은 아프리카에서 시작되었어요.

3 **나미브 사막**에서 가장 오래된 모래 언덕은 최소 3만 4000년이 되었어요.

4 르완다에서 **10명 중 9명**은 농부예요.

5 케냐의 수도인 나이로비는 마사이어로 '**찬물**'이란 뜻이에요.

6 세계의 **금과 다이아몬드** 대부분은 아프리카의 광산에서 나와요.

7 리비아 아지지야에서 1922년에 기록된 섭씨 **58도**는 한때 지구에서 가장 뜨거운 기온으로 알려졌어요.

8 초콜릿의 원료인 카카오 콩은 아프리카에서 전 세계 수요량의 **68퍼센트가** 생산돼요.

9 **응고롱고로 분화구**는 물이 고이지 않은 지구 최대의 칼데라(화산 폭발 후 함몰되어 생긴 분지) 지형이에요.

10 지부티 공화국의 타주라만은 **고래상어가** 해마다 11월부터 1월까지 플랑크톤을 먹으러 찾아오는 곳이에요.

11 리비아는 **자연에 강이 없는** 19개 나라 중 하나예요.

12 에티오피아의 랄리벨라에는 **바위를 조각해서 만든 암굴 교회**가 모여 있어요.

13 아프리카 대륙의 **40퍼센트** 이상은 초원이에요.

14 지구에서 채굴된 **금의 절반 이상**이 남아프리카 공화국 요하네스버그 근처의 광산에서 나왔어요.

15 **노벨 평화상**을 받은 아프리카의 지도자는 모두 13명이에요.

16 **사바나얼룩말**은 떼를 지어 탄자니아와 케냐를 거쳐 시계 방향으로 480킬로미터 넘게 이동해요.

17 아프리카 동쪽 해안의 **잔지바르**는 섬 전체가 산호로 이루어져 있어요.

18 가장 빠른 **육지 동물 5마리 중 4마리**가 아프리카에 살고 있어요.

19 마다가스카르에는 **여우원숭이**가 100여 종이나 있어요.

20 남아프리카 공화국 사람들은 **부레보르스**라는 매운 소시지를 즐겨 먹어요.

21 나미비아는 1990년에 독립했고, 남수단은 2011년에 독립했어요. 이들 두 나라는 **최근에 독립한** 아프리카 국가들이에요.

22 세계에서 가장 큰 **골리앗개구리**는 카메룬과 적도 기니에 살아요.

23 아프리카는 두 번째로 큰 대륙이에요. **가장 큰 대륙은 아시아**이지요.

24 이름에 '**아프리카**'가 들어간 나라는 두 곳이에요. 중앙아프리카 공화국과 남아프리카 공화국이지요.

(25) 아프리카에서 가장 높은 산인 **킬리만자로산**은 해발 5895미터예요. 대략 성체 **기린 1018마리**를 쌓아 올린 높이와 같지요.

(26) 보츠와나의 **오카방고 삼각주**는 우주에서도 보여요.

(27) **사하라 사막**은 **11개국**에 걸쳐 있어요.

(28) 나이지리아에서는 **걸으면서 음식을 먹으면 무례**하다고 여겨요.

(29) 아프리카 서해안에는 **'해골 해안'**으로 불리는 지역이 있어요. 고래 뼈와 난파선의 잔해가 자주 발견되거든요.

대한 놀라운 지식

(30) 수백만 년 전에 아프리카는 인도, 남아메리카, 오스트레일리아, 남극을 포함하는 **곤드와나**라는 거대한 대륙의 일부였어요.

(31) 남아프리카 공화국에서 수영장을 청소하는 **진공청소기**가 발명되었어요.

(32) **레소토**는 아프리카 대륙의 작은 나라예요. 대한민국 경상북도와 경상남도를 합한 넓이와 비슷해요.

(33) **피라미드**로 유명한 나라는 이집트지만, 사실 피라미드는 수단에 더 많아요. 단지 크기가 작을 뿐이죠.

(34) 아프리카는 지구 육지 표면의 **20퍼센트**를 차지해요.

(35) 세계에서 **네 번째로 큰 섬**인 마다가스카르는 아프리카 동부 해안에 있는 나라예요.

아프리카코끼리

* 지금까지 배운 지식은 3,505가지!

100가지 복슬복슬한 포유류에 관한 지식

슈가글라이더

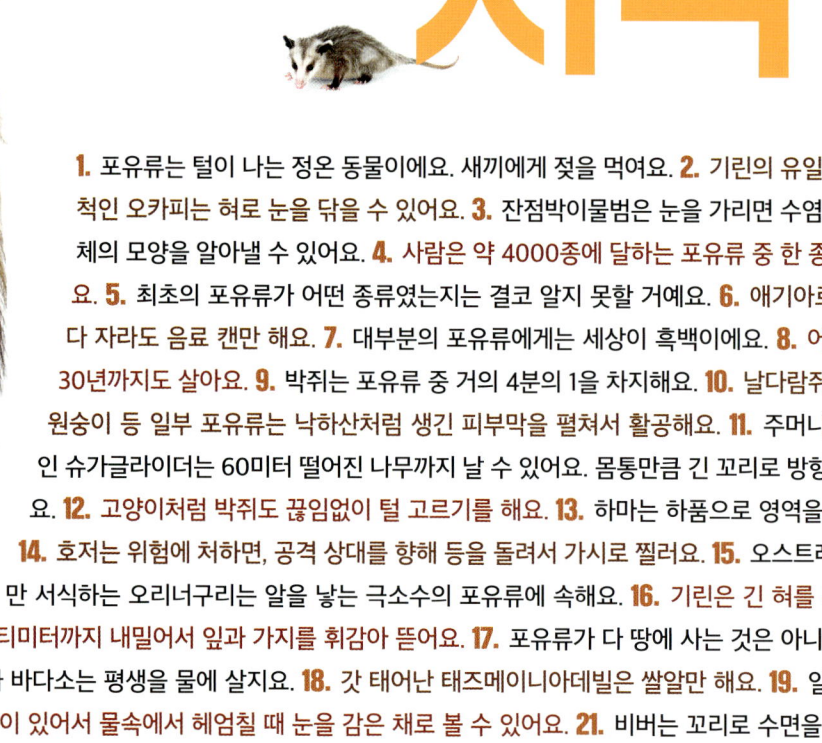
사자

1. 포유류는 털이 나는 정온 동물이에요. 새끼에게 젖을 먹여요. 2. 기린의 유일한 현생 친척인 오카피는 혀로 눈을 닦을 수 있어요. 3. 잔점박이물범은 눈을 가리면 수염을 써서 물체의 모양을 알아낼 수 있어요. 4. 사람은 약 4000종에 달하는 포유류 중 한 종에 불과해요. 5. 최초의 포유류가 어떤 종류였는지는 결코 알지 못할 거예요. 6. 애기아르마딜로는 다 자라도 음료 캔만 해요. 7. 대부분의 포유류에게는 세상이 흑백이에요. 8. 어떤 박쥐는 30년까지도 살아요. 9. 박쥐는 포유류 중 거의 4분의 1을 차지해요. 10. 날다람쥐와 날여우원숭이 등 일부 포유류는 낙하산처럼 생긴 피부막을 펼쳐서 활공해요. 11. 주머니쥐의 일종인 슈가글라이더는 60미터 떨어진 나무까지 날 수 있어요. 몸통만큼 긴 꼬리로 방향을 조종해요. 12. 고양이처럼 박쥐도 끊임없이 털 고르기를 해요. 13. 하마는 하품으로 영역을 주장해요. 14. 호저는 위험에 처하면, 공격 상대를 향해 등을 돌려서 가시로 찔러요. 15. 오스트레일리아에만 서식하는 오리너구리는 알을 낳는 극소수의 포유류에 속해요. 16. 기린은 긴 혀를 무려 30센티미터까지 내밀어서 잎과 가지를 휘감아 뜯어요. 17. 포유류가 다 땅에 사는 것은 아니에요. 고래와 바다소는 평생을 물에 살지요. 18. 갓 태어난 태즈메이니아데빌은 쌀알만 해요. 19. 일부 포유류는 갓 태어났을 때는 앞을 못 봐요. 20. 비버는 투명한 눈꺼풀이 있어서 물속에서 헤엄칠 때 눈을 감은 채로 볼 수 있어요. 21. 비버는 꼬리로 수면을 마구 쳐서 포식자에게 경고를 보내요. 22. 갓 태어난 바다소는 무게가 커다란 개만 해요. 23. 말코손바닥사슴은 힘도 세고 빨라요. 늑대 무리의 공격을 받을 때 90퍼센트는 달아나요. 24. 아메리카피그미뒤쥐는 몸길이가 5센티미터이고, 무게는 4.5그램 이하예요! 25. 고래는 약 6000만 년 전 땅에서 살았던 포유류에서 진화했

어요. 앞다리는 지느러미발로 진화했고 뒷다리는 사라졌어요. 다리뼈 자체는 작게 남아 있지만요. **26.** 코끼리의 뇌는 무게가 3.6킬로그램이에요. 사람의 뇌는 1.4킬로그램이지요. **27.** 다람쥐는 30센티미터 두께로 쌓인 눈 속의 견과를 찾을 수 있을 만큼 후각이 뛰어나요. **28.** 아프리카코끼리는 귀 하나의 무게가 45킬로그램에 달할 수도 있어요. **29.** 스컹크는 2.7미터 떨어진 상대에게도 악취 물질을 뿜을 수 있어요. **30.** 코요테는 발가락 사이에 영역을 표시하는 데 쓰는 냄새 물질을 분비하는 샘이 있어요. **31.** 프레리도그들은 서로 마주치면, 상대가 어느 집단에 속하는지를 알기 위해 입맞춤을 해요. **32.** 호저는 물에 뜰 수 있어요. **33.** 혹멧돼지의 영어 이름(warthog)은 사마귀돼지라는 뜻이지만 사마귀는 안 났어요. **34.** 포유류는 소리를 잘 듣게 돕는 작은 뼈들이 귀에 있어서 다른 동물들보다 더 잘 들어요. **35.** 큰개미핥기는 하루에 개미와 흰개미를 3만 5000마리까지도 먹어요. **36.** 세계에서 가장 큰 현생 설치류인 카피바라는 무게가 64킬로그램까지 나가지만, 훨씬 작은 기니피그의 가까운 친척이에요. **37.** 고양이는 호랑이처럼 발톱을 숨길 수 있어요. 닳을까 봐 보호하는 거예요. **38.** 두발가락나무늘보는 하루에 15~18시간을 자요. 깨어 있을 때도 많이 돌아다니지 않아요. 1분에 1.8~2.4미터를 가는 속도로 나무를 기어올라요. **39.** 남아메리카에서 가장 큰 고양이인 재규어는 야행성이에요. **40.** 웜뱃은 먹이를 소화하는 데 14일까지 걸려요. 사람은 1~3일 걸리지요. **41.** 웜뱃은 오스트레일리아에 살고, 오소리만 한 유대류예요. **42.** 대왕판다처럼 레서판다도 대나무를 먹어요. 얼굴이 미국너구리를 닮고 판다의 친척이라서 너구리판다라고도 하지요. 하지만 사실은 별도의 과에 속한다고 여겨져요. **43.** 레서판다는 히말라야 동부와 중국 남부에 살아요. **44.** 게잡이물범은 게를 먹지 않아요! 특수한 이빨을 써서 물속의 크릴을 걸러 먹어요. **45.** 누는 해마다 먹이를 찾아서 아프리카 세렝게티 평원을 1450킬로미터 넘게 가로질러요. 최대 50만 마리까지 무리 지어 이동하지요. **46.** 고양이는 대부분 발가락이 18개이지만, 캐나다의 한 고양이는 28개예요! **47.** 하이에나는 청소동물이에요. 다른 동물이 잡아먹고 남긴 사체를 먹지요. 점박이하이에나는 동물의 모든 부위를 먹어 치울 수 있어요. 뼈까지도요. **48.** 페넥여우(사막여우)는 귀가 몸길이의 약 3분의 1이 될 만큼 커요. 그래서 청력이 좋을 뿐 아니라, 체온을 내리기도 좋아요. **49.** 순록은 50마리까지 무리를 지어서 이동해요. **50.** 순록은 암수 모두 뿔이 있는 유일한 사슴 종이에요. 수컷은 뿔 길이가 130센티미터에 달하기도 해요. **51.** 호랑이는 사자의 가장 가까운 친척이에요. 사자와 호랑이는 털을 모두 깎아 내면 생김새가 아주 비슷해서, 전문가만이 누가 사자이고 호랑이인지 구별할 수 있어요. **52.** 사자가 울부짖는 소리는 8킬로미터 떨어진 곳에서도 들려요. **53.** 퓨마는 산사자나 쿠거라고도 하는데, 자기 몸무게의 7배나 되는 동물도 잡을 수 있어요. **54.** 스라소니는 귀 끝에 털이 삐죽 나요. 수염처럼 사물을 느끼는 데 쓸 수도 있어요. **55.** 한번은 골든리트리버 한 마리가 테니스공 6개를 한꺼번에 입에 물어 세계 기록을 세웠어요. **56.** 미국에는 아기보다 개가 더 많아요. **57.** 낙타는 지방을 충분히 저장하지 못하면, 혹이 처져요. **58.** 기린의 심장은 길이가 60센티미터쯤 돼요! **59.** 하마는 고래의 가까운 친척이에요. **60.** 하마는 아무것도 안 먹고 3주까지 버틸 수 있어요. **61.** 미국 캔자스주의 말 한 마리는 갈기 길이로 세계 기록을 세웠어요. 381센티미터였어요. **62.** 북극여우의 털은 계절에 따라 색이 바뀌어요. 겨울에는 흰색, 여름에는 갈색이에요. **63.** 숫양들은 때로 24시간 동안 계속 박치기하며 싸우곤 해요! **64.** 늑대는 대개 4~7마리가 무리를 지어 살아요. **65.** 사자나 호랑이, 재규어 같은 큰 고양이류는 울부짖을 수 있어요. 작은 고양이류는 으르렁댈 수 없어요. **66.** 산양은 높은 산에서 바위를 타는 쪽으로 적응한 발굽 동물이에요. 전 세계에는 비슷한 생활 습성을 갖춘 발굽 동물들이 여러 종 있어요. **67.** 아이아이와 여우원숭이는 아프리카의 섬인 마다가스카르에만 살아요. **68.** 울버린은 족제비과에 속하고, 눈 속에서 빨리 달리기 좋게 다리가 짧고 발이 넓적해요. 먹이를 찾아서 하루에 반경 24킬로미터까지 돌아다녀요. **69.** 구름무늬표범은 꼬리가 몸통만큼 길어서, 나뭇가지를 거꾸로 기어 내려올 때 도움을 받아요. **70.** 고슴도치는 등에 가시가 3000~5000개쯤 있어요. **71.** 고슴도치는 위협을 받으면, 몸을 공처럼 말아서 부드러운 배를 보호해요. **72.** 돼지는 진흙에 구르지만, 가장 깨끗한 가축 중 하나예요(진흙 목욕으로 화상을 피하고 세균을 떨굴 수 있거든요). **73.** 사자는 암컷이 수컷보다 더 빠르고 더 사냥을 잘해요. **74.** 소는 하루에 4~6시간 동안 먹이를 먹고 되새김질해요. **75.** 말코손바닥사슴의 뿔은 폭이 1.8미터를 넘기도 해요. **76.** 세상에는 소와 양이 각각 10억 마리쯤 있어요. **77.** 지구 인구 70억 명을 거대한 저울에 올릴 수 있다면, 3억 1700만 톤에 달할 거예요. **78.** 칠레 고유종인 친칠라는 털이 아주 부드럽고, 반려동물로 기르곤 해요. 야생에는 수천 마리밖에 없어요. **79.** 벌거숭이두더지쥐는 털이 거의 없고 회색이나 분홍색 피부에는 주름이 가득해요. 커다란 앞니로 땅에 굴을 파요. **80.** 미국 가정 중 약 30퍼센트는 고양이를 키워요. 약 40퍼센트는 개를 키우지요. **81.** 16세기에 어느 왕가는 치타를 길들여서 가젤을 사냥했어요. **82.** 막 태어난 기린은 키가 1.8미터예요. **83.** 사람처럼 코알라도 저마다 지문이 독특해요. **84.** 캥거루는 뒤로 걸을 수 없어요. **85.** 코알라는 하루에 20시간까지도 자요. **86.** 대부분의 집고양이와 달리, 호랑이는 물을 좋아해요. **87.** 벌꿀오소리는 꿀을 먹는 것이 아니라 벌집에 있는 애벌레를 먹어요. 피부가 두꺼워서 벌침을 견딜 수 있어요. **88.** 가지뿔영양은 태어난 지 한 시간 뒤에 걸을 수 있어요. **89.** 점박이하이에나는 초조하거나 흥분하면 사람의 웃음소리처럼 들리는 소리를 내요. **90.** 베트남의 포트벨리돼지는 냄새를 잘 맡기 때문에 마약 탐지에 동원되기도 했어요. **91.** 매치나 무타기캥거루는 생애 대부분을 나무 위에서 잎을 먹으면서 보내요. **92.** 사향소 무리는 포식자에게 위협을 받으면, 새끼 주위로 둥글게 모여서 맞서요. **93.** 사향소는 무게가 408킬로그램에 달하며, 북극 지방에서 풀과 지의류를 먹으며 살아요. **94.** 북극곰은 바깥 털이 아주 빽빽해서 속 털은 항상 마른 상태로 유지돼요. **95.** 토끼는 이빨이 평생 계속 자라요. **96.** 북극곰은 32킬로미터 떨어진 얼음 위에 있는 물범 냄새를 맡을 수 있어요. **97.** 그라운드호그, 우드척, 마멋은 같은 동물을 가리키는 말이에요. **98.** 주머니쥐는 몇 시간까지도 죽은 척을 하곤 해요. **99.** 몇몇 캥거루는 점프 한 번에 자기 몸길이의 5배 거리까지 뛸 수 있어요. **100.** 주머니개미핥기는 끈적거리는 긴 혀로 흰개미를 잡아먹어요. 하루에 수만 마리를 먹을 수 있어요.

토끼

✱ 지금까지 배운 지식은 3,605가지!

1 유럽 정착민들은 1600년대에 꿀벌을 아메리카에 들여왔어요.

2 미국인은 2010년에 약 **18만 6000톤**의 꿀을 소비했어요. 2021년에는 약 28만 톤을 소비했고요.

3 꿀벌은 **뒷다리에 있는 바구니 같은 구조**에 꽃가루를 담아서 옮겨요.

4 꿀벌은 **주둥이**라는 **긴 관**을 써서 꽃꿀을 빨아요.

5 꿀벌은 **깔끔쟁이에요. 알이 든 방** 하나를 일벌 15~30마리가 40분에 걸쳐 **청소해요.**

6 저장된 꽃꿀에서 물이 증발하고 남은 것이 **벌꿀**이 돼요.

7 꿀벌은 굶주린 곤충 애벌레에게서 식물을 보호할 수도 있어요. 애벌레는 벌이 **윙윙거리는 소리에 겁을 먹어요.**

8 꿀벌은 대개 **노란색과 파란색, 자주색**의 꽃을 자주 찾아요.

9 벌꿀 0.45킬로그램을 만들 만큼 **꽃꿀을 모으려면** 벌은 꽃과 집 사이를 약 1000만 번 오가야 해요.

10 꽃꿀을 갖고 돌아온 꿀벌은 꿀을 집에서 일하는 일벌의 입으로 **게워 내요.** 일벌은 그 꿀을 먹거나 벌집에 저장하지요.

11 **보모 벌**은 하루에 1000번 넘게 각 유충을 살펴요.

12 다른 벌집에서 **꿀을 훔치려는 꿀벌**도 있어요.

13 꿀벌은 **춤으로 대화해요.** 춤을 추는 속도와 그리는 모양으로 꽃이 있는 거리와 방향을 알리지요.

14 **다 자란** 일벌은 길이가 **15밀리미터**예요.

15 꿀벌은 **남극 대륙**을 제외한 모든 대륙에 **살아요.**

16 **살인벌**은 두 꿀벌의 잡종인데, 보통 꿀벌보다 침이 더 **독한 것**이 아니에요. 더 공격적일 뿐이에요.

17 여왕벌은 벌집에 있는 다른 벌들의 **행동을 이끄는 화학 물질을 분비**해요.

18 벌집이 너무 더워지면, 일벌들은 여왕 주위에 모여서 **날개를 쳐서** 시원한 바람을 일으켜요.

19 벌에 쏘인 사람 중에서 **심한 알레르기 반응**인 아나필락시스를 일으키는 사람은 **3퍼센트**에 불과해요.

20 인류가 **꿀을 먹기 시작**한 것은 3000년이 넘어요.

21 미국에서 가장 많은 꿀이 나는 노스다코타주에서 2010년에 2만 1000톤이 생산되었어요. **대왕고래 128마리**의 무게와 비슷하지요.

22 꿀벌은 **배에서 나오는 밀랍**으로 벌집에 육각형 방을 만들어요.

23 같은 군체에 속한 벌들은 **모두 같은 냄새**를 풍겨요.

24 **수벌**은 일벌과 달리 **침이 없어요.**

25 알 방에서 나온 일벌이 가장 먼저 하는 일은 몸을 돌려서 자기가 있던 **방을 청소**하는 거예요. 다음 알을 넣을 수 있도록요.

26 벌꿀의 **맛과 색**은 벌이 어느 꽃에서 꿀을 모으느냐에 따라서 달라져요.

27 각 꿀벌 군체에는 여왕이 한 마리뿐이에요. **핀 머리만 한 알**을 하루에 **1500개**까지도 낳아요.

28 꿀벌이 벌집을 지으려면 적어도 **15리터의 공간**이 필요해요.

29 일벌은 **여왕벌을 닦고 먹이고,** 배설물도 **치워요.**

30 일벌은 꽃꿀을 모으면 **직선으로** 집으로 날아가요.

31 새집을 찾아 나서는 **꿀벌 떼는 3만 마리**쯤 될 수도 있어요.

32 **밀랍**은 양초를 만들고 젤리빈에 피막을 입히는 데에도 쓰여요.

50가지 벌에 관한 달콤하고 따끔한 지식

33 겨울이 다가오며 모으는 먹이가 줄어들면 수벌은 벌집에서 쫓겨나요.

34 꿀벌 군체의 대다수를 차지하는 것은 일벌이에요. 모두 암컷이지요.

35 벌집 안은 어두워서 벌들은 접촉을 통해서 서로 의사소통해요.

36 나이를 먹은 (3주 이상 된!) 일벌만이 벌집 밖에 나가 꽃꿀을 찾아서 모아 오는 일을 해요.

37 꿀벌은 뇌에 뉴런, 즉 신경 세포가 95만 개예요. 사람은 1000억 개예요.

38 여왕벌은 5년까지 살 수 있어요. 반면에 수벌은 겨우 몇 주밖에 못 살아요.

39 한 벌집에 벌의 수가 너무 많아지면 벌 군체가 나뉘어요. 여왕벌과 일벌의 절반 이상이 벌집을 떠나지요. 그중 나이가 많은 일벌들이 새집을 지을 자리를 찾아 나서요.

40 꿀벌 애벌레는 일벌이 머리에서 짜내는 로열 젤리, 꿀과 꽃가루를 섞은 벌 밥을 먹어요.

41 꿀벌은 꿀만 모으는 위가 따로 있어요.

42 주변에서 윙윙거리는 꿀벌에게 쏘이지 않으려면, 가만히 있는 것이 최선이에요.

43 꿀벌 군체는 겨울에 살아남으려면 더 따뜻한 계절에 약 18킬로그램의 꿀을 모아 놓아야 해요.

44 한 꿀벌 군체에는 벌이 8만 마리까지 있곤 해요.

45 한 벌집 안의 꿀벌은 모두 엄마가 같아요. 바로 여왕벌이지요.

46 미국의 많은 작물은 꿀벌을 통해 꽃가루를 옮겨요. 따라서 벌은 수십억 달러의 가치가 있지요.

47 꿀벌은 다른 동물에게 침을 쏜 뒤에는 죽어요.

48 봄과 여름에 꿀벌은 하루에 약 8시간을 일해요.

49 벌집의 꿀벌들이 까닭을 알 수 없이 사라지는 것을 군집 붕괴 현상이라고 해요.

50 문지기 벌은 곰이나 벌꿀오소리 같은 침입자로부터 벌집을 지켜요. 벌꿀오소리는 좋아하는 먹이 때문에 붙여진 이름이에요.

※ 지금까지 배운 지식은 3,655가지!

1 어느 디자이너가 **'살아 있는' 신발**을 만들었어요. 닳도록 신고 나서 땅에 심으면 꽃을 피워 낼 거예요.

2 **탄소 발자국** (각 나라에서 배출하는 온실가스의 양)은 나라마다 달라요. 미국의 탄소 발자국은 페루의 약 18배예요. 카타르는 1인당 남기는 발자국이 가장 많아요. 콩고 민주 공화국은 가장 적어요.

3 우리는 짚으로 지은 집에서 살 수 있어요. 짚으로 된 단열재를 쓰는 집은 일반 주택보다 에너지 효율이 높고, 이렇게 활용하지 않으면 태워 버렸을 줄기를 사용해요.

4 전기차는 기름으로 달리는 자동차보다 1.6킬로미터당 **10센트가 덜 들어요.** 미국 캘리포니아주의 샌프란시스코에서 로스앤젤레스로 **전기차**를 타고 가면 34달러가 덜 들어요.

5 미국 매사추세츠주의 한 공원에서는 **개똥**을 연료로 가로등을 밝혀요.

25가지 세상을 구하는

6 미국 어린이가 평균적으로 1년간 내놓는 빨래의 무게는 227킬로그램이에요. 고릴라보다 더 무겁죠!

7 '흡혈귀' 같은 가전제품들은 안 쓸 때도 **에너지를 빨아들여요.** TV와 리모컨은 4시간 동안 켜 둘 때보다 낮 동안 꺼져 있을 때 더 많은 에너지를 사용해요.

8 중국 베이징의 친환경 아파트, 상점, 영화관, 학교는 655개의 **지열 우물** 덕분에 여름에는 시원하고 겨울에는 따뜻해요.

9 녹색 에너지를 생산하는 대형 풍력 터빈 날개는 **34미터**까지 뻗을 수 있어요. **10층 건물보다 더 높지요.**

10 기차로 1609킬로미터를 가면 **비행기로 같은 거리를 갈 때보다** 탄소 배출량이 절반 이하로 줄어들어요.

11 숙제도 **'친환경'으로 할 수 있어요.** 한 디자이너가 태양 전지 패널을 단 책상을 만들어 **컴퓨터에 에너지를 공급**할 수 있게 했어요.

12 전 세계에서 쓰이는 **비닐봉지는 1분에 100만 개**쯤 돼요.

13 탄산음료의 거품을 만들어 내는 가스인 이산화 탄소는 **기후 변화와도 관련이 있어요.**

15 인터넷 회사인 구글은 잔디 깎이 기계 대신 **염소** 200마리를 풀어 **잔디를 뜯어 먹게** 했어요.

16 대나무는 **지구 친화적이에요.** 다른 나무에 비해 자라는 속도가 빨라 나무 대신 쓰일 수도 있고, 바닥재와 옷, 라디오, 심지어 아이패드 스타일러스 펜까지 온갖 것을 만드는 데 사용돼요.

14 휴대용 기기를 쓰면 탄소 배출량이 줄어요. 노트북 컴퓨터는 데스크톱 컴퓨터보다 **에너지를 50~90퍼센트 적게 쓰거든요.**

17 미국과 영국에서 농장의 **과일**이나 **채소**가 가정의 식탁에 오르려면 평균 1931킬로미터를 **이동해요!**

친환경에 관한 지식

18 난방을 많이 하는 대신 **따뜻한 옷**을 겹쳐 입으면 이산화 탄소 발생량을 해마다 454킬로그램 줄일 수 있어요.

19 전 세계적으로 모든 알루미늄 제품의 3분의 1 이상이 재활용돼요. 그 양은 **약 3000만 톤**에 이르지요.

20 바이오 연료란 콩이나 옥수수와 같은 식물로 만든 연료예요. 2011년에 바이오 연료를 쓰는 제트기가 미국 뉴저지주에서 프랑스 파리까지 날아갔어요.

21 컴퓨터를 안 쓸 때 완전히 끄거나 **'절전' 모드**를 사용하면 **에너지 사용량이 85퍼센트 줄어요.**

22 플라스틱 병이나 산업용 파이프와 같은 재활용 재료로 **'친환경' 기타**를 만들 수 있어요.

23 '지구의 시간'은 기후 변화에 대한 인식을 높이기 위해 해마다 3월 마지막 토요일 저녁 8:30에 1시간 동안 조명을 끄는 행사예요. 2021년에는 192개 나라, 7000여 게 도시에서 참여했어요.

24 어느 디자이너가 재활용된 휴대 전화 부품과 풀을 **사용하여** 친환경적인 기기를 만들었어요. 수명이 다하면 분해되며, 화면과 자판은 **재활용될 수 있어요.**

25 백열전구는 사용하는 에너지의 **90퍼센트**가 열로 빠져나가기 때문에, **빛**을 만드는 데 많은 에너지가 필요해요.

٭ 지금까지 배운 지식은 3,680가지!

초자연 현상에 대한

❶ **초자연 현상**은 절대 **과학적으로 설명할 수 없는 것**이에요.

❷ **폴터가이스트**는 '**시끄러운 소리를 내는 유령**'이란 뜻으로, 물건들이 날아다니는 등의 괴현상을 말해요.

❸ '**초감각적 지각**'을 뜻하는 **ESP**는 시각, 후각, 촉각, 청각, 미각 등 **오감을 쓰지 않고** 정보를 얻을 수 있는 능력이에요.

❹ **유령 공포증**을 영어로 **파스모 포비아**라고 해요.

❺ 미국 **백악관**에 **영국군 병사가 출몰**한다는 보고가 여러 건 있어요.

❻ **오스트레일리아 멜버른**에서 열리는 **퀸 빅토리아 마켓**은 **옛 묘지 위**에서 운영되는 시장이에요. 이곳에서는 창고와 **주차장 아래에 묻혀 있는 사람들**의 유령이 나타난대요.

❼ **영국의 햄프턴 코트 궁전에 유령이 나타난다**는 소문이 있어요. 오래전 **처형된 여왕**의 유령이라고 하지요. 이웃 주민들은 **그녀의 비명을 들었다**고 주장했고, 같은 날 밤에 열린 두 번의 궁전 투어에서 **방문객 두 명이 정확히 같은 장소에서 기절했어요.**

15가지 소름 돋는 지식

❽ 어떤 사람들은 서양판 분신사바인 **위저보드**로 **영혼과 소통할 수 있다**고 믿어요. 영혼이 판에 쓰인 글자와 기호 위로 말을 움직여 메시지를 표시한다고 하지요.

❾ **염력**이란 **물체를 만지지 않고 움직일 수 있는 능력**이에요.

❿ **타로 카드** 한 세트는 죽음, 교수형을 당한 사람, 마술사 등이 그려진 카드 22장을 포함하며, **운세를 점칠 때 사용해요.**

⓫ **강령술**은 **죽은 자의 영혼을 불러내서** 미래를 보거나 미래에 영향을 끼치는 마술이에요.

⓬ 아시아의 많은 나라는 **음력 7월**에 **배고픈 귀신들을 위한 축제**를 열어요. 이때 저승문이 열려 배고픈 영혼들이 세상에 나오며, **산 사람들**은 그들에게 **음식을 바치지요.**

⓭ **형태 변환자**는 몸의 모양을 바꿀 수 있는 신화적 생물이에요. 예를 들면, **인간에서 늑대로 바뀌는 식**이에요.

⓮ **손금술**은 사람의 손바닥에 있는 **선을 '읽어서'** 그 사람의 **미래를 예측하고 성격을 묘사**하는 거예요.

⓯ **텔레파시**는 말이나 몸짓 없이 **마음과 마음이 직접 소통**하는 거예요.

✱ 지금까지 배운 지식은 3,695가지!

75가지 지구에 관한 중대한 지식

※ 지금까지 배운 지식은 3,770가지!

❶ 하루에 지구에 쏟아지는 우주 먼지와 알갱이는 약 90톤에 달해요.

❷ 지구의 날은 4월 22일이에요. 환경을 지키자고 다짐하는 날이지요.

❸ **아마존 우림은 지구 산소의 약 20퍼센트를 생산해요.**

❹ 지구 지름은 1만 2756킬로미터예요.

❺ 지구가 태양 주위를 한 바퀴 도는 데 365.26일이 걸려요. 1년에 4분의 1일씩 늘어나기 때문에, 4년마다 2월 29일을 넣어 하루를 늘리는 윤년을 둬요.

❻ 오스트레일리아 내륙 오지(아웃백)는 땅 면적의 약 70퍼센트를 차지하지만, 인구는 약 3퍼센트만 살아요.

❼ 지표면 평균 온도는 섭씨 7.7도예요.

❽ 서양에서는 에베레스트산을 그냥 '15번 봉우리'로 불렀어요.

❾ 지구 대기는 질소 78%, 산소 21%, 아르곤 1%로 이루어져 있어요.

❿ 원유를 찾아 땅을 뚫다가 리히터 규모 5.5의 지진을 일으킨 적도 있어요.

⓫ 바다 가장 깊은 곳은 점보제트기 50대를 이고 있는 느낌일 거예요.

⓬ 1980년 5월 18일 미국 워싱턴주의 세인트헬렌스 화산이 분화해 3분 만에 595제곱킬로미터의 숲이 파괴됐어요.

⓭ 지구는 완벽한 구체가 아니에요. 남북극은 납작하고 적도가 불룩해요.

⓮ 지구의 모든 물은 재순환돼요. 지금 우리가 마신 물은 1억 년 전 공룡이 마신 물이기도 해요.

⓯ 지구 물의 2.5퍼센트만이 민물이고, 호수와 강의 물은 1퍼센트도 안 돼요.

⓰ 수중 산맥인 대서양 중앙 해령은 남북으로 거의 대서양 끝에서 끝까지 이어져요.

⓱ 간헐천은 뜨거운 물과 증기가 솟구치는 온천인데, 전 세계 간헐천의 60퍼센트가 미국 옐로스톤 국립 공원에 있어요.

⓲ 6억 년 전 지구에는 파노티아라는 거대한 하나의 초대륙과 판탈라사라는 하나의 거대한 대양이 있었어요.

⓳ 지구 중심핵은 고체 금속을 액체 금속이 둘러싼 형태예요.

⓴ **지구는 약 45억 년쯤 됐어요.**

㉑ 지구를 덮은 주요 지각판은 16개쯤 되고, 평균 두께는 96.5킬로미터예요.

㉒ 북아메리카와 아프리카는 우리 손톱이 자라는 속도로 서로 멀어져요.

㉓ 지구에는 5000가지 문화가 있어요.

㉔ 바다에서 가장 깊은 곳은 수심 약 11킬로미터인 태평양의 챌린저 해연이에요.

㉕ 지구는 태양계에서 지각판을 지닌 유일한 행성이에요.

㉖ 217만 5600제곱킬로미터인 그린란드는 세계에서 가장 큰 섬이에요.

㉗ 나일강은 세계에서 가장 긴 강이라고 말하지만, 일부 과학자는 아마존강이 105킬로미터 더 길다고 주장해요.

㉘ 카스피해는 지구상 가장 큰 호수지만, 물이 짜서 고대 로마인은 바다라고 불렀어요.

㉙ 6000만 년 전에는 길이 13미터, 무게 1135킬로그램인 뱀이 열대 우림을 기어다녔어요.

㉚ 사하라 사막에는 높이 457미터인 모래 언덕이 있어요. 남산타워를 포함한 남산 높이와 비슷해요.

㉛ 남반구든 북반구든 욕조 구멍에서 빠지는 물은 시계 방향으로 돌기도, 시계 반대 방향으로 돌기도 해요.

㉜ 지구에는 오대양이 있어요. 태평양, 대서양, 인도양, 북극해, 남극해지요.

㉝ 지표면의 80퍼센트 이상은 바다 위든 아래든 화산 활동으로 생겨났어요.

㉞ 대도시 불빛은 우주에서도 보여요.

㉟ 지구는 시속 약 1600킬로미터로 자전해요.

㊱ 지구는 태양 궤도를 시속 10만 7300킬로미터로 돌아요.

㊲ 40여억 년 전에 화성만 한 천체가 지구와 충돌했어요. 그때 떨어진 덩어리가 이후 지구의 달이 되었어요.

㊳ 지구의 주요 동물 집단은 대부분 약 5억 5000만 년 전에 출현했어요.

㊴ 지구의 지각 두께는 대양 밑에서는 4.8~9.6킬로미터, 대륙 밑에서는 40.2킬로미터에 달해요.

㊵ 1970년대에 러시아 과학자들은 지각 끝까지 구멍을 뚫으려고 했지만, 19년 동안 겨우 12킬로미터를 뚫었어요.

㊶ 지구의 고체 금속 핵은 태양의 표면만큼 뜨거운 섭씨 5000도쯤이에요.

㊷ 지구의 대기는 사실 경계가 뚜렷하지 않아요. 올라갈수록 점점 희박해지며 우주가 나와요.

㊸ 모든 기상 현상은 해발 12.8킬로미터 이내에서 일어나요.

㊹ 산소의 일종인 오존이 없으면 우리는 지구에서 살 수 없어요. 태양의 강력한 자외선을 오존층이 막아 주거든요.

㊺ **지구에서 달까지 날아가는 데에는 3일이 걸려요.**

㊻ 북아메리카와 아프리카는 약 2억 5000만 년 뒤 충돌할 것으로 예측돼요.

㊼ 지구에 들어오는 유성은 대부분 지구 대기에서 불타 사라져 결코 지면에 충돌하지 못해요.

㊽ 거북은 공룡의 시대가 시작된 2억 3000만 년 전부터 지구에 살았어요.

㊾ 알래스카에서는 하루 평균 60번 지진이 일어나요.

㊿ 대도시, 주요 도로, 다리, 공항, 댐도 모두 우주에서 보여요.

51 지구에서 가장 깊은 호수는 아시아의 바이칼호로, 1.6킬로미터 깊이예요.

52 지구의 모든 물이 5리터라고 한다면, 민물은 찻숟가락 하나 분량에 불과해요.

53 태평양의 섬은 2만 5000개가 넘어요.

54 피지에만 섬이 332개 있어요.

55 태평양은 미국보다 약 15배 더 커요.

56 제왕나비는 2종으로 북아메리카와 남아메리카에 각각 있어요. 과학자들은 해수면이 지금보다 훨씬 높았던 200만 년 전쯤에 종이 나뉘었다고 믿어요.

57 남극 대륙에는 거대한 빙원으로 덮인 높이 4877미터 이상의 산맥이 있어요.

58 지구 인구 80억 명 중 절반 이상은 아시아에 살아요.

59 열대 우림에는 300종이 넘는 청개구리가 살아요. 모두 발가락 바닥이 끈끈해서 나뭇잎 밑면에 거꾸로 달라붙을 수도 있어요.

60 아시아는 다른 대륙보다 농민이 많고 인구 100만이 넘는 도시도 많아요.

61 아시아의 갠지스강 삼각주는 삼각형이에요. 삼각주 한가운데에 습지, 숲, 작은 섬, 물길도 있지요.

62 지리적 북극은 북극해의 한가운데 수심 약 3962미터인 곳에 있어요.

63 북아메리카 오대호에는 지구 민물의 약 20퍼센트가 들어 있어요.

64 지구의 모든 사람이 동시에 뛴다고 해도, 지구의 운동에는 아무런 영향이 없을 거예요.

65 페루와 볼리비아에 걸쳐 있는 티티카카호는 세상에서 가장 높은 호수예요. 해발 약 3810미터에 있죠.

66 보름달이 뜨면 기온이 조금 올라요.

67 지구 번개는 1분에 3000번쯤 쳐요.

68 북아메리카 소노란 사막에 꽃들이 활짝 피면 낮에는 벌과 새가 몰려들어 꽃가루를 옮겨요. 밤에는 박쥐가 하지요.

69 과학자들은 현재 약 611킬로미터 떨어져 있는 샌프란시스코 지각판과 로스앤젤레스 지각판이 약 1500만 년 뒤에는 붙을 것이라고 예상해요.

70 관측 가능한 지진은 세계에서 해마다 약 50만 번 일어나요.

71 남극에서는 대륙을 뒤덮은 빙원 내에서 일어나는 진동인 얼음 지진이 일어나요.

72 지진은 화산 분화를 일으키지 않아요.

73 **강력한 지진으로 지구의 하루가 짧아질 수 있어요. 겨우 수백만 분의 몇 초지만요.**

74 숲은 육지의 30퍼센트를 덮어요.

75 날짜 변경선은 러시아와 알래스카 사이로 내려가 태평양을 지나는 가상의 선이에요. 이 선을 기준으로 날짜가 달라져요. 선의 왼쪽인 동반구가 늘 오른쪽의 서반구보다 하루 빨라요.

161

35가지 귀중한

1 보물이 뭘까요? 반짝이는 금화와 보석, 귀금속이 잔뜩 쌓였거나 **숨겨진** 거예요. 사라졌다 다시 발견되곤 하지요.

2 로버트 루이스 스티븐슨이 1883년 발표한 『**보물섬**』을 시작으로, 해적 깃발과 지도를 든 해적 이미지가 인기를 끌었어요.

3 멀리 페니키아 상선부터, 가까이는 일본 잠수함까지, 바다에서 **사라진** 배는 약 **300만** 척이나 돼요.

4 약 300년간 에스파냐 배 **갤리온**들은 아메리카 대륙을 **탐험**하며 얻어 낸 보물을 싣고 가다가 카리브해에서 **침몰**하기도 했어요.

5 갤리온은 『**해리 포터**』 시리즈의 **화폐** 갈레온과 알파벳 철자가 같아요.

6 1980년대에 미국 **플로리다 키스 제도**에서 찾아낸 1622년 에스파냐의 **난파선**에서 4억 5000만 달러 가치의 보물을 발견했어요.

7 해양 고고학자와 보물 사냥꾼은 난파선에 대한 의견이 **달라요**. 한쪽은 **보존해야** 한다고 하고, 다른 쪽은 누구가 써도 되는 것으로 여겨요.

8 잔해가 너무 깊이 있다고요? 상관없어요. 요즘에는 바다 위에서 **원격 조종** 기기로 깊은 바닷속 잔해들을 **탐사하거든요**.

9 현대의 보물찾기인 **지오 캐싱**은 다른 사람들이 **숨긴 물건**을 GPS 수신기나 다른 항법 장치를 이용해서 찾는 놀이에요.

10 이집트인들은 신의 **살**은 **금**으로, 뼈는 은으로 만들어졌다고 믿었어요.

11 1922년, 고대 이집트 왕 투탕카멘의 **무덤**에서 엄청난 양의 **금, 보석, 예술적**이 발견되었어요. 그의 장례용 황금 가면은 이집트 카이로에 전시되어 있어요.

12 이집트 최고의 **금 세공사**들은 투탕카멘왕의 관 3개 중 가장 안쪽 관을 약 113킬로그램에 이르는 **순금**으로 만들었어요.

13 어느 해적의 것으로 알려진 **보물 상자**가 미국의 한 박물관에 전시되어 있어요. **400년** 된 이 상자는 무게가 68킬로그램이나 되지만, 귀중품은 **없었어요**.

14 옥으로 만든 세계 최대 **불상**의 높이는 **2.4미터**, 무게는 **4.5톤**이며, 가치는 **100만 달러**가 넘어요.

15 연체동물은 몸속에 모래알 같은 **이물질**이 들어오면 **보호막**을 형성해서 막아요. 이것이 자라면 **진주**가 되지요.

16 자연 상태의 연체동물 **1만 마리 중 한 마리**에만 진주가 들어 있어요.

17 2017년 그리스에서, **가장 많은 사람이 참가한** 보물찾기 세계 기록이 세워졌어요. 무려 1384명이 참가했죠.

18 '**보물섬**' 트레저아일랜드는 미국 샌프란시스코만에 있는 작은 **인공** 섬이에요. **1937년**에 지어졌고 **유명한** 책에서 이름을 빌려 왔어요.

19 한 남자가 영국의 어느 **농부의 밭**에서 **금속 탐지기**로 **수백만** 달러에 이르는 금을 발견했어요.

20 프랭클린 **루스벨트**는 미국 대통령이 되기 전, 1927년에 오크섬의 **보물 찾기**에 참여했지만 아무것도 찾지 못했죠.

162 ✱ 지금까지 배운 지식은 3,805가지!

보물에 대한 지식

21 1996년 미국 노스캐롤라이나주 해안에서 해적 검은 수염의 배인 '앤 여왕의 복수'호로 여겨지는 배가 발견됐지만, **보물은 아직 못 찾았어요.**

22 금은 **1800년대 중반**까지 매우 희귀했어요. 현재 세상의 금 **90퍼센트**는 그 후에 **채굴**된 거예요.

23 강철보다 단단한 최고급 중국산 **옥**은 **금**보다 훨씬 가치가 높아요.

24 45.52캐럿의 **호프 다이아몬드**는 미국 워싱턴 **스미스소니언 연구소**에 영구 전시 중인데, **저주받은** 보물이라는 말이 있어요.

25 천문학자들은 100조 **캐럿** 다이아몬드로 만들어진 **별**을 발견했어요.

26 1849년 캘리포니아에서 **골드러시**가 일어났을 당시에 금을 운반하던 **증기선**이 대서양에서 폭풍으로 침몰했어요.

27 검은색, 흰색, 금색, 심지어 보라색 진주는 **고대**부터 전 세계적으로 **귀한** 대접을 받았어요. 천연 진주는 **가치**가 높아요.

28 '다이아몬드'라는 단어는 깨지지 않는다는 뜻인 그리스어 **'아다마스 (ADAMAS)'**에서 나왔어요. **다이아몬드**는 모든 **광물** 중에서 가장 단단해요.

29 은은 금보다 흔하고 쉽게 변색되어 **가치가 더 낮아요.**

30 **1500년대**에 **백금 (플래티넘)**을 발견한 에스파냐 사람들은 그게 은인 줄 알았어요. 그러나 백금은 은보다 **희귀**하고 **녹는점**도 더 높아요.

31 18세기까지 **세계의 거의 모든 다이아몬드**는 인도산이었어요.

32 검은색 다이아몬드 **카르보나두**는 아프리카, 남아메리카에서 발견됐지만 **지구가 아니라** 우주에서 온 운석 파편이라는 주장도 있어요.

33 17세기 해적 윌리엄 키드는 보물을 뉴잉글랜드와 카리브해에 **묻었다**고 해요. 정부가 압수했거나, 여전히 **숨겨져 있다**고 믿는 사람도 있어요.

34 캘리포니아에서 발견된 금덩어리의 무게는 무려 **72.6킬로그램**으로 볼링공 12개와 맞먹어요.

35 스크루지 맥덕은 2011년 《포브스》에서 **가상 인물** 중 세계 최고의 부자로 선정됐어요. 스크루지의 재산은 **441억 달러**예요. (가상의 재산이죠.)

흰동가리

100가지
신기한 바다에 관한

1. 지구의 화산 활동 중 90퍼센트는 바다에서 일어나요. 2. 남태평양 해저의 경기도만 한 면적에 활동하는 화산과 해산이 약 820개 있어요. 3. 2012년, 영화 「아바타」 시리즈의 감독 제임스 캐머런이 홀로 잠수정을 타고 잠수해 바다에서 가장 깊은 곳에 도착했어요.. 4. 지구에서 가장 긴 산맥은 바다 밑에 있어요. 이 중앙 해령은 안데스산맥, 로키산맥, 히말라야산맥을 더한 것보다 4배는 길어요. 5. 캐나다는 세계 해안선의 15퍼센트를 차지해요. 어느 나라보다도 길지요. 6. 바다에서 가장 깊은 곳은 수압이 1센티미터에 1.1톤이 넘어요. 사람이 점보제트기 50대를 들고 있는 것과 비슷해요. 7. 심해의 물은 거의 다 온도가 어는점에 가까워요. 8. 세계의 바닷물에 섞인 금을 다 걸러 내면, 한 사람당 약 4킬로그램씩 나눌 수 있어요. 9. 세계에서 가장 높이 솟았다고 알려진 빙산은 그린란드 해안에서 발견되었는데, 미국 워싱턴 기념탑보다 겨우 1미터쯤 낮았어요. 10. 바다의 모든 소금을 꺼내서 말리면, 지구의 모든 대륙을 1.5미터 높이로 뒤덮을 수 있을 거예요. 11. 과학자들은 나무의 나이테를 세는 것처럼, 뼈의 나이테를 세어 어류의 나이를 알아낼 수 있어요. 12. 가장 원시적인 어류는 칠성장어류로서 빨판 같은 입을 갖고 있어요. 주로 바다 밑에 살지요. 13. 철갑상어는 50년 이상 살고, 무게가 454킬로그램을 넘기도 해요. 14. 상어는 눈꺼풀이 있지만, 다른 대다수 어류는 없어요. 15. 다랑어는 빠르게 시속 80킬로미터까지 속도를 올릴 수 있어요. 16. 어류는 대부분 뒤로 헤엄칠 수가 없어요. 17. 어류는 대부분이 색맹이라서, 낚시꾼들이 쓰는 화려한 색깔의 미끼를 알아볼 수 없어요. 18. 가자미류 중에는 두 눈이 몸의 왼쪽에 있는 종류도 있고, 오른쪽에 있는 종류도 있어요. 19. 복어는 특수한 주머니로 물을 넣어서 몸을 부풀려요. 물 밖에서는 공기를 집어넣어서 부풀릴 거예요. 20. 전기뱀장어는 약 350볼트의 전기를 뿜어내요. 집에서 쓰는 전기보다 전압이 더 높아요. 21. 대왕오징어는 6층 건물 높이만큼 길어요. 22. 예전에 과학자들이 추적한 한 바닷가재는 무려 362킬로미터를 돌아다녔어요. 23. 바닷가재는 이빨이 위장 속에 있어요. 24. 태평양의 섬에는 코코넛을 먹는 뭍집게가 있어요. 25. 바다거북은 수면으로 올라오지 않고 최대 2시간 동안 물속에 머무를 수 있어요. 26. 대양의 평균 수심은 엠파이어 스테이트 빌딩 9채를 줄줄이 세운 것보다 더 깊어요. 27. 돌고래의 지느러미발 속에는 사람의 손처럼 5개의 손가락을 이루는 뼈들이 있어요. 28. 우리는 바다의 겨우 5퍼센트만을 탐사했어요. 29. 미국 캘리포니아 몬터레이만 해저 협곡은 그랜드캐니언보다 더 깊어요. 30. 미국 대서양 연안을 흐르는 따뜻한 해류인 멕시코 만류는 아마존강의 평균 유속(물이 흐르는 속도)보다 300배 더 빨리 흘러요. 31. 바닷물을 한 입 삼키면, 식물성 플랑크톤 수십만 마리와 동물성 플랑크톤 수만 마리도 함께 삼키는 거예요. 32. 모래는 풍화된 아주 작은 암석 알갱이들로 이루어져요. 이런 알갱이들은 바람, 물, 빙하에 실려서 바다로 들어가서 퇴적물을 형성하거나 육지에서 모래 언덕을 이루지요. 33. 다시마는 화장품과 치약을 만드는 데 써요. 34. 쏠배감펭은 지느러미가 칠면조 깃털처럼 보여서 칠면조고기라는 별명도 있어요. 35. 푸른바다거북은 무게가 약 135킬로그램이에요. 수사자만 해요. 그러나 야생에서 사자의 수명은 약 15년이지만, 푸른바다거북은 약 100년을 살아요. 36. 불가사리는 극피동물이에요. 연잎성게, 성게, 해삼의 친척이에요. 37. 불가사리 중에는 팔이 40개를 넘는 것도 있어요! 팔은 잘리면, 다시 자랄 수 있어요. 38. 해파리는 약 95퍼센트가 물이에요. 39. 해파리는 뇌, 피, 심장이 없어요! 40. 불가사리는 먹을 때 위장을 꺼내요! 위장으로 먹이를 덮고 소화액을 뿌린 뒤 녹여서 빨아들이지요. 41. 해바라기불가사리는 팔이 24개이고, 불가사리치고는 아주 빨리 움직여요. 먹이를 찾을 때 1분에 1미터까지 움직일 수 있어요. 42. 과학자들은 연잎성게

의 겉뼈대에 난 나이테를 세어서 나이를 알 수 있어요. 대개 연잎성게는 6~10년을 살아요. **43.** 전복은 피가 청록색이에요. **44.** 해삼은 위협을 받으면, 내장을 뿜어낼 수 있어요! 내장은 다시 자라요. **45.** 달걀 모양의 빗해파리는 아주 작은 빗처럼 생긴 판 8개를 움직여서 헤엄쳐요. 주로 다른 해파리를 먹이로 삼아요. **46.** 대왕조개는 세계에서 가장 큰 조개로, 1.2미터 넘게 자랄 수 있어요. 평생을 한곳에 붙어 있어요. **47.** 흰동가리는 새끼 때는 모두 수컷이에요. 자라면서 일부가 암컷으로 바뀌어요. **48.** 아귀는 주둥이 끝에 막대가 달려 있어요. 이 막대 끝에서는 빛이 나요. 이 빛은 사실 발광 세균 수백만 마리가 내는 거예요. **49.** 개복치는 무게가 2268킬로그램에 달하는 세계에서 가장 무거운 경골어류예요. 그래도 범고래와 바다사자의 먹이가 되지요. **50.** 바다사자가 몸으로 파도를 타는 모습도 종종 보여요. **51.** 바다사자는 체온 조절을 위해서 지느러미발을 물 밖으로 내밀고 있곤 해요. **52.** 해마다 한 차례 코끼리물범은 해안으로 올라와서 오래된 피부를 떨구고 털갈이를 해요. **53.** 해달은 잠잘 때 떠내려가지 않도록 다시마로 몸을 감곤 해요. **54.** 해달은 털가죽에는 주머니가 있어요. 앞다리 밑에는 피부 주름이 있어요. 그곳에 먹이를 저장하고서, 계속 발로 헤엄을 칠 수 있지요. **55.** 앵무조개는 제트를 뿜어내면서 헤엄을 쳐요. 수관으로 물을 뿜어내면서 앞뒤, 옆으로 헤엄칠 수 있어요. **56.** 예전에는 오징어의 먹물을 글을 쓰고 그림을 그리는 데 썼어요. **57.** 갑오징어는 피부색과 무늬를 순식간에 바꿀 수 있어요. **58.** 대왕문어는 8개의 팔에 약 2200개의 빨판이 달려 있어요. **59.** 물범은 앞지느러미발이 작은 반면, 바다사자는 길어서 뭍에서 좀 더 잘 걸을 수 있어요. 물범은 귀가 잘 안 보이고 바다사자는 귀가 보여요. **60.** 참돌고래류는 쇠돌고래류보다 코가 더 길고 입이 더 크고 등지느러미가 더 휘어져 있어요. 또 참돌고래류가 더 소리를 많이 내요. **61.** 가시나비고기는 꼬리지느러미 근처에 눈처럼 보이는 반점이 있어요. 아마 포식자를 혼란스럽게 하기 위해서일 거예요. 진짜 눈은 검은 줄무늬로 가려져 있어요. **62.** 톱상어는 톱처럼 보이는 길이 2미터의 주둥이가 있어요. 해저를 뒤적여서 먹이를 파내는 데 써요. **63.** 황새치는 시속 96킬로미터로 헤엄쳐요. 고속 도로를 달리는 자동차만큼 빨라요! **64.** 날치는 물 위로 180미터까지 활공할 수 있어요. **65.** 세발치는 해저에서 가느다란 긴 지느러미를 세 개의 발처럼 딛고 서서 먹이를 기다려요. **66.** 열수 분출구 주변에 사는 열수등가시치는 비늘이 없는 길쭉하고 하얀 물고기예요. **67.** 범고래는 북극곰도 공격한다고 알려져 있어요. **68.** 주름상어는 2007년에 일본 어부가 해안에 밀려온 것을 발견하기 전까지 멸종되었다고 여겨졌어요. **69.** 해마는 이빨도 위장도 없어요. **70.** 목이 긴 거대한 해양 파충류인 플레시오사우루스는 약 2억 년 전부터 6600만 년 전까지 바다에서 헤엄쳤어요. 공룡과 같은 시대예요. **71.** 지구에서 가장 큰 악어는 헤엄을 잘 쳐요. 오스트레일리아와 동남아시아 주변의 바다

깜짝 놀랄 지식

긴주둥이해마

에서도 목격되었어요. 이 바다악어의 길이는 5미터에 달해요. **72.** 외뿔고래는 바다의 유니콘이라고 해요. 비틀리면서 길게 뻗은 엄니는 길이가 2.7미터에 달해요. **73.** 바다소는 15분 동안 숨을 참고 잠수할 수 있어요. **74.** 옛날에 뱃사람들은 바다소를 인어라고 착각했어요. **75.** 대왕오징어의 눈은 수박만 해요. **76.** 가리비는 껍데기 가장자리에 약 60개의 눈이 있어요. 이 눈으로 움직임, 빛, 어둠을 감지해요. **77.** 대왕고래 새끼는 1시간에 5킬로그램씩 자라요. **78.** 피그미문절망둑은 길이가 6밀리미터에 불과해요. **79.** 바다코끼리는 암수 모두 엄니가 있어요. 물 밖으로 올라올 때나 얼음에 구멍을 뚫을 때 길이가 1미터에 달하는 이 엄니를 써요. **80.** 해면동물은 눈도 입도 없고 스스로 움직일 수도 없어요. **81.** 큰돌고래(병코돌고래)는 야생에서 40~45년을 살아요. **82.** 흰고래는 찬물에서만 헤엄쳐요. 북극해와 러시아, 캐나다, 그린란드, 알래스카 근처 바다에서 발견되지요. **83.** 관벌레는 태평양에서 수심 약 1.6킬로미터의 열수 분출구 주변에 살며, 키가 1.8미터 넘게 자라요. 위쪽에 뻗은 깃털 같은 부속지로 물에서 영양소를 모아요. **84.** 세계에서 가장 긴 경골어류인 산갈치는 15미터까지 자라요. 거대한 바다뱀으로 착각하기도 해요. **85.** 푸른바다거북은 알을 낳기 위해서 2253킬로미터 넘게 이주해요. **86.** 관해파리는 사실 여러 개체가 모여 군체를 이룬 거예요. **87.** 샴푸에는 일부 어류에서 얻은 기름이 섞여 있어요. **88.** 참다랑어는 귀한 횟감 대접을 받아요. 일본 어시장에서 278킬로그램의 참다랑어가 약 35억 원에 팔리기도 했어요. **89.** 단단한 껍데기를 지닌 조류인 규조류는 반려동물용 깔개, 화장품, 치약에 쓰여요. **90.** 생명은 약 40억 년 전 바다에서 시작되었어요. **91.** 대왕고래가 숨을 내쉴 때 숨구멍에서 시속 483킬로미터로 공기가 뿜어져요. **92.** 돛새치는 주둥이로 먹이를 때려서 기절시키거나 죽인 뒤에 먹지요. **93.** 다시마는 하루에 0.61미터까지 자랄 수 있어요. **94.** 예전에 스코틀랜드에서는 어부에게 금귀고리를 하도록 법으로 정했어요. 바다에서 사망했을 때, 귀고리로 장례비를 대라는 뜻이에요. **95.** 북극해는 오대양 중 가장 작아요. 그래도 면적이 미국의 1.5배지요. **96.** 노랑가오리는 상어의 친척이에요. **97.** 바다의 소금은 육지의 암석이 침식되어서 나와요! **98.** 범고래는 '바다의 늑대'라고도 불려요. 무리를 지어 살면서 사냥하거든요. **99.** 범고래는 이빨 하나가 7.6센티미터 크기예요. 먹이를 물어뜯는 용도로만 써요. 범고래는 씹어 먹지 않아요. **100.** 해삼은 약 1250종이 알려져 있어요.

＊ 지금까지 배운 지식은 3,905가지!

50가지 세어도 세어도 끝없는 인구에 대한 지식

1 1800년 세계 인구는 10억 명이었어요.

2 1930년 세계 인구는 20억 명이었어요. 1999년에는 60억 명으로 늘었어요.

3 2024년 1월, 세계 인구가 80억 명에 이르렀어요.

4 2045년이면 90억 명에 이를 거예요.

5 1초에 5명이 태어나고 2명이 죽어요.

6 1960년에 사람들은 보통 53세까지 살았어요.

7 2010년에는 보통 69세까지 살았어요.

8 우리가 모든 걸 나눠 쓰진 않아요. 인구의 5퍼센트가 전체 에너지의 23퍼센트를 사용해요.

9 세계 인구의 13퍼센트는 깨끗한 식수를 이용할 수 없어요.

10 소리 내 80억을 세려면 228년 넘게 걸릴 거예요.

11 미국에서는 34시간마다 문자 메시지 80억 개가 전송돼요.

12 80억 명이 어깨를 맞대고 나란히 서면 로스앤젤레스시를 가득 채울 수 있어요.

13 80억 걸음은 지구를 152바퀴 걸은 것과 같아요.

14 전 세계 80억 명이 쓰는 언어는 7000개예요.

15 민무늬백합은 70억 초 또는 220년을 살 수 있어요.

16 80억 명이 동시에 큰 댄스파티에 참석해 0.55제곱미터씩 차지한다면, 미국 로드아일랜드주보다 넓은 장소가 필요할 거예요.

17 사람들은 대개 오른손잡이예요.

18 남성이 여성보다 많긴 하지만, 차이는 거의 안 나요.

80억은 얼마나 클까요?

80억 명을 훑어보고 가장 일반적인 지구촌 사람의 특징을 꼽아 본다면?

* 지금까지 배운 지식은 3,955가지!

19 세계 인구 중에서 정중앙에 위치하는 나이인 **중위 연령**은 **31세**예요.

20 **네덜란드** 남성의 평균 키는 183센티미터, **페루**는 165센티미터쯤 돼요.

21 2021년에 태어난 **일본** 여성은 보통 **88세**까지 살 것으로 기대돼요. **아프가니스탄** 여성의 기대 수명은 **65세**예요.

22 인류가 지구에 나타난 이래로, 지금까지 **1000억 명** 넘게 살아 왔어요.

23 지금까지 태어난 모든 사람 중 **지금도 살아 있는 사람**은 **8퍼센트** 뿐이에요.

24 전 세계 인구는 **195개국**에 흩어져 살고 있어요.

25 기원전 8000년쯤 **농업이 시작**되었을 때, 세계 인구는 약 **500만 명**이었어요.

26 기원후 1년까지 인구는 **3억 명**쯤이었어요. 현재 미국 인구(3억 3600만 명)보다 적지요.

27 1650년까지 세계 인구는 약 **5억 명**으로 늘어났어요.

28 **1900년**에 세계에서 **가장 큰 도시**는 **영국 런던**이었어요. 650만 명이 살았지요.

29 19세기로 접어들 때 **인구가 많은 도시** 10곳은 7위인 일본 도쿄를 제외하면, 모두 유럽과 북아메리카에 있었어요.

30 현재 인구가 많은 도시 10위 안에 유럽은 없어요. 아메리카에는 **브라질 상파울루**와 멕시코의 **멕시코시티** 뿐이에요.

31 전 세계 인구의 3분의 1 이상이 **해안선에서 100킬로미터** 안에 살아요.

32 1800년에는 세계 인구의 **3퍼센트**가 도시에 살았죠. 1900년에는 14퍼센트로, 1950년에는 **30퍼센트**로 늘었어요. 지금은 인구의 **절반**이 도시에 살아요.

33 1950년에 인구 **100만** 이상의 도시는 **83개**였어요. 오늘날에는 **500개**도 넘어요. 26개 도시에 **1000만** 명 넘게 살고 있지요.

34 **중국**은 인구가 **14억 1600만** 명으로 세계에서 가장 인구가 많은 나라예요. 2위인 인도는 14억 900만 명이 넘어요. (2024.7. 세계 인구 시계 기준)

35 **미국 인구 조사국**은 세계 각국의 인구 데이터를 모아서 세계 인구 시계에 실시간으로 세계 인구를 표시해요.

36 **세계 인구 시계**는 출생과 사망을 추적하고, 수학 모델을 이용해 세계 인구 증가를 예측해요.

37 세계 인구의 **3분의 1이 중국과 인도**에 살고 있어요.

38 오늘날 **인구가 늘어나는 곳**은 대부분 **가난한 나라**들과 그 나라에서도 가장 가난한 지역들이에요.

39 **지구의 인구는 왜 이토록 빨리 늘까요?** 개발 도상국에서 위생과 의약품이 개선되어 사망자는 줄고 출생자 수는 늘어나기 때문이에요.

40 경제협력개발기구(OECD) 회원국 여성은 **평균적으로 자녀를 1.58명** 낳아요. 이스라엘은 이례적으로 **평균 3명**이에요.

41 **기대 수명**은 한 나라의 건강과 경제를 반영하기에 **선진국이 높아요**.

42 **기대 수명이 가장 높은** 나라는 **모나코**예요. 89.6세지요.

43 지난 50년 동안 세계 인구 증가율은 **연 2.02퍼센트에서 0.95퍼센트로 낮아졌어요.**

44 **세계 인구**는 해마다 약 **8300만 명** 늘어나요.

45 2012년 잡지 《포브스》는 **카타르를 세계에서 가장 부유한 나라**로 선정했어요. 2023년에는 스위스가 선정되었고요.

46 인구를 연구하는 전문가를 **인구학자**라고 해요. 이들은 주택, 음식, 학교, 천연자원, 도로도 조사해요.

47 선진국에서는 **집 밖에서 일하는 여성**과 학교에 다니는 아이들이 점점 늘어났어요. 따라서 **핵가족**도 늘어났어요.

48 미국 노인들이 꼭 가족과 사는 건 아니에요. 약 **6퍼센트만이 확대 가족과 함께 살고** 있어요.

49 1세기 전 미국에서는 **노인** 중 약 **70퍼센트**가 성장한 자녀, 직계 가족 등과 함께 확대 가족을 이루며 살았어요.

50 아시아에서 **가장 인구 밀도가 높은 나라**는 싱가포르예요. 도시 국가인 이 나라는 1제곱킬로미터당 8235명이 살고 있어요.

25가지 색깔에 대한

1. 빨간색은 식품 포장에 가장 많이 쓰는 색이에요. **배고픔**을 느끼게 하는 색이라고 여겨지기 때문이에요.

2. 『오즈의 마법사』 책에서 도로시의 구두는 은색이에요. 1939년 영화에서는 **노란색 벽돌 길**을 배경으로 눈에 띌 수 있게 **빨간 루비색 구두**로 나왔어요.

3. **블러드 오렌지**는 겉은 주황색이고 **속은 진홍색**이에요.

4. **검은색**과 **흰색**은 사실 색이 아니에요. 검은색은 눈에 보이는 모든 색을 흡수하고, 아무것도 반사하지 않아요. 흰색은 눈에 보이는 모든 색이 섞일 때 나타나는 색이에요.

5. 금문교(골든게이트교)는 금색이 아니라 **인터내셔널 오렌지색**을 칠했어요.

6. 불꽃놀이의 색깔은 어떤 화학 물질을 조합했느냐에 따라 달라져요. **화학 물질은 저마다** 가열될 때 나타나는 색깔이 다르거든요.

7. 미국과 캐나다의 모든 스쿨버스는 **반짝이는 노란색**으로 칠해져 있어요.

8. 「세서미 스트리트」의 오스카 더 그라우치는 원래 **주황색**이었어요.

9. 무드 반지는 **온도**에 따라 색깔이 변하는 **액체 결정**으로 만들어져요.

10. **알렉산드라이트**는 조명의 종류에 따라 **색이 변하는 돌**이에요.

11. 북아메리카에서 가장 인기 있는 자동차 색깔은 **흰색**이에요. **검은색**은 유럽에서, **은색**은 아시아에서 가장 인기가 있어요.

12. 어두운색 하드가 밝은색 하드보다 더 빨리 녹아요.

*지금까지 배운 지식은 3,980가지!

지식

13 당근은 주황색만 있는 게 아니에요. **보라색, 노란색, 빨간색, 흰색, 검은색**도 있어요.

14 M&M 초콜릿은 처음에 **빨간색, 노란색, 녹색, 갈색, 주황색, 보라색**으로 나왔어요.

15 2015년까지 미국 플로리다주 디즈니 할리우드 스튜디오에 있던 미키의 마법사 모자는 **'카멜레온 도료'**를 칠해서 보는 방향에 따라 모자 색깔이 달라 보였지요.

16 백악관에서는 '링컨 페니', '미국 조폐국', '로켓츠 레드 글레어'라는 색 크레용이 포함된 **특별한 크레용 상자**를 내놓은 적이 있어요.

17 **얼룩말**은 검은색과 흰색을 좋아해요. 만약 벽에 줄무늬가 그려져 있으면, 그 앞에 모일 거예요.

18 갈색은 **눈 색깔** 중에서 세계에서 가장 흔한 색이에요.

19 바닷가재의 피는 색이 없어요. 그러나 **산소**와 만나면 파란색으로 변해요.

20 연구에 따르면 방을 **파란색**으로 칠하면 우리의 **창의성**이 높아져요. 노란색은 햇빛을 떠올리게 할 수 있지만, 진정시키는 효과는 없어요. 녹색은 편안한 색으로 여겨져요.

21 돛새치는 몸 색깔을 즉시 바꿀 수 있어요. 예를 들어 파란색에서 노란색으로 바꾸어 먹이를 어리둥절하게 한 다음 **여유롭게 잡아요.**

22 기린의 혀는 푸르스름한 검은색이에요. 과학적으로 증명되지 않았지만, 그 색은 기린의 혀를 **자외선에서 보호해** 준다고 해요.

23 영국 왕세자 윌리엄이 가장 좋아하는 색은 파란색이에요. 왕세자빈 캐서린이 좋아하는 색은 **흰색**이에요.

24 **한 달에 보름달이 두 번 뜰 때** 두 번째 보름달을 푸른 달이라고 해요. 아주 드문 현상으로 약 **2.5~3년마다** 일어나요.

25 몇몇 강돌고래들은 밝은 분홍색이에요!

동물의 이주에 관한

❶ 일부 **향유고래**가 평생 이주하는 거리는 **지구를 몇 바퀴나 돌 정도**예요.

❷ 쇠고래가 한평생 오가는 거리는 **달까지 왕복**하고도 남을 정도예요.

❸ 해마다 겨울이 오면 캐나다와 미국 동부에 있던 **제왕나비 수천만 마리**가 남쪽을 향하여 멕시코와 캘리포니아주까지 가요. 4000킬로미터나 되는 거리를 이주하지요.

❹ 다랑어는 아주 멀리까지 이주해요. **멕시코에서** 인식표를 붙인 다랑어가 **일본 근처에서 발견**된 적도 있어요.

❺ **연어는** 민물에서 부화한 뒤 **바다로 가서** 여러 해를 살다가 태어난 강으로 돌아와요. **2500킬로미터** 이상 헤엄쳐 와서 알을 낳고 죽지요.

❻ **아프리카 보츠와나**에서는 해마다 **3만 마리가 넘는 얼룩말**이 이주해요.

❼ 이주하는 새는 길을 찾을 때, 낮 길이의 변화로 알아내요. 해, 달, 별의 위치도 보고요. 지구 자기장 변화도 감지해요. 여러 번 **이주한 경험이 있는 새들은 이정표와 익숙한 냄새도 기억하지요.**

❽ **오스트레일리아의 크리스마스섬**에서는 해마다 **홍게 1억 2000마리가 숲에서 바다로 이주해요.** 8킬로미터에 이르는 거의 똑같은 경로로, 높이 12미터의 절벽과 **공격적인 노랑미친개미의 영역**도 지나가야 해요.

15가지 신기한 지식

9 작은 새인 **붉은가슴벌새**는 무게가 3그램 밖에 안 되는데, **3000킬로미터** 떨어진 캐나다와 중앙아메리카 사이를 이주해요. 멕시코만 위를 쉼 없이 날기도 해요.

10 **뱀장어는 바다에서 태어나요.** 부화한 뒤에 강과 호수로 이주해 수십 년을 살다 바다로 돌아가요. **수천 킬로미터** 떨어진 그곳까지 가서 컴컴한 밤에 알을 낳지요.

11 **이주하는 제왕나비**는 1분에 **2000번**까지 날갯짓을 할 수 있어요.

12 지구에서 가장 큰 육상 동물인 **아프리카코끼리**는 말리로 떠날 때 **451~700 킬로미터**를 걸어요.

13 태평양의 바다코끼리는 **유빙을 타고 이주해요.** 떠다니는 얼음 주변에서 헤엄치면서 먹이도 잡고 **위에 올라가 쉬고 새끼도 낳지요.**

14 이른 봄, **멕시코자유꼬리박쥐**는 **멕시코**에서 미국 **텍사스주**의 **브랙큰 동굴**까지 **1609킬로미터**를 이주해요. 약 **2000만 마리**가 3~10월까지 그곳에서 지내요.

15 **장수거북**은 무게가 **800킬로그램**까지 나가고, 대서양을 횡단하는 대이동을 해요. 암컷은 매년 2시간만 육지에서 보내는데 알을 낳자마자 바다로 돌아가요.

* 지금까지 배운 지식은 **3,995**가지!

75가지 멍멍! 개에

도베르만핀셔

❶ 현금 인출기에서 돈을 찾는 법을 훈련받은 개도 있어요(비밀번호 누르는 것만 거들면 돼요).

❷ 아프리카 출신 바센지는 짖지 않고 요들을 불러요.

❸ 소니의 로봇 개 아이보는 단어 1000개를 말하고, 지시와 손동작에 반응하고, 안구의 카메라로 사진도 찍을 수 있어요.

❹ 슈나우저와 푸들 사이에서 태어난 새끼는 슈누들이라고 해요.

❺ 미국에서 기르는 개는 약 7800만 마리에 달해요. 사람 4명당 1마리가 있는 셈이에요.

❻ 스파와 체육관을 다니는 개도 있어요. 양치하고 나면 입 냄새 제거제도 뿌려요.

❼ 개는 사람보다 후각이 1000배 이상 뛰어나요.

❽ 개는 사람이 가리키면 숨겨진 먹이를 찾을 수 있어요. 침팬지는 그렇게 할 수 없어요.

❾ 약 1만 2000년 전의 무덤에 사람과 개가 함께 묻혔어요. 과학자들은 그 개가 반려동물이었는지 확신하지 못해요.

❿ 일본에서는 정말로 쉬하는 것처럼 보이는 장난감 개도 나왔어요.

⓫ 약 4000만 년 전 북아메리카에 출현한 나무를 타는 작은 동물이 개과의 시초였어요.

⓬ 요크셔테리어는 원래 쥐를 잡도록 교배한 품종이었어요.

⓭ 사랑하는 반려동물을 복제해서 키우는 사람도 있어요.

⓮ 그레이하운드 경주는 미끼를 움직여 그 뒤를 쫓게 해요. 가짜 토끼를 많이 쓰지만, 뼈처럼 보이게 만든 미끼를 쓰기도 해요.

⓯ 선글라스를 반려견과 똑같이 맞춰 쓸 수 있어요.

⓰ 개는 미국 몬태나주의 산맥에서 흑곰, 쿠거, 갈색곰 등을 추적해서 야생동물을 연구하는 과학자를 도와요. 토착식물을 찾을 때도 동원되지요.

⓱ 틸먼이라는 불도그는 스케이트보드로 100미터를 20초에 달려요. 스킴보드도 즐겨 타요.

⓲ 오스트레일리아의 목축용 개는 딩고, 달마티안, 오스트레일리안 캘피, 검은밥테일이라는 멸종한 품종에 다른 몇몇 품종을 섞었어요.

⓳ 고대 이집트인은 개의 친척인 자칼이 영혼을 사후 세계로 안내한다고 믿었어요. 이집트의 한 신성한 굴에는 약 800만 점의 개 미라가 있어요.

⓴ 개 코의 축축한 표면은 냄새를 분류하는 것을 도와요.

㉑ 트램펄린에서 뛰기를 좋아하는 개도 있어요.

㉒ 1973년에 시작된 아이디타로드 개 썰매 경주는 미국 알래스카주 앵커리지에서 출발해요. 9~12일에 걸쳐 1850킬로미터 거리를 달려요.

㉓ 개 품종은 350~400가지쯤 돼요.

㉔ 특수 훈련을 받고 병원에서 일하는 개도 있어요. 수술 후 회복 중인 아이들은 개를 쓰다듬거나 공을 던져 주면서 편안해하지요.

㉕ 세계에서 가장 작은 개인 치와와는 멕시코의 주 이름이기도 해요.

㉖ 전 미국 대통령 버락 오바마, 조지 W. 부시, 빌 클린턴은 이름이 B로 시작되는 개를 길렀어요. 오바마의 포르투갈워터도그는 보, 부시의 스코티시테리어는 바니와 미스 비즐리, 클린턴의 래브라도리트리버는 버디였어요.

영국불도그

* 지금까지 배운 지식은 4,070가지!

관한 지식

㉗ 미국 뉴욕에 사는 한 골든리트리버가 한 번에 테니스공 6개를 물어서 세계 기록을 세웠어요!

㉘ 스위스에서는 개 혼자 알아서 외딴집까지 우유 배달을 하곤 했어요. 작은 우유 수레를 끌고 산길을 오르내렸지요.

㉙ 미국 농무부 비글 여단의 개들은 미국 21개 공항에서 여행자가 불법으로 채소와 과일, 고기를 들여오는지 조사해요.

㉚ 개는 사람이 듣지 못하는 높은 소리에도 반응할 거예요.

㉛ 오스트레일리아의 목축용 개인 블루이는 29년 5개월을 살았어요.

㉜ 캐나다 유콘 준주의 문장에는 허스키가 그려져 있어요. 허스키는 썰매를 끌고 사냥도 하지요.

㉝ 보더콜리는 사람 말을 배울 수 있어요. 보더콜리 '체이서'는 1000개 이상의 단어를 알았어요.

㉞ 프레리도그는 개가 아니라 설치류예요. 땅속에 몇 킬로미터에 이르는 굴을 파기도 하지요.

㉟ 래브라도리트리버는 인기가 많은 품종이에요.

㊱ 예술가 윌리엄 웨그먼은 반려견인 바이마라너에게 사람처럼 옷을 입혀 사진을 찍었어요.

㊲ 미국에서 반려견은 한 집에 1마리 있는 게 보통이지만, 28퍼센트는 2마리, 12퍼센트는 3마리 이상을 키워요.

㊳ 블랙앤탄쿤하운드는 사냥에 특화됐어요. 사냥감을 나무 위로 몰고 짖어요. 퓨마와 곰을 쫓기도 해요.

㊴ 개가 숙제를 먹어 치운다고요? 맞아요. '숙제'를 새긴 개 비스킷이 나왔거든요.

㊵ 한 연구자가 가장 인기 있는 개와 고양이 이름 50개를 뽑았어요. 말리, 베토벤, 피도, 래시 같은 유명한 개 이름은 없었죠. 스누피는 인기 있는 고양이 이름 50위 안에 들었어요!

㊶ 늑대와 개는 이빨 수가 42개로 같아요.

㊷ 큰개자리의 시리우스(천랑성)는 가장 밝은 별이에요. 태양보다 약 25배 밝아요.

㊸ 캐나다에서 개발된 품종인 뉴펀들랜드는 발이 물갈퀴 모양이고 아주 찬 물에서도 헤엄칠 수 있어요. 1919년에 구명정을 안전한 곳까지 끌어와 뱃사람 20명을 구했어요.

㊹ 돔발상어는 영어로 '개고기(dogfish)'라고 불려요. 개 떼처럼 사냥한다고 해서 붙은 이름이에요.

㊺ 상황이 엉망일 때, "개판이다"라고 하지요.

㊻ 과학자들은 늑대가 서로 인사하고, 자기 위치를 알리고, 자기 영역을 표시하기 위해 울부짖는다고 봐요.

㊼ 미국 해군 특수부대 소속 군견 한 마리의 훈련 비용은 약 6만 달러예요.

㊽ 풍선 100개를 45초 안에 다 터뜨린 잭러셀테리어도 있어요.

㊾ 미국 서부의 지도를 작성한 루이스와 클라크 탐사대는 시맨이라는 뉴펀들랜드 종 개와 함께 다녔어요.

㊿ 개는 두 돌 때까지 강아지라고 봐요.

(51) 나폴리탄 마스티프는 24마리를 한배에 낳은 기록이 있어요.

(52) 독일셰퍼드 린 틴 틴은 제1차 세계 대전 때 전쟁터에서 구출된 군견으로, 영화에 출연했어요. 1929년 제1회 아카데미 시상식에서 최고의 배우로 뽑힐 뻔했어요. 당시 남우주연상은 사람인 에밀 야닝스가 받았지요.

(53) 그리스에서 꼬리를 흔드는 개 모습의 테라 코타 조각상이 발견되었어요. 2500년 전에 만들어진 것이었지요.

(54) 퍼그와 비글 사이에서 태어난 개는 퍼기라고 해요.

(55) 알라스칸 말라뮤트는 섭씨 영하 56도의 기온도 견딜 수 있어요.

(56) 최초의 핫도그 가게는 1916년 뉴욕 코니아일랜드에 생겼어요. 현재 미국에서 핫도그를 가장 많이 먹는 도시는 뉴욕이 아닌 로스앤젤레스예요.

(57) 사람이 개처럼 몸집이 다양하다면, 가장 작은 사람은 키가 0.6미터, 가장 큰 사람은 9.4미터쯤 될 거예요.

(58) 음악이 들리면 울부짖는 개도 있어요. 대개 클라리넷, 색소폰 같은 관악기 소리에 반응하지만, 사람의 노랫소리에도 반응하곤 해요!

(59) 개는 새끼의 목덜미를 물어서 옮겨요. 걱정 마요. 느슨한 피부라서 다치지 않아요.

(60) 미국에서는 매일 7만 마리의 강아지와 고양이가 태어나요.

(61) 미니어처 핀셔와 푸들 사이에서 난 개는 피니푸라고 해요.

(62) 개가 사라졌을 때 찾기 쉽게 마이크로칩을 이식하기도 해요. 미국 캘리포니아주의 자기 집에서 1207 킬로미터 떨어진 곳에서 돌아다니던 개를 발견하는 데에도 도움을 주었어요.

(63) 개와 코요테 사이에서 난 개는 코이도그라고 해요.

(64) 사람이 늑대를 길들인 것이 아니라, 회색늑대가 수천 년 전 인간 야영지 주변을 어슬렁거리다가 알아서 유순해진 끝에 개가 되었다고 보는 과학자도 있어요.

새끼 불도그

(65) 경비견, 특히 특수 훈련을 받은 독일셰퍼드는 아주 비싸요. 한 사업가는 경비견 한 마리를 사는 데 23만 달러를 들였어요.

(66) 1925년 미국 알래스카주에서 발토를 비롯한 썰매 개들이 놈 지역으로 약을 운반해 유행병을 막았어요. 이들은 약 6일간 세찬 눈보라 속을 1130킬로미터가량 달렸어요. 뉴욕 센트럴파크에는 발토 조각상이 있어요.

(67) 일부 과학자들은 오스트레일리아의 야생 개 딩고가 아예 개와 다른 종이라고 봐요. 말레이시아, 뉴기니, 필리핀에서도 야생 개를 딩고라고 불러요.

(68) 300만 달러짜리 반려견용 다이아몬드 목걸이도 있어요.

(69) 개들은 스위스와 이탈리아 사이 세인트버나드 고개에서 눈에 갇힌 사람들을 구조해 왔어요. 오늘날 세인트버나드 품종이라고 하는 이 개들은 200년 동안 약 2000명을 구조했어요.

(70) 1980년경에 붉은늑대는 야생에서 전멸했어요. 미국 노스캐롤라이나주 북부에 소규모 집단이 다시 나타나긴 했지만, 여전히 멸종 위기예요.

(71) 로마 전설에 따르면 숲에 버려진 아기 로물루스와 레무스 형제를 늑대가 발견해 젖을 먹여서 키웠다고 해요. 형제는 자라서 기원전 753년에 로마를 세웠다고 전하지요.

(72) 1807년 한 영국 난파선에서 구조된 강아지 두 마리가 체사피크베이 리트리버의 시조라고 보는 이들도 있어요. 이 개들은 하루에 물새 수백 마리를 잡을 수 있어요.

(73) 중동에 있던 고대 왕국 아시리아의 2650년 전 벽화에도 개가 있어요.

(74) 고전 영화 시리즈에서 래시를 연기한 콜리들은 모두 수컷이지만, 스턴트 대역 연기를 한 개 중에는 암컷도 있었어요.

(75) 아메리카에스키모는 '에스키'라는 애칭으로 불려요. 처음으로 서커스에서 밧줄 타기 훈련을 받은 개들이기도 해요.

35가지 놀라운 미래에

1 팔에 붙인 화면으로 동영상을 보거나 메시지를 보낼 수도 있어요.

2 특정 사고 패턴을 전달할 수 있는 **합성 텔레파시**의 발명은 친구의 마음을 읽을 수 있게 할 거예요.

3 원격 조종 **바퀴벌레**를 건물 잔해로 들여보내 지진 생존자들을 수색할 날도 올 거예요.

4 주방에는 원하는 음식을 3D 인쇄하여 접시에 내놓는 **작은 식품 공장**들이 있을 거예요.

5 수영장과 나무가 자라는 공원까지 갖춘 **떠다니는 도시**를 지을 계획을 세운 이들도 있어요.

6 **멀티미디어 벽지**는 벽과 천장을 커다란 화면으로 만들 거예요.

7 도로를 건널 때 깜빡하고 좌우를 살피지 않아도 옷에 삽입된 **센서**들이 차가 오는지 알려줄 거예요.

8 사막의 인공 염호에서 기른 **조류 바이오 연료**를 쓰는 자동차도 나올지 몰라요.

9 교통사고 가능성 때문에 **하늘을 나는 자동차**를 금지해야 한다는 사람도 있어요.

10 지금보다 수천 배 더 빠른 **양자 컴퓨터**가 나올 날도 머지않았어요.

11 3D **홀로그램 극장**에서는 같은 영화를 여러 번 볼 거예요. 다른 각도에서도 보고 싶으니까요.

12 **나무처럼** 지붕에서 햇빛으로 에너지를 생산하고, 긁히면 나무껍질처럼 알아서 수리되는 **집**을 상상해 봐요.

13 **뉴트리봇 알약**을 삼키기만 하면 정크 푸드를 실컷 먹을 수 있어요. 알약에서 나온 로봇이 알아서 나쁜 성분을 없애 줄 테니까요.

관한 멋진 지식

14 컴퓨터와 휴대 전화가 옷과 하나가 된 웨어러블 기기가 첨단 유행이 될 날도 올 거예요.

15 30년 안에 사람의 뇌세포로 배양한 진짜 뇌를 지닌 로봇도 나올 거예요.

16 날씨에 따라 냉난방을 더 효율적으로 조절하는 스마트 집도 있어요.

17 웨어러블 센서와 화면으로 쳐다만 봐도 인터넷에 연결되고 친구와 통화하고 상품을 구입할 수 있을 거예요.

18 독서 등을 켜라고 말하면, 머리 위에 홀로그램 전구가 뜨는 날이 곧 올 거예요.

19 소셜 네트워킹 사이트가 심박수를 비롯해 우리의 거의 모든 것을 추적할 수도 있어요.

20 옷장에는 모양과 색깔을 얼마든지 바꿀 수 있는 나노 섬유 옷 한 벌만 있으면 될 거예요.

21 빛을 굴절하는 나노 섬유로 해리 포터의 투명 망토를 진짜 만들 수도 있을 거예요.

22 빗에서 휴대 전화, 다른 프린터에 이르기까지 무엇이든 인쇄할 수 있는 탁상형 3D 프린터가 나올 거예요.

23 미세한 의료용 나노 로봇이 몸의 오래된 세포를 대신하고 질병을 치료해 수명을 수백 년 늘릴 날도 올 수 있어요.

24 자율 주행 차량이 늘어나면서 도로는 훨씬 더 안전해질 거예요.

25 몇몇 과학자는 20년쯤 후엔 인공 지능이 사람의 지능을 넘어설 것이라고 믿어요.

26 무선으로 집, 자동차, 항공기에 전기를 공급할 수도 있을 거예요.

27 지구에서 조종하는 인간형 우주 로봇이 우주 비행사를 대신할 날이 올 거예요.

28 군인들은 엑소수트라는 근력 강화 로봇을 입고 슈퍼 히어로가 된 기분을 느낄 거예요.

29 어둠 속에서 더 잘 볼 수 있는 장치를 눈에 이식할 수도 있을 거예요.

30 하늘을 나는 여객선 같은 떠다니는 첨단 호텔이 등장할 날도 있을 거예요.

31 뇌에 컴퓨터를 이식해서 생각만으로 인터넷 검색을 할 수 있을지도 몰라요.

32 복제 기술로 털매머드 같은 멸종 동물을 복원할 수 있을 거예요.

33 비행 드론으로 물건과 피자를 배달하는 사업도 있어요.

34 도시에는 이동 좌석이나 전기 호버보드처럼 빠른 개인용 교통수단이 다니는 교통망이 구축될 거예요.

35 지저분하거나 위험한 일은 로봇의 도움을 받아서 하게 될 거예요.

* 지금까지 배운 지식은 4,105가지!

1. 메가 시티는 인근 생활권 포함, 인구 1000만 명 이상의 도시예요. **2.** 1975년 세계의 메가 시티는 미국의 뉴욕(뉴어크 포함), 멕시코의 멕시코시티, 일본 도쿄, 이렇게 셋뿐이었죠. **3.** 지금은 21개나 돼요. **4.** 2025년이면 30개로 늘어날 거예요. **5.** 2050년까지 인구 10명 중 7명은 메가 시티에서 살고 있을 거예요. **세계 10대 메가 시티를 소개해요. 일본, 도쿄 6.** 도쿄 인구는 약 3700만 명으로 세계에서 가장 큰 도시예요. **7.** 도쿄에는 국민 스포츠인 스모 전문 박물관이 있어요. 스모 경기는 대부분 1분이 채 안 걸려요. **8.** 일본 전체 인구의 약 10퍼센트가 도쿄에 살아요. **9.** 도쿄 신주쿠역은 세계에서 가장 붐비는 역이에요. 300만 명 넘는 통근자들이 매일 바삐 이곳을 오가지요. **10.** 자전거 주차 공간을 절약하기 위해 도쿄에는 자동으로 자전거를 보관할 수 있는 다층 주차장인 '자전거 나무'가 있어요. 자전거를 6000대까지 수용할 수 있어요. **11.** 도쿄 맥도날드에서는 새우 버거를 주문할 수 있어요. 12. 도쿄 타워는 에펠탑과 비슷하지만, 빨간색이고 7.9미터 더 높아요. **13.** 도시 곳곳의 자판기에서 간식만 파는 게 아니에요. 우산, 운동화, 넥타이를 파는 자판기도 있어요! **14.** 도쿄에는 기생충 박물관이 있어요! 길이가 거의 9미터인 촌충 표본을 볼 수 있어요. 범고래와 맞먹는 길이예요! **15.** 도쿄의 거대한 돔 구장은 흰색 지붕 때문에 별명이 '큰 달걀'이에요. 요미우리 자이언츠의 홈구장이에요. **16.** 세계에서 가장 큰 생선 시장 중 하나인 츠키지에서 파는 해산물은 400가지가 넘어요. **인도, 델리 17.** 델리 인구는 3000만 명이 넘어요. **18.** 델리는 인도의 수도예요. **19.** 이곳에는 기원전 2500년 전의 화장실 유물이 전시된 국제 화장실 박물관이 있어요. **20.** 바퀴가 세 개에 모터가 달린 오토릭샤는 이 도시를 돌아다니는 인기 있는 교통수단이에요. **21.** 델리는 매우 달고 알록달록한 디저트인 미타이로 유명해요. **22.** 1648년 왕궁으로 지어진 붉은 요새는 23미터 높이의 붉은 사암 벽에서 그 이름을 얻었어요. **23.** 거리를 어슬렁거리는 성가신 붉은털원숭이 수천 마리를 쫓으려고 훈련시킨 랑구르원숭이들을 풀어놓았으나 실패했어요. **24.** 델리에서 '안녕하세요'와 '안녕히 가세요'는 모두 '나마스테'라고 해요. **25.** 인도에서 가장 큰 모스크인 델리의 자마 마스지드에서는 한 번에 2만 5000명이 예배할 수 있어요. **26.** 델리는 힌두교도들이 인도에서 가장 신성한 두 강 중 하나로 여기는 야무나강가에 있어요. **브라질, 상파울루 27.** 이곳의 인구는 2200만 명이 넘어요. **28.** 상파울루 주민들은 이곳을 '상피'라고 불러요. **29.** 2014년 브라질 월드컵은 상파울루에서 개최되었어요. 1950년에 이어 두 번 열었어요. **30.** 가장 위대한 축구 선수로 찬사받는 펠레는 상파울루에서 선수 생활을 시작했어요. 1956년부터 1977년 사이에 1363경기에 출전해 총 1282골을 넣었어요. **31.** 상파울루와 같은 면적에 그리스 전체 인구가 들어갈 수 있어요. **32.** 버터를 바른 단옥수수와 걸쭉한 스위트콘 주스는 상파울루에서 인기 있는 길거리 음식이에요. **33.** 상파울루의 별명은 '테라 다 가로아'예요. '이슬비가 내리는 땅'이란 뜻이죠. **34.** 상파울루 사람들을 파울리스타라고 불러요. **35.** 대부분의 상파울루 사람은 포르투갈어를 쓰지만, 이탈리아계 사람들이 포르투갈계 사람들보다 훨씬 많아요. **36.** 일본을 제외하고 일본인이 가장 많이 사는 곳은 상파울루예요. **37.** 이 모든 사람이 배출하는 쓰레기는 엄청나요. 상파울루는 쓰레기에서 나오는 메테인 가스를 도시에 전력을 공급할 수 있는 연료로 쓰는 방법을 찾아냈어요. **인도, 뭄바이 38.** 이곳의 인구는 2000만 명이 넘어요. **39.** 오랫동안 뭄바이는 '봄베이'라고 불렸어요. **40.** 뭄바이는 인도의 영화 산업인 발리우드의 중심이에요. **41.** 발리우드는 할리우드보다 영화를 더 많이 제작해요. **42.** 뭄바이의 별명은 '꿈의 도시'지만, 세계에서 가장 큰 빈민가가 이곳에 있어요. **43.** 뭄바이의 빈민가인 다라비에서는 4000제곱미터 넓이에 1만 8000명 가까이 북적여요. **44.** 뭄바이는 인도에서 가장 잘 사는 도시이기도 해요. **45.** 뭄바이에는 공중화장실이 100만 명당 17개 있어요. **46.** 뭄바이에서 가장 인기 있는 스포츠는 크리켓이에요. 인도에서 가장 오래된 크리켓 클럽이 뭄바이에 있지요. **47.** 인도의 공식 국기(국가 스포츠)는 필드하키예요. **멕시코, 멕시코시티 48.** 멕시코시티의 인구는 약 2100만 명이에요. **49.** 멕시코시티는 해발 2240미터 고지대에 있어요. **50.** 이 도시는 1521년 에스파냐에 정복되기 전까지 아스테카 왕국의 수도였던 테노치티틀란이 있던 자리에 들쭉날쭉 뻗어 있어요. **51.** 예술가 프리다 칼로는 멕시코시티에서 태어났어요. 그녀가 태어난 집은 카사 아줄, '푸른 집'으로 불려요. **52.** '자유로운 싸움'을 뜻하는 루차 리브레는 1930년대 멕시코시티에서 시작된 프로 레슬링이에요. 화려한 가면과 재미있는 동작이 특징이지요. **53.** 포포카테페틀은 도시에서 볼 수 있는 활화산이에요. 북아메리카에서 두 번째로 높은 화산이지요.

거대 도시

54. 멕시코에서 엘 포포는 '연기가 나는 산'을 의미해요. **55.** 멕시코시티는 지진이나 진동으로 유명해요. 1985년에 규모 8.1의 지진이 일어났어요. **56.** 멕시코시티는 바다와 전혀 가깝지 않지만, 최근 공공 수영장 주변에 인공 해변 열 곳을 만들기 위해 트럭마다 가득한 모래와 야자수들, 그리고 비치 의자를 들여왔어요. **57.** 아스테카 문명 시대에 건설된 농사용 물길에서 '트라히네라(Trajinera)'라는 화려한 색의 곤돌라를 탈 수 있어요. <mark>중국, 상하이</mark> **58.** 이곳의 인구는 약 2700만 명이에요. **59.** 상하이는 중국어로 '바다 위'란 뜻이에요. **60.** 상하이의 유명한 간식은 샤오롱바오, 즉 육즙이 풍부한 돼지고기 만두예요. **61.** 상하이는 중국에서 가장 잘사는 도시로 여겨져요. **62.** 한때 작은 어촌이었던 이 도시는 양쯔강 하구에 있어요. **63.** 상하이의 자기 부상 열차는 시속 430킬로미터로 달려요. 자석으로 양력과 부력을 얻지요. **64.** 상하이 사람들은 상하이어를 사용해요. **65.** 상하이에서 '감사합니다'라고 말하고 싶다면 '셰셰'라고 하세요. **66.** 이 도시에서 가장 높은 건물은 2014년에 완공된 높이 632미터짜리 상하이 타워예요. **67.** 전통 음식인 송화단(센추리 에그)은 오리알을 100일쯤 재와 소금에 절인 거예요. 잿빛으로 변한 흰자 때문에 매우 오래되어 보이지요. <mark>인도, 콜카타</mark> **68.** 이곳의 인구는 약 1400만 명이에요. **69.** 콜카타의 예전 이름은 '캘커타'예요. **70.** 이 도시에는 지금도 사람이 끄는 운송 수단인 인력거가 있어요. **71.** 이곳에 있는 약 7만 석 규모의 경기장 이던 가든스에서 크리켓과 축구 경기를 해요. **72.** 노벨 평화상 수상자인 테레사 수녀는 교직을 떠나서 이 도시의 빈민가에서도 가장 가난한 사람들을 도우며 함께 살았어요. <mark>방글라데시, 다카</mark> **73.** 이곳의 인구는 약 2100만 명이에요. **74.** 다카는 방글라데시의 수도예요. **75.** 다카는 세계에서 가장 빠르게 성장하는 도시 중 하나예요. 1990~2005년 사이 이곳의 인구는 600만 명에서 1200만 명으로 두 배 늘었어요. **76.** 방글라데시는 미국 아이오와주만 해요. 한반도의 3분의 2만 하지요. **77.** 이곳의 인구는 러시아보다 더 많아요. **78.** 홍수로 집이 물에 잠긴 아이들은 일반적인 학교 교실 아닌 배에 있는 교실에서 공부하기도 해요. **79.** 2025년쯤, 다카는 멕시코시티와 상하이보다 더 커질 거예요. **80.** 기후 변화로 해수면이 높아져 많은 사람이 농촌 지역의 홍수를 피해 도시로 이주하고 있어요. 2050년이면 방글라데시의 많은 땅이 완전히 물에 잠길지도 몰라요. **81.** 다카 사람들은 영어와 벵골어로 말해요. <mark>미국, 뉴욕 대도시권</mark> **82.** 이곳의 인구는 약 2000만 명이에요. **83.** 뉴욕시의 노란색 영업용 택시는 1만 3587대예요. **84.** 해마다 뉴욕 메이시 백화점의 추수 감사절 행진을 보기 위해 200만 명이 뉴욕의 거리로 모여들어요. **85.** 행진에 등장하는 거대한 풍선은 대부분 5~6층 높이예요. **86.** 어퍼뉴욕만에 있는 자유의 여신상은 검지의 길이가 2.4미터이고, 허리둘레는 10.7미터예요. **87.** 뉴욕시의 공중 곡예 학교에서는 나이와 상관없이 누구나 공중그네 수업을 들을 수 있어요. **88.** 뉴욕과 뉴어크의 3대 공항에서 날마다 비행기가 4000편 이상 출발해요. **89.** 뉴욕의 지하철은 세계에서 가장 규모가 커요. 철도를 한 줄로 놓으면 뉴욕에서 시카고까지 1127킬로미터 이상 뻗을 거예요. **90.** 뉴욕 사람들은 늘어지는 피자를 샌드위치처럼 반으로 접어서 먹어요. **91.** 뉴욕의 센트럴 파크에서는 유명한 아동 동화 작가인 한스 크리스티안 안데르센 동상의 무릎 위에 앉을 수 있어요. 이 동상의 발치에는 그의 유명한 작품인 『미운 오리 새끼』를 기리는 청동 오리가 있어요. <mark>파키스탄, 카라치</mark> **92.** 이곳의 인구는 약 1500만 명이에요. **93.** 카라치는 파키스탄에서 '빛의 도시'로 알려져 있어요. **94.** 카라치는 아라비아해 연안에 있어요. 주민과 관광객이 그 황금빛 해변과 리조트를 즐겨 찾아요. 파키스탄을 세운 무함마드 알리 진나의 무덤은 카라치의 중심부에 있어요. 많은 이가 그 무덤을 이 도시의 상징으로 여겨요. **95.** 카라치는 늦여름마다 폭우와 강풍이 몰아치는 긴 장마로 큰 피해를 입어요. **96.** 파키스탄의 화폐 단위는 루피예요. **97.** 해마다 거대한 올리브각시바다거북과 푸른바다거북이 알을 낳기 위해 카라치 해안으로 돌아와요. **98.** 카라치는 파키스탄 금융의 중심지예요. **99.** 그러나 이곳 주민의 반은 빈민가에서 살아요. **100.** 카라치는 1947년에 오늘날의 파키스탄이 건국했을 때보다 인구가 60배쯤 늘었어요. 해마다 6퍼센트(약 78만 명)씩 늘었지요.

메가 시티에 대한 100가지 지식

※ 지금까지 배운 지식은 4,205가지!

1 말, 야생 당나귀, 당나귀, 얼룩말은 모두 말과 동물로 친척이에요.

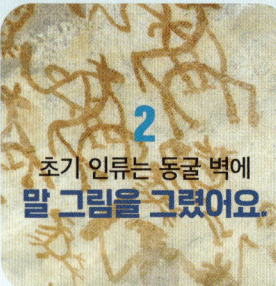

2 초기 인류는 동굴 벽에 **말 그림을 그렸어요.**

3 말은 거의 태어나자마자 **일어설 수 있어요.**

4 그리스 신화에는 **반은 말이고, 반은 사람**인 켄타우로스가 나와요.

5 웰링턴 공작의 말 '코펜하겐'은 **1836년**에 군대의 예우를 받으면서 묻혔어요.

6 말의 **꼬리털**은 길이가 다양해요.

7 서양에서는 말과 조랑말의 키를 '**핸드**'로 측정했어요. 1핸드는 약 10센티미터예요.

8 조랑말은 어깨높이가 약 **147센티미터 이하**예요.

9 얼룩말은 **3종**이 있어요. 사바나얼룩말, 마운틴얼룩말, 그레비얼룩말이에요.

10 아프리카 야생 당나귀는 에티오피아의 다나킬 사막 같은 험지에 살아요. 기온이 **섭씨 49도 이상** 올라가는 곳이에요.

11 암말과 수컷 얼룩말의 새끼를 **조스(ZORSE)**라고 해요.

12 말발굽 밑면에서 **V자 모양의 부위**를 프로그라고 해요.

13 조랑말은 **작지만**, 보통 말보다 더 넓적하고 땅딸막해요.

14 얼룩말이 태어날 때는 **줄무늬**가 흑색이 아니라 **갈색**이에요.

15 미국 메릴랜드주와 버지니아주의 **애서티그섬**에서는 약 **300년** 전부터 이른바 야생말이 돌아다니고 있어요.

16 말똥에서 자라는 버섯도 있어요.

17 말은 **위장이 하나**뿐이에요. 소는 4개이지요.

18 경주마에게 **동물 친구**가 있는 사례가 드물지 않아요. 보통 개, 고양이, 염소, 닭이고 심지어 원숭이도 있어요.

19 경주에 나선 말이 **겁을 먹고서** 장애물을 옆으로 피하기도 해요.

20 얼룩말은 기린, 누와 **함께 어울려서 떼 지어** 돌아다니곤 해요.

21 말은 **이빨**을 보면 대체로 몇 살인지 알 수 있어요.

22 현대 말은 **발굽이 발가락 하나**지만, 말의 조상은 **발가락이 여러 개인 발굽**을 지녔지요.

23 기원전 700~40년의 고대 그리스 올림픽 경기에서는 **말이 끄는 전차 경주**도 열렸어요.

24 **포니 익스프레스**라는 조랑말 우편 서비스는 **1860년** 미국에서 시작되어 말 400~500마리가 우편물을 배달할 만큼 성장했어요.

25 오늘날 기르는 말은 **4000년 전 몽골 서부**에서 기원했어요.

26 얼룩말 종들은 **줄무늬**로 구별할 수 있어요. 사바나얼룩말의 줄무늬 사이 간격이 가장 넓어요.

27 1800년대부터 영어로 '**포니(PONY)**'는 **돈(MONEY)**을 가리키는 속어로 쓰였어요.

28 말은 수백만 년 전 북아메리카에 살았지만, **대량 멸종 때** 전멸했어요. 훗날 유럽 사람들이 다시 들여왔지요.

29 **애팔루사**는 털에 반점 무늬가 있고 발굽에도 무늬가 있어요.

30 말은 **깊은 잠**은 하루에 1시간도 안 자지만, **얕은 잠**을 2시간 이상 자고 2시간쯤 더 꾸벅꾸벅 졸아요.

31 아직 제대로 훈련받지 않은 말이나 조랑말을 '**그린(GREEN)**'이라고 해요.

32 **서러브레드 경주마 세크러터리어트**는 켄터키 더비에서 약 2킬로미터 거리를 2분 이내로 달렸어요.

33 경마는 오래된 **스포츠** 중 하나예요.

34 포니 익스프레스는 운영된 지 2년이 지나지 않아서 **전신**으로 대체되었어요.

35 **수나귀**와 **암말** 사이에서 태어난 새끼는 **노새**예요.

36 유명한 이탈리아 화가 **레오나르도 다빈치**의 작품에는 말이 많이 등장해요.

37 **야생 당나귀**는 가장 큰 것도 어깨높이가 **1.5미터**에 불과해요.

38 암말은 **2년마다 새끼를 한 마리** 낳을 수 있어요.

39 **프셰발스키**는 길들지 않은 야생말의 후손으로 유일한 진짜 야생마예요. 하지만 지금은 주로 보호 구역에서 살고 있지요.

40 기르는 말은 약 **400가지 품종**이 있어요.

41 **당나귀 수컷**은 영어로 **잭**이라고 해요.

42 미국의 몬태나, 와이오밍, 콜로라도에는 모두 **말골짜기**라는 지명이 있어요. 하지만 조랑말이라는 도시는 몬태나주에만 있어요.

43 말의 뇌는 **감자**만 해요.

44 가장 오래된 말 화석은 5500만 년 된 **에오히푸스**예요.

45 당나귀는 **귀가 아주 커서** 말과 구별할 수 있어요.

46 그린몽키라는 이름의 경주마는 **1600만 달러**에 팔렸어요.

47 동아프리카에 사는 **그레비얼룩말**은 **멸종 위기**에 처해 있어요. 야생에 2000마리 남짓 남았을 뿐이에요.

48 미국 **경마 박물관과 명예의 전당**에는 약 200마리의 서러브레드 말이 등록되었어요.

49 **미니어처 말 (미니 말)**은 안내견처럼 장애 아동을 돕는 **치유 동물**로 쓰이기도 해요.

50 말은 대개 **한 번에 새끼를 한 마리**만 낳아요.

애팔루사

50가지 갈기를 휘날리는 말과 조랑말에 대한 지식

✱ 지금까지 배운 지식은 4,255개!

25가지 괴생명체*에 대한

1
설인
'예티'는 네팔의 히말라야산맥 높은 곳에 산다고 전해져요.

2 디즈니랜드의 마테호른 봅슬레이에 설치된 움직이는 설인 로봇은 **해럴드**라고 불려요.

3 텐징 노르가이와 함께 최초로 에베레스트산 정상에 올랐던 **에드먼드 힐러리**는 1960년 탐사대를 꾸려 예티의 발자국을 찾아 나섰어요.

4 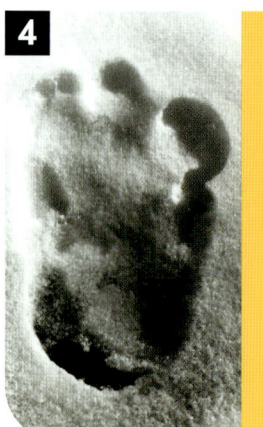 예티는 **반인반수**라고 전해져요. 어떤 사람들은 예티의 발자국이 사실은 사람, 곰, 떨어지는 눈 덩어리 때문에 생긴 거라고 주장해요.

5 인도에도 예티 비슷한 존재가 있어요. 유인원처럼 생긴 생명체로 만데 바룽, 즉 '숲 사람'이라고 불러요.

6  1800년 이래로 **목격담이 3000건** 이 넘는 빅풋은 북아메리카에 전해지는 괴생명체예요.

7 빅풋은 **사스콰치**라고도 해요. 털이 많은 **야생 사람**이라는 뜻이지요.

8 빅풋 연구자들은 빅풋의 커다란 발자국 크기가 평균적으로 **길이 40.6센티미터, 폭 17.8센티미터**라고 해요.

9 미국 캘리포니아 **빅풋 박물관**에는 '빅풋 증거물'도 있어요. 석고로 뜬 발자국과 손자국이지요.

10  한 러시아 과학자는 빅풋이 살아남은 **네안데르탈인**이라고 주장했지만, 대다수 과학자는 동의하지 않아요.

✱ 지금까지 배운 지식은 4,280가지!

11 한 연구진은 스코틀랜드의 네스호에서 **600번** 음파 탐지 장치와 인공위성을 써서 '네시'를 찾으려고 애썼어요. 하지만 빈손으로 돌아와야 했지요.

12 사람들에게 일회용 카메라 **5만 대**를 나눠 주고서, 네시의 증거를 찍어 오면 **200만 달러**를 주겠다고 한 사람도 있었어요.

13 어떤 사람들은 네시가 **오래전 멸종한 플레시오사우루스** 중 유일하게 남은 개체라고 믿어요.

14 보면 믿는다고요? 한 연구진은 네스호에서 울타리 기둥 하나를 물속에 숨겼다가 관광객들 앞에서 잠깐 물 밖으로 내밀었어요. 잠시 후에 본 것을 그려 달라고 하자, 괴물을 그린 사람들도 있었어요.

오싹한 지식

15 미국 챔플레인호에서도 수백 명이 괴생물체를 보았다고 했어요. 그것에 **'챔프'**라는 이름을 붙였어요.

*괴생명체: 존재하는지에 대한 논란이 있거나, 과학적으로 검증되지 않은 생물을 뜻해요.

16 오스트레일리아의 전설에는 **늪에 사는 괴물, '버닙'**의 괴담이 있어요. 사람을 꿀꺽 삼키기 좋아한대요. 하마나 바다소처럼 생겼다고도 해요.

20 몽골의 고비 사막 모래 속에는 길이 1.5미터의 새빨간 **'죽음 벌레'**라는 괴생명체가 산다고 해요. 독을 뿜고 강한 전기 충격을 가할 수 있다고 전하지요.

21 어떤 사람들은 그 벌레가 사실 굴을 파는 파충류나 코브라의 일종이라고 믿어요.

22 1960년대 미국 웨스트버지니아주에서는 붉은 눈에 거대한 날개가 있고, 키가 2.1미터쯤 되는 **'모스맨'**이라는 괴생명체를 목격했다는 보고가 몇 건 있었어요.

23 미국 웨스트버지니아주에서는 해마다 **모스맨** 축제가 열려요. 모스맨을 묘사한 피자도 팔아요. 눈은 빨간 고추, 날개는 버섯, 몸은 페퍼로니예요.

17 버닙 괴담은 물개 때문에 생겨났을 수도 있어요. 물개는 가끔 강줄기를 거슬러 올라오는데, 오스트레일리아 내륙에서는 보기 드문 일이거든요.

18 오스트레일리아에는 등에 호랑이 줄무늬가 있고 날카로운 발톱을 휘두르는 커다란 개만 한 **퀸즐랜드호랑이**가 출몰한다는 소문이 수백 년 전부터 돌았어요.

19 **퀸즐랜드호랑이**가 멸종한 어떤 유대목 고양이의 후손이라고 추측하는 사람도 있어요.

24 **추파카브라**는 날카로운 손톱과 빨간 눈을 지닌 캥거루나 가고일처럼 생겼어요. 1990년대에 푸에르토리코에서는 추파카브라가 가축의 피를 뺀다고 믿는 사람도 있었어요.

25 2010년대에 미국 메릴랜드주에서 '쥐의 꼬리, 코요테의 귀, 사슴의 머리'를 지닌 괴생명체가 잡혔어요. 많은 사람이 추파카브라가 실존한다는 증거라고 여겼지만, 사실 탈모증에 걸린 여우였어요.

장난감을 둘러싼

❶ 미국 뉴욕의 장난감 가게인 **파오 슈와츠**에는 발로 연주하는 **거대한 피아노 건반**인 '빅 피아노'가 있어요.

❷ 한 여성이 약 75년 전에 **소아마비로 고통받는** 아이들을 위로하기 위해 **캔디 랜드**라는 보드게임을 만들었어요.

❸ 세계에서 가장 많이 팔리는 보드게임인 **모노폴리**는 **47개 언어**로 나와서 **5억 명** 이상이 가지고 놀아요.

❹ 한 보석상이 **200만 달러** 가치의 **18K 금**으로 **모노폴리 말판과 카드**를 만들었어요. 42개의 다이아몬드를 박은 주사위 2개도 포함되었죠.

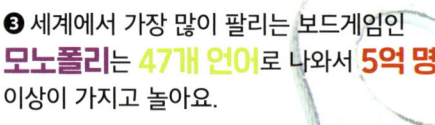

❺ **바비** 인형의 이름은 **개발자의 딸**인 **바버리**에게서 따왔어요. 1950년에 처음 발표된 패션모델부터 우주 비행사까지 약 **250가지 직업**으로 나왔어요.

❻ **슈퍼 마리오 브라더스**는 역사상 두 번째로 많이 팔린 비디오 게임이에요. (1위는 마인크래프트!)

❼ 영어 단어 게임 **스크래블**은 원래 이름이 **크리스크로스 워드**였어요.

15가지 재밌는 지식

❽ **체커 게임**을 **드래프트**라고 부르기도 해요.

❾ 원래 **미스터 포테이토 헤드**는 **진짜 감자**에 플라스틱 부품을 끼우게 했어요. 지금은 모두 플라스틱이죠.

❿ 안전한 어린이용 오븐인 **이지-베이크 오븐**은 뉴욕의 **프레첼 판매자**에게서 영감을 받아 만들어졌어요.

⓫ 병원 놀이 보드게임 오퍼레이션 속 환자의 이름은 '**구멍 많은 샘**'이에요.

⓬ **실리 퍼티, 뷰-마스터, 직소 퍼즐, 훌라후프, G.I. 조**는 미국의 **장난감 명예의 전당**에 있어요.

⓭ **플레이도우**는 원래 **벽지 청소제**로 쓰였어요.

⓮ 1949년에 처음 **레고**가 탄생한 뒤, 지금까지 만들어진 **레고 브릭**은 **4000억 개**가 넘어요. **전 세계 사람 한 명당 62개꼴**이에요.

⓯ **1000개 이상의 트위스터 매트**를 한데 모아 **미식축구장에서 한 번에 게임**을 한 적도 있어요.

* 지금까지 배운 지식은 4,295가지!

75가지 오래도록 버텨 온 고대 문화에 관한 지식

❶ 고대 로마에서 검투 경기 중에 관중이 '엄지손가락을 위로 드는 것'은 좋은 신호가 아니었어요. 패배한 검투사를 죽이라는 뜻이었거든요.

❷ 세계 7대 불가사의 중에서 가장 오래된 것 하나만 남아 있어요. 4500년 전 이집트의 대피라미드죠.

❸ 고대 이집트의 의자 다리는 동물의 다리 모양이었어요.

❹ 기원전 2700년쯤 중국에서 처음으로 차를 마시기 시작했대요. 중국의 전설에 따르면, 마른 찻잎이 황제에게 바치는 물에 떨어진 것이 시작이었다고 해요.

❺ 고대 그리스 동전에는 꿀벌이 새겨져 있어요.

❻ 약 4000년 전 중국 사람들은 식용을 목적으로 물고기와 해조류를 양식하기 시작했어요.

❼ 로마인은 계피가 신성하다고 믿었고, 계피 잎으로 만든 화환으로 신전을 장식하곤 했어요.

❽ 2000년 전 인도인은 식물인 아마와 대마 줄기나 머리카락으로 상처를 꿰맸어요.

❾ 고대 이집트인은 아마포 붕대가 피부에 잘 감기도록 안에 꿀을 발랐어요.

❿ 고대 그리스의 의사 갈렌은 피부의 상처를 무화과로 감쌌는데, 무화과에는 상처를 빨리 낫게 하는 물질이 있다는 게 나중에 밝혀졌어요.

⓫ 멕시코만 근처에 기원전 1200년경 올메카 문명의 거대한 두상과 도시가 있어요.

⓬ 멕시코 남부와 중앙아메리카 일부 지역에 살던 고대 마야인은 고대 이집트인이 상형 문자를 만든 지 약 2850년 뒤인 기원전 300년에 그림을 바탕으로 한 문자를 만들었어요.

⓭ 고대 마야의 유물인 밝은 빨간색 해골로 미루어 보아, 마야인은 죽은 사람을 선홍색 광물인 진사로 칠했어요.

⓮ 고대 마야에서는 260일 달력과 365일 달력을 다 만들었어요.

⓯ 고대 마야 귀족은 자기 살을 가오리 가시로 찔러 피를 내서 신들에게 바쳤어요.

⓰ 꿀을 섞어 달게 하거나 물을 섞은 초콜릿은 고대 마야인 사이에서 인기 있는 음료였어요. 오늘날에도 마야 후손들이 마시고 있지요.

⓱ 고대 마야인은 녹색 준보석인 옥을 왕의 상징으로 여겼고 케찰이라는 새의 녹색 깃털은 왕실 의복에서 매우 중요한 장식이었어요.

⓲ 고대 이집트인은 그림을 바탕으로 발달한 자신들의 문자를 '신의 말씀'이라는 뜻인 메두 네체르라고 불렀어요. 고대 그리스인은 고대 이집트의 문자 체계를 '신성한 조각'이란 뜻인 히에로글리프(신성 문자)로 불렀어요.

⓳ 고대 이집트 아이들은 야자수로 만든 막대기와 가죽 주머니에 파피루스를 꾹꾹 넣어 만든 퍽으로 하키 경기를 했어요. 파피루스는 종이의 재료로 잘 알려져 있지요.

⓴ 고대 이집트의 유명한 파라오인 투탕카멘은 겨우 아홉 살에 왕위에 올랐어요.

㉑ 고대 이집트의 파라오인 아케나톤은 당시의 전통과 달리 예술가들에게 자신을 사실적으로 묘사하라고 명령했어요. 그래서 오늘날 그의 배꼽을 묘사한 조각상을 볼 수 있어요.

㉒ 어느 고대 이집트 교사의 무덤에는 경고가 새겨져 있어요. "모두 들어라! 내 무덤에 나쁜 짓을 하는 자는, 악어와 하마와 사자에게 잡아먹힐 것이다."

㉓ 티그리스강과 유프라테스강 사이에 있는 메소포타미아 지역에서 기원전 3500년쯤부터 수메르, 바빌로니아, 아시리아를 비롯한 많은 위대한 문명이 탄생했어요. 오늘날의 이라크를 중심으로 한 곳이에요.

㉔ 고대 수메르의 왕과 왕비는 보드게임을 즐겼어요.

㉕ 메소포타미아의 가장 오래된 도시들 주변에는 돌이 없었기 때문에 진흙과 벽돌로 건축물을 지었어요.

㉖ 세계에서 가장 오래된 지역인 이라크 북부의 요새 마을(에르빌성)에는 적어도 7000년 넘게 사람들이 모여 살았어요.

㉗ 기원전 3200년쯤에 만들어진 최초의 문자인 설형 문자는 점토판에 새겨져 있어요. 이 문자는 3000년 넘게 수메르어, 아카드어, 바빌로니아어, 아시리아어를 비롯한 약 15개 언어를 기록하는 데 쓰였어요.

㉘ '눈에는 눈'이라는 속담은 고대 메소포타미아의 통치자 함무라비가 만든 300여 개의 법에서 나왔어요. 함무라비는 누군가의 눈을 멀게 하는 사람은 똑같은 벌을 받아야 한다고 여겼지요.

㉙ 고대 메소포타미아 사람들은 신들을 기리고, 사람들이 되도록 신에게 가까이 갈 수 있도록 피라미드 모양의 계단식 탑인 지구라트를 세웠어요.

㉚ 고대 세계 7대 불가사의 중 하나인 바빌론의 공중 정원은 바빌로니아의 어느 왕이 산과 과일과 꽃이 많은 고향을 그리워하던 왕비를 위해 지었다고 해요.

㉛ 초콜릿의 원료인 카카오나무는 고대 올메카 문명에서 전해 준 거예요. 옛 이름은 카카와였어요.

㉜ 아일랜드의 뉴그레인지는 이집트 기자의 피라미드보다 600년, 영국의 스톤헨지보다 1000년 더 먼저 세워진 고대 유적이에요.

㉝ 야생 돼지를 신성하게 여겼던 고대 켈트족은 우정의 표시로 돼지 모양의 청동판을 서로에게 선물했어요.

㉞ 고대 켈트족은 머리 안에 영혼이 자리 잡고 있다고 믿었어요.

㉟ 잉카 제국의 힘이 가장 강할 때 인구는 1000만 명이었고, 크기는 거의 미국 본토만 했어요.

㊱ 고대 켈트족은 식물성 기름과 나무에서 나오는 끈끈한 물질인 수지를 섞어 머리에 발랐어요. 헤어 젤인 셈이지요.

㊲ 고대 켈트족은 집을 지을 때 버드나무 가지를 엮어 진흙과 동물의 똥을 발라서 벽을 세웠어요.

㊳ 유럽의 켈트족은 약 2500년 전에 중국 사람들과 물건을 사고팔았어요.

㊴ 고대 이집트와 남쪽의 이웃 누비아는 수천 년 동안 엎치락뒤치락하며 서로를 지배했어요.

㊵ 고고학자들은 오늘날 멕시코의 고대 도시 테오티우아칸에 있는 버려진 사원인 달의 피라미드에서 독수리, 늑대, 푸마, 방울뱀, 목이 잘린 인간이 제물로 바쳐져 매장된 것을 발견했어요.

㊶ 고대 아프리카인은 오커(천연 안료), 지방, 달걀노른자, 피로 만든 물감과 동물의 꼬리, 깃, 깃털, 뼈를 이용한 붓으로 바위에 그림 수천 점을 그려 남겼어요.

㊷ 고대 로마인은 가죽으로 지은 실내용 신발인 소쿠스를 신었어요. 양말의 초기 형태지요.

㊸ 고대 로마인은 세금을 냈어요.

㊹ 넓게 뻗어 있는 로마 제국의 다양한 민족들은 라틴어로 소통했어요.

㊺ 고대 로마인이 건설한 도로는 지금도 그대로 남아, 유럽에서 중동까지 여전히 쓰이고 있어요.

184

*지금까지 배운 지식은 4,370가지!

㊻ 고대 로마인은 대형 대중탕에서 목욕하는 것을 좋아했어요. 먼저 뜨거운 증기탕의 열기로 노폐물을 땀으로 빼고, 온탕을 거친 뒤, 끝으로 시원한 냉탕에 들어갔어요.

㊼ 잉카는 2만 2500킬로미터에 이르는 도로를 건설했어요.

㊽ 지금의 파키스탄에 있는 모헨조다로는 4500년 된 고대 도시로 3만 5000명이나 살았어요. 당시 가장 큰 도시 중 하나였지요.

㊾ 기원전 750~550년에 고대 그리스인은 지중해 일대에 식민 도시 200개를 세웠어요.

㊿ 그리스인은 식민 도시마다 극장을 지었는데, 지금도 공연장으로 쓰이는 곳도 있어요. 이 극장들은 맨 끝자리에 있는 사람도 무대 위 배우들의 대사가 잘 들리도록 정교하게 지어졌어요.

(51) 예술과 지혜의 여신인 아테나를 기리기 위해 세운 고대 그리스의 파르테논 신전은 1687년 전쟁 중 포탄에 맞아 심하게 파괴되었어요.

(52) 그리스인 스스로 폴리스라고 했던 그리스의 도시 국가는 중심지인 도시와 성 밖의 농촌 지역으로 이루어졌어요.

(53) 고대 그리스의 도시 국가였던 스파르타 시민들은 방패를 두드려서 투표했어요.

(54) 알렉산드로스 대왕은 지중해를 둘러싼 고대 그리스 제국을 동쪽으로 인도까지 넓혔어요.

(55) 페루의 잉카에는 공식 알파벳이나 문자 체계가 없었지만 다양한 색깔의 줄에 매듭을 지은 '키푸'로 달력을 계산하거나 가축을 세었지요.

(56) 안데스산맥의 6310미터 높이에서 잉카 매장지가 발견되었어요.

(57) 잉카의 초기 조상인 차빈족은 기원전 1200년쯤 대륙의 다른 곳에서 지금의 페루에 온 것 같아요. 사원에 새겨진 원숭이와 악어가 이 지역이 아닌 동쪽 숲에서 발견되는 종류거든요.

(58) 기원전 150년부터 기원후 750년쯤에 테오티우아칸은 아메리카에서 가장 큰 도시였어요. 약 10만~20만 명이 살았지요. 현재 멕시코 중부에 있었지요.

(59) 약 500년 전, 에스파냐 사람들은 1325년에 세워진 아스테카 왕국의 수도 테노치티틀란을 점령하고 바로 그 위에 멕시코시티를 세웠어요.

(60) 1800년 전에 오늘날의 미국 애리조나주에 살았던 호호캄족은 팔꿈치와 무릎을 써서 작은 공을 코트 옆에 있는 높은 철제 고리 안으로 넣는 놀이를 했어요.

(61) 기원전 290년, 이집트의 파라오인 프톨레마이오스 1세 '소테르'는 알렉산드리아 항구에 세계 최초의 등대를 건설하기 시작했어요.

(62) 기원전 550년에 세운 아케메네스 왕조의 페르시아 제국은 지금의 튀르키예와 이집트에서 인도 북부와 중앙아시아까지 뻗어 있었지만, 고대 그리스 저술가들이 없었다면 오늘날 이 제국은 거의 잊혔을 거예요.

(63) 중국에서 가장 오래된 기록은 기원전 1200년쯤 동물 뼈에 새긴 갑골문이에요.

(64) 현재 튀르키예인 고대 리디아 왕국에서 최초의 동전이 사용되었어요. 금과 은을 섞어 만들고 엄격한 무게 기준을 따르며, 한쪽 면에만 무늬가 있었어요.

(65) 6000여 년 전 중앙아시아에서 말을 타기 시작했지만, 안장은 5700년 뒤에나 발명되었어요.

(66) 그리스 신화에서 스핑크스는 여자의 머리에 사자의 몸이에요. 고대 이집트에서는 스핑크스가 사자의 몸에 사람, 매 또는 숫양의 머리라고 믿었죠.

(67) 약 2600년 전, 고대 이집트 도시인 부바스티스에서는 고양이의 여신인 바스테트를 숭배했어요. 바스테트 신전에서는 고양이 미라 수천 구가 발견되었어요.

(68) 아라비아반도의 고대 왕국들은 향료로 사용되는 유향과 몰약을 통제하며 무역하여 번성했어요.

(69) 남태평양 뉴기니섬에서 발견된 고대 돌조각상들은 기원전 1500년쯤 만들어졌어요. 섬에 사는 사람과 새, 알을 낳는 포유류인 가시두더지와 비슷한 코가 긴 생물을 표현해요.

(70) 8000여 년 전 고대 중국에서 학의 다리뼈를 파서 만든 피리는 지금까지 발견된 것 중 흠이 하나도 없고, 연주할 수 있고, 음도 여러 개 낼 수 있는 가장 초기의 피리예요.

(71) 고대 페니키아인은 지중해 연체동물에서 매우 귀한 보라색 염료를 얻었어요.

(72) 기록에 따르면 로마 황제 칼리굴라는 자기 말을 원로원 의원으로 만들고 싶어 했어요.

(73) 오스트레일리아 원주민은 적어도 5만 년 된, 세계에서 가장 오래된 문화를 이어 왔어요.

(74) 기후가 서늘했던 고대 로마에서는 집에 중앙난방 시설이 있었어요. 바닥에 있는 화덕의 뜨거운 공기를 벽돌 관을 통해 순환시키는 일종의 온돌이었지요.

(75) 기원후 79년, 인구가 약 1만 명이었던 로마의 도시 폼페이와 헤르쿨라네움은 베수비오 화산이 분화해 쏟아 낸 화산재와 용암에 완전히 파묻혀 버렸어요.

35가지 세상을 받치는

1 암석은 광물의 혼합물이에요.

2 흑연은 연필심으로 쓰이는 부드러운 광물이에요.

3 화산 분출 시 지하 96킬로미터 아래 깊은 곳의 다이아몬드가 지표면으로 올라오기도 해요.

4 밝은색 오팔은 오스트레일리아의 국가 보석이에요.

5 오스트레일리아에서 금속 탐지기로 학교 근처를 훑다가 27킬로그램의 금덩어리를 발견했어요.

6 약 4500년 전 사람들은 거대한 청석을 225킬로미터나 운반해서 스톤헨지를 건설했어요.

7 알려진 광물의 종류는 4000가지가 넘어요.

8 형석은 자외선을 쬐면 빛을 내요.

9 번갯불에 모래나 암석이 녹아서 막대 모양의 유리질 덩어리인 섬전암이 생기기도 해요.

10 이집트 기자의 피라미드와 스핑크스는 석회암으로 만들었어요. 석회암은 주로 아주 작은 해양 생물의 잔해로부터 생긴 방해석으로 이루어져 있어요.

11 고대 인류는 부싯돌을 두드려 뗀 조각으로 화살촉 같은 날카로운 무기와 도구를 만들었어요.

12 '피터'라는 이름은 돌이나 바위를 뜻하는 그리스어에서 나왔어요.

13 호바 운석은 무게가 약 60톤이에요. 외계에서 온 암석에는 지표면에서 거의 발견되지 않는 광물이 들어 있어요.

14 멕시코의 촐족은 수정이 주술력을 지닌다고 믿어요.

15 이집트 신성 문자를 해독하는 데 기여한 문자가 새겨진 로제타석은 화강 섬록암으로 만들어졌어요.

16 빙산과 고드름 같은 천연 얼음도 광물이라고 봐요.

17 오스트레일리아의 울룰루는 세계에서 가장 큰 바위예요. 높이가 348미터지요.

암석에 관한 지식

18 미국 수도 워싱턴 디시에 있는 링컨 기념상은 조지아산 대리석으로 만들었어요.

19 자철석은 본래 자성을 띠고 있어요.

20 미국 5센트 동전의 성분은 25퍼센트가 니켈이고, 75퍼센트가 구리예요. 둘 다 광물이지요.

21 암석을 연구하는 사람을 암석학자라고 해요.

22 페트라의 아름다운 유적은 2000년 전에 부드러운 사암을 깎아서 만든 거예요.

23 아콰마린이 인어의 보물 상자에서 발견된다는 전설이 있어요. 뱃사람들은 이것이 행운을 가져온다고 믿어요.

24 고대 중국에서는 황제가 죽으면 옥으로 만든 수의를 입혔어요. 옥이 시신을 보존하는 데 도움이 된다고 믿었거든요.

25 지구에서 가장 오래된 암석은 약 40억 년 된 거예요.

26 투탕카멘의 황금 가면은 청금석이라는 파란 암석과 터키석, 홍옥수, 석영 광물로 장식했어요.

27 고대 아스테카 왕국 사람들은 흑요석이라는 유리질 화강암을 거울로 썼어요.

28 칠레 이스터섬의 거대한 석상은 화산재가 응고되어 생긴 암석인 응회암을 깎아 만든 거예요.

29 자동차에 도금해서 광택을 내는 크롬은 크롬철석에서 얻어요.

30 미국 러시모어산의 화강암을 깎아 새긴 미국 대통령 4명의 얼굴은 1만 년에 약 2.5센티미터씩 침식돼요.

31 사파이어와 루비는 강옥이라는 같은 광물인데 색깔이 달라요.

32 소금은 옛날에는 아주 귀하게 여겨져서, 고대 로마 병사는 돈 대신에 소금으로 봉급을 받기도 했어요.

33 화산암의 일종인 부석은 물에 뜰 수 있어요.

34 호프 다이아몬드는 가격이 2억 달러를 넘어요. 이 45.5캐럿짜리 보석은 1958년 스미스소니언 협회에 기증될 때 보통 우편으로 보내졌지요.

35 1839년에 처음 발명된 사진기는 은을 써서 사진을 찍었어요.

*지금까지 배운 지식은 4,405가지!

100가지 지표면에서 일어나는

1. 몽골은 세계에서 인구 밀도가 가장 낮은 나라예요. 1제곱킬로미터당 평균 2명 정도지요! **2.** 지도를 가장 많이(1000만 점 이상) 소장한 곳은 미국 의회 도서관이에요. **3.** 지도는 약 3500년 동안 사람들이 길을 찾는 데 도움이 되었어요. 가장 오래된 지도는 점토 판에 그려졌어요. **4.** 세계에서 가장 긴 핫도그는 길이가 무려 203.80미터예요. 2011년에 파라과이 건국 200주년을 기념하기 위해 만들어졌어요. **5.** 미시시피강은 미국 전체 강물의 40퍼센트를 배수해요. **6.** 2005년 11월 8일 미국 미시간주 힐스데일에서 18세 고등학생 마이클 세션스가 시장으로 선출됐어요. 시장 업무는 방과 후에 했지요. **7.** 영국의 윌리엄 왕세자는 지리학을 전공했어요. **8.** 이집트 카이로는 아프리카와 중동을 아울러 가장 큰 도시예요. **9.** 아이슬란드의 수도 레이캬비크는 세계의 수도 중 가장 북쪽에 있어요. **10.** 1513년 튀르키예 제독은 아메리카 대륙에 대한 자세한 정보를 담은 가장 오래된 생존 지도를 만들었어요. 크리스토퍼 콜럼버스의 지도 중 하나를 참고했지요. **11.** 21세기에 처음 탄생한 국가인 동티모르는 2002년 12월 인도네시아에서 독립했어요. **12.** 오스트레일리아에서 가장 높은 코지어스코산은 높이 2228미터로 에베레스트산의 4분의 1 정도예요. **13.** 남극 대륙에서 가장 낮은 지점은 해수면보다 2555미터 아래에, 얼음으로 덮여 있어요. **14.** 안데스산맥은 남아메리카의 서해안 전체에 뻗어 있어요. **15.** 유럽과 아시아는 거대한 땅덩어리(육괴)에 함께 있지만, 우랄산맥이 두 대륙으로 나누고 있어요. **16.** 네덜란드는 국토의 거의 절반이 해수면보다 낮아요. **17.** 러시아는 세계에서 가장 큰 나라예요. 아시아와 유럽에 걸쳐 17억 7만 5400제곱킬로미터를 차지해요. **18.** 사우디아라비아의 95퍼센트는 사막이에요. **19.** 한때 네덜란드의 식민지였던 남아메리카 수리남의 공용어는 네덜란드어예요. **20.** 네덜란드 남성의 평균 키는 1.83미터로 그 어느 나라의 남성보다 커요. **21.** 세계에서 가장 나라가 많은 대륙은 아프리카예요. **22.** 해발 3626미터에 자리 잡은 볼리비아의 라파스는 세계에서 가장 높은 곳에 있는 수도예요. **23.** 지브롤터 해협은 겨우 58킬로미터의 폭으로 유럽과 아프리카를 가르고 있어요. **24.** 북아메리카와 남아메리카를 잇고, 태평양과 대서양을 가르는 파나마 지협에서 폭이 가장 좁은 곳은 겨우 50킬로미터쯤이에요. **25.** 옐로스톤 국립 공원의 올드 페이스풀 간헐천에서는 약 92분마다 뜨거운 온천수와 증기가 55미터 높이로 솟구쳐요. **26.** 캐나다의 가리발디산은 빙하를 뚫고 폭발한 화산이에요. **27.** 북아메리카에서 가장 깊은 호수인 크레이터호는 화산 속에 있고, 크레이터호의 물속에는 또 다른 화산이 있어요. **28.** 아시아라는 이름은 아시리아어로 '일출', '동쪽'을 뜻하는 "아수(asu)"에서 온 것으로 추측돼요. **29.** 고대 그리스 도시인 비잔티움은 기원후 330년에 콘스탄티노플로, 1930년에는 현재 튀르키예의 수도인 이스탄불로 이름이 바뀌었어요. **30.** 2010년 1월 22일 대한민국 태백시에서는 5387명이 모여 눈싸움을 벌였어요. 2016년 캐나다 새스커툰에서는 7681명이 참여해 세계 최대 눈싸움 기록을 세웠어요. **31.** 그레이트브리튼은 잉글랜드, 스코틀랜드, 웨일스를 포함하는 섬이에요. **32.** 미국 앨라배마주 버밍엄은 대규모 철강 산업 때문에 '남부의 피츠버그'로 알려져 있어요. 피츠버그는 미국 북부의 유명 철강 산지예요. **33.** 영국 빅토리아 여왕의 이름은 주, 도시, 폭포, 섬, 호수, 산, 강, 지방에 남아 있어요. **34.** 레소토는 남아프리카 공화국에 완전히 둘러싸인 나라예요. **35.** 벨기에 사람들은 하나의 벨기에어가 아니라 플라망어와 프랑스어, 독일어를 사용해요. **36.** 미국 텍사스주 면적의 11배가 넘는 숲이 러시아를 가로지르며 서쪽으로는 노르웨이까지 뻗어 있어요. **37.** 러시아는 미

국과 함께 천연가스가 많이 생산되는 나라예요. **38.** 러시아 인구의 약 6분의 1인 2500만 명 정도가 매섭게 추운 아시아 북부의 광활한 땅인 시베리아에 살고 있어요. **39.** 세계에서 가장 긴 철도 터널은 알프스산맥을 통과해 스위스와 이탈리아를 잇는 고트하르트 베이스 터널로, 길이는 57.1킬로미터예요. **40.** 중국 북부에서 황사로 사라지는 농지는 1년에 230만 제곱킬로미터쯤이에요. **41.** 일본 도쿄에서 가장 붐비는 기차역을 오가는 사람은 하루 200만 명이 넘어요. **42.** 아시아의 사해는 해수면보다 421미터 아래 있어요. 엠파이어 스테이트 빌딩의 안테나 끝까지의 높이와 비슷하지요. **43.** 동남아시아에서 식민 지배를 받지 않은

지리에 관한 지식 ▶

나라는 태국뿐이에요. **44.** 세계에서 가장 짧은 강인 미국 몬태나주의 로강은 길이가 61미터로, 축구장 길이보다 짧아요. **45.** 2010년 1월 3일, 22세였던 케이티 스포츠는 아프리카 세네갈의 다카르에서 출발해 70일 넘게 홀로 노를 저어서 대서양을 건너 3월 14일 남아메리카 가이아나의 조지타운에 도착했어요. **46.** 중앙아프리카의 차드호는 가뭄과 관개 때문에 원래 크기의 20분의 1로 줄어들었어요. **47.** 이스라엘보다 면적이 더 넓은 남아프리카 공화국의 크루거 국립 공원은 아프리카에서 가장 큰 공원이에요. **48.** 나미비아의 '빅 대디' 모래 언덕은 366미터 높이로 솟아 있어요. **49.** 오스트레일리아에서 가장 큰 호수이자 가장 낮은 지점인 에어호의 깊이는 6미터예요. **50.** 내셔널 지오그래픽 협회에서 1993년 런던에서 처음으로 연 국제 지리 대회에서 세 팀이 겨루었어요. 그 뒤로 2013년까지 내셔널 지오그래픽 세계 선수권 대회가 2년마다 열렸어요. **51.** 아르헨티나 사람들은 1년에 쇠고기를 68킬로그램씩 먹어요. **52.** 캐나다보다 미국 캘리포니아주에 더 많은 사람이 살고 있어요. **53.** 12월 25일 크리스마스에 미국 플로리다주의 평균 기온은 섭씨 22도예요. **54.** 아프리카 부르키나파소의 수도이자 최대 도시는 와가두구예요. **55.** 1873년에 두너강(다뉴브강) 서쪽의 부다와 동쪽의 페스트가 합쳐져 부다페스트가 되었어요. **56.** 달마티안은 유럽 크로아티아의 달마티아가 원산지인 개의 품종이에요. **57.** 핀란드에는 호수가 18만 8000개쯤 있어요. **58.** 덴마크의 코펜하겐 항구에는 자그마한 인어 공주 동상이 있어요. **59.** 시칠리아섬의 에트나산은 그리스 신 제우스의 고향으로 알려져 있어요. **60.** 남수단은 2011년 7월 9일에 수단으로부터 독립을 선언했어요. **61.** 아시아의 바이칼호에는 세계 유일의 민물 바다표범을 비롯해 지구 어디에서도 볼 수 없는 동식물 1500여 종이 살아요. **62.** 모나코에서는 약 2제곱킬로미터 땅 안에 3만 5000명이 넘게 살고 있어요. **63.** 브라질은 남아메리카 전체의 거의 반을 차지해요. **64.** 미국에서 열린 2011년 내셔널 지오그래픽 비(Bee) 대회의 마지막 문제를 볼까요? "등반가와 트레커 수천 명이 셰르파들의 도움을 받아 에베레스트산에 오릅니다. 에베레스트의 남쪽 봉우리가 포함된 네팔의 국립 공원은 어디일까요?" 답: 사가르마타 국립 공원. **65.** 바레인 왕국은 페르시아만의 섬 35개로 이루어진 나라예요. **66.** 세계 최대의 석유 매장국은 베네수엘라이지만, 최대의 석유 생산국은 미국이며, 사우디아라비아가 그 뒤를 이어요. **67.** 뉴질랜드 인구의 33퍼센트가 오클랜드에 살아요. **68.** 남태평양 통가에는 170개 섬 중 36개에만 사람들이 살아요. **69.** 투발루의 섬 중 가장 높은 곳도 해발 약 5미터 정도예요. 지구가 따뜻해지면서 물속에 잠겨 가는 섬들이 점점 많아져요. **70.** 파푸아 뉴기니의 산속은 너무 험준해서 1930년대까지 외부인이 탐험하지 못했어요. **71.** 인도의 인구는 미국의 3배지만, 자동차 수는 절반 이하예요. **72.** 이집트 인구는 1억 명이 넘는데, 대다수가 나일강 유역에 살고 있어요. **73.** 2011년 3월, 레자 파크라반은 자전거로 13일 5시간 50분 14초 만에 사하라 사막을 횡단했어요. 지금까지 자전거로 사막을 횡단한 기록 중 가장 빠른 기록이에요. **74.** 약 1만 2000년 전 사하라 사막은 기후가 더 습했고 숲으로 덮여 있었어요. **75.** 미국 오리건주 보링에서 버지니아주 오디너리까지 4828여 킬로미터 거리를 차로 가려면 이틀쯤 걸려요. **76.** 북아메리카에서 가장 인구 밀도가 높은 나라인 바베이도스는 2.6제곱킬로미터당 인구가 1693명이에요. **77.** 12세기 이슬람 학자인 이드리시는 15년이 걸려서 유럽, 아시아, 북아프리카의 대부분이 표시된 지도를 처음으로 만들었어요. 마르코 폴로나 콜럼버스가 세계를 탐험한 건 몇백 년이 지나서였어요. **78.** 아르메니아의 나고르노카라바흐 지역은 아제르바이잔에 완전히 둘러싸여 있어요. **79.** 남극에는 토네이도가 없어요. **80.** 네팔의 국기는 세계에서 유일하게 사각형이 아니에요. 히말라야의 유명한 봉우리를 본뜬 이 국기는 삼각형 두 개가 세로로 이어진 모양이지요. **81.** 인도네시아는 그 어느 나라보다 무슬림이 많이 살아요. 2억 3000만 명에 이르지요. **82.** 보츠와나는 정부에서 보호 지역으로 정한 곳이 다른 아프리카 국가보다 18.2퍼센트 더 많아요. **83.** 600만 명이 넘는 케냐인이 커피 관련 일을 해요. 무려 인구의 15퍼센트예요! **84.** 전 세계 다이아몬드의 절반 이상이 아프리카에서 채굴돼요. **85.** 인도 인구의 61퍼센트만이 글을 읽을 수 있어요. 이에 비해 미국, 영국, 러시아, 일본은 99퍼센트가 읽고 쓸 줄 알아요. **86.** 러시아의 항구인 무르만스크는 북극권에 있지만 따뜻한 해류 덕분에 1년 내내 얼음이 얼지 않아요. **87.** 러시아 인구 1억 4400만 명 중 대다수가 러시아의 유럽 지역인 우랄산맥 서쪽에 살고 있어요. **88.** 지도 제작 초기에 무슬림은 남쪽이 위로, 북쪽이 아래로 향하도록 지도를 그렸고, 유럽인은 그와 반대로 그렸어요. **89.** 남극 대륙의 내륙에 내리는 눈은 평균적으로 연간 5센티미터 미만이에요. **90.** 볼리비아 인구의 반 이상이 남아메리카 대륙의 원주민인 아이마라족이에요. **91.** 유럽에서 가장 작은 나라 6개는 미국에서 가장 작은 주인 로드아일랜드에 다 들어가고도 남아요. **92.** 포르투갈은 세계 최고의 코르크 생산국이에요. **93.** 피지에는 1800년대 후반까지 식인 풍습이 있었어요. **94.** 일본은 2008년에 자동차를 거의 1000만 대 생산했어요. 그 어느 나라보다 많았어요. **95.** 중국 창장강의 싼샤 댐을 건설하면서, 이 지역에 살던 100만 명 이상이 강제로 터를 옮겨야 했어요. **96.** 인도네시아는 세계에서 산호초가 가장 많이 있어요. 13만 2132제곱킬로미터에 이르지요. **97.** 멕시코라는 이름은 1521년에 에스파냐 정복자들에게 점령당할 때까지 이 나라를 통치했던 토착민인 아스테카 왕국 사람들, 즉 아스텍족(아즈텍족)을 뜻하는 '멕시카'에서 나왔어요. **98.** 1884년 트리니다드에서 전통 북이 금지되자, 대농장의 노동자들은 208리터짜리 드럼통을 대신 사용했어요. 여기서 카리브해 지역의 특징인 강철 드럼이 나왔어요. **99.** 콜롬비아의 에메랄드 광산 일부는 이 돌을 신성하게 여겼던 잉카인이 채굴하던 곳이에요. **100.** 세계 최초의 우주선 발사 기지는 카자흐스탄에 있는 바이코누르 우주 기지예요.

✴ 지금까지 배운 지식은 **4,505**가지!

1 올림픽 **금메달**은 모두 금이 아니라 **은이 90퍼센트** 이상 섞였어요.

2 한 중국인이 **올림픽의 오륜 모양으로 자전거를** 만들었어요.

3 기원전 **776년** 그리스의 성지인 **올림피아**에서 열린 경기에 대한 기록이 첫 번째 올림픽 경기 기록이에요.

4 고대 그리스에서 올림픽 선수들은 햇빛으로부터 피부를 보호하려는 목적으로도 **올리브기름과 고운 모래를 몸에 발랐어요.**

5 고대 올림픽 경기에 **여성, 노예, 외국인은 참가 금지**였어요. 오직 그리스인 자유민 남성들만 참가할 수 있었어요.

6 초기 올림픽 경기에서 **부정행위**를 한 사람은 **벌금을 내야 했어요.** 이 돈은 제우스의 동상을 세우는 데 쓰였고, 그들의 이름이 기단에 새겨졌어요.

7 고대 올림픽에는 **단체 경기가 없었어요.** 초기에는 전차 경주, 5종 경기, 달리기, 권투, 레슬링이 있었어요.

8 올림픽의 상징인 **오륜**은 **서로 얽힌 고리** 모양으로, 경기에 참가하는 **다섯 대륙을 상징**해요. 북아메리카와 남아메리카는 하나의 대륙으로 여겨져요.

9 초기의 올림픽 경기장들은 **긴 직사각형** 모양이었고, 참가자들은 경기장을 따라 돌면서 달리지 않고 **직선으로 달렸어요.**

10 고대 올림픽 경기 사흘째에 제우스와 여러 신들을 기리기 위해 **암소 100마리를 희생 제물**로 바쳤어요.

11 기원후 393년 테오도시우스 1세가 **올림픽을 금지**했어요. 올림피아는 농토로 바뀌고 잊혔다가 1776년에 비로소 유적이 발견됐어요.

12 고대 올림픽의 격투 종목 **판크라티온** 경기에서는 상대방의 코를 물어뜯고, 눈알을 후비고, 콧구멍에 손가락을 넣는 것 외에 모든 동작을 허용했어요.

13 **첫 근대 올림픽**이 **1896년** 그리스 아테네에서 열렸어요. 14개국에서 **선수 245명**이 참가했어요.

14 첫 동계 올림픽은 **1924년**, 프랑스 샤모니에서 열렸어요.

15 동계 올림픽과 하계 올림픽은 1924년에서 **1992년까지 4년마다 같은 해**에 열렸어요. 1994년부터 두 대회는 2년마다 번갈아 열려요.

16 **여성** 선수들이 참가한 첫 올림픽은 **1900년** 프랑스 파리 올림픽이에요. 테니스, 요트, 크로케, 승마, 골프 경기에서 겨뤘지요.

17 올림피아에서 **채화된 올림픽 성화**는 눈밭을 뚫고, 물 위를 지나, 비행기와 말과 낙타 등을 타고 다섯 대륙의 경기장으로 보내져요.

18 2010년 동계 올림픽에서는 **여성들이 참가**한 종목이 **거의 절반**에 달했어요.

19 **2016년 브라질 리우데자네이루**에서 남아메리카의 첫 하계 올림픽이 열렸어요.

20 **제2차 세계 대전** 때문에 1940년부터 1944년까지 **올림픽이 열리지 않았어요.**

21 **1932년** 로스앤젤레스 올림픽에 참가하기 위해 유럽 선수들은 배로 대서양을 건넌 뒤, 기차로 미국을 횡단해야 했어요. **3주**가 걸려서 도착했지요.

22 올림픽 시상대에서 **은메달리스트**는 **금메달리스트**의 오른쪽에, **동메달리스트**는 왼쪽에 서요.

23 올림픽 각 종목의 **결승에 오른 8명**은 이름을 크게 불리고, 국제 올림픽 위원회가 발급하는 **증서를 받아요.**

24 고대 그리스에서는 전쟁 중에도 올림픽을 열기 위해 **휴전을 선언했어요.**

25 올림픽은 **모든 그리스 신들의 왕인 제우스**를 기리기 위해 시작되었어요.

26 1958년에 **발굴된** 옛 올림픽 경주로는 길이가 212미터였는데, 고대 그리스 신화에 따르면 **헤라클레스**가 600번 발을 디뎌서 쟀다고 해요.

27 수중 발레인 **아티스틱 스위밍 경기**에서는 2명이나 8명으로 구성된 팀이 수영과 발레가 어우러진 동작을 음악에 맞춰 아름답게 연기해요.

28 고대 그리스에서는 올림픽에서 1등을 한 선수에게 **올리브 가지 관**을 씌우고, **붉은 양모 리본과 야자수 잎**을 수여했어요.

29 1948년 런던 올림픽 개막에 맞춰, **휠체어를 탄 선수** 16명이 참가한 양궁 대회가 열렸어요.

30 이탈리아 로마 올림픽 직후인 1960년 제1회 **패럴림픽**에는 **23개국**에서 온 선수 400명이 참가했어요.

31 최연소 하계 올림픽 금메달리스트는 1936년 올림픽 스프링보드 다이빙에서 **13세 268일**에 우승한 **마저리 게스트링**이에요.

32 2008년 베이징 하계 올림픽은 **가장 많은 공식 마스코트**가 있었어요. 물고기, 판다, 올림픽 성화, 티베트영양, 제비, 다섯 가지였지요.

33 1956년에서 1964년 사이에 소련 체조 선수 **라리사 라티니나**는 올림픽 메달을 18개 받았는데 이는 여자 선수 중 최다 기록이에요.

34
남녀 통틀어 가장 많은 메달을 받은 선수는 미국 수영 선수 **마이클 펠프스**로, 2004년부터 2016년 사이에 **28개**를 받았어요.

35
포환던지기 종목에서 던지는 포환의 무게는 남자용은 **7.26킬로그램** 이상, 여자용은 **4킬로그램** 이상이에요.

36
육상 종목 중 **십종 경기**에는 남자 선수가, **칠종 경기**에는 여자 선수가 참가해요.

37
하계 올림픽의 공식 이름은 **올림피아드**예요.

38
재키 조이너-커시는 1988년 서울 올림픽에서 **7미터 40센티미터**로 여자 **멀리뛰기** 올림픽 기록을 세웠어요.

39
동계와 하계 올림픽 모두에서 메달을 받은 선수는 **6명**뿐이에요.

40
14~18세 선수가 참가하는 **청소년 올림픽**은 2010년 싱가포르에서 처음으로 열렸어요.

41
빨리 걷기 경기인 **올림픽 경보**에서 선수의 **한쪽 발은 항상 땅에 닿아 있어야 해요.**

42
얼음 위에서 하는 셔플 보드와 비슷한 **컬링**에서는 무게 **19.96 킬로그램**으로 **연마한 화강암**을 써요.

43
탁구 경기의 공은 최대 **시속 150킬로미터**로 날아가요. 루지 선수의 속도와 비슷하지요.

44
골프는 1904년 이후 112년 만인 2016년에 다시 올림픽에 등장했어요.

45
1912년부터 1948년까지 **건축, 회화, 조각, 문학, 음악**도 올림픽 종목에 들어갔어요.

46
하계 올림픽의 모든 종목은 적어도 4대륙 **75개국** 이상에서 남성에게 인기가 있어야 하며, 3대륙 **40개국** 이상에서 여성에게 인기가 있어야 해요.

47
오스카 스완은 **64세 257일째**에 1908년 사격 종목에서 우승하면서 최고령 올림픽 금메달리스트가 되었어요.

48
1936년 베를린 올림픽에서 아프리카계 미국인 육상 선수 **제시 오언스**는 금메달 4개를 땄고, 올림픽 기록 9개와 동점을 이루거나 갈아 치웠으며, 세계 신기록 3개를 세웠어요.

49
역도는 고대부터 올림픽 종목이었지만, **여자 역도** 종목은 2000년에야 생겼어요.

50
올림픽에는 **모터스포츠** 종목이 없어요.

50가지 승리를 향해 겨루는 올림픽에 대한 지식

✳ 지금까지 배운 지식은 4,555가지!

24가지 화려한 나비에 관한

1 제왕나비는 **독이 있는 유액 식물**만 먹어서 몸에 독이 쌓이기 때문에, 제왕나비나 그 애벌레를 먹는 새, 도마뱀, 포유동물을 위험에 빠뜨려요.

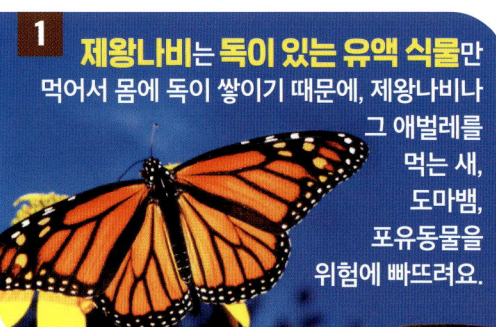

2 다른 많은 나비들처럼 **총독나비**도 비슷한 무늬로 독이 있는 제왕나비의 모습을 흉내 내요. 포식자는 독이 있을까 봐 다가오지 않지요.

3 스컹크가 악취를 뿜어서 포식자에게 건드리지 말라고 경고하듯이, **얼룩말호랑나비**의 애벌레도 **역겨운 냄새**를 풍겨서 포식자를 쫓아내요.

4 극남부전나비는 **동전**만 해요. 날개폭이 2센티미터쯤 되지요.

5 아프리카의 칸디오페네발나비는 곤충이든 사람이든 간에 **침입자**가 있으면 **내리꽂혀서** 공격해요.

6 **부엉이나비**는 날개에 부엉이의 커다란 눈을 닮은 무늬가 있어요. **포식자**가 **놀라서 달아나게** 만들어요!

7 나비는 작은 **알**에서 깨어난 애벌레(모충)로 삶을 시작해요. 모충은 자라면 **번데기**가 되지요. 번데기 안에서 모충은 성체로 변신해요. 이 탈피를 통해 **모습이 완전히 바뀌어요**.

8 비단제비나비류는 **날개폭이 거의 농구공만 해요.**

9 성체가 된 뒤에 **며칠밖에 못 사는** 나비도 있어요.

10 인도가랑잎나비 같은 많은 나비는 **나뭇잎저럼 보이도록** 위장해요!

11 제왕나비는 이주 도중 멕시코의 **오야멜전나무 숲**에서 쉬어요. 축구장 11개 넓이의 숲이 제왕나비로 가득할 때도 있어요.

12 나비는 **발로 맛을 느껴요.**

※ 지금까지 배운 지식은 4,579가지!

13 **붉은제독나비**는 아프리카와 유럽을 오가는 아주 긴 여행을 해요. **제왕나비**는 캐나다에서 멕시코로 이주해요.

14 어떤 애벌레는 처음보다 **100배 이상** 크게 자라요.

15 일부 나비는 동굴, 나무, 심지어 사람의 집 같은 아늑한 곳을 찾아서 **겨우내 잠을 자요.**

16 나비는 전 세계에 약 **2만 종**이 있어요.

아름다운 지식

17 **모르포나비**는 보는 각도에 따라 색깔이 달라 보여요.

18 모든 나비의 날개는 **미세한 비늘**로 덮여 있어요.

19 나비 중에는 이 유리날개 나비처럼 **투명한 날개를 지닌 종류**도 있어요.

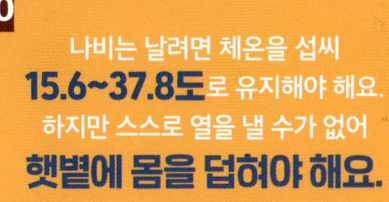

20 나비는 날려면 체온을 섭씨 **15.6~37.8도**로 유지해야 해요. 하지만 스스로 열을 낼 수가 없어 **햇볕에 몸을 덥혀야 해요.**

21 나비는 **남극 대륙을 제외한** 모든 대륙에 살아요.

22 고치를 열고 나온 나비는 **먼저 날개를 펴고 말린 뒤에야 날 수 있어요.** 날개를 빨리 펴지 못하면, 쭈글쭈글한 상태로 말라 버려서 날지 못해요.

23 나비의 **더듬이**는 밋밋하지만, 나방의 더듬이는 **털이나 깃털로 덮인 모양이에요.**

24 나비는 주로 화학 물질 신호를 써서 **의사소통**하지만, **크래커나비 수컷**은 날개를 비벼서 바삭거리는 소리를 낼 수 있어요.

75가지 날씨에 관한

❶ '완두콩 수프' 안개는 짙고 무거워요. 산업 혁명 시기에 런던은 석탄 매연으로 생긴 누런 스모그로 뒤덮이곤 했어요. 이 스모그를 완두콩 수프라고 불렀어요.

❷ 사막 한복판에서는 신기루로 거대한 호수가 보이기도 해요. 사실은 뜨거운 공기층에 하늘이 반사된 거예요.

❸ 고도 1609킬로미터 궤도에 있는 위성들은 주로 아래의 날씨를 관측하고 추적해요.

❹ 고대 그리스인은 바람이 지구가 숨을 쉬는 것이라고 믿었어요.

❺ 한국이 겨울일 때 오스트레일리아는 여름이에요.

❻ 추운 날씨에는 자기가 내쉬는 숨을 볼 수 있지요. 실제로는 입에서 내뿜는 수증기가 미세한 물방울로 바뀌어서 보이는 거예요.

❼ 미국 하와이주는 세계에서 가장 습한 곳에 속해요. 연 평균 강수량이 1143센티미터예요.

❽ 미국 캘리포니아주 샌프란시스코는 '안개 도시'로 알려져 있어요. 여름에 샌프란시스코만으로 밀려드는 차가운 물이 따뜻한 공기와 섞이면서 안개가 생기지요.

❾ 밤에 뜨는 무지개를 달무지개라고 해요! 아주 드물게 생겨요. 달이 아주 밝으면서 비가 내리는 곳과 딱 맞는 위치에 있어야 하니까요.

❿ 서리는 식물에 뾰족뾰족하게 얼음이 얼어붙을 때 생겨요.

⓫ 눈사태의 속도는 약 5초 만에 시속 130킬로미터에 이를 수 있을 정도로 아주 빨라요.

⓬ 번개는 미국에서만 연간 2500만 번 땅에 내리쳐요.

⓭ 지구에서 가장 높은 기상 관측소는 에베레스트산 7925미터 높이에 있어요.

⓮ 태풍의 눈은 뇌우에 둘러싸인 중심부로, 아주 고요해요.

⓯ 빗방울이 땅에 떨어지는 속도는 시속 29킬로미터쯤이에요.

⓰ 푹신한 솜덩어리처럼 보이는 뭉게구름은 대개 5~40분 동안 유지돼요.

⓱ 1헥타르의 땅에 눈이 10센티미터 높이로 균일하게 쌓이면, 물 약 250톤이 쌓인 것과 같아요.

⓲ 감기 바이러스는 겨울처럼 습도가 낮을 때 더 잘 살아남아서 우리는 겨울에 더 많이 코를 훌쩍여요.

⓳ 구름 속에서 형성된 눈송이는 대개 약 1시간이면 땅에 떨어져요.

⓴ 미국에서 기록된 우박 중 가장 큰 것은 축구공만 했어요.

㉑ 유달리 추웠던 1898~1899년 겨울, 미국에서는 얼지 않던 미시시피강에도 얼음이 둥둥 떠서 멕시코만으로 흘러갔어요.

㉒ 토네이도는 평균 지름이 축구장 4개 길이만 해요.

신기한 지식

㉓ 토네이도는 미국에서 연간 약 1000개가 발생해요. 세계에서 가장 많이 생기지요. 가장 강한 토네이도가 발생하는 미국 중서부 지역은 토네이도 골목이라는 별명도 있어요.

㉔ 도로시는 토네이도에 실려서 캔자스를 떠나 오즈로 갔어요. 하지만 미국에서 가장 강력한 토네이도가 생기는 곳은 오클라호마예요.

㉕ 역사상 가장 컸던 태풍은 지름이 2220킬로미터였어요.

㉖ 허리케인, 사이클론, 태풍은 모두 같은 거예요. 같은 열대 폭풍인데, 지역에 따라 다른 이름으로 부를 뿐이에요.

㉗ 용오름은 물 위에서 생기는 약한 토네이도인데, 가끔 육지에서도 생겨요.

㉘ 토네이도는 일 년 내내 어느 시간대든 생길 수 있지만, 주로 봄과 여름 오후 3~9시에 가장 많이 생겨요.

㉙ 슈퍼셀 뇌우는 오래 지속되면서 격렬한 토네이도를 일으키곤 해요.

㉚ 모든 눈송이는 모양이 육각형이에요.

㉛ 눈이 대규모로 움직이는 눈사태는 속도가 시속 394킬로미터에 달하기도 해요. 올림픽 활강 스키 선수보다 3배 빨라요!

㉜ 구름은 두꺼울 때 빛을 덜 통과시켜서 어둡게 보여요.

㉝ 빗방울은 눈물방울보다 햄버거 빵에 더 가까운 모양이에요!

㉞ 돌발 홍수로 물이 60센티미터 이상 차오르면 큰 자동차도 떠올라요.

㉟ 번갯불은 폭이 2.5센티미터에 불과해요.

㊱ 적도 무풍대는 적도 근처의 바람이 약하고 고요한 바다를 말해요.

㊲ 귀뚜라미 울음소리로 바깥 기온을 알 수도 있어요! 25초 동안 몇 번 우는지 센 다음, 3으로 나눈 뒤 4를 더하면 돼요.

㊳ 토네이도는 대개 북반구에서 시계 반대 방향, 남반구에서 시계 방향으로 돌아요.

㊴ 가장 먼 거리를 움직인 토네이도는 1925년에 미국의 3개 주를 지나며 352킬로미터를 나아갔어요.

㊵ 1947년 미군은 대서양의 허리케인에 드라이아이스를 뿌렸어요. 허리케인을 약화시켜 보려고 한 실험이지만, 실패했어요.

㊶ 인도에서 빗방울 자국 화석이 발견되었어요. 적어도 16억 년 전에도 지구에 비가 내렸다는 증거였죠.

㊷ 세계에서 가장 큰 눈사람은 높이가 38.04미터였어요.

㊸ 눈 위에 누워 팔다리를 쭉 펴고 위아래로 움직이면 천사 모양이 생겨요. 눈 천사 만들기 세계 기록은 동시에 8962명이 참여해 세웠어요.

㊹ 세계 최대 눈싸움에는 7381명이 참여했어요.

㊺ '데레초'는 빠르게 움직이는 뇌우를 동반하며 오래 지속되는 폭풍이에요. 에스파냐어로 '곧장 나아가다'를 뜻해요.

㊻ 하와이와 알래스카는 기록상 최고 기온이 같아요. 섭씨 38도였어요.

㊼ 풍속이 시속 120킬로미터(64노트)를 넘어야 허리케인으로 분류돼요.

㊽ 1948년 나이아가라 폭포가 끊겼어요. 강물에 흘러오던 얼음이 꽉 끼면서 거의 이틀 동안 물을 막았어요.

㊾ 어떤 허리케인이 극심한 피해를 준다면, 그 이름은 적어도 10년 동안 다시 쓰이지 않아요.

㊿ 번갯불에 맞은 사람 중 80퍼센트는 살아요.

(51) 가장 강력한 토네이도는 열차를 탈선시키고 도로포장도 뜯을 수 있어요.

(52) 어느 시점에든 지구에는 뇌우가 약 2000개쯤 발생하고 있어요.

(53) 화성에도 안개가 껴요.

(54) 구름 방울은 빗방울의 100분의 1에 불과해요. 구름 방울 10만 개가 모여야 눈송이 하나만 해요.

(55) 똑같이 생긴 눈송이는 없어요.

(56) 장구나 실패처럼 가운데가 잘록한 눈송이도 있어요. 따뜻한 날씨에 눈이 내릴 때 볼 수 있어요.

(57) 깨끗한 눈보다 더러운 눈이 더 빨리 녹아요.

(58) 솔방울로도 날씨를 예측할 수 있어요! 건조한 날씨에는 비늘이 열리고, 비가 오려고 하면 닫혀요.

(59) 가을에 다람쥐 꼬리가 덥수룩하면 몹시 추운 겨울이 될 것이라고 믿는 이들도 있어요. 하지만 과학자들은 근거 없는 속설이라고 해요.

(60) 높이 올라가면 기온이 영하로 떨어지기 때문에, 여객기 날개에는 얼음이 생기지 않게 막는 장치가 있어요.

(61) 구름은 수증기를 충분히 머금은 공기가 상승하면서 온도가 떨어져 응축이 일어나야 생길 수 있어요.

(62) 과학자들은 레이저를 써서 구름이 얼마나 높이 있는지 알아내요.

(63) 날씨를 연구하는 기상학자는 강수량이 0.5밀리미터 미만일 때 약한 비, 4밀리미터 초과일 때 강한 비라고 구분해요.

(64) 북유럽 신화에서 천둥의 신인 토르는 무거운 망치로 구름을 쳐서 천둥을 일으켜요.

(65) 지구에서 가장 눈이 많이 내리는 곳이 반드시 가장 추운 곳은 아니에요! 아주 찬 공기에는 수분이 적을 때가 많거든요.

(66) 약 1000년 전에 히말라야 지역에서 야구공만 한 우박이 시속 160킬로미터로 쏟아져 내렸어요.

(67) 연이 장난감으로 쓰이기 전, 즉 수천 년 전 중국에서는 바람이 얼마나 센지 알려고 연을 띄우곤 했어요.

(68) 드물게 물고기 비가 내리곤 해요. 세르비아에서는 개구리 비가 내린 적이 있어요! 과학자들은 호수 같은 곳에 있던 생물들이 용오름이나 토네이도에 휩쓸렸다가 떨어지는 것이라고 추측해요.

(69) 뇌우 때 바다에 뜬 배의 돛대 꼭대기에서 전기 방전이 일어나면 청록색 빛이 날 수 있어요. 그 불빛을 옛 서양 사람들은 성 엘모의 불이라고 했어요.

(70) 이상 파랑은 바다 한가운데에 10층 높이의 파도가 생기는 것을 말해요. 지진 해일 같은 지진으로 생기는 것 말고요. 이런 파도가 어떻게 생기는지는 아직 불분명해요.

(71) 세계에서 가장 큰 규모의 기상학 수업에는 1만 6110명이 출석했어요.

(72) 하늘에서 조종사는 완전한 원형 무지개를 보기도 해요. 지평선에 가려져 지상에서는 볼 수 없어요.

(73) 햇무리는 햇빛이 얼음 결정으로 된 구름을 통과할 때 생겨요. 결정들이 햇빛을 7가지 색깔로 분리하면서 태양 주위에 고리가 생겨요.

(74) 쌍무지개가 뜰 때 안쪽 무지개는 빨간색이 위쪽에 생겨요. 바깥쪽 무지개는 아래쪽에 생기고요!

(75) 18세기에는 날씨와 관련된 장신구가 유행했어요. 번개를 흘려보내기 위해서 모자에 피뢰침을 달고 철사를 땅에 늘어뜨리곤 했지요.

* 지금까지 배운 지식은 4,654가지!

1 오리너구리 수컷은 독을 지닌 극소수의 포유류에 속해요. 뒷발에 있는 **날카로운 며느리발톱으로** 상대를 찔러서 강한 독을 주입하지요.

2 **동부갈색뱀에게 한 번 물리면** 사람도 죽을 수 있어요.

3 애리조나나무껍질전갈에 **일단 찔리면** 독이 강해서 심하게 앓거나 죽을 수 있어요.

4 세계에서 가장 큰 도마뱀인 **코모도왕도마뱀에게 물리면 중독**돼요.

5 방울뱀의 독은 치명적이에요. **미국에서 한 해에 약 8000명이** 방울뱀 같은 독사에게 물리지만 빠른 치료 덕분에 대개 살아남아요.

6 북극곰은 얼음 구멍 옆에서 기다리고 있다가 **물범이 숨을 쉬기 위해 고개를 내미는 순간 공격해요.**

7 **악어는 얼룩말, 물소, 심지어 상어까지 많은** 동물을 공격해서 잡아먹어요.

8 **파란고리문어는** 무게가 26그램도 안 되지만, 아주 독성이 강해서 물리면 사람도 **15분 만에 죽을 수 있어요.**

9 **노랑가오리는** 꼬리에 있는 독침으로 **치명적인 공격**을 가해요.

10 **부리바다뱀의** 독 한 방울로 사람도 죽을 수 있어요.

11 백상아리의 입에는 3000개나 되는 이빨이 나 있어요. 약 5킬로미터 떨어진 곳에서 흘러나온 약간의 피 냄새도 맡을 수 있어요.

12 포식자가 **쓰기미를** 공격하다가는 독을 지닌 13개의 가시에 찔릴 거예요. **찔리면 마비되어 죽을 수 있어요.**

13 상자해파리의 촉수는 2.7미터까지 자랄 수 있는데, **사람 60명을 죽일 수 있는** 독이 들어 있어요. 쏘이면 4분 이내에 죽을 수 있어요.

14 **아나콘다는** 먹이를 질식시켜 죽여요. 원숭이, 돼지, 사슴 같은 큰 먹이도 머리부터 통째로 삼켜요.

15 전갈은 상대에게 **주입하는 독의 양을 조절할 수 있어요.** 큰 동물에게는 더 많이 주입해요.

16 2010년에 미국 워싱턴의 올림픽 국립 공원에서는 **산양이 등산객을 공격해서 치명상을** 입혔어요.

17 복어 한 마리의 독은 30명을 죽일 수 있어요. 그래도 사람은 **전문 요리사를 통해** 복어 요리를 즐기지요.

18 갈색곰은 발톱을 움츠릴 수 없어요. 이 긴 발톱을 휘둘러서 먹이를 단번에 잡을 수 있어요.

19 아프리카물소는 아프리카에서 가장 치명적인 동물에 속해요. 크고 굵은 뿔을 지니고 있고, 수천 마리씩 떼를 지어 다녀요.

20 킹코브라는 길이 5.7미터까지 자라요. 세계에서 **가장 큰 독뱀**이에요.

21 청자고둥에게 쏘이면 **몇 초 사이에 마비되어 죽을 수 있어요.**

22 코끼리는 위협당하면, 상대를 엄니로 찌르고 발로 짓밟고 코로 들어 올려서 내던져요.

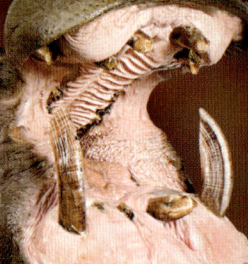

23 하마는 다른 동물이 (사람도) 자기 새끼에게 아주 가까이 다가오면 힘센 턱과 길이 51센티미터의 송곳니로 공격해요.

24 화난 하마는 사람보다 빨리 달리고 빨리 헤엄쳐서 공격할 수 있어요.

25 약 4000명에 1명꼴로 벌 독에 심한 알레르기를 일으켜요. 벌에 한 번만 쏘여도 치료하지 않으면 죽을 수 있어요.

26 황금독화살개구리는 작지만 가장 치명적인 개구리예요. 한 마리의 독으로 생쥐 2만 마리를 죽일 수 있어요.

35가지 위험한 동물에

※ 지금까지 배운 지식은 4,689가지!

27 갈색은둔거미에게 물리면 며칠씩 알아차리지 못할 수 있어요. 독이 아주 강해서 치료에 몇 달이 걸리곤 해요. 드물게 죽는 사람도 있지요.

28 검은과부거미에게 물리면 숨이 가빠지고 음식을 삼키기가 어려워져요. 하지만 죽는 사람은 거의 없어요.

29 국제 상어 공격 파일에 따르면, 2023년에 69명이 상어에게 공격받았지만, 죽은 사람은 10명이었어요.

30 탄자니아의 사자 무리는 보름달이 뜰 때 열흘 동안 사람을 쫓으면서 공격하는 경향을 보였어요.

31 참나무재주나방의 모충은 털로 뒤덮여 있고 길이가 5센티미터예요. 이 털에 찔리면 발진, 천식, 치명적인 알레르기 반응이 일어날 수 있어요.

32 사람이 독화살개구리의 피부를 만지면 몇 분 안에 죽을 수 있어요.

33 약 3000종에 이르는 전 세계 뱀 중 사람을 죽일 만한 독을 지닌 것은 10퍼센트인 약 300종밖에 안 돼요.

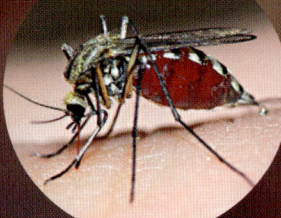

34 해마다 200~300만 명이 모기가 옮기는 전염병으로 죽어요. 그러니 모기가 세상에서 가장 치명적인 동물이지요.

35 대왕문어는 지름 5미터, 무게 50킬로그램까지 자라요. 강한 빨판으로 먹이를 잡지요.

황금독화살개구리

관한 위독한 지식

25가지 변화무쌍한

1 기후 변화는 **온실가스**가 지구의 열을 가둬서 생겨요. 온실가스 배출량의 약 80퍼센트는 이산화 탄소가 차지해요.

2 1883년 한 화산이 분화해서 지구 기온이 떨어지고, 5년간 세계 기후가 바뀌었어요.

3 지구에 **대기**가 없다면, 지구 평균 기온은 영하 18도일 거예요.

4 동굴 **석순**은 수천 년의 기후 변화 기록을 제공해요. 패류 화석도 수백만 년 동안 기후가 어떻게 바뀌었는지를 알려 주지요.

5 **파도**를 이용한 발전은 청정에너지를 얻는 동시에 지구 온난화도 억제할 수 있어요.

6 기후 변화는 **날씨도 더욱 거칠게 만들어요.** 2004년에 처음으로 허리케인이 브라질을 강타했어요.

7 땅속의 지열을 이용해서 **청정에너지**를 얻을 수도 있어요. 지하로 1.8미터만 들어가도, 온도가 섭씨 24도로 일정해요.

8 알래스카의 여름이 더 따뜻해지면서 **딱정벌레**들이 먹어 치운 전나무숲 면적이 1만 6187킬로미터에 달해요.

9 1880년 이래로 지구 평균 기온은 **약 1도 올랐어요.** 그 정도로도 얼음덩어리가 물웅덩이로 변할 수 있어요.

10 지금의 **아마존 우림 지역**은 약 2억 년 전 쥐라기 시기에는 **사막**이었어요.

11 아프리카의 **킬리만자로산** 꼭대기에 쌓인 눈은 20년 안에 다 사라질 수도 있어요.

12 1980년 이래로 **올해가 역사상 가장 뜨거웠다**는 뉴스가 거듭 나오고 있어요.

* 지금까지 배운 지식은 4,714가지!

기후 변화에 관한 지식

13 기후 변화로 인해 서아프리카에서 카카오나무를 재배하기가 어렵거나 불가능해져서 **초콜릿** 가격이 올라갈 수 있어요.

14 기온이 올라가면 여름에 북극해에 얼음이 사라져서 배가 북극점을 지나다닐 수 있어요.

15 해수면 높이가 **2.4미터**만 올라가도, 몰디브 같은 섬나라는 사라질 수 있어요.

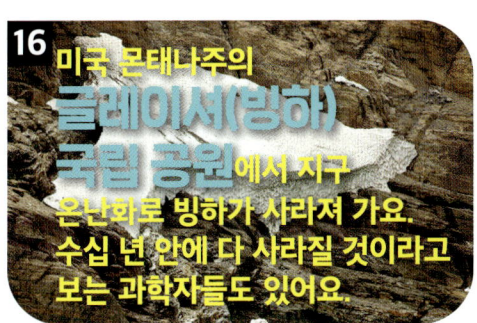

16 미국 몬태나주의 **글레이셔(빙하) 국립 공원**에서 지구 온난화로 빙하가 사라져 가요. 수십 년 안에 다 사라질 것이라고 보는 과학자들도 있어요.

17 과학자들은 과거에 기후가 어떠했는지 알기 위해서 **빙하**를 연구해요.

18 과학자들은 극지방의 **얼음이 계속 녹으면** 2100년에는 해수면이 18~59센티미터 상승할 것으로 예상해요.

19 2005년 인도 뭄바이에는 24시간 동안 **94센티미터**라는 기록적인 폭우가 내렸어요.

20 알프스산맥의 일부 스키 리조트는 스키장의 눈이 녹는 속도를 늦추기 위해서 **하얀 담요**로 눈을 덮곤 해요.

21 **영구 동토대**의 얼어붙은 흙이 녹으면, 땅의 모양이 바뀌어요. 미국 알래스카주 페어뱅크스에서는 편평한 자전거 길이 울퉁불퉁해졌어요.

22 기후가 변함에 따라서, **나비**는 새로운 지역으로 이주하고 있어요. 유럽 나비 35종 중 3분의 2는 수십 년 사이에 멀리는 240킬로미터까지 북쪽으로 옮겨 갈 거예요.

23 공학자들은 **암스테르담**에 해수면이 상승하면 물에 뜨는 집을 지었어요.

24 **북극**에서는 얼음이 녹을수록, 녹는 속도가 더 빨라져요.

25 미국 텍사스주의 한 **풍력 단지**에서는 600대가 넘는 터빈이 돌면서 26만 5000가구에서 쓸 전기를 생산해요.

1
호크아이라는 고양이는 물을 무척 좋아해요. 주인은 호크아이가 집의 수영장 바닥을 탐사할 수 있도록 스쿠버 장비까지 마련해 주었어요.

2
장수거북은 가장 큰 거북이고 1280미터까지 잠수할 수 있어요. 또 한 번에 85분 이상 물에 머물면서 해파리를 찾아다니지요.

3
스쿠버 다이버는 얼음에 구멍을 뚫고 잠수해서 빙원 밑을 탐사해요. 구멍 옆에 경광등을 설치해서 위치를 표시해 놓고요.

4
여성이 남성보다 물속에서 더 오래 숨을 참을 수 있어요.

5
가장 깊이 잠수한 스쿠버 다이버는 이집트인이에요. 홍해 해안에서 332.35미터까지 내려갔어요.

6
잠수부는 너무 빨리 물 위로 올라오면 감압병에 걸릴 수 있어요. 정신 착란, 가려움, 균형 감각 상실, 죽음을 불러올 수 있어요.

7
꽃등에의 애벌레는 스스로 스노클을 만들어 써요. 몸길이의 10배에 다다르기도 해요.

8
황제펭귄은 물속에서는 심장이 1분에 겨우 3번 뛸 정도로 느려져요. 물 밖에서 쉴 때는 1분에 72번 뛰지요.

9
한국의 해녀는 굴 같은 해산물을 따러 잠수할 때 추를 넣은 허리띠를 둘러요. 바다 밑에 머물러 있도록 무게를 더해 주지요.

10
인명 구조 요원은 돌고래 다이빙으로 물에 빨리 들어가요. 물이 무릎까지 잠길 때까지 뛰어간 뒤 다이빙하지요.

11
미국 독립 전쟁 때 독립군 측은 1인용 잠수정을 써서 영국군을 공격하려고 시도했어요. 그 잠수정을 '터틀'이라고 했지요.

12
물방개는 물속에 들어갈 때면 날개 밑에 공기 방울을 만들어서 호흡하지요.

13
고대 그리스의 트로이 전쟁 때 적군의 배를 공격하는 잠수부도 있었다고 여겨져요.

14
하와이에서는 48인승 잠수정을 타고 수심 30미터 넘게 내려가서 바다 밑을 구경할 수 있어요.

15
아쿠아 렁은 물속에서 숨을 쉴 수 있도록 발명된 초기 잠수 장비예요. 자크 쿠스토는 그 발명가 중 한 사람이에요.

16
해양 탐험가 자크 쿠스토는 어릴 때 해군 조종사가 되고 싶었어요. 하지만 교통사고로 두 팔이 부러진 뒤에 수중 탐사에 나섰지요.

17
1928년 이집트 선수가 플랫폼 다이빙 금메달을 받았어요. 착오였지요. 곧 정정이 되었고 미국 선수가 금메달을 받았어요.

18
고공 다이빙 최고 기록 보유자를 두고 논쟁이 있어요. 가장 높은 곳에서 뛰었지만, 수면으로 올라올 때 도움을 받았어요. 그래서 실격이라는 주장이 있지요.

19
스쿠버 다이버는 '개구리 인간'이라고 부르기도 해요.

20
바다에서 가장 깊은 곳인 마리아나 해구는 에베레스트산 높이보다 더 깊어요.

21
바다에서 가장 깊은 곳은 초심해대예요. 늘 컴컴하고 춥지요.

22
플랫폼 다이빙을 하면 수면에 부딪힐 때 손목이 삘 수도 있어요. 그래서 손의 위치를 잘 잡아야 해요.

23
레오나르도 다빈치는 호흡 장치를 개발했지만, 우리 기관보다 2배 이상 길었기에 아마 이산화 탄소가 꽉 차서 위험해졌을 거예요.

24
오리발을 끼우면 발목을 더 유연하게 움직여서 더 빨리 헤엄칠 수 있어요.

25
해양 탐험가 실비아 얼은 잠수를 7000시간 넘게 했어요. 물속에서 250일을 보낸 셈이지요.

26
미국 해병대는 다이빙과 잠영 등 물속에서의 전투 훈련도 받아요. 훈련에 30개월이 걸리지요.

27
매는 세상에서 가장 빠른 동물에 속해요. 시속 320킬로미터로 먹이를 향해 내리꽂힐 수 있어요.

28
미국에서 가장 깊은 호수는 오리건주의 크레이터호예요. 수심이 592미터이고 1년에 약 4개월만 잠수가 허용돼요.

29
남방코끼리물범은 거의 1620미터를 잠수할 수 있어요. 추위에 대처하기 위해서 그들은 몸의 말단으로 피가 가지 않게 막을 수 있어요.

30
1992년 리처드 프레슬리는 미국 플로리다주 앞바다의 수중 모듈에서 69일 19분을 생활했어요.

31
잠수부들은 해수면 변화를 살펴보기 위해서 버뮤다 제도의 동굴을 탐사해요. 썰물 때 파도에 깎인 지점들을 살펴보지요.

32
연락을 끊고 숨는 것을 '잠수(를) 탄다'라고도 하지요.

33
자크 마욜은 지중해 한 섬의 앞바다에서 아무런 장비 없이 100미터 깊이까지 잠수했어요.

깊이 빠져들고 마는 잠수에 관한 지식 50가지

34 미국 웨스트버지니아주 뉴강에 있는 높이 267미터인 다리에서는 1년에 한 번 **베이스점프**가 가능해 수백 명이 모여요.

35 올림픽 경기에서는 선수들이 높이 **3미터**의 **스프링보드**나 높이 **10미터의 플랫폼**에서 뛰어요.

36 영화감독 제임스 캐머런은 심해 **잠수정** 딥시챌린저호를 타고 **마리아나 해구** 바닥인 **1만 898미터**까지 들어갔어요.

37 네덜란드에서는 **173명이 수중**에서 10분 동안 **다리미질**에 성공했어요.

38 **물거미**는 **잠수종** 역할을 하는 수중 거미집을 만들어요. 그런 다음 공기가 든 이 종 밑에서 생활하지요.

39 항공기가 **급강하**할 때는 피가 머리로 쏠려서 눈이 빨개지고 **정신을 잃을 수 있어요**.

40 미국 **해군**은 수중 폭탄을 찾아내도록 바다사자와 큰돌고래를 **훈련시켜요**.

41 **1843년** 영국 해군은 최초로 잠수 학교를 **설립**했어요.

42 인류는 수백 년 동안 단지 숨을 참는 방법으로 **잠수해 진주와 해면동물을 캤어요**.

43 침몰한 타이태닉호는 **원격 조종** 무인 잠수정을 통해 발견되었어요.

44 1700년대에 **하와이 전사**들은 충성심을 증명하기 위해 **해안 절벽에서 뛰어내렸어요**.

45 가장 **많은 사람**이 동시에 **스쿠버 다이빙**한 세계 기록은 **3131명**이었어요.

46 올림픽 다이빙 경기에서는 입수할 때 **물을 덜 튀길수록** 점수가 더 높아요.

47 **혹등고래**는 잠수할 때 수면 위로 **꼬리지느러미를 내밀어서 휘둘러요**. 꼬리지느러미는 개체마다 달라요.

48 **향유고래**는 잠수함보다 훨씬 더 **깊은 곳까지 잠수**할 수 있어요.

49 **스카이다이버**는 머리부터 땅으로 떨어지는 **헤드다운** 기술도 써요. 시속 290킬로미터까지 하강 속도를 높일 수 있어요.

50 물에 뛰어들 때 물을 많이 튀기고 싶으면, 몸을 가능한 한 **공처럼 말아야** 해요. **둥글게 말수록** 물이 더 많이 튀어요.

※ 지금까지 배운 지식은 **4,764가지**!

35가지 반려동물의

1. 앵무새는 성대가 없어요.
2. 금붕어는 오랫동안 어둠 속에서 지내면 회색으로 변해요.
3. 카나리아는 동시에 **다른 노래 두 가지를** 부를 수 있어요.
4. 오래전 미국 대통령이었던 캘빈 쿨리지는 빌리라는 **애기하마를** 키웠어요.
5. 생쥐는 **한 해에 새끼를 150마리** 낳을 수 있어요.
6. **개 라이카**는 우주를 여행한 **최초의 동물**이에요.
7. 고대 이집트인들은 고양이, 개, 원숭이 등 반려동물도 **미라**로 만들었어요.
8. 서부돼지코뱀은 위협을 받으면 죽은 척해요.
9. 카멜레온의 혀는 자기 몸길이의 1.5배까지 늘어날 수 있어요.
10. 고양이 스파에서는 **캣닙(개박하) 차**를 대접하기도 하지요.
11. 시어도어 루스벨트 미국 대통령의 아들이 홍역을 앓았을 때, 다른 형제들이 위로하겠다고 **조랑말**을 백악관으로 데려왔어요.
12. 개는 변기 물을 마시곤 해요. 그릇에 담긴 물보다 변기에 있는 물이 **더 시원하거든요.**
13. **고양이의 혓바닥에 난 맛봉오리는 갈고리처럼 생겼어요.** 찍찍이처럼 먹이가 입안에 달라붙게 만들지요.
14. 기니피그는 태어나자마자 걸을 수 있어요.
15. 고양이는 **눈꺼풀이 세 겹**이에요.
16. 개의 주둥이를 잡으면, 몸을 흔들어 물을 털어 내는 동작도 멈출 수 있어요.
17. 개는 나무에서 **고양이처럼 뒷걸음질로 내려오지 못해요.** 개는 앞으로만 내려올 수 있어요.
18. 삼색 털을 가진 **칼리코 고양이**는 **거의 암컷**이에요.
19. 햄스터는 먹이를 볼주머니에 며칠 동안 담고 있을 수 있어요.
20. **햄스터의 이빨**은 평생 자라나요.
21. 비단잉어가 226년을 살았다는 기록이 있어요.
22. **개**는 초조하거나 흥분하면 **하품하곤 해요.**
23. 세계에서 가장 **큰 토끼**는 몸무게가 **22킬로그램**이나 나가요.
24. 개는 **1분에 300번까지** 헐떡일 수 있어요.

※ 지금까지 배운 지식은 **4,799가지**!

소중한 지식

25. **고양이**는 사람보다 심장이 2배 빨리 뛰어요.

27. 쥐는 **트림을** 못 해요.

29. **말**은 서서 잠을 잘 때 쓰러지지 않도록 **뒷다리를 뻣뻣하게 고정**시켜요.

32. 세인트버나드 '배리'는 평생에 걸쳐서 40명이 넘는 사람을 구했대요.

34. 뱀은 혀로 냄새를 맡아요.

26. 말은 **하루에 약 160킬로미터**를 갈 수 있어요.

28. 미국 초대 대통령이었던 **조지 워싱턴**은 **폭스하운드를 30마리** 넘게 길렀어요.

30. 유럽에서는 **파이프 안으로 TV 케이블을 집어넣을 때** 페럿을 쓰기도 했어요.

31. **절반 이상**의 미국 가정에서 반려동물을 길러요.

33. **고양이 암컷**은 어려운 일을 할 때 **오른발**을 쓰는 반면, **수컷은 왼발**을 쓰는 경향이 있어요.

35. 뇌우가 칠 때, 겁먹은 개를 달래려면 정전기 방지용 천으로 털을 살살 문질러 줘요.

페럿

203

❶ 남극은 1840년대까지 대륙으로 생각되지 않았어요. 그저 섬들이 모여 있는 곳이었죠.

❷ 남극은 가장 바람이 많이 부는 대륙이에요. 최대 시속 300킬로미터로 해안을 강타하고 사람들을 날려 버리는 돌풍이 몰아치기도 해요.

❸ 남극은 가장 건조한 대륙이고, 아주아주 추운 사막이지요.

❹ 지리적 남극은 나침반 화살표가 가리키는 지점인 자기적 남극(자남극)과 같은 위치가 아니에요.

❺ 브라질에서 즐겨 먹는 청량음료인 과라나는 '안타르치카' 상표가 가장 유명해요. 포르투갈어로 '남극'이란 뜻이에요.

❻ 지구 얼음의 약 90퍼센트는 남극에 있어요.

❼ 남극의 얼음이 모두 녹는다면 해수면은 60미터 올라갈 거예요.

❽ 개들은 남극에 들어갈 수 없어요. 물범에게 병을 옮길 수 있거든요.

❾ 범고래는 남극의 얼음처럼 찬 바다에서 무리를 지어 사냥해요.

❿ 남극에서 일하는 사람들은 그곳을 '얼음'이라고 불러요.

⓫ 뉴질랜드에서 발견된 길 잃은 황제펭귄은 영화의 이름을 따서 '행복한 피트'로 불렸어요.

⓬ 남극대구는 천연 부동액(어는 점을 낮추는 액체)이 몸에서 만들어지기 때문에 얼음 바다에서도 살 수 있어요.

⓭ 고대 그리스의 철학자 아리스토텔레스는 남극을 본 적이 없지만, 북쪽에 땅이 많으니 균형을 이루려면 남쪽에도 땅이 존재해야 한다고 믿었어요.

⓮ 남극에도 현금을 뽑는 ATM 기계가 있어요.

⓯ 남아메리카 쪽으로 길게 뻗은 남극반도를 자기네 땅이라고 주장하는 나라는 영국, 칠레, 아르헨티나예요.

⓰ 남극 대륙은 1820년대에도 발견되었지만, 누군가 그곳에 발을 들이기까지 75년 이상 걸렸어요.

⓱ 두껍고 무거운 남극 얼음의 약 914미터 밑에 지구의 얇은 껍질인 지각이 가라앉아 있어요.

⓲ 혹등고래는 새우를 닮은 작은 남극 크릴을 먹고 살아요.

⓳ 남극의 만년설에는 전 세계 담수의 70퍼센트가 들어 있어요.

⓴ 남극 대륙에서 가장 높은 산은 빈슨산괴로 높이가 4897미터예요.

㉑ 1911년 노르웨이 탐험가 로알드 아문센은 남극점에 첫발을 디뎠어요.

㉒ 수천만 년 전에는 오스트레일리아가 남극과 이어져 있었어요.

㉓ 남극에 활화산이 있어요. 에러버스산은 130만 년 동안 활동 중이고, 2020년에도 분화했어요.

㉔ 미국 항공 우주국(NASA)은 남극의 바위 계곡에서 화성 탐사 장비를 시험했어요.

㉕ 균류와 조류가 함께 사는 공생 생물인 지의류는 남극의 춥디추운 환경에 적응해 매우 느리게 자라요. 1000년에 겨우 1센티미터 정도 자라는 종도 있어요.

㉖ 남극점에서는 6개월 동안 밤만 이어지다가 그다음 6개월 동안은 낮만 이어져요.

㉗ 1981년 남극에서 발견된 운석에는 작은 다이아몬드들이 가득했어요.

75가지 얼음 사막 남극 대륙에 대한 지식

*지금까지 배운 지식은 4,874가지!

㉘ 남극에는 29개 나라의 연구 기지가 있어요.

㉙ 남극 대륙에는 물범이나 고래와 같은 바다 포유류가 많이 살지만, 육지 포유류는 없어요.

㉚ 남극 대륙의 최저 기온은 1983년 러시아의 보스토크 기지에서 측정된 영하 89.6도예요.

㉛ 남극 대륙의 99퍼센트 이상이 얼음으로 덮여 있어요.

㉜ 어니스트 섀클턴의 남극 탐험에 치피 여사라는 고양이도 함께 갔어요. 쥐잡이를 도맡았는데 바다로 떨어져서 구조되기도 했어요.

㉝ 남극 대륙의 얼음은 수백만 년 동안 만들어진 거예요.

㉞ 빙산은 약 10퍼센트만이 물 위에 나와 있어요.

㉟ 해마다 과학자와 방문객의 옷, 신발, 여행 장비에 붙어 남극으로 들어오는 씨앗이 7만 개쯤 돼요.

㊱ 남극에는 표준 시간대가 없어요. 각 연구 기지는 자기 나라의 시간을 써요.

㊲ 남극 대륙 연안의 바다에 사는 얼룩무늬물범은 4~7분 안에 펭귄을 삼켜요.

㊳ 황제펭귄은 수면 아래 244미터를 넘는 깊이까지 잠수할 수 있어요.

㊴ 황제펭귄은 남극의 조류 중 유일하게 겨울에 번식해요.

㊵ 얼음 밑에서 겨울을 지내는 웨들해물범은 날카로운 이빨로 얼음에 숨구멍을 뚫어요.

㊶ 남극 대륙의 건조 지역인 맥머도 드라이 밸리에는 눈도 얼음도 없어요. 200만 년 동안 눈이 안 왔다는 주장도 있어요.

㊷ 수컷 아델리펭귄은 얼음 위를 97킬로미터나 걸어서 번식지까지 가곤 해요.

㊸ 남극 대륙을 덮은 얼음 밑에 호수가 145개쯤 있어요. 그중 하나는 온타리오호만 해요.

㊹ 남극 대륙 일부의 소유권을 주장하는 나라들이 있지만, 남극 대륙을 소유한 나라는 없어요.

㊺ 빙산의 얼음이 녹고 나서 다시 얼면 다양한 색으로 줄무늬가 생기기도 해요.

㊻ 나그네알바트로스는 날개 길이가 최대 3.4미터에 이르는 새예요. 아무리 키가 큰 인간도 닿을 수 없어요.

㊼ 남극 대륙에서 42.2킬로미터 마라톤이나 훨씬 더 긴 100킬로미터 달리기에 도전하는 선수들이 있어요. 가끔 펭귄들도 함께 뛰지요!

㊽ 남극은 개미가 없는 유일한 대륙이지만, 작은 곤충인 날개 없는 깔따구가 살아요.

㊾ 남극해에서 발견된 가장 큰 빙산은 길이 335킬로미터, 너비 97킬로미터로 면적이 벨기에보다 약간 더 커요.

㊿ 사람을 빼고 남극 대륙에서 겨울을 보내는 유일한 정온 동물은 황제펭귄이에요.

(51) 대왕고래는 남극의 바다에서 여름을 보내요. 90세까지 살 수 있고 무게는 최대 18만 1437킬로그램에 이르지요.

(52) 여름에 남극 대륙에서 일하는 사람은 5000명쯤 돼요. 겨울에는 훨씬 적게 있어요.

(53) 빙산은 우리가 걷는 속도, 그러니까 시속 4.8킬로미터로 표류해요.

(54) 남극 얼음 아래에 알프스산맥보다 큰 산맥이 묻혀 있어요.

(55) 남극 대륙에서 연평균 기온이 가장 추운 곳은 미국 플래토 기지예요. 영하 56.7도였지요.

(56) 남극에서 연구원들은 스노모빌을 타고 돌아다녀요.

(57) 남극 대륙에는 얼음에 눌려 바다보다 낮아진 땅이 있어요. 벤틀리 해구는 해수면보다 2538미터 낮아, 남극 땅 가운데 가장 낮아요.

(58) 극점 위의 얼음이 움직이기 때문에 남극점에 있는 미국 기지는 2025년에 정확히 극점 바로 위에 있게 될 거예요.

(59) 물 위에 얇게 반짝이는 얼음층이 생기기도 해요. 그리스(윤활유) 얼음이라고 불러요.

(60) 큰코끼리물범은 피의 무게만 해도 무려 408킬로그램이나 나가요.

(61) 임금펭귄은 20만 마리가 함께 모여 살기도 해요!

(62) 남극해에 사는 크릴은 앞다리로 '먹이 바구니'를 만들어 먹이인 조류를 채집해요.

(63) 남극에서 미국팀과 뉴질랜드팀이 해마다 럭비 경기를 했어요.

(64) 얼룩무늬물범은 날카로운 이빨로 고무보트도 뚫을 수 있어요.

(65) 수컷 황제펭귄은 발에 알 하나를 조심스럽게 올려놓고 두 달 동안 따뜻하게 품어요.

(66) 얼음덩어리가 빙하에서 떨어져 나가는 경우를 과학자들은 '빙하 분리'라고 부르고 조각을 '빙산'이라고 해요.

(67) 웨들해물범은 지방층이 10센티미터에 이르지요.

(68) 아델리펭귄이라는 이름은 1840년 프랑스 탐험가가 아내의 이름을 따서 지은 거예요.

(69) 남방코끼리물범은 오징어를 먹기 위해 바닷속으로 914미터까지 잠수할 수 있어요.

(70) 2011년 일본 지진으로 발생한 지진 해일이 1만 3000킬로미터 넘게 떨어진 남극의 빙상에 충돌했어요. 그 결과 미국 뉴욕시 맨해튼 크기의 빙산이 깨져 나왔지요.

(71) 브라운스큐어라는 새는 펭귄의 알과 쓰레기까지 먹어요.

(72) 수백만 년 전에는 남극에서 나무들이 자랐어요.

(73) 남극 기지에서 겨울을 보내는 사람을 '월동 대원'이라고 해요.

(74) 오래전 뱃사람들은 죽은 뱃사람들의 영혼이 나그네앨버트로스라는 새로 환생한다고 믿었어요.

(75) 빙산 중에는 무게가 거의 1조 톤에 이르는 거대한 것도 있어요.

25가지 초기 인류에 관한

1
우리 인류의 초기 조상 중에 일부는 키가 약 1.2미터쯤 되었어요. 작은 **침팬지**가 서 있을 때와 비슷한 키였지요.

2 1859년에 **찰스 다윈**은 인간이 유인원에서 진화했다고 주장하는 진화론을 발표했어요. 많은 사람이 그가 미쳤다고 생각했어요.

3
초기 예술가들은 사냥한 동물들의 모습을 **동굴 벽에 그렸어요.** 물감은 광물과 물, 또는 침을 섞어 만들었어요.

4 현생 인류는 **10만 년 전에 아프리카에서 살았어요.** 그리고 남극을 제외한 모든 대륙으로 퍼졌어요.

5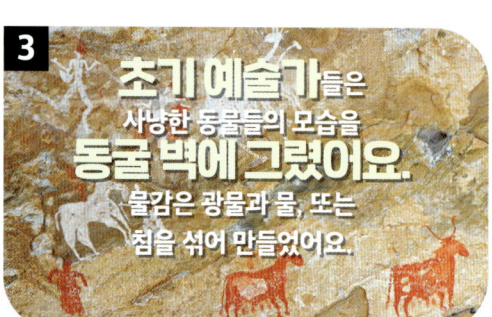
선사 시대에 사람들은 **민들레**를 샐러드에 넣어 먹었어요. 오늘날 우리도 그렇게 먹지요!

6
160만 년 된 소년 화석이 1984년 케냐에서 발견되었어요. 10대 초반의 남성인 이 '투르카나 소년'은 지금의 우리와 뼈대가 비슷해요.

7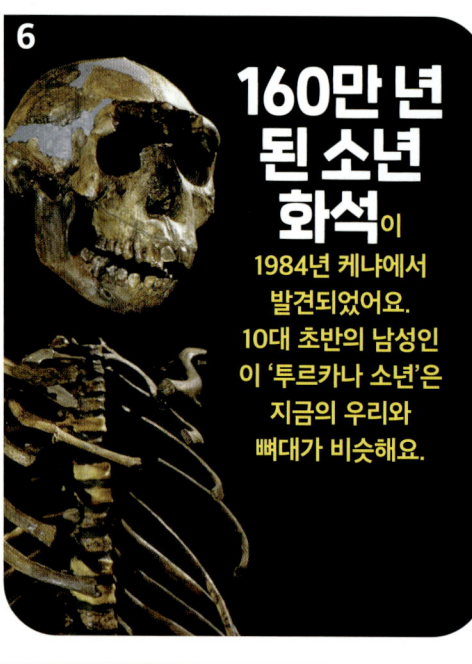
우리 조상들은 **돌도끼** 같은 도구를 만들었어요. 오늘날 일부 침팬지는 창을 만들어서 다른 동물을 먹이로 사냥하기도 해요.

8
과학자들은 **인간**은 **눈**의 흰자가 크기 때문에 다른 영장류보다 눈으로 감정을 더 효과적으로 전달할 수 있다고 생각해요.

9
몸과 뇌를 시원하게 유지하기 위해 인간의 몸에는 긴 털 대신 짧은 털이 나 있어요.

10 **인간**과 **네안데르탈인**은 한때 나란히 살았지만, 네안데르탈인은 현재 멸종했어요.

11
학자들은 인류의 가계도를 알아보기 위해 **조상들의 턱과 치아** 모양의 변화를 연구해요.

12 고대 미얀마의 목걸이는 **100**개가 넘는 **말벌의 몸**으로 만들어졌어요.

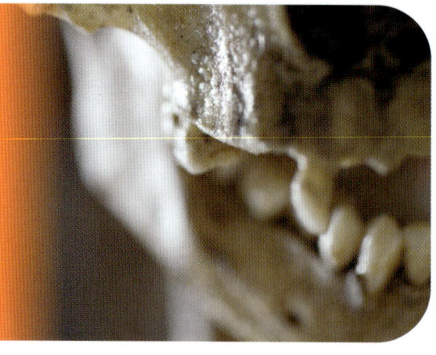

※ 지금까지 배운 지식은 4,899가지!

신기한 지식

13 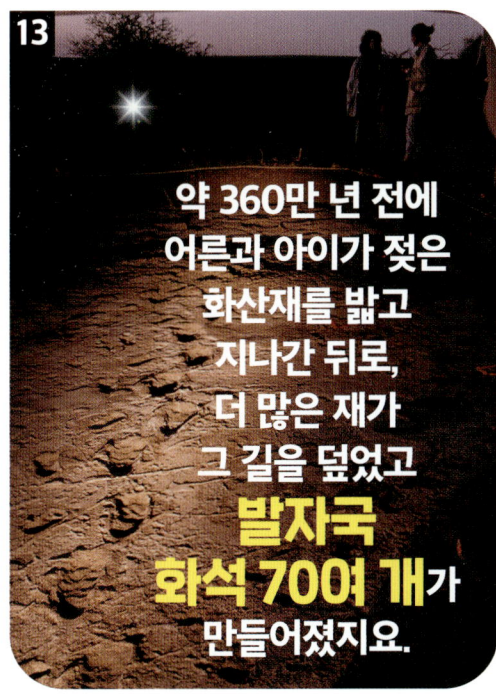 약 360만 년 전에 어른과 아이가 젖은 화산재를 밟고 지나간 뒤로, 더 많은 재가 그 길을 덮었고 **발자국 화석 70여 개**가 만들어졌지요.

14  네안데르탈인은 **삶이 고달팠어요.** 화석을 보면 현대의 로데오 선수처럼 다치고 뼈가 부러진 흔적들이 많아요.

15 **날것은 독성이 있기도** 해요. 초기 인류가 음식을 요리하기 시작하면서, 날것을 익히면 추가 영양소가 나오고, 어떤 독성은 사라져서 안전하게 먹을 수 있게 된다는 것을 발견했어요.

16 초기 인류는 때때로 동물의 **가지 같은 뿔**에 돌을새김하곤 했어요. 어떤 돌을새김은 음력을 나타낸 것으로 보여서, 초기 인류가 시간을 기록했음을 알려 줘요.

17  인류는 약 **1만 8000년 전**부터 **토기를 만들기** 시작했다는 증거가 일본에서 나왔어요.

18 초기 인류와 오늘날의 유인원은 몇 가지 특성이 같아요. 둘 다 두 발로 걸을 수 있지요. 그러나 인간은 계속해서 **뇌를 더 크게 발달**시켰어요.

19 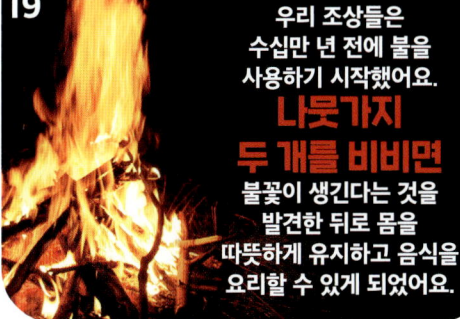 우리 조상들은 수십만 년 전에 불을 사용하기 시작했어요. **나뭇가지 두 개를 비비면** 불꽃이 생긴다는 것을 발견한 뒤로 몸을 따뜻하게 유지하고 음식을 요리할 수 있게 되었어요.

20 **루시**는 유명한 오스트랄로피테쿠스 아파렌시스 여성 화석의 이름이에요. **비틀스의 노래** 「루시는 하늘에 있지, 다이아몬드와 함께(Lucy in the Sky with Diamonds)」에서 따왔어요.

21 오늘날 우리는 추우면 오스스 소름이 돋아요. 털이 길었던 우리 조상들은 추울 때 긴 털이 바짝 일어서면서 **따뜻한 담요처럼** 몸을 감쌌을 거예요.

22 초기 인류는 뼈로 만든 바늘로 동물의 가죽과 털을 꿰매 **따뜻한 옷**을 지어 입었어요.

23 초기 인류는 사슴뿔로 만든 뾰족한 **작살 같은 것**을 던져 사냥감을 잡았어요.

24 아프리카 칼라하리 사막의 **부시먼족**은 지금도 조상들과 똑같이 사냥하고 먹어요.

25 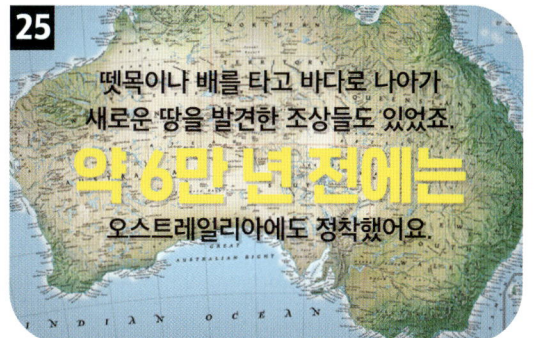 뗏목이나 배를 타고 바다로 나아가 새로운 땅을 발견한 조상들도 있었죠. **약 6만 년 전에는** 오스트레일리아에도 정착했어요.

50가지 흥미롭고 재미있는 북아메리카 대륙에 대한 지식

1 세계에서 **캐나다**보다 **넓은 나라**는 **러시아**뿐이에요.

2 과학자들은 멕시코의 유카탄반도에 지름 **180킬로미터의 충돌구를 남긴 소행성 충돌** 때문에 **공룡이 멸종했다**고 생각해요.

3 과테말라에서는 누군가의 관심을 끌려면 **"츳츳"**이라고 말해요.

4 **온두라스**는 중앙아메리카에서 **화산이 없는** 유일한 나라예요.

5 해마다 **유람선**을 타고 **카리브해**를 찾는 사람들은 **1000만 명**이 넘어요.

6 **캐나다**에서는 **간식**으로 감자튀김에 그레이비와 치즈를 곁들인 **푸틴**을 자주 먹어요.

7 **맥도날드**는 1940년 미국 **캘리포니아주 샌버너디노**에서 드라이브 스루 매장으로 시작해 지금은 지점이 4만 1800곳이 넘어요.

8 미국인의 집에 **굴러다니는 동전**을 모두 합하면 약 **100억 달러**에 이르지요.

9 **크리스토퍼 콜럼버스**가 아메리카를 발견했다고 알려졌지만, 사실 그는 지금의 미국 땅에 발을 디딘 적이 없어요. 그가 처음 **상륙한 곳은 바하마**예요.

10 대부분의 **캐나다 사람**은 미국에서 **200킬로미터 이내에 살고** 있어요.

11 **푸에르토리코의 토종 뱀** 중에서 독성이 있는 것은 **푸에르토리칸 레이서**라는 뱀뿐이에요.

12 멕시코의 가정에서는 보통 **오후 4시 이전**에, 미국에서는 **오후 6시쯤 푸짐하게 식사**해요.

13 온두라스의 나라 동물은 **꼬리사슴**이에요.

14 대서양과 태평양을 연결하는 **파나마 운하**를 한창 건설하던 1904년에는 **약 4만 명**이 현장에서 일하고 있었어요.

15 캐나다 사람들은 **'가방 속 버거'**라는 푸딩을 먹어요.

16 오래전 중앙아메리카 사람들은 **달지 않은 초콜릿과 매운 고추를 섞어** 만든 따뜻한 **코코아** 음료를 마시곤 했어요.

17 **멕시코 국기**에는 **발톱에 뱀을 잡은 채로 선인장 위에 선 황금독수리**가 그려져 있어요.

18 미국 알래스카주 **매킨리산**은 이제 원주민 언어로 '높은 곳'을 뜻하는 **디날리산**으로 불려요. 북아메리카에서 가장 높은 곳이에요.

19 **엘살바도르**에서는 사람들이 **서로 불덩이를 던지는** 축제도 있어요. 오래전의 화산 분화를 잊지 않기 위해 열려요.

20 캐나다 국토의 **20퍼센트**를 차지하는 누나부트 준주에는 **3만 8000여 명**이 살아요. 멕시코시티 대도시권에는 그보다 550배 많이 살아요.

※ 지금까지 배운 지식은 4,949가지!

21 세계에서 가장 큰 협곡인 **그랜드 캐니언**의 깊이는 약 **1.8킬로미터**예요.

22 **멕시코시티**는 나우아틀어로 '연기가 나는 산'인 **포포카테페틀산**과 가깝지만, 용암의 영향을 받을 것 같지는 않아요.

23 **아메리카**라는 이름은 일찍이 아메리카를 탐험한 **아메리고 베스푸치**의 이름을 따서 지어졌어요. 그는 콜럼버스의 항해 준비도 도왔어요.

24 **엘살바도르**는 중앙아메리카에서 가장 작은 나라예요. 가장 긴 쪽이 **142킬로미터** 남짓해요.

25 **캐나다**의 추수 감사절은 **10월**이고, 미국의 추수 감사절은 11월이에요.

26 멕시코의 지하 동굴에 **세계에서 가장 큰 천연 결정체**가 있어요. 가장 긴 것은 평균 키의 **10세 어린이보다 8배**나 더 커요.

27 **코스타리카**는 에스파냐어로 **'풍부한 해안'**이에요. 에스파냐인이 그곳에서 금을 많이 캐지는 못했어요. 바나나와 파인애플, 커피, 사탕수수가 풍부한 곳이죠.

28 **멕시코**는 **에스파냐어**를 쓰는 나라 중 **인구가 가장 많은** 나라예요.

29 **캐나다 퀘벡시**에서는 **얼음으로 만든 호텔**에서 잘 수 있어요. 이곳은 일 년 중 단 석 달만 운영해요.

30 캐나다에서는 **사계절 내내 오로라**를 볼 수 있어요. 하지만 **12~3월**에 북부 지역의 고지대에서 특히 잘 볼 수 있어요.

31 고대 **마야** 사람들은 **나무 수액**으로 만든 **껌을 씹었어요**.

32 **파나마 운하** 개통 전에, 배로 대서양에서 태평양까지 가려면 남아메리카를 빙 둘러 **1만 2800킬로미터** 거리를 항해해야 했어요.

33 **미국인 10명 중 8명**이 도시 지역에서 살아요.

34 **과테말라**의 국조는 **케찰**이며, 화폐 단위도 케찰이에요.

35 캐나다 왕립 기마 경찰은 '말을 탄 사람들'이란 뜻인 **마운티즈**라고 불려요.

36 멕시코의 유카탄반도에는 **세노테**라고 하는 **싱크홀**이 수천 개나 있어요. 고대 마야인들은 세노테를 **지하 세계의 통로**로 신성히 여겼어요.

37 **차차 춤**은 **쿠바**에서 시작되었어요.

38 **북극곰**은 **물범**과 **바다코끼리**를 잡아먹기 위해 남쪽으로 캐나다의 허드슨만까지 모험을 무릅써요.

39 중앙아메리카에서는 **튀긴 바나나에 꿀**을 뿌려 먹어요.

40 북아메리카에는 **나바호, 체로키, 이누이트 문화**를 비롯해 **1200개가 넘는 토착 문화**가 있었어요.

41 **위대한 야구 선수** 중에 **도미니카 공화국** 출신이 많아요. 세미 소사, 다비드 오르티스, 앨버트 푸홀스가 대표적이죠.

42 과학자들이 세계에서 가장 큰 동굴인 미국 켄터키주 **매머드 동굴**을 탐사해 628킬로미터 넘는 길을 지도로 만들었지만, 아직도 탐사할 곳이 많이 남았어요.

43 **미국악어**는 미국 남동부에 살아요. 중형차가 우리 몸에 떨어지는 충격과 같은 힘으로 물어뜯어요.

44 **코스타리카**에서 온 사람을 **'티코'**라고 해요.

45 **열대성 저기압**은 지역에 따라 태풍, 사이클론, 허리케인으로 다르게 불려요. **6~11월**에 북아메리카 동부로 오는 것은 허리케인이에요.

46 **아이티**는 **노예 혁명으로 독립을 이룬** 유일한 나라예요.

47 자동차 경주인 **나스카 컵** 시리즈는 **1948년 미국 플로리다주 데이토나**에서 **처음** 열렸어요.

48 북아메리카의 슈피리어호는 **세계에서 두 번째로 큰 호수**예요.

49 북아메리카에 사는 **유일한 유대류**인 **버지니아주머니쥐**는 밤에 활동해요.

50 **캐나다**의 펀디만은 밀물과 썰물 때의 수위 차이가 **5층 건물 높이**인 17미터 정도 돼요.

35가지 별난 호텔에 대한 재미있는 지식

① 칠레에는 **화산** 모양의 호텔이 있어요. 그러나 꼭대기에서는 용암이 아니라 **폭포**가 뿜어져 나와요.

② 아랍 에미리트 두바이의 부르즈 알 아랍 호텔은 인공 섬 위에 세운 **돛 모양 호텔**이에요. 마치 아라비아만으로 280미터 나가 있는 듯해요.

③ 네덜란드 캡슐 호텔은 **금속으로 만든 밝은 주황색 유선형 공간**이에요. 원래 해양 석유 굴착 시설의 노동자들을 위한 **구조용 캡슐**이었어요.

④ 캐나다 북부에서 **툰드라 버기**를 타면 **북극곰**을 가까이 볼 수 있어요. 비포장도로를 달리는 특수 차량으로 전망대와 식당, 잘 곳도 있어요.

⑤ 케냐 **지라프 매너**에는 멸종 위기인 로스차일드기린 아홉 마리가 돌아다녀요! 창문으로 머리를 들이밀어 식탁 위의 음식을 먹곤해요

아랍 에미리트 두바이의 부르즈 알 아랍

6 미국 애리조나주 홀브룩의 한 모텔 체인에 가면 아메리카 원주민 부족이 살던 천막 **위그웜**에서 잘 수 있어요! 온수 샤워 시설과 케이블 TV도 있어요.

7 미국 아이다호주 코튼우드에 있는 도그 바크 파크 인은 **비글 모양의 커다란 모텔**이에요.

8 미국 뉴멕시코주에 있는 코코펠리스 동굴 호텔에 가면 6500만 년 된 **사암 절벽 면을 파내 만든 방**에서 자고 아침을 먹을 수 있어요.

9 미국 오리건주 타킬마의 아웃 앤 어바웃 트리하우스 트리조트에서는 **나무 위 집**에 묵을 수 있어요. **출렁다리**와 집라인을 통해야 들어갈 수 있는 집도 있어요.

10 네덜란드의 **에어플레인 스위트**는 비행기를 개조해서 만든 5성급 호텔이에요. 40미터 길이의 방에 월풀 욕조, 사우나, TV 등이 있어요.

11 벽을 핥지 마요! 볼리비아 소금 평원에 있는 팔라시오 데 살 호텔은 거의 **소금으로 만들어졌어요**. 이 호텔에는 소금 스파와 소금 골프 코스도 있어요.

12 **인어 공주**를 보고 싶나요? 미국 플로리다주 위키와치 스프링스의 인어 쇼에서는 지느러미를 단 공연자들이 호스로 공기를 마시며 춤을 추지요.

13 **방 하나**뿐인 이동식 호텔 에버랜드는 세계 각지를 여행했어요! 독일 라이프치히 현대 미술관의 옥상 데크에 세워지는 식이었어요.

14 캐나다의 호텔 드 글라스는 **눈 1만 5000톤과 얼음 50만 톤**으로 만든 얼음 궁전이에요.

15 세계에서 가장 깊은 호텔 방은 스웨덴의 옛 은광 안, **지하 155미터** 깊이에 있어요.

16 네덜란드의 더 브라우베 반 스타르본에 호텔은 **포도주 통을 재활용**해서 만들었어요.

17 오스트리아의 다스 파크 호텔의 방은 **콘크리트 파이프**로 만들었어요.

18 독일의 호텔 임 바서툼은 19세기에 유럽에서 **가장 큰 급수탑**이었어요.

19 스웨덴의 미니멀리스트 호텔에서는 손님들이 나무에 **걸어 놓은 텐트**에 묶어요. 자기 방으로 갈 수 있게 **줄타기 교육**도 받아야 해요.

20 미국 보스턴에 있는 **리버티 호텔**은 예전에 **감옥**이었어요.

21 핀란드 북부의 북극권에 있는 칵슬라우타넨 호텔은 **유리**로 된 **이글루**예요. 북극광과 북극 하늘의 빛나는 별들을 보는 데 최고지요.

22 뉴질랜드 크라이스트처치의 **웨건 스테이즈**에서 옛날 기분을 느낄 수 있어요. 개척자들이 타던 **덮개 마차**를 본뜬 방에서 잘 수 있거든요.

23 뉴질랜드의 더 보트는 그야말로 딱 **부츠 한 짝 모양의 오두막집**이에요!

24 미국 인디애나주 인디애나폴리스의 크라운 플라자 호텔은 **옛 기차역 안**에 지어졌어요. 손님은 호화로운 객차에 묵을 수 있어요.

25 아마존 열대 우림의 아리아우 아마존 타워는 **나무 꼭대기**에 있어요. 침실, 스위트룸, 나무 집은 9.1미터 높이의 좁은 **외부 통로**로 연결돼요.

26 미국 코네티컷주의 윈비안에는 **비행기 격납고 모양의 객실**이 있어요. 7711 킬로그램짜리 **헬리콥터** 내부는 전용 라운지로 꾸몄지요.

27 미국 오리건주 포틀랜드의 맥메나민스 케네디 스쿨은 1915년에 **초등학교**였지만, 지금은 호텔 객실로 쓰이고 있어요. 칠판도 있죠.

28 별을 바라보고 야외를 즐길 수 있도록 디자인된 **투명 버블 텐트**는 프랑스 루베에서 인기 있는 장소예요.

29 인도의 트리 하우스 하이드어웨이에는 **호랑이 보호 구역**이 보이는 나무 집이 5채 있어요. 방 안에서 정글의 호랑이를 구경할 수도 있어요.

30 헬리콥터로만 갈 수 있는 노르웨이의 무인도에 있는 **등대**에서 잔다면 어떨까요? 100년간 사람이 지켰고, 지금도 기상 관측소로 쓰이는 곳이에요.

31 독일 베를린의 프로펠러 아일랜드 시티 로지에는 가구가 천장에 붙어 있는 방, 벽과 천장이 온통 거울인 방, **관처럼 생긴 침대**를 둔 방이 있어요.

32 **코끼리들도 태국** 아난타라 골든 트라이앵글 리조트의 손님이에요. 코끼리 캠프가 있거든요. 이곳에서는 사람이 코끼리 곁에서 함께 **걸어 볼 수도 있어요**.

33 미국 캘리포니아주의 로우스 코로나도 베이 리조트에 묵는 손님들의 **반려견**은 파도타기 강습을 받을 수 있어요.

34 미국 뉴욕의 한 고급 호텔에는 네 발 달린 손님, 두 발 달린 손님, 기어가는 손님들을 위한 '반려동물 식사' 메뉴가 있어요.

35 스웨덴 멜라렌호의 우터르 인은 호수에 떠 있는 작은 빨간 집처럼 생겼지만, 사실 **물속에만 방이 하나 있는** 호텔이에요.

✱ 지금까지 배운 지식은 4,984가지!

15가지 끝과 맨 끝

❶ 16세기 프랑스의 점성가 **노스트라다무스는 언제 이 세상이 끝나는지** 등 수많은 예언을 남겼어요. **3797년까지의 예언을** 남겨서 두고 봐야 해요.

❷ 세계에서 **가장 긴 단일 노선**인 시베리아 횡단 철도는 러시아 모스크바에서 출발해 **9288킬로미터**를 달려, 블라디보스토크에서 끝나요. **처음부터 끝까지 가려면 7박 8일**이 걸려요.

❸ 미국 독립 선언 **50주년 기념일**에 보스턴에서 91세의 나이로 **사망한** 미국의 2대 대통령 **존 애덤스는 "토머스 제퍼슨은 아직 살아 있는데."** 라는 말을 남겼다고 해요. 사실 몇 시간 전 제퍼슨이 버지니아주의 집에서 사망했다는 것을 그는 전혀 몰랐죠.

❹ 영국의 가장 남서쪽 지역은 **땅끝**이라고 불려요. 앞바다에서는 돌묵상어가 헤엄치고, 절벽에서는 돌고래를 구경할 수 있어요.

❺ 영국 소위비에는 **"세상의 끝" 다리**가 있어요. 1600년대에 짐을 실은 말들이 강 건너 마을로 갈 수 있게 세워졌지요.

❻ **우리 태양**은 **수십 억 년** 뒤면 연료를 다 태운 뒤 **백색왜성**이 돼요.

❼ 왜 우리는 **무지개의 끝**에 다다를 수 없을까요? 우리가 **움직이면 무지개도 움직여서** 그래요. 무지개는 빗방울이 햇빛을 반사하여 생기는데, 빗방울이 하늘에서 한 자리에 가만히 있을 리는 없잖아요?

에 대한 마지막 지식

⑧ 인디애나폴리스 500 자동차 경주가 끝나면 우승자는 **우유 한 병을 마셔요.** 이 전통은 **1936년** 우승자 **루이스 메이어**가 버터밀크를 마시며 시작됐어요.

⑨ 세계에서 가장 남쪽 도시로 알려진 **우수아이아**는 아르헨티나 티에라델푸에고주에 있어요. 칠레의 푸에르토윌리엄스도 **남쪽 끝에 있다고 알려졌지만,** 더 남쪽의 작은 도시예요. 남극으로 향하는 여행자들은 대체로 우수아이아에서 출발해요.

⑩ 영화 「오즈의 마법사」에서 도로시와 친구들은 **노란색 벽돌 길 끝**에서 **에메랄드 시티**를 발견해요. 책 『오즈의 마법사』의 작가는 미국 뉴욕의 픽스킬에 있는 노란색 벽돌 길에서 아이디어를 얻었다고 해요. 이 책은 영화, 뮤지컬, 연극으로 만들어졌어요.

⑪ 나사(NASA) 우주 왕복선 사업은 30년 동안 우주 비행사들을 우주로 보냈어요. 이 사업은 **2011년 7월 21일** 아틀란티스호가 135번째 임무를 마치고 케이프커내버럴에 착륙하면서 **막을 내렸어요.**

⑫ 산불의 마지막 단계는 불 때문에 생긴 숯이 다 타고 재와 불씨만 남는 **은은한 불씨** 단계예요.

⑬ 매년 5월 **미국 알래스카주 배로에서는 해가 지지 않는 하루가 84일간 이어져요.** 태양이 12주간 지지 않는 **백야의 땅**이지요.

⑭ J.K. 롤링은 소설 「해리 포터」 시리즈의 **결말**을 이미 **1권**을 쓸 때 정해 놓았어요.

⑮ 플로리다주 키웨스트에 있는 **미국 최남단 지점**을 찾아가는 사람들은 **쿠바까지 145킬로미터**라는 콘크리트 부표를 찾아보지요.

*지금까지 배운 지식은 **4,999가지**!

이 책에 관한 놀라운
사실

온갖 것을 아우르는 5,000가지 놀라운 지식들을 이 책에 어떻게 담았을까요? 먼저, 우리는 어린이가 정말 재미있어 할 아주 멋진 사실들을 목록으로 만들었어요. 땅콩버터와 우주 쓰레기, 돌고래와 스파이, 반려동물, 뇌 등등 모든 것을 모았죠! 그다음에는 이 모든 멋진 지식에 대해 최대한 사실들만 골라 이 책에 어떤 방법으로 펼쳐 놓을지 궁리했지요. 주제에 따라 정리한 지식은 15가지, 25가지, 심지어 100가지나 있어요! 우리는 지식 하나하나가 틀림없는지 확인하기 위해 매우 꼼꼼하게 조사했어요. 그리고 페이지마다 호기심을 자아내는 재미있는 삽화를 넣고 디자인을 했어요. 다음으로 주제마다 지금까지 읽은 지식의 합계를 작은 글씨로 적었지요. 5000가지 지식이 담긴 이 멋진 책을 만드는 데 5000명이 일해야 했던 건 아니지만, 여러 작가들과 번역가들, 글과 사진의 편집자들과 수많은 디자이너들로 이루어진 가장 멋진 책 제작 팀이 꼭 필요했어요! 그리고 이 책을 여러분이 재미있게 읽어 주기를 바라는 마음으로 완성했어요.

사진과 그림 저작권

AL: Alamy; GI: Getty Images; MP: Minden Pictures; NGC: National Geographic Creative; NGMS: National Geographic My Shot; SS: Shutterstock

COVER (shark), Mike Parry/MP; (dog), Digital Vision; (sea turtle), Rich Carey/SS; (robot), Mondolithic Studios; (saturn), NASA; (chocolate), Elena Schweitzer/SS; (frogs), Gail Shumway/Photographer's Choice/GI; (popsicle), Stephen Coburn/SS; (shield), Johannes Wiebel/SS; BACK COVER: (giraffe), Ilya Akinshin/SS; (brain), mikeledray/SS; (snake), James Steidl/SS; (duct tape), Evan Amos/Wikimedia; 1 Finnbar Webster/AL; 2-3 stavklem/SS; 5 Leksele/SS; 6-7 Joe Farah/SS; 7 nito/SS; 8 (B), Gary Woodard/SS; 8 (C), Food Features/AL; 8 (E), Uryadnikov Sergey/SS; 8 (A), Aaron Amat/SS; 8 (D), 8 (F) © Carter Archives/ZUMAPRESS.com/AL; 8-9 (CTR), Maren Caruso/Photodisc/GI; 9 (A), Marc Dietrich/SS; 9 (B), Hulton Archive/GI; 9 (C), nito/SS; 9 (D), Joe Potato Photo/iStockphoto.com; 9 (E), NASA; 10 (UP), The Bridgeman Art Library/GI; 10-11 (LO), Marina Kryukova/SS; 12 (UP), Dirk Ercken/SS; 12 (CTR), Big Pants Production/SS; 12-13 (Background), Susan Flashman/SS; 13 (UP), Eric Isselée/SS; 13 (LO), Philip Date/SS; 14-15, Christopher Parypa/SS; 15 (LO), Alexander Cherednichenko/SS; 16-17 (Background), Marlene DeGrood/SS; 16 (LO), Henrik Larsson/SS; 17 (UPLE), MarFot/SS; 17 (UPRT), mrfiza/SS; 17 (CTR), Aptyp_koK/SS; 17 (LOLE), Pan Xunbin/SS; 17 (LORT), Vaclav Volrab/SS; 18 (2), Hiroshi Sato/SS; 18 (4), Brandon Bourdages/SS; 18 (5), mikeledray/SS; 18 (6), Flip Nicklin/MP/NGC; 18 (7), Willyam Bradberry/SS; 18 (8), Goncharuk/SS; 18 (11), Jenny Solomon/SS; 19 (14), guentermanaus/SS; 19 (17), Christian Musat/SS; 19 (15), Larry Foster/NGC; 19 (16), urosr/SS; 19 (18), tubuceo/SS; 19 (20), Nickolay Stanev/SS; 19 (21), Skip ODonnell/iStockphoto; 19 (22), Rich Carey/SS; 20 (UP), Express/Express/GI; 20 (CTR), Stephen Morris/iStockphoto; 20 (LO), Carlos Alvarez/iStockphoto; 20-21 (CTR), Disney XD via Getty Images; 21 (UP), Photo Researchers RM/GI; 21 (CTR), NASA; 21 (LO), Boyer/Roger Viollet/GI; 22, Franco Tempesta; 24 (UP), Venus Angel/SS; 24 (LO), alexxl/SS; 24-25 (Background), Roger Ressmeyer/NGC; 25 (UP), Dja65/SS; 25 (LO), YAKOBCHUK VASYL/SS; 26 (UPLE), SeDmi/SS; 26 (UPRT), emin kuliyev/SS; 26 (CTR), Elena Butinova/SS; 26 (LO), Thomas M Perkins/SS; 27 (UPLE), 3445128471/SS; 27 (CTR), Roman Pyshchyk/SS; 27 (LO), Lisa F. Young/SS; 28, Rich Carey/SS; 29, fivespots/SS; 30 (1), injun/SS; 30 (3), Patrick Poendl/SS; 30 (5), Picsfive/SS; 30 (6), szpeti/SS; 30 (9), NASA; 30 (10), ARNTHOR AEVARSSON/NGMS; 30 (11), Alex Staroseltsev/SS; 30 (8), Eric Isselée/SS; 31 (13), Roger Cotton/iStockphoto; 31 (15), Ben Haggar/NGMS; 31 (14), Andrey Shtanko/SS; 31 (16), Rob Byron/SS; 31 (19), Rob Wilson/SS; 31 (17), Jan Cejka/SS; 31 (22), Craig Dingle/iStockphoto; 31 (25), Ton Lammerts/SS; 32-33 (Background), Hung Chung Chih/SS; 32 (UPRT), Elena Schweitzer/SS; 32 (UPLE), nito/SS; 32 (LOLE), bonchan/SS; 32 (LORT), vichie81/SS; 33 (UP), Lyn Adams/SS; 33 (CTR), Tony Magdaraog/SS; 33 (LO), urfin/SS; 34 (UP), James E. Knopf/SS; 34 (CTR), GI; 34 (LO), Alexander McClearn/AL; 34-35 (CTR), AP Images/Martin Ellard/PA Wire URN; 35 (UP), Hung Chung Chih/SS; 35 (LO), Paul Orr/SS; 36-7, John Carnemolla/SS; 38 (LE), Petoo/SS; 38, Peter Haley/Tacoma News Tribune/MCT/GI; 39 (UPLE), Hadrian/SS; 39 (UP CTR), B Calkins/SS; 39 (UPRT), andersphoto/SS; 39 (LO), Victor Maff/iStockphoto; 40, Mike Parry/MP/GI; 42-43 (Background), Claudio Rossol/SS; 42 (UP), photopixel/SS; 42 (LO), Andrew Cowin/Travel Ink/Corbis; 43 (UPLE), Andrew G./SS; 43 (UPRT), Bartosz Wardzinski/SS; 43 (LO), Wildnerdpix/SS; 44 (1), Igor Karasi/SS; 44 (2), artconcept/SS; 44 (3), Factoria Singular/iStockphoto; 44 (4A), Gerrit_de_Vries/SS; 44 (4B), Gerrit_de_Vries/SS; 44 (6), CLIPAREA l Custom media/SS; 44 (7), Sandra Nicol/iStockphoto; 44 (8), Pete Donofrio/SS; 44 (11), Ashley Whitworth/SS; 44 (12), Mornee Sherry/SS; 45 (13), David Pruter/SS; 45 (14), Brooke Becker/SS; 45 (15), mashe/SS; 45 (16), PD Loyd/SS; 45 (17), Computer Earth/SS; 45 (20), Paul-André Belle-Isle/SS; 45 (22), markrhiggins/SS; 45 (24), Eric Isselée/SS; 46 (UP), Julien Tromeur/SS; 46 (LO), NASA Jet Propulsion Laboratory; 46-47 (CTR), oorka/SS; 47 (UP), Alexey Stiop/SS; 47 (LO), Bettmann/Corbis; 48-49 (Background), Hazysunimages/GI; 48 (RT), Goncharuk/SS; 49 (LE), Dionisvera/SS; 49 (RT), Ivaylo Ivanov/SS; 50 (UPLE), James van den Broek/SS; 50 (UPRT), Kharidehal Abhirama Ashwin/SS; 50 (LO), Andrew Burgess/SS; 50 (Background), Jason Edwards/NGC; 51 (LE), Eric Isselée/SS; 51 (RT), Eric Isselée/SS; 52, renkshot/SS; 54 (UP), Radin Myroslav/SS; 54 (LO), Digital Vision/AL/NGC; 54 (Background), Richard Du Toit/MP/NGC; 55 (UPLE), ylq/SS; 55 (UP CTR), Thomas Koellner/iStockphoto; 55 (UPRT), Dave and Sigrun Tollerton/AL; 55 (LOLE), Katherine Feng/Globio/MP/NGC; 55 (LOCTR), Diane Webb/SS; 55 (LORT), David Steele/SS; 56 (1), brunosphoto/iStockphoto; 56 (3), MarcelClemens/SS; 56 (5), Robert Madden/NGC; 56 (CTR), Thank You/SS; 56 (6), Semen Lixodeev/SS; 56 (7), Jennie Book/SS; 56 (10), Steven Coling/SS; 56 (8), Joey Boylan/iStockphoto; 56 (11), Carolina K. Smith, M.D./SS; 57 (13), Marco Regalia/iStockphoto; 57 (14), Ron Bailey/iStockphoto; 57 (15), Joshua Lewis/SS; 57 (16), Zsolt, Biczó/SS; 57 (18), Andrzej Gibasiewicz/SS; 57 (25), Stephen Coburn/SS; 57 (22), fantuz/SS; 57 (23), Artmim/SS; 57 (24), Gen Productions/SS; 58 (1), Alex Staroseltsev/SS; 58 (2), Keith Hanson/iStockphoto; 58 (3), Arkady/SS; 58 (6), DamianPalus/iStockphoto; 58 (7), andersphoto/SS; 58-59 (CTR), Daniel Laflor/iStockphoto; 58 (UP CTR), Hway Kiong Lim/SS; 59 (9), iofoto/SS; 59 (12), anarhist/SS; 59 (13), MaxPhotographer/SS; 59 (14), BW Folsom/SS; 59 (15), Brooks Kraft/Corbis; 60, Mike Hollman/NGMS; 62, SuperStock RM/GI; 62 (INSET), Library of Congress; 63 (UP), Vladimir Wrangel/SS; 63 (LE), Allstar Picture Library/AL; 63 (RT CTR), Anwar Hussein/WireImage/GI; 63 (LORT), RIA Novosti/AL; 64, Susan Schmitz/SS; 65, Sascha Burkard/SS; 66 (2), A. Längauer/SS; 66 (7), Eric Isselée/SS; 66 (11), Christian Musat/SS; 66 (16), Anan Kaewkhammul/SS; 66 (9), Paula Cobleigh/SS; 66 (5), Photographer/SS; 66-67 (Background), James Galletto/NGMS; 67 (25), Time Life Pictures/USDA Forest Service/Time Life Pictures/GI; 67 (20), Nagel Photography/SS; 67 (47), James Galletto/NGMS; 67 (22), Shironina/SS; 67 (35), Joshua Haviv/SS; 67 (42), Pshenichka/SS; 67 (36), Danny Smythe/SS; 67 (31), BW Folsom/SS; 67 (44), AnutkaT/SS; 68 (3), Jessmine/SS; 68 (4), Chuck Rausin/SS; 68 (6), Constance Roberts/NGMS; 68 (LE CTR), Steve Collender/SS; 68 (7), Abel Tumik/SS; 68 (8), Gorshkov25/SS; 68 (9), Paul Fleet/SS; 68 (12), Matthew Cole/SS; 68 (13), Matthew Cole/SS; 69 (14), David Doubilet/NGC; 69 (15), ngarare/SS; 69 (16), fivespots/SS; 69 (17), picturepartners/SS; 69 (19), Roger Meerts/SS; 69 (20), tubuceo/SS; 69 (18), Audrey Snider-Bell/SS; 69 (23), Mark Kostich/iStockphoto; 69 (24), Sally Scott/SS; 69 (22), Dariusz Majgier/SS; 69 (25), April Cat/SS; 70 (UP), Historocal Picture Archive/Corbis; 70 (CTR), Henry Westheim Photography/AL; 70 (LO), Mathew Imaging/WireImage/GI; 70-71 (CTR), AP Images/Magic Mountain, Craig T. Mathew; 71 (UP), Iain Masterton/AL; 71 (LO), Travel Pictures/AL; 72, Peter Waters/SS; 74 (UPLE), Eric Isselée/SS; 74 (UPRT), vihrogone/SS; 74 (LE CTR), Tischenko Irina/SS; 74 (RT CTR), testing/SS; 74 (LORT), William Warner/SS; 74 (LOLE), Alice Day/SS; 74 (LOCTR), Valentyn Volkov/SS; 75 (UPLE), Mark Rucker/Transcendental Graphics/GI; 75 (UPRT), Graça Victoria/SS; 75 (UP CTR), Awe Inspiring Images/SS; 75 (LOCTR), evantravels/SS; 75 (LOLE), Hayati Kayhan/SS; 75 (LORT), Russ Beinder/SS; 76, NASA/ESA/STScI/AURA; 78 (8), helza/SS; 78 (7), Aaron Amat/SS; 78 (CTR), Michael C. Gray/SS; 78 (15), Brenda Carso/SS; 79 (38), KSPhotography/SS; 79 (32), AnutkaT/SS; 79 (21), SAJE/SS; 79 (46), Jay Paul/Bloomberg News/GI; 79 (28), Senol Yaman/SS; 79 (41), Paul Poplis/GI; 79 (30), V. J. Matthew/SS; 80 (1), Booka/SS; 80 (3), photovideostock/iStockphoto; 80 (5), AP Images/Itsuo Inouye; 80 (CTR), TeddyandMia/SS; 80 (4A), Eric Isselée/SS;80 (4B), Daniel Bendjy/iStockphoto; 80 (CTR), TeddyandMia/SS; 80 (CTR), TeddyandMia/SS; 80 (6), SS; 80 (9), KAZUHIRO NOGI/AFP/GI; 80 (10), MUSTAFA OZER/AFP/GI; 80 (8), Robert Markowitz/NASA; 80 (12), Cristian Mihai Vela/iStockphoto; 81 (CTR), TeddyandMia/SS; 81 (14), Everett Collection Inc/AL; 81 (16), AP Images/ATR Intelligent Robotics and Communication Laboratories, HO; 81 (17), Karwai Tang/WireImage/GI; 81 (CTR), TeddyandMia/SS; 81 (CTR), TeddyandMia/SS; 81 (CTR), TeddyandMia/SS; 81 (19), parameter/iStockphoto; 81 (21), Broccoli Photography/AL; 81 (24), scibak/iStockphoto; 81 (25), Andrea Krause/iStockphoto; 81 (22), Mike Cherim/iStockphoto; 81 (25), Kevin Russ/iStockphoto; 82 (UP), Khoroshunova Olga/SS; 82 (LO), Michel Segonzac/NGC; 82-83 (CTR), Dante Fenolio/Photo Researchers RM/GI; 82 (RT), Kjersti Joergensen/SS; 84, Yarygin/SS; 86 (UP), Pictorial Parade/GI; 86 (LO), Kenneth Garrett/NGC; 87-5 (RT), Kenneth Garrett/NGC; 87 (LE), ITAR-TASS Photo Agency/AL; 88, YorkBerlin/SS; 88, Philipp Nicolai/SS; 90 (1), EcoPrint/SS; 90 (8), kurt_G/SS; 90 (15), David Steele/SS; 90 (10), arnaud weisser/SS; 90 (7), Eric Isselée/SS; 91 (25), Johan Swanepoel/SS; 91 (38), neelsky/SS; 91 (20), Audrey Snider-Bell/SS; 92 (1), Creative Crop/GI; 92 (2), Leser/photocuisine/Corbis; 92 (3), Steven Mark Needham/Envision/Corbis; 92 (5), photographer/GI; 92 (CTR), Creative Crop/GI; 92 (6), Niels Poulsen std/AL; 92 (7), FoodCollection/SuperStock; 92 (8), James L. Stanfield/NGC; 92 (10), Nick Gordon/naturepl.com; 92 (21), Adalberto Rios Szalay/Sexto Sol/GI; 92 (22), Mary Evans Picture Library/AL; 93 (11), Photocuisine/SuperStock; 93 (CTR), Radius/SuperStock; 93 (12), Biwa Studio/GI; 93 (13), Paul Fleet/AL; 93 (14), Food and Drink/SuperStock; 93 (CTR), Radius/SuperStock; 93 (15), age fotostock/SuperStock; 93 (16), INTERFOTO/AL; 93 (17), Radius/SuperStock; 93 (18), Exactostock/SuperStock; 93 (19), Edward Bottomley/GI; 93 (23), Mary Evans Picture Library; 93 (24), Arco Images GmbH/AL; 93 (25), Mary Evans Picture Library; 93, Lew Robertson/Corbis; 94 (LE), Library of Congress; 94 (RT), bumihills/SS; 95 (10), Jarno Gonzalez Zarraonandia/SS; 95 (6), Nick Pavlakis/SS; 95 (7), James P. Blair/NGC; 95 (13), Pecold/SS; 95 (9), Mike VON BERGEN/SS; 95 (15), Kokhanchikov/SS; 96-97, Darren J. Bradley/SS; 98-99, Rob Stark/SS; 99 (UP), Fer Gregory/SS; 99 (CTR), Eric Isselée/SS; 99 (LO), Library of Congress; 100 (LE), Eric Isselée/SS; 100 (RT), Mikhail Melnikov/SS; 101 (UP), Le Do/SS; 101 (LO), Mikhail Melnikov/SS; 102 (UP), Ira Block/NGC; 102 (LORT), Gentoo Multimedia Ltd./SS; 102 (LOLE), Susan Flashman/SS; 103 (UP), Ralf Hettler/iStockphoto; 103 (CTR), Jan Martin Will/SS; 103 (LORT), Lekesele/SS; 104 (4), gosphotodesign/SS; 104 (5), Brandon Alms/SS; 104 (6), Rob Hainer/SS; 104 (7), Eric Isselée/SS; 104 (10), Andy Lim/SS; 104 (11), Hugh Lansdown/SS; 105 (13), Wild Wonders of Europe/Lundgren/naturepl.com; 105 (14), bernd.neeser/SS; 105 (15), vadim kozlovsky/SS; 105 (16), Milan Lipowski/iStockphoto; 105 (18), Kenneth C. Catania/NGC; 105 (20 UP), Miles Away Photography/SS; 105 (22), Jason Kasumovic/SS; 105 (23), Fesus Robert/SS; 105 (20 lo), IrinaK/SS; 105 (25), Joel Sartore/NGC; 106-107, Justin Black/SS; 106 (1), Ammit/SS; 106 (7), Julian de Dios/SS; 106 (21), Library of Congress; 106 (28), Ralf Hettler/iStockphoto; 107 (6), Kobby Dagan/SS; 107 (10), Muellek Josef/SS; 107 (17), Eduardo Rivero/SS; 107 (26), Ronald Sumners/SS; 107 (34), Traveler/SS; 108 (UP), Johan Swanepoel/SS; 108 (CTR), EastVillage Images/SS; 108 (LO), Tony Rix/SS; 108-109 (CTR), JaBa/SS; 109 (UP), Mark Beckwith/SS; 109 (UP CTR), Kathy Burns-Millyard/SS; 109 (LOCTR), worldswildlifewonders/SS; 109 (LO), Eduard Kyslynskyy/SS; 110-111, Angelo Giampiccolo/SS; 110 (2), Alessandro Vigano/SS; 110 (6), Science & Society Picture Library/SSPL/GI; 110 (10), DanielW/SS; 110 (13), Gregory Gerber/SS; 110 (16), thefinalmiracle/SS; 110 (17), Astronoman/SS; 111 (19), AGCuesta/SS; 111 (33), Regien Paassen/SS; 111 (45), INTERFOTO/AL; 111 (36), Hung Chung Chih/SS; 112 (4), Steve Cukrov/SS; 112-113 (Background), DNF-Style Photography/SS; 112 (22), ivvv1975/SS; 112 (30), Tierfotoagentur/AL; 113 (14), Library of Congress; 113 (20), Walter Quirtmair/SS; 113 (23), Nici Kuehl/SS; 113 (34), Kellis/SS; 114, Africa Studio/SS; 115, Mushakesa/SS; 116 (LO), Everett Collection Inc/AL; 116 (UP), WronaART/SS; 117 (UP), UNIVERSAL/THE KOBAL COLLECTION/The Picture Desk; 117 (CTR), Juan Camilo Bernal/SS; 117 (LO), © Columbia Pictures/Courtesy Everett Collection; 118 (1), greenland/SS; 118 (2), fivespots/SS; 118 (3), Martin Shields/AL; 118 (5), iofoto/SS; 118 (6), Catmando/SS; 118 (7), Frontpage/SS; 118 (9), saiko3p/SS; 118 (10), CREATISTA/SS; 118 (11), 7Michael/SS; 118 (12), Andi Berger/SS; 119 (13), ifong/SS; 119 (14), Vladimir Melnik/SS; 119 (16), FormosanFish/SS; 119 (15), SHADOWMAC/SS; 119 (18), Joel Sartore/NGC; 119 (17), Subbotina Anna/SS; 119 (20), nito/SS; 119 (19), Uryadnikov Sergey/SS; 119 (23), buradaki/SS; 119 (24), irabel8/SS; 119 (25), greenland/SS; 119 (22), fivepointsix/SS; 120 (UP), Toby Jorrin/AFP/GI; 120 (CTR), Fox Photos/GI; 120 (LO), DeAgostini/DEA Picture Library/GI; 120-121 (CTR), James P. Blair/NGC; 121 (UP), Evaristo Sa/AFP/GI; 121 (CTR), DeAgostini/DAE Picture Library/GI; 122-123, LIN, CHUN-TSO/SS; 124-125 (Background), allylondon/SS; 124 (1), D7INAMI7S/SS; 124 (5), Nayashkova Olga/SS; 124 (7), Albert Michael Cutri/SS; 124 (15), LIN, CHUN-TSO/SS; 124 (18), Stephan Zabel/iStockphoto; 124 (22), Werner Muenzker/SS; 124 (31), hxdbzxy/SS; 125 (14), Dobrinya/SS; 125 (19), Thomas Bedenk/SS; 125 (21), stockerman/SS; 125 (29), Manfred Steinbach/SS; 125 (34), grafvision/SS; 125 (35), Valentyn Volkov/SS; 127, George Dolgikh/SS; 128 (UP), Sean Bolt/SS; 128 (CTR), Henk Bentlage/SS; 128 (LO), Alberto Tirado/SS; 129 (UP), Joe Mercier/SS; 129 (LO), Johan Swanepoel/SS; 130 (1), ultrapro/SS; 130 (4), Irena Misevic/SS; 130 (3), HomeStudio/SS; 130 (6 UP), Peter Spiro/iStockphoto; 130 (6 LO), Diane Picard/SS; 130 (9), holligan78/SS; 130 (8), Neil Overy/SS; 130 (10), Renewer/SS; 130 (11), AP Images/Aliosha Marquez; 131 (13 LE), Olga Kovalenko/SS; 131 (13 RT), AnatolyM/SS; 131 (14), Jan Hopgood/SS; 131 (15), Gregory James Van Raalte/SS; 131 (17), AP Images/Royal Canadian Mint; 131 (18), Picsfive/SS; 131 (19), David Rochkind/Bloomberg via GI; 131 (20), Sotheby's/GI; 131 (24), jeehyun/SS; 131 (22), Laszlo Podor/AL; 131 (23), Zelenskaya/SS; 131 (25), Goncharuk/SS; 132 (UP), Miao Liao/SS; 132 (LO), UladzimiR/SS; 132-133 (CTR), Dmitriy Shironosov/SS; 133 (UP), Robert Matton AB/AL; 133 (CTR), Vishnevskiy Vasily/SS; 133 (LO), Seppo Hinkula/AL; 134-135, Ariwasabi/SS; 136-173 (Background), Time Life Pictures/GI; 136 (UP), NASA; 136 (LO), NASA/JSC; 137 (UP), NASA; 137 (LO), NASA; 138, Ivonne Wierink/SS; 140 (1), Library of Congress; 140 (21), Eric Isselée/SS; 140 (17), Viachaslau Kraskouski/SS; 140, MANDY GODBEHEAR/SS; 140-141 (Background), Sebastian Kaulitzki/SS; 141 (48), Anatomical Design/SS; 141 (25), Sebastian Sparenga/iStockphoto; 142 (UPLE), Library of Congress; 142 (RT), Viacheslav Zhukovskiy/SS; 142 (LO), BW Folsom/SS; 143 (UP), Galina Dreyzina/SS; 143 (LOLE), Chhanda Bewtra/NGMS; 143 (LORT), EdBockStock/SS; 143 (LOCTR), Albert Moldvay/NGC; 144 (UP), Petrenko Andriy/SS; 144 (CTR), Tsekhmister/SS; 144 (LO), Philip Sigin-Lavdanski/iStockphoto; 144-145 (CTR), mikeledray/SS; 145 (UP), AP Images/Chitose Suzuki; 145 (CTR), Sergey Goruppa/SS; 145 (LO), Serhiy Kobyakov/SS; 146 (2 UP), archives/iStockphoto; 146 (2 LO), Glenn Price/SS; 146 (5), Cathy Keifer/SS; 146 (6), EuToch/SS; 146 (7 LE), Hugh Lansdown/SS; 146 (7 RT), Brian Skerry/NGC; 146 (8), DM7/SS; 146 (11), NASA; 146 (12), Undersea Discoveries/SS; 147 (16), Sokolov Alexey/SS; 147 (14), Philip Dalton/AL; 147 (17), Ferenc Szelepcsenyi/SS; 147 (19), Alexey Repka/SS; 147 (21), xfox01/SS; 147 (23), ajt/SS; 147 (24), Mitya/SS; 147 (25), Neale Cousland/SS; 148-149, stephan kerkhofs/SS; 150 (UP), Robert Gebbie Photography/SS; 150 (CTR), Eric Isselée/SS; 150 (LO), Eric Isselée/SS; 150-151 (Background), Graeme Shannon/SS; 151, Lightspring/SS; 152 (UP), Snowshill/SS; 152 (UP CTR LE), Fine Shine/SS; 152 (UP CTR RT), ILYA AKINSHIN/SS; 152 (LOLE), Eric Isselée/SS; 152 (LORT), Tony Wear/SS; 153, Roman Pyshchyk/SS; 154-155 (Background), chinahbzyg/SS; 154 (9), John Kimbler/NGMS; 154 (5), Computer Earth/SS; 154 (14), Mike Flippo/SS; 154 (19), Katrina Brown/SS; 154 (39), Fedorov Oleksiy/SS; 154 (43), Feng Yu/SS; 156 (3), Steven Poe/AL; 156 (4), Nuno Andre/SS; 156 (6), Eric Isselée/SS; 156 (7), Plati Photography/SS; 156 (8), Feng Li/GI; 156 (9), CreativeNature.nl/SS; 156 (12), Picsfive/SS; 157 (13), Liv friis-larsen/SS; 157 (15), Veniamin Kraskov/SS; 157 (16), Dinga/SS; 157 (14), Chris leachman/SS; 157 (17), Sandra Caldwell/SS; 157 (18), topseller/SS; 157 (19), italianestro/SS; 157 (20), Jim Barber/SS; 157 (23), Zadiraka Evgenii/SS; 157 (24), jannoon028/SS; 157 (25), Ivaschenko Roman/SS; 158 (UP), HomeArt/SS; 158 (LO), St. Nick/SS; 158-159 (CTR), Annette Shaff/SS; 159 (UP), nutech21/SS; 159 (CTR), Andriy Zholudyev/SS; 159 (LO), Lamella/SS; 160, NASA; 162-163, Fer Gregory/SS; 164, stockpix4u/SS; 165, Eric Isselée/SS; 166-167 (Background), Faraways/SS; 166 (UP), YanLev/SS; 166, Louella938/SS; 167 (LO), aslysun/SS; 167, Anatoli Styf/SS; 168 (2), Everett Collection, Inc.; 168 (5), Dr_Flash/SS; 168 (7), Rufous/SS; 168 (6), R. Gino Santa Maria/SS; 168 (8), Everett Collection, Inc.; 168 (9), Shannon West/SS; 168 (12), L Barnwell/SS; 169 (13), phloen/SS; 169 (16), LVV/SS; 169 (15), Bea Cooper/AL; 169 (CTR), aida ricciardiello/SS; 169 (18), sonya etchison/SS; 169 (20), NREY/SS; 169 (21), Paul Nicklen/NGC; 169 (22), Nagel Photography/SS; 169 (23), Samir Hussein/Wire Image/GI; 170 (UP), Beata Slonecka/NGMS; 170 (CTR), Victor Malevankin/SS; 170 (LO), WaterFrame/AL; 170-171 (CTR), Jan-Dirk Hansen/SS; 171 (UP), Sari ONeal/SS; 171 (CTR), Hedrus/SS; 171 (LO), Firmin Carpenter/NGMS; 172 (UP), Nikolai Tsvetkov/SS; 172 (LO), WilleeCole/SS; 173, Africa Studio/SS; 174-175 (Background), Mondolithic Studios; 174 (LE), Mondolithic Studios; 174 (RT), Mondolithic Studios; 175 (UPRT), Mondolithic Studios; 175 (LORT), Mondolithic Studios; 175 (UPLE), Mondolithic Studios; 175 (LOLE), Mondolithic Studios; 176-177, gary yim/SS; 178-179 (Background), Andrew Lever/SS; 178 (2), arindambanerjee/SS; 178 (21), Studio 37/SS; 178 (16), James P. Blair/NGC; 178 (12), Groomee/SS; 179 (45), Montenegro/SS; 179 (43), Brenda Carson/SS; 180 (1), ©Buena Vista Pictures/Courtesy Everett Collection; 180 (4), Popperfoto/GI; 180 (3), Bettmann/Corbis; 180 (6), Bettmann/Corbis; 180 (7), David Muir/GI; 180 (9), Gary Crabbe/Enlightened Images/AL; 180 (10), Mikhail Zahranichny/SS; 181 (11), Keystone/Hulton Archive/GI; 181 (12), Jeff Banke/SS; 181 (13), Paul B. Moore/SS; 181 (17), kwest/SS; 181 (20), Michal Cerny/AL; 181 (24), Memo Angeles/SS; 182 (UP), Stephen Harrison/AL; 182 (LOLE), Beepstock/AL; 182 (LORT), incameastock/AL; 182-183 (CTR), charles taylor/SS; 183 (UP), Finnbarr Webster/AL; 183 (CTR), Judith Collins/AL; 183 (LO), Ben Molyneux/AL; 184-185 (Background), marcokenya/SS; 186-187 (Background), Dirk Ercken/SS; 186 (UP), Vasilius/SS; 186 (CTR), ribeiroantonio/SS; 186 (LO), Gontar/SS; 187 (UP), Kenneth Garrett/NGC; 187 (LO), Smithsonian Institution/Corbis; 188, Kokhanchikov/SS; 190, Sergei Bachlakov/SS; 191 (UP), Bork/SS; 191 (Background), Morgan Lane Photography/SS; 191 (LO), Suzanne Tucker/SS; 192 (1), Jason Patrick Ross/SS; 192 (3), Norman Bateman/SS; 192 (2), Sari ONeal/SS; 192 (8), rsooll/SS; 192 (7), Martin Spurny/SS; 192 (5), Joanna Zopoth-Lipiejko/SS; 192 (16), Ivan Hor/SS; 192 (4), Mark Bridger/SS; 192 (25), Kirsanov/SS; 193 (11), aragami12345s/SS; 193 (13), Giuseppe Lancia/SS; 193 (12), Kirsanov/SS; 193 (19), Hannamariah/SS; 193 (18), Peter Waters/SS; 193 (17), Daleen Loest/SS; 193 (20), Doug Lemke/SS; 193 (21), Kirsanov/SS; 193 (15), SunnyS/SS; 194-195, Shane Kirk/NGMS; 196 (UPRT), Teguh Tirtaputra/SS; 196 (UPLE), Jim Agronick/SS; 196 (LORT), Takashi Usui/SS; 196 (LOLE), Eric Isselée/SS; 196-197 (Background), Dirk Ercken/SS; 197 (RT), Pasi Koskela/SS; 198 (1), Joe Ferrer/SS; 198 (4), Dumitrescu Ciprian-Florin/SS; 198 (2), Hulton Archive/GI; 198 (3), VladisChern/SS; 198 (5), EpicStockMedia/SS; 198 (6), NASA/GSFC; 198 (9), gresei/SS; 198 (10 LE), Ammit/SS;198 (10 RT), apdesign/SS; 198 (8), Andrew Orlemann/SS; 198 (11), DarkOne/SS; 199 (13), leungchopan/SS; 199 (16), Matt Ragen/SS; 199 (14), Amy Nichole Harris/SS; 199 (15), R McIntyre/SS; 199 (17), George F. Mobely/NGC; 199 (19), Indranil Mukherjee/AFP/GI; 199 (20), Melissa Farlow/NGC; 199 (24), Darren Baker/SS; 199 (22), Jens Stolt/SS; 199 (23), Hilda Elisabeth Aardema/iStockphoto; 199 (25), Tharinee M./SS; 200-201 (Background), Strider/SS; 200 (UP), phdwhite/SS; 200 (LOLE), frantisekhojdysz/SS; 200 (LORT), Tatiana Belova/SS; 201 (UP), tristan tan/SS; 201 (LO), Emory Kristof/NGC; 202 (UP), Eric Isselée/SS; 202 (LE CTR), Lobke Peers/SS; 202 (RT CTR), steve greer/iStockphoto; 202 (LORT), Eric Isselée/SS; 202 (LOLE), Narcis Parfenti/SS; 203 (RT), Vitalij Geraskin/iStockphoto; 203 (LE), Ivan Kuzmin/SS; 204-205, Scenic Shutterbug/SS; 206 (1), Eric Isselée/SS; 206 (3), James L. Stanfield/NGC; 206 (2), Patrick Poendl/SS; 206 (5), SeDmi/SS; 206 (6), Kenneth Garrett/NGC; 206 (7), Vladimir Melnik/SS; 206 (8), Aaron Amat/SS; 206 (9), Hans Joachim Hoos/iStockphoto; 206 (10), David Evans/NGC; 207 (13), Kenneth Garrett/NGC; 207 (14), Margo Harrison/SS; 207 (17), De Agostini Picture Library/GI; 207 (19), Péter Gudella/SS; 207 (20), Dave Einsel/GI; 207 (21), Tyler Olson/SS; 207 (23), The Natural History Museum/AL; 207 (24), Chris Johns/NGC; 207 (25), NG MAPS/NGC; 208-209 (Background), 375Ultramag/SS; 208 (6), LittleMiss/SS; 208 (8), STILLFX/SS; 208 (16), IngridHS/SS; 208 (13), Pictureguy/SS; 209 (34), worldswildlifewonders/SS; 209 (38), Graça Victoria/SS; 209 (35), patrimonio designs limited/SS; 209 (39), Alex Uralsky/SS; 209 (31), GrigoryL/SS; 209 (37), Konstantin Sutyagin/SS; 209 (38), nokhoog buchachon/SS; 210-211, Gabriela Maj/Bloomberg/GI; 212 (UP), © APIC/GI; 212 (CTR), stocker1970/SS; 212 (LO), NASA; 212-213 (CTR), Rena Schild/SS; 213 (UP), Chad Buchanan/GI; 213 (CTR), NASA; 213 (LO), nito/SS; 214, Jason Stitt/SS; 215 (UP), Eric Isselée/SS; 215 (CTR), renkshot/SS; 215 (LOLE), Stephen Morris/SS; 215 (LORT), Vishnevskiy Vasily/SS

*굵은 글씨로 표시된 페이지에는 그림이나 사진이 있어요.

ㄱ

가고일 122, 123
가나 143
가리발디 화산(캐나다) 188
가리비 105, 165
가방 속 버거(푸딩) 208
가스 115
가시나비고기 165
가시두더지 55
가시선인장 83
가우초 107, **107**
가을 132, **132**
가젤 90, 97, 153
가지뿔영양 55, 153
가터뱀 113
간 89
간헐천 43, **43**, 161, 188
갈라고 원숭이 65
갈라파고스 국립 공원(에콰도르) 96
갈라파고스 제도(남태평양) 106, 138
갈라파고스펭귄 103
갈렌(고대 그리스 의사) 184
갈릴레오 갈릴레이 77, 85, 115
갈색곰 66, 67, 196
갈색머리찌르레기 **36**
갈색은둔거미 16, 68, **68**, 197
갈색흉내지빠귀 37
감각 17, 40, **72**, **104**, 104-105, **105**, 147
감기 57, **57**, 145, **145**, 194
감마선 77, 114
감마병 200
감자 106, 124
감초 78, **78**, 79, 126
갑오징어 149, 165
갑옷 11
갑옷메기 118
강 118
강돌고래 169
강령술 159
강옥 187
개 172, 172-173, **173**
 남극에 들어갈 수 없는 204
 뇌 140
 달래다 203
 듣다 173
 반려동물 153, 172, 173
 심장사상충 73
 우주를 여행한 202
 음악 110
 파도타기 211
 하품하다 202
 헐떡거리다 202
개 썰매 53, 172
개구리 28-29, 56
 가장 큰 150
 독이 든 28, 99, **99**, 196, 196-197, **197**
 북미봄개구리 12
 비 195
 알 118, **118**
 올챙이 54, 55, 73
 우림 65
개미 65, 93, 100-101, 107, 124, **124**, 134
개미핥기 54, 66, **66**, 91, 153
개복치 165
「개스비」(소설) 26
개인용 구조 신호 발생기 39, **39**
개코원숭이 60
갠지스강 삼각주(아시아) 161
갤리온 162
갯민숭달팽이 149
거꾸로 된 집 135
거머리 72, 145, **145**
거미 16, 16-17, **17**, 59, **68**, 73, 197
거미 공포증 16
거미원숭이 61
거북 28, **28**, 55, 148, 161, 171
거울 114, 187
거트루드 에덜리 63, 127
건축 85, 122-123, **122-123**
검은과부거미 16, 68, **68**, 197
검은색 168
검은색 다이아몬드 163
검은 수염(해적) 98
검투사 99, 184
게이트 타워 빌딩(일본 오사카) 122
게이트웨이 아치(미국 미주리주 세인트루이스) 123
게일로드 페리 126
게임 24, 32, 73, 174, 182
게잡이물범 153
게토레이 84
겨우살이 69

겨울 132, **132-133**
겨울잠 66, 67
결혼 58, 59, 80, **80**
경극 111, **111**
경마 126, 178, 179
계절 132-133, **132-133**, 194
계핏가루 49
고대 문화 184-185, **184-185**
 개 173
 과학 114
 노점 음식 139
 날씨에 대한 믿음 194
 돈 130, **130**, 184
 동굴 벽화 178, **178**
 동물 미라 37, 86, 87, **87**, 172, 185, 202
 땅 소유주 139
 머리카락을 자르다 138
 무덤 48
 배 53
 신성한 새 37
 약 144, 184
 언어 26, 27, 94, 184, 186
 오싹한 것들 72
 유년기 139
 음식 125
 음악 110, 111
 자칼 172
 지배자 139
 천문학 77
 토지 소유권 139
고대 베냉 왕국 139
고드름 114
고래 27, 45, **45**, 55, 130, **130**, 152, 153, 170, 170-171
고래상어 149, 150
고름 왕(덴마크) 139
고릴라 27, 60, 61, 156
고무 64
고비 사막(아시아) 43, 181
고사머앨버트로스(비행기) 14-15
고소 공포증 15
「고스트버스터즈」(영화) 117
고슴도치 12, 90, **90**
고야(화가) 115
고양이 12
 가정에서 키우는 153
 감각 12, 147
 뇌 140
 눈 202
 떼 27
 미라 185
 발가락 153
 의사소통 26, **26**
 혀 202
고추 31, 34, 107
고추돌고래 18
고층 건물 122, **122-123**, 123
고함원숭이 60, 61, 65, 106
곤드와나(초대륙) 23, 151
곤충 100, 100-101, **101**
 날개가 없는 91
 반려동물 101
 식용 38, 101, 107, 124
 우림 65
 음식 안에 9, 72
 해충 33
 화석 101
골드러시 139
골든게이트교(미국 캘리포니아주 샌프란시스코) 168, **168**
골든리트리버 153
골리앗개구리 150
골리앗새잡이거미 16, 73
골리앗타이란피시 73
골프 126, 127, 191
곰 39, 55, 66-67, **66-67**
곰돌이 푸 67
곰치 148
공룡 22, 22-23, 28, 117, 118, 146, 208
공룡 국립 공원(미국 유타주, 콜로라도주) 23
공작 36, 37
공포증
 거미 공포증 16
 고소 공포증 15
 도로 횡단 공포증 35
 아라키뷰티로포비아 8
 코울로포비아 27
 트리스카이데카포비아 26
 파스모포비아 158
 파충류 공포증 72
과테말라 209
과학 실험 114, 114-115, **115**
관람차 85, 135
관벌레 165
광년 76
광대 11, 27, **27**

광부와 광산 38, 115
광선검 98
광섬유 케이블 115
괘종시계 115
괴물 72
「괴물들이 사는 나라」(영화) 116
괴상한 박물관(미국 텍사스주 오스틴) 73
괴생명체 180-181, **180-181**
교황 베네딕토 16세 121
구겐하임 미술관(미국 뉴욕주 뉴욕) 122
구글 74
구더기 144
구름 194, 195
구름표범 153
구리 115
구미(젤리) 67, **67**, 79, **79**, 86, 154
구조 173
국가 111
국가 의회 의사당(독일 베를린) 122
국립 공원 96-97, **96-97**
국수 124, **124**
국제 날짜 변경선 50, 161
국제 무역 센터(미국 뉴욕주 뉴욕) 122
국제 사법 재판소 134
국제 우주 정거장 14, 76, 77, 80, **80**, 136, 137
국제 지리 대회 189
군대개미 101
굿 럭 동굴(말레이시아) 32
권투 126
귀뚜라미 101, 125, 195
규조류 165
그라운드호그 143, 153
그래미상 111
「그랜드 데이 아웃」(영화) 117
그랜드캐니언 국립 공원(미국 애리조나주) 96, 209
그레비얼룩말 179
그레이트브리튼 188
그레이트배리어리프(오스트레일리아) 148, 149
그레이트베이슨 국립 공원(미국 네바다주) 96
그레이트샌드듄스 국립 공원(미국 콜로라도주) 96
그레이트스모키산맥 국립 공원(미국 테네시주, 노스캐롤라이나주) 96, 100
그레이하운드 172
그리스 111, 135
그리즐리곰 67
그린란드 57, 161
그린몽키(경주마) 179
「그린치」(영화) 116
극남부전나비 192
극한의 다리미질 경기 127
근육 88
글레이셔 국립 공원(미국 몬태나주) 199
글레이셔베이 국립 공원(미국 알래스카주) 96
글로브 극장(영국 런던) 123
금 150, 162, 163, 164, 186
금붕어 202
금성(행성) 30, **30**, 76, 77
금조 36
기가노토사우루스 23
기니피그 202
기대 수명 166, 167
기디언 맨틀 23
기린 44, **44**, 54, 112, **112**, 152, 153, 169, **169**
기사 10, 11
기상 관측 기구 14
기술 24-25, 174-175
기타 24, 52-53, 156, 211, 212
기타 110, 110, 157
기후 변화 57, 198, 198-199, 199
긴급 구조 번호 75
긴꼬리극락조 36
긴부리참돌고래 19
긴팔원숭이 60, 61
「길리건의 섬」(시트콤) 38
김 8, 164, 165
깃꼬리유대하늘다람쥐 13
깃발 33, **33**, 37, 53, 135, 189, 208
깃털 36
까마귀 36, 37
깔따구 100, 101
깔때기거미 12, 50, **50**
깡충거미 16

껌 65, 79, 115, 209, **209**
꼬리감는원숭이 65
꽃 48, 49, 64
꽃등에 200
꽃시계 112
꿀 154, 155
꿀벌 154, **154**
꿈 113, 140
끝 212-213, **212-213**

ㄴ

나그네앨버트로스 15, 36, 205
나노 로봇 80
나무 48, 49, 64
나무 위에 있는 집 211
나무껍질거미 17
나무늘보 12, 54, 64, 65, 90, 97, 153
나무타기캥거루 65, 153
나뭇잎해룡 83, **83**
나미브 사막(아프리카) 150
나미비아 150
나방 12, 100, 101
나비 106, 192, **192-193**, 193, 199
 무게 146
 우림 64, 65, 106
 유럽 129
 이주 15, 146, 170, 171, 192, 193
나스카 지상화(페루) 95, **95**
나스카 컵 시리즈 209
나이 140, 144
나이로비(케냐) 150
나이아가라 폭포(캐나다-미국) 195
나이지리아 139
나이키 운동화 84
나이팅게일 134
나일강(아프리카) 118, **118**, 161
나침반 115
나팔꽃 48, **48-49**
「나 홀로 집에」(영화) 117
낙수정(집)(미국 펜실베이니아주) 122
낙타
 냄새 138
 레슬링 139
 새끼 55, **55**
 적응 **30**, 53, 90
 짐을 나르는 53, 138, 153
낙하산 15
낚시 118, **118**, 164
난초 49, 65
난파 73, 162
날다람쥐 12, 14
날씨 30, 150, 194-195, **194-195**, 205
날여우박쥐(과일박쥐) 13
날원숭이 13
날치 165
남극 204-205, **204-205**
 가장 낮은 지점 188
 날씨 189
 빙하 73
 산맥 161
 얼음 57
 얼음 지진 42, 161
남극대구 204
남미뿔매미 91
남방코끼리물범 200, 205
남수단 189
남아메리카 106-107, **106-107**
남아프리카 150
낮잠 113
냉동실 114
「네모 바지 스폰지 밥」(애니메이션) 139, 200
네 잎 클로버 58, **58**
네덜란드 167, 188, 201
네스호 181, **181**
네안데르탈인 180, **180**, 206, 207
네팔 189
노란색 169
노랑가오리 68, 165, 196
노랑거북복 82, **82**
노래 44

217

노래기 75, **75**, 101
노르웨이 131, **131**
노린재 101
노벨 평화상 150, 177
노새 179
노스트라다무스 212, **212**
노예 209
노예 제도 139
노트로니쿠스 23
노트르담 대성당(프랑스 파리) 123
노트북 24, 157, **157**
녹색 169
녹음 111
놀이기구 34, 35, 70-71, **70-71**, 85, 87
농구 126, 127
뇌 89, 140-141, **140-141**, 144-145
　기술 25
　말 179
　무게 153
　수면 활동 113
　이식 145, 175
뇌산호 141, 148
뇌섬(브레인섬) 141
뇌우 195
뇌조 91
뇌파도(EEG) 140
누 97, 153
누나부트 준주(캐나다) 139, 208
누레크 댐(타지키스탄) 32
누에 100, 101
눈 19, 89, 169, **169**, 206, **206**
눈 38, 132, 133, 194, 195
눈 폭풍 56
눈사태 38, 115, 134, 194, 195
눈송이 194, 195
눈싸움 188
눈에 이식 175
눈표범 108, **108**, 147, **147**
뉴그레인지(아일랜드) 184
뉴기니 185
뉴런 140, 141, 154
뉴어크(미국 뉴저지주) 177
뉴욕 마라톤 126
뉴욕시(미국 뉴욕주) 139, 177, 211
뉴질랜드 50, 51, 142
뉴펀들랜드(개 품종) 173
느림보곰 66, **66**, 67, **67**
늑대 152-153, 173
늑대거미 17
늑대인간 73
니게르사우루스 23
「니모를 찾아서」(영화) 117, 148
니켈 131
닌자 99
닐 암스트롱 77, 111, 126

ㄷ

다니엘 뷰트너 126
다람쥐 140, 153, 195
다리 16, 52
다베이 준코 63
다비드 오르티스 209
다빈치 타워(아랍 에미리트 두바이) 122
다스 파크 호텔(오스트리아) 211
다스베이더 가고일 122
다이너마이트 99, **99**
다이빙 51, 148, 200, **200-201**, 201
다이아몬드 115, 138, 150, 163, 173, 186
다이애나 왕세자비 138
다이앤 포시 61
다카, 방글라데시 177
「다크 나이트」(영화) 117
다트무어 국립 공원(영국) 96
달 161
달 착륙 14, 76, 77, 126
달라이 라마 122
달리기 126
달마티안(개) 189
달무지개 194
달에서 생기는 지진 42
닭 37, 72, 124
닷거미 16
당근 89, 124, **124**, 169, **169**
당나귀 179, **179**
당일 태피 78
대기 161, 198
대나무 48, 65, 157, **157**
대니얼 래드클리프 116
대벌레 101
대서양 중앙 해령 161
대왕고래 55, 165, 205
대왕문어 197
대왕오징어 72, 140, 164, 165
대왕조개 149, 165
대포 10, 15
댐 118

더 브라우베 반 스타보렌 호텔(네덜란드) 211
더듬이다리(거미의 부속지) 17
더블린(아일랜드) 139
더즌 75
더플백 135
덕트 테이프 85
덤보문어 82-83, **83**
덩굴옻나무 68, **68**
덫개미 90, 90
덮개 마차 211
데레초스(폭풍) 195
데스밸리 국립 공원(미국 캘리포니아주) 96
데이노케이루스 23
데이브 '타이거' 윌리엄스 126
데이비드 리빙스턴 138
데이비드 번 110
데이비드 스미스(인간 '탄환') 15
데이토나(미국 플로리다주) 209
덴마크 139
델리(인도) 176
도닝턴성(영국) 11
도도새 36
도로 53, 122, 134
도로 횡단 공포증 35
도룡뇽 12, 28, 29, 105, **105**, 119, **119**
도마뱀 28, 29, 38, 69, **69**
도마뱀붙이 13, 28, 29, 91
도미니카 공화국 209
도시 175, 176-177, **176-177**
도요새 15
도쿄(일본) 167, 176
도그 바크 파크 인(미국 아이다호주 코튼우드) 211
도토리 49, **49**
독성이 있는 식물 49, 192
독수리 37, 91
독에 관한 사실 68-69
독이 든 우산 20, **20**
독일 58
독일세퍼드 173
독화살 99
독화살개구리 99, **99**, 197
돈 130-131, **130-131**
　고대 문화 184, 185, 187
　광물이 포함된 187
　굴러다니는 동전 208, **208**
　돈에 그려진 사람 111
　속어 178
　첨단 기술 25
　카카오콩 79
돌고래 18, **18-19**, 19, 104, 113, 164, 165
돌발 홍수 195
돔발상어 173
동굴 32
동굴 벽화 72, 206, **206**
동굴 석순 198, **198**
동물
　돈 130, **130**, 131, **131**
　미라 37, 86, 87, **87**, 172, 185, 202
　새끼 41, 54-55, **54-55**, 128, 129, 155, 178
　우주에 14, 77
　적응력 90, **90-91**, 91
　해가 진 뒤 12-13, **12-13**
동물원 32
동물 젖 124
동반감각증 105
동부갈색뱀 196
동티모르 188
돛새치 165, 169, **169**
돼지 54, 153
두건피토휘 37
두꺼비 28, 29, 30, **30**
두바이(아랍 에미리트) 149
두루원숭이 61
두통 140
드라이아이스 114
드라코렉스 호그와트시아 22
드라큘라 11, 73
드럼 111, 189
드림캐처 113, **113**
듣다 104, 105, 110, 173
들소 134, 196
등각류 72
디날리 국립 공원(미국 알래스카주) 96, 208
디스커버리호(우주 왕복선) 14
디온 맥그리거 113
디왈리 축제 143, **143**
디즈니랜드
　모노레일 53
　성 10, 11
　식용 식물 49
　탈 것 71, 74, 123, 129, 180
　파리 디즈니랜드 135
디트로이트 레드윙스 127
디플로도쿠스 23
딥스페이스 1호(우주 탐사선) 76
딥시챌린저호 201

딩고 51, 173
딱따구리 37, 91
딱정벌레 100, 101
딱총새우 115
땀 88
땅끝(영국) 212, **212**
땅콩버터 8-9, **8-9**, 115
뜨거운 초콜릿 93, **93**, 208

ㄹ

라리사 라트니나 190
라마 106-107, **107**
라마단 143
라면 84
라스베이거스(미국 네바다주) 122, 148
라이언 프랭크 바움 26
라이카(최초로 우주를 여행한 개) 202
라이트 형제 14, 84
라이프세이버 78
라인홀트 메스너 127
라임 124
라즈베리 134
라트비아 134
라파스(볼리비아) 188
락파 체리 셰르파 126
랄리벨라(에티오피아) 150
랍토렉스 크리에그스테이니 23
랑구르원숭이 61, 176
래브라도리트리버 173
래슨 화산 국립 공원(미국 캘리포니아주) 97
래시(영화에 나오는 개) 173
랜디 가드너 113
랜스 암스트롱 126
랩 111
랭겔세인트 일라이어스 국립 공원(미국 알래스카주) 96
러시모어산(미국 사우스다코타주) 139, 187
러시아 134, 188
러시아어 27
럭비 205
럭키 참스 시리얼 124
런던(영국) 134, 167
런던 아이(영국 런던) 135
런던탑 10
레고 블록 77, 107, 134, 183
레드라이더 BB 총 98
레드우드 국립 공원(미국 캘리포니아주) 97
레몬 124
레밍 91
레서판다 153
레소토 151, 188-189
레슬링 135, 176, 190
레오나르도 다빈치 14, 15, 85, 179, 200
레우키포스(그리스의 사상가) 115
레이건(전 미국 대통령) 78
레이저 25, 115
레이캬비크(아일랜드) 188
레이크 디스트릭트 국립 공원(영국) 97
레이프 에이릭손 139
레자 파크라반 189
렘수면 113
로라시아(초대륙) 23
로렌 울스텐크로프트 127
로리스 12, 69, **69**
로마 황제 칼리굴라 121, **121**, 185
로마(이탈리아) 134, 173, 184
로버트 루이스 스티븐슨 162
로보컵 80, **80**
로봇 24, 80, **80-81**, 81, 99, 175, 182-183
로봇 다리 24
로봇 올림픽 80
로봇 춤 81, **81**
「로빈슨 크루소」 106
로스차일드 기린 210
로알드 아문센 204
로어노크섬(북아메리카) 95
로열 협곡 현수교(미국 콜로라도주) 35
로우린하노사우루스 23
로우스 코로나도 베이 리조트(미국 캘리포니아주) 211
로자 파크스 63
로저 배니스터 126
로제타석 26, 186
로즈웰(미국 뉴멕시코주) 47, 73
로키 마르시아노 126
로키산 국립 공원(미국 콜로라도주) 97
로티 윌리엄스 136
록 캔디 78
롤러코스터 70-71, **70-71**, 87
롤리팝 78, 79
롱고롱고 문자 94
루마니아 162
루브르 박물관(프랑스 파리) 122
루비 187
루빅큐브 81, **81**, 123
루시(오스트랄로피테쿠스 아파렌시스) 207, **207**
루이스 메이어 213

루이스와 클라크 탐사대 138, 173
루지 127
룩셈부르크어 134
룩소르 호텔 앤드 카지노(미국 네바다주 라스베이거스) 122
르완다 150
리드비터주머니쥐 13
리바이 스트로스 85
리바이스 청바지 85
리버티 호텔(미국 매사추세츠주 보스턴) 211
리비아 150
리스 사탕 78
리어제트기 15
리처드 3세(영국 왕) 10
리처드 버드 14
리처드 프레슬리 200
린틴틴 173
립스틱 85
링고 스타 139
링고로이드 80
링컨 기념상(미국 워싱턴 디시) 122, 187

ㅁ

마녀 73
마누 국립 공원(페루) 107
마누엘 안토니오 국립 공원(코스타리카) 97
마늘 125
마다가스카르 150, 151, 153
마라톤 126, 205
마력 73
마를레네 디트리히 63
마리 퀴리 62, **62**
마리 테레즈 93
마리아나 해구(북태평양) 200
마멘키사우루스 23
마모셋원숭이 61
마비 145
마사이 마라 국립 공원(케냐) 96
마상 창술 시합 10, 127
마스코트 126, 127
마시멜로 79, 124
마시멜로 총 99
마시멜로 핍 79, **79**
마쓰모토성(일본) 11
마야 73, 77, 97, 184, 209
마이크로칩 173
마이클 세션스 188
마이클 잭슨 61, 111
마이클 조던 126
마이클 펠프스 191
마젤란펭귄 103
마조리 게스트링 190
마찰 115
마추픽추(페루) 95, **95**
마카로니펭귄 103, **103**
마카크원숭이 61, 111
마크 맥과이어 126
마틴 루서 킹 주니어 120, **120-121**, 139
마하트마 간디 120, **120**
만리장성 35, **35**
만칼라(보드게임) 150, **150**
말과 망아지 178-179, **178-179**
　갈기 153
　고대 문화 121, 185
　마력 52
　수를 세는 74
　수면 203
　하루에 갈 수 있는 거리 203
말똥가리 104
말레이시아 32
말미잘 149
말벌 101, 114
말벌 206
매머드 동굴 국립 공원(미국 켄터키주) 96, 209
망고 32, **32**
망둑어 149
망원경 24, **24-25**, 47, 85, 115
매 37, 147, **147**, 200, **200**
매미 100, 101
매부리바다거북 148
매운 고추 31, 34, 107
맥도날드 52, 123, 139, 176, 208
맥도널 더글러스 F-15(전투기) 15
맥메나민스 케네디 학교(미국 오리건주 포틀랜드) 211
맥킨리산(미국 알래스카주) 208
맨드릴개코원숭이 61
「맨 인 블랙」(영화) 117, 117
맹그로브 숲 148
머글 27
머드퍼피 119, **119**
머리가 띵해지는 것 56, 141
머스킷 총 98
「머펫」(영화) 116
멀린(위대한 마법사) 11
메가 시티 176-177, **176-177**

메갈로사우루스 23
메기 104, 118
메뚜기 100, **100**, 101
메리 앤더슨 63, 84
메리 워커 62
메소포타미아 184
멕시코 143, 208, 209
멕시코 뛰는 콩 100
멕시코만류 164
멕시코시티(멕시코) 122, 176-177, 185, 209
멕시코자유꼬리박쥐 171
명금류 37
명왕성(왜행성) 77
모기 100, 101, 197, **197**
모나코 134, 189
모노니쿠스 올레크라누스 23
모노폴리 182
모래 164
모래 언덕 96, 149, 150, 189
모래폭풍 43
모르포나비 193, **193**
모스맨 181
모스크바(러시아) 135, 139
모차르트 110
모파인 애벌레 124
모헨조다로(고대 도시) 185
목성(행성) 76, 77
목욕 185
몬터레이만 해저 협곡(태평양) 164
몬티셀로(미국) 122
몰디브 149, 199, **199**
몽골 33, 130, 188
몽생미셸섬(프랑스) 10
몽유병 112
무게 115
무기 98-99, **98-99**, 116, 186
무늬바리 149
무당거미 16
무당벌레 58, **58**, 101, **101**
무드 반지 168, **168**
무례한 135
무르만스크(러시아) 189
무스 97, 152-153
무족영원 29, 54, 73
무중력 상태 14
무지개 115, 195, 212, **212-213**
무하마드 알리 126
무화과 125
문어 83, 127, 140, 165, 196, **196**, 197
문자 메시지 25, 32, 113
물 118, **118-119**, 119
　마시다 38, 69, 118, **118-119**, 119, 166
　물리적 속성 114, 115
　인체 140, 147
　지구상의 147
물거미 91, 201
물고기 69, **69**, 72, 105, 164
물펭 91, **91**
물방개 200
물범 165, 181, 181, 196
물소 146
물속의 호텔 211
물수리 37
물총새 37, 90
뭄바이(인도) 176, 199
뭍집게 164
미 공군 15
미 해군 15, 173, 200, 201
미각 104, 105
미국
　개를 키우는 가정 173
　공룡 23
　미국 167
　식사 208
　언어 26
　최남단 지점 213, **213**
　탄소 발자국 156
　토네이도 195
미국 국회 의사당 122
미국 농무부 173
미국 대법원 138
미국 대통령
　만화책 120, 139
　비행기 15
　선거 59, 63
　자유의 메달 111
　취임식 78
미국 독립 혁명 21, 200
미국 워싱턴 국립 대성당 122
미국 의회 도서관 138-139, 188
미국 자연사 박물관 117
미국 중앙 정보국(CIA) 20, 21
미국 항공 우주국 14, 15,
미국너구리 13, **13**
미국멧도요 15
미국악어 28, 29, 55, 73, 209

미군 14
미노스 왕(크레타) 139
미니멀리스트 호텔(스웨덴) 211
미니어처 말(미니 말) 179
미라 86, **86-87**, 87
　뇌 140
　동물 37, 86, 87, **87**, 172, 185, 202
　미라를 빻아 만든 가루로 그린 그림 73
　페루의 지배자 62
미래 24, 174-175, **174-175**
미래의 집 174, 175
미르(러시아 우주 정거장) 137
「미션 임파서블」(영화) 21, 117
미스터 포테이토 헤드 183, 183
미시시피강(미국) 188
미얀마 33
미어캣 90, **90**
미켈란젤로 122
미크로파키케팔로사우루스 22
미키 마우스 116
미터법 115
민달팽이 147, **147**
민들레 206, **206**
민촌충 72
밀랍 154

ㅂ
바나나 106, 125, **125**, 209, **209**
바다 146, 161, 164, 165, 198, **198**, 200
바다거미 83
바다거북 146, **146**, 148, 149, 164, 200
바다뱀 148
바다사자 55, 165, 201
바다소 65, 91, 97, 152, 165
바다코끼리 165, 171
바닷가재 30, **30**, 164, 169, **169**
바레인 189
바르셀로나(에스파냐) 35
바리오닉스 23
바베이도스 189
바비 인형 182, **182**
바빌론의 공중 정원 33, 184
바센지 172
바스쿠 다가마 138
바우어새 36
바위너구리 54
바위너구리 54, 91
바위뛰기펭귄 102
바이애슬론 99
바이오 연료 157, 174
바이칼호(러시아) 43, 101, 161, 189
바이킹 139
바주카 풍선껌 98
바퀴 84, 85
바퀴벌레 73, 101, 141, 174
바티칸 시국 134
바하마 130, 148
박각시나방 100
「박물관이 살아 있다」(영화) 117
박싱 데이 142
박쥐 104
　과일박쥐 651
　날여우박쥐 13
　보다 12
　이주 171
　칼즈배드 동굴 국립 공원(미국 뉴멕시코주) 97
　흡혈박쥐 12-13, 13,
반다브가르 국립 공원(인도) 97
반딧불이 100
반려돌 85
반려동물 37, 73, 153, 172, 202, **202-203**, 203
「반지의 제왕」(영화) 50, 117
반항정위 18, 104
발가락 씨름 127
발레 「호두까기 인형」 111
발렌티나 V. 테레시코바 63, **63**
발리우드 176
발명 20, 21, 84-85
발토(썰매 개) 173
발톱 88
밤공포증 113
방글라데시 138, 177
방사성 물질 유출 72, 73
방울뱀 55, 69, **69**, 196
방콕(태국) 14, 32
방탄조끼 17
배 34, **34**, 52, 53
배고픈 귀신들을 위로하는 축제 159
배꼽 89
배낭여행 39
배드랜즈 국립 공원(미국 사우스다코타주) 96
배로(미국 알래스카주) 213
배린저 분화구(미국 애리조나주) 76
배앓이 145
배양 접시 114

배터리 114
배트맨 116, 117
「배트맨 포에버」(영화) 116
배트모빌 116
백상아리 40, **40**, 41, 196, **196**
백색왜성 212
「백설 공주와 일곱 난쟁이」(영화) 117
백세인 75
백악관(미국 워싱턴 디시)
　건립 123
　반려동물 172, 202
　방 138
　영국군 병사 유령 158
　자체 영화관 116
　크레용 169
　크리스마스트리 49
백조 26, 37
밴프 국립 공원(캐나다) 96
밸런타인데이 92, 143
밸크로(찍찍이) 84
뱀 28, 29, 45
　6000만 년 전 161
　독 38, 45
　독이 있는 38, 45, **45**, 50, 68, **68**, 69, **69**, 196, 197, 208
　물다 28
　새끼 55
　아일랜드 135
　우림 65
　혀 203, **203**
뱀목거북 118, **118**
뱀장어 171
뱀파이어 72
뱌르드니 헤르욜프손 139
버닙(늪 괴물) 181
버락 오바마 59, 111, 120, **120**, 139, 172
버러다 143, 148, 200
버뮤다 삼각지 73
버밍엄(미국 앨러배마주) 188
버빗원숭이 61
버섯 69, **69**, 124, **124**, 178, 178
버스 53, 168, **168**
버지니아주머니쥐 13
버진아일랜드 국립 공원(미국) 97
버터 131
번개 30, 43
　고대 문화 48
　구형 번개 43
　눈 폭풍 56
　땅을 내려치는 횟수 194
　떨어진 곳 43
　빌딩 43, 84, 122
　맞은 사람 195
　맞은 여객기 43
　에너지 30, 43
　전기 84
　치는 횟수 161
　타고 가다 43
　폭 195
번지 점프 115
벌 15, 28, 100, 101, 154-155, **154-155**, 184
벌 독 알레르기 196
벌거숭이두더지쥐 91, 153
벌꿀오소리 55, 91, 139, 153
벌레 73
벌새 36, 37, 45, **45**, 55, **55**, 146, 171, **171**
벌잡이새 113
벌집 모양 집 123
범고래 18, 19, **19**, 103, **103**, 165, 204
벚나무 48, 49
베나지르 부토 63, **63**
베네수엘라 131, **131**
베네치아(이탈리아) 135
베르누이의 정리 126
베를린 장벽(독일) 135
베서니 해밀턴 41
베수비오 화산(이탈리아) 185
베아트릭스 포터 97
베이브 루스 75, **75**, 126
베이스 점프 15, 201
베이징(중국) 32, 37, 156, 190
베이컨 84, 92
베짜기새 37
베토벤 110, **110**
베트남 32
벤저민 프랭클린 84
벨기에 143
벨라루스 135
벵골호랑이 108, **108-109**
벼룩 101
별 77, 163
별자리 76
별코두더지 105, **105**
병코돌고래 18, 165, 201
보노보 61
보더콜리 173

보물 162-163, **162-163**
『보물섬』(소설) 162
보사볼 126
보야저 국립 공원(미국 미네소타주) 96
보온병 114
보이지 않는 잉크 21
보츠와나 170, 189
보행렬 화석(미국 콜로라도주) 23
복어 164, 196, **196**
복제 115, 175
볼리비아 107, 189
볼링 126, 127
봄 축제 132
부다페스트(헝가리) 135, 189
부르즈 알 아랍 210-211
부르즈 할리파 35, 122, 123
부메랑 98, **98-99**
부석 187
부시맨 207, **207**
부싯돌 186
부엉이나비 192, **192**
부에노스아이레스(아르헨티나) 106, **106**
부활절 79, **79**, 143
북극 161, 199, **199**
북극곰 8, 66, 209
　겨울잠 67
　무게 8
　발 66, **66**
　볼 수 있는 210
　사냥 196, 209
　새끼 66
　색 67, 153
　수영 66, 67, **67**
　천적 67, 165
　후각 153
북극여우 153
북극제비갈매기 36
북극해 165
북대서양대합 165, 166, **166**
북미봄개구리 12
북부주머니고양이 13
북아메리카 208-209, **208-209**
북아메리카 원주민 111
분홍빛 큰돌고래 18
불 30, 39, 207, **207**
불가리아 불의 춤꾼 134
불개미 30, **30**, 101
불꽃놀이 32, 99, 111, 168
불독 173
불상 162
불의 고리 30
불의 바위(체코) 135
붉은 늑대 173
붉은가슴벌새 171, **171**
붉은털원숭이 176
붓순나무 49, **49**
뷰마스터 183, **183**
뷰트 베드 앤 브렉퍼스트(뉴질랜드) 211
브라운스큐어(새) 205
브라이스캐니언 국립 공원(미국 유타주) 96
브라질 106, 107
브라질떠돌이거미 16
브라질맥(남아메리카테이퍼) 65
브란성(루마니아) 11
브론테 자매 62
브론토사우루스 23
브롬 115
브루스 스프링스턴 111
블가사리 45, **45**, 105, **105**, 164
블라디미르 레닌 86
블라디미르 푸틴 121, **121**
블랙앤탄쿤하운드 173
블랙홀 2
블러드 오렌지 168
블로피시 82
블루치즈 125, **125**
비 118, 194, 195, 199
비글 여단 173
비너스와 세리나 윌리엄스 63
비닐봉지 156, **156**
비단뱀 73
비단잉어 202, **202**
비단제비나비류 192, **192**
비둘기 21, **21**
비뚤어진 집(폴란드) 122
비밀 경호 20, **20**
비버 152
비율 146, 146-147, 147
비쿠냐 107
비타민 D 88
비틀즈(밴드) 139, 207
비행 14, 152
비행기 14, 15, **14-15**, 52, 85, 156, 201, 211
비행선 15
빅 대디 모래 언덕 189
빅뱅 76

빅버드 36
빅벤(영국 런던) 122
빅토리녹스의 스위스 만능 칼 98
빅토리아 여왕(영국) 62, **62**, 121
빅풋 180, **180**
빈대 73
빈슨 산괴(남극 대륙) 204
빌 클린턴 172
빗해파리 165
빙산 57, **57**, 119, 164, 205
빙하 43, **43**, 57, **57**, 73, 188, 199, 205
빨간눈청개구리 65, 118, **118**
빨간색 168
빨간제독나비 193
빨대 135
뼈 72, 73, 88

ㅅ

사가르마타 국립 공원(네팔) 96, 189
사과 48, 49, 74, **74**, 124
사나(예멘) 32
사노 바부 수누와르 126
사라 요제파 헤일 142
사람의 몸 40, 44, **44**, 45, 73, 88, **88-89**, 89, 114
사마귀 100, 101
사막 43, 204
사막꿩 90
사모아인 51
사무라이 98
사미족 66, 134
사밋 아이존 35
사바나얼룩말 150
사스콰치 180, **180**
사와로 국립 공원(미국 애리조나주) 97
사우디아라비아 32, 33, 188, 189
사우로포세이돈 22
사이렌(양서류) 29
사이모트리쿠스 27
사이클 126
사자 108
　갈기 91
　고대 문화 184
　무리 크기 108
　사람을 공격 197
　속도 109, 153
　수명 164
　지폐에 나온 130
　친척 153
　크기 164
　포효하다 153
사탕 78, **78-79**, 79
　구미 79, **79**
　젤리 67, **67**, 86, 154
　하트 모양 44, **44**, 45, 79
사파이어 187
사하라 사막(아프리카) 31, **31**, 115, 161, 189
사해 32, 43
사향소 91, 153
산 209, **209**
산갈치 165
산불 43, 213
산사자 109, 153
산양 153, 196
산호 및 산호초 44, **44**, 141, 148-149, **148-149**, 189
살인 벌 154
상어 38, 39, **40**, 40-41, 73, 164, 197
상자해파리 69, 69, **105**, 105, 148, 196
상파울루(브라질) 176
상피병(코끼리피부병) 73
상하이(중국) 177
상하이 타워(중국) 123
상형 문자 26, 94, 184, 186
새겨지다 86
새끼 동물 41, 54-55, **54-55**, 128, 129, 155, 178
새뮤얼 모스 84
새총 98
새커거위아 63
새해 58, 59, 106, 124, 143
색 168, **168-169**, 169
색맹 105
색소폰 111, **111**
샌드위치 8, **8-9**, 9, 139
샌드위치 백작 139
샌안드레이스 단층(미국 캘리포니아주) 42
샌프란시스코(미국 캘리포니아주) 194
생존 38-39, **38-39**
샤덴프로이데 27
샤를마뉴 대왕 139
샤워 118
샤킬 오닐 75
『샬롯의 거미줄』(소설) 17
서늘하다 57, **57**
서리 194
『서바이버』(TV 쇼) 38
서벌 109, **109**
서부돼지코뱀 202

서커스 134
서핑 25, 41, 85, 115
석탄 49
석회암 186
선인장 97
설인 180, **180**
설인게 82, 82
설탕 79
성 10-11, 10-11
성 바실리 대성당(러시아 모스크바) 122
성 베드로 대성당(바티칸 시국) 122
성 엘모의 불 195
성 패트릭의 날 142, 142-143
성운 77
『성조기(별이 박힌 깃발)』 111
세계 7대 불가사의 184
세계 여성의 날 143
세계 인구 시계 167
세계 지도자들 63, 120-121, **120-121**
세계 핫도그 먹기 대회 124
세균 68, **68**, 69, 72, 78, 89
세노테 209
세렝게티 국립 공원(탄자니아) 97
세르비아 134, 135, 195
세미 소사 209
세발치 165
'세상의 끝' 다리(영국 소워비) 212
세인트버나드(개 품종) 173, 203
세인트헬렌스산(미국 워싱턴주) 42, 49, 161
세자르 차베스 139
세쿼이아 96
세쿼이아 국립 공원(미국 캘리포니아주) 96
세크리터리어트(말) 178
세티 연구소 47
세포 89
센추리 에그 177
셔먼 포펜 126
셰익스피어 글로브(영국 런던) 123
소 153, 178
소고기 지방 연료 24
소금 74, **74**, 115, 124, 164, 165, 187
소금물 맛 태피 78, **78**
소금으로 만든 호텔 211
소노란 사막(북아메리카) 161
소니 워크맨 111, **111**
소름 89
소리 115
소방관 31, **31**
소셜 네트워킹 175
소수 74
소시지 150
『소울 서퍼』(영화) 41
소크라테스(고대 그리스 철학자) 114
소행성 77
소화 89, 153
손금술 159, **159**
손잡이(잘 쓰는 손) 140, 166, 203
손톱 88, 89
솔방울 195
솜사탕 79, **79**, 125
송로 버섯 125, **125**
쇠고래 170
쇠돌고래류 165
쇠똥구리 100
쇠푸른펭귄 102
쇼파르 110, 110
수(공룡) 23
수각류 15
수단 151
수달 55, 91, 118, **118**, 134
수류탄 99
수리남 188
수박 124-**125**, 125
수비학 75
수성(행성) 76
수소 폭탄 99
수시렁이 100
수어 27, 84
수에즈 운하 139
수영 25, 63, 127, 135, 190, 200
수영장 44, 151
수은(원소) 115
수중 발레 경기 190
수중 하키 127
수카나 로이 27
수화 60
순록 55, 134, 153
술탄 빈 살만 빈 압둘아지즈 알 사우드 14
숨 38, 89
숫양 153
숫자 74-75, 166
슈가글라이더 152
슈가힐 갱 111
슈누들 172
슈렉 116
슈퍼 대포 99

슈퍼소커 물총 85
슈피리어호(북아메리카) 209
스냅붓 80
스노도니아 국립 공원(영국 웨일스) 135
스노보드 126
스노콘 56, **56**
스노클링 148
스누피(만화책 캐릭터) 15, 76
스니커스니(큰 칼) 27
스라소니 153
스마트 집 175
스마트 폭탄 98
스마트폰 24, 84
스머프 34-35, **35**
스모 32, 126, 127, 176
스모어 34, **34**, 79
스모키 베어 39, 67, 67
스베틀라나 사비츠카야 63
스웨덴 135, 139, 143
스웨덴어 27
스위스 134, 139, 173
스위스 국립 공원(스위스) 97
스카이다이빙 15, 35, 115, 201
스카이랩(우주 정거장) 137
스카이콩콩 75
스카치테이프 85
스카프타펠 국립 공원(아일랜드) 97
스칸소리옵테릭스 22
스컹크 153
스케이트보드 85, 114, 122, 172
스코틀랜드 134
스쿨버스 168, **168**
스크래블 75, 182, **182**
스크루지 맥덕 163
스키 51, 56, **56**, 106, 126, 127, 199
스키 두바이(아랍 에미리트) 126
스키틀즈 79
「스타 워즈」(영화) 81, **81**, 97, 98, 111, 116, 122
스타파이어 광학 시험장(미국 뉴멕시코주) 24, **24-25**
스테고사우루스 23
스테파니 메이어 113
스톤헨지(영국) 95, **95**, 186
스트레스 140
스티브 잡스 24, 120
스티브 포셋 15
스티븐 스필버그 117
스티븐 호킹 115
스파이 20-21, **20-21**, 63
「스파이 키드 4: 올 더 타임 인 더 월드」(영화) 21
스파이더맨 117, 139
스파이더웹(미국 사우스캘리포니아주) 16
스푸드 총 99
스페이스십 어스, 에프콧 테마파크, 올랜도, 플로리다, 미국 123
에스파냐(스페인) 59, 143
에스파냐어 209
스포츠 85, **126-127**, 127
스폰지(홀씨주머니) 27
스피노사우루스 23
스피릿(화성 탐사 로봇) 81
스핑크스(이집트) 95, 185, 186
슬러시 음료 57, **57**
슬로로리스 69, **69**
슬링키 85
습지 미라 86
시계 114
시계 85, 112, 115, 122
시노르니토사우루스 23
시드 볼트 49
시드니 오페라 하우스(오스트레일리아 시드니) 110
시리아 32
시리우스(천랑성) 173
시베리아 횡단 철도 212
시빌라산(이탈리아) 135
시스웜(로봇) 81, 81
시어도어 루스벨트 52, 67, 138, 202
시옹성(스위스) 11
시조새 14
시카고(미국 일리노이주) 122, 123, 142
시타르 110, **110**
시황제(진) 139
식목일 48
식물 48-49, **48-49**, 64, 65, 68, 69, **69**
식인 풍습 189
신기루 194
신발 25, 85, 156
실비아 얼 200
실잠자리 101
심장 44, **44-45**, 45, 75, 88
십종 경기 191
싱가포르 32, 167
싱가포르 창이 공항 112
싱코 데 마요 139
싼샤 댐(중국) 189
쌀 124, 124
쌍둥이 88, 140, **140**

쏠배감펭 148, 164
쏨뱅이 82
쑤기미 91, 196
지진 해일 43, 205
씹는 껌 65, 79, 115, 209, **209**

ㅇ

아구티 91
아귀 165
아나콘다 196
아난타라 골든 트라이앵글 리조트(태국) 211
아내를 나르는 세계 선수권 대회 127
아델리펭귄 102, 205
아돌프 삭스 111
아라키뷰티로포이아 8
아르겐티노사우루스 23
아르마딜로 12, 54, 65, 152
아르헨티나 107, **107**, 189
아리스토텔레스(고대 그리스 철학자) 204
아마존 (열대) 우림 64, 65, 161, 198, 211
아마존강돌고래 19, **19**, 65
아메리고 베스푸치 209
아메리카독도마뱀 69, **69**
아메리카쇠쏙독새 12, 37
아메리카에스키모 173
『아바타』(영화) 46, 116
아보카도 124
아비새 130, **130**
아서 왕(전설의 왕) 11
아스텍 92, **92**, 93, 139, 176, 185, 187
아스트로돔(미국 텍사스주 휴스턴) 122
아시아 32-33, **32-33**, 71
아시아의 흑곰 66
아시아코끼리 128
아야파네코어 27
아웃 앤 어바웃 트리하우지스 트리조트(미국 오리건주) 211
아웃백(오스트레일리아) 161
아이디타로드 개 썰매 경주 172
아이맥스 극장 116
아이보(로봇 개) 172
아이스 호텔 209
아이스하키 56, 126, 127
아이슬란드
　빙하 42
　수영 135
　인터넷 접속 25
　화산 15, 30, **30**, 42, 134
　휴일 142
아이아이 153
아이작 아시모프 81
아이티 209
아이패드 19, **19**, 84
아이폰 24
아일 로열 국립 공원(미국 미시간주) 96
아일랜드 135
아치스 국립 공원(미국 유타주) 96, 96-97
아케나톤(이집트 파라오) 184
아케메네스 왕조의 페르시안 제국 185
아콰마린 187
아쿠아 렁 200
아틀란티스 95
아티초크 45, **45**
아파토사우루스 23
아폴로 8호 우주선 14
아프가니스탄 33, 167
아프리카 **150-151**, 150-151
아프리카 야생 당나귀 178
아프리카물소 196
아프리카의 날 143
아프리카코끼리 128, 129, 153, 171, **171**
악어머리뿔매미 91
안개 194, 195
안경 24
안경곰 66, **66**, 67
안데스산맥(남아메리카) 107, 188
안드로메다은하 77
안전띠 85
안킬로사우루스 22
안토노프 A-225(비행기) 14
안톤 판 레이우엔훅 114
알 31, **31**, 115, 146, **146**
알 하람 모스크(사우디아라비아 메카) 123
알람 시계 85, 115
알래스카주(미국) 161, 195
알래스카 횡단 송유관 138
알래스칸맬러뮤트 173
알레르기 133
알렉산더 그레이엄 벨 84
알렉산드로스 대왕 78, 185
알렉산드라이트 168
알로하 27
알루미늄 85
알베르트 아인슈타인 81, **81**, 114, 140, **140**

알시아 깁슨 127
알파벳 138, 143
알프레드 노벨 99
알프스(유럽) 134, 199
알프호른 111
암석 186-187, **186-187**
암스테르담(네덜란드) 135, 199, **199**
앙겔 폭포(베네수엘라) 106
앙겔라 메르켈 63, **63**
앙드레 자크 가르느랭 15
앙리 2세(프랑스 왕) 10
애글릿 26
애니 에드슨 테일러 63
애니메이션 116, 117
애리조나나무껍질전갈 196
애벌레 69, **69**, 100, 192, 193, **193**, 197
애보리진 50, 51, 97, 111, 185
애서티그섬(미국 메릴랜드주와 버지니아주) 178
애팔루사 178, 179
앤드루 스쿠르카 126
앤드루 잭슨 139
앨런 셰퍼드 76
앨버트 푸홀스 209
앨빈 다크 126
앵그리 26
앵무새 36, 37, 64, 65, 202
앵무조개 165
야광봉 115
야구 63, 122, 126, 127, **127**, 209
야생 고양이 108-109, **108-109**
야생 당나귀 179
야생 칠면조 37
야행성 동물 12-13, 12-13
약 144-145, **144-145**
　감기 57, **57**, 145, **145**, 194
　고대 문화 184
　미래 175
　사탕 78
　산호초 148
　약으로 쓰는 식물 49, 64, 65
　전염 11, 72, 139
　회충 72, 73
양 97, 153
양상추 57, **57**
양서류 28-29
어니스트 빈센트 라이트 26
어니스트 섀클턴 39, 53, 205
어뢰 99
어리호박벌 101
어미리아 에어하트 14, 31, 94, **94**
언어 26, 27, 46, 150, 184, 185
얼굴인식불능증 105
얼룩말 150
　말속 178
　먹이 90
　새끼 55
　위기에 처한 179
　이주 97, 150, 170, **170**
　줄무늬 91, 169, 178
얼룩말호랑나비 192, **192**
얼룩무늬물범 103, **103**, 205
얼음 56, 119, 186, 204, 205, 211
얼음 지진 42, 161
엄니 128, **128**, 129, **129**, 165
에드 스태포드 126
에드 화이트 136
에드먼드 힐러리 경 180
에드먼토사우루스 23
에드워드 1세(영국 왕) 10
에드워드 2세(영국 왕) 73
에든버러, 스코틀랜드 142
에르난 코르테스 93, **93**
에리스(왜행성) 77
에메랄드 45, 107, **107**, 162, 189
에뮤 37, 51, **51**
에밀 재닝스 173
에밀리(인명 구조 로봇) 24
에버글레이즈 국립 공원(미국 플로리다주) 96, 97, 119, **119**
에버랜드(호텔) 211
에베레스트산(네팔과 중국)
　국립 공원 96, 189
　날씨 상황 194
　등반가 63, 126, 180
　해발 32, 96, 161
에벨 나이벨 126
에스컬레이터 85
에스페란토어 27
에어호(오스트레일리아) 189
에어버스 A380(비행기) 14, 15
에어포스 원(비행기) 15
에어플레인 스위트 호텔(네덜란드) 211
에이브러햄 링컨 62, 99, 126, 139, 142, **142**
에이토르 빌라로부스 111
에트나 국립 공원(이탈리아) 96, 134, 189
에티오피아 139

에펠탑(프랑스 파리) 122, **132-133**, 134, 135
에폭시 수지 115
에프콧 테마파크(미국 플로리다주 올랜도) 123
에피덴드로사우루스 23
엑소수트 175
엘런 존슨 설리프 63
엘리베이터 38
엘리스섬(미국 뉴욕항) 138
엘리자베스 1세(영국 여왕) 62, 85, 138, 139
엘리자베스 2세(대영제국 여왕) 135
엘리자베스 스미스 밀러 63
엘비스 프레슬리 9, 111
엘살바도르 208, 209
엘윤케 국립 공원(미국 자치령 푸에르토리코) 64
엘크 65
엠파이어 스테이트 빌딩(미국 뉴욕주 뉴욕) 122, 123, 146
여객기 195
여드름 88
여름 132, 133
여우 54
여우원숭이 13, 60, 150, **150**, 153
역도 191
역사 62-63, **138**, 138-139
　미스터리 94-95, **94-95**
역사 속 여성들 62, **62-63**, 63
연 14, 33, **33**, 195
연어 170
연잎성게 165
연필 186, **186**
연합 국가 27
열기구 14, 15, 31, **31**, 35
열량(칼로리) 115
열수등가시산 165
염력 159
염소 26, **26**, 54, 157, **157**
영구 동토대 199
영국 해군 201
영국 해협 53, 135
영국불독 172
영어 26, 27, 36, 74
영원류 28, 29
영화 116, **116-117**, 117
　미래 174
　발리우드 176
　소품 115
　스틸 사진 114
　스파이 20, 21
　주전부리 116
예블레(스웨덴) 133, **133**
예언 73
예카테리나 대제(러시아) 139
예티 180, **180**
옐로스톤 국립 공원(미국) 43, **43**, 96, 97, 161, 188
오대호(북아메리카) 161
오랑우탄 60, 61, 65, 147, **147**
오리 37
오리너구리 152, 196
오리너구리 페리 20, 20-21
오리알 177
오세아니아 50-51
오스카 스완 191
오스카상 116, 173
오스트랄로피테쿠스 아파렌시스 207, **207**
오스트레일리아 50-51, **50-51**
　늪 괴물 181
　롤러코스터 71
　속어 27
　정착 207
　휴일 142, 143
오스트레일리아의 목축용 개 172, 173
오스트리아 134
51구역(미국 네바다주) 47, **47**
오싹한 사실들 72-73
오존 161
「오즈의 마법사」(영화) 14, 116, 168, **168**, 213
오지브웨 부족 113
오징어 82, 83
오카피 54, 152
오클랜드(뉴질랜드) 189
오토 릴리엔탈 15
오토바이 52, 53, 84
오팔 186, **186**
오퍼레이션(보드게임) 183
오퍼튜니티(화성 탐사 로봇) 81
오페트 축제 139
옥 163, 184, 187
옥스퍼드 영어 사전 27
옥타곤(팔각형) 75
옥타콘타곤(팔십각형) 75
온도
　뜨거운 사실들 30
　서늘한 사실들 56-57
온두라스 208
온실가스 198
올드 페이스풀(간헐천) 188

올드리치 에임스 20
올리브나무 48
올림푸스 국립 공원(그리스) 96
올림픽 190, **190-191**, 191
　경기 99, 191, 201
　경기장 37, 190
　고대 그리스 178, 190
　기리기 위해 127
　맥도날드 123
　메달 51, 190, 191, **191**
　선수 62, 63, 126
　오륜 190, **190**
　잠보니 85
올멕 92, 184
올빼미원숭이 61
올챙이 54, 55, 73
옷 175, 184
와가두구(부르키나파소) 189
와이마라너 173
와플 57, **57**, 84
왈라루 51
왐파노아그 부족 124
왕가리 마타이 62
외계 생명체 46-47, **46-47**, 73
요기 베어 67
요세미티 국립 공원(미국 캘리포니아주) 96
요요마 111
요크셔테리어 172
요하네스 구텐베르크 84
용각류 22
용반목 23
마멋 143, 153
우랄산맥(아시아와 유럽) 188
우리 은하 76, **76-77**, 77
우림 64-65, 106
우박 194, 195
우사인 볼트 126
우산 20, **20**, 84
우수아이아(아르헨티나) 213
우이이체순어 27
우주 76-77, **76-77**, 147
우주 비행과 연구 76
　가장 오래된 우주선 발사 기지 189
　동물 17, 202
　미래 175
　여성 우주인 63, **63**
　우주 관광 14
　우주 쓰레기 136-137, **136-137**, 161
우주 비행사 9, 14, 77, 79, 113
우주 왕복선 213
　마지막 프로그램 76, 213
　무게 76
　승객 14, 15
　연구 77, 101
　음식 79
　임무 횟수 15, 76, 213
　자는 법 113
우주 캠프 프로그램(미국 앨라배마주 헌츠빌) 77
우주 탐사선 카시니호 77
우주로 간 여성들 77
우터르 인(스웨덴 멜라렌 호수) 211
운동맹 105
운석 56, 56, 77, 114, 186, 204
운세 159
울룰루(오스트레일리아) **50-51**, 51, 186
울버린 153
웃음 88, 140
웃음물총새 37
워싱턴 디시(미국) 48
워싱턴 기념탑(미국 워싱턴 디시) 43, 123
원격 조종 162, 201, 201
원숭이 60, 60-61, **60-61**, 65
원유를 흡수하는 로봇 81, 81
원자 114, 115
월드컵 126, 176
월리스 앤 그로밋 117
월리스 타워(미국 일리노이주 시카고) 122
월트 디즈니 116
「월-E」(영화) 81, 117
웜뱃 12, 55, 90, 153
웨건 스테이즈(뉴질랜드 크라이스트처치) 211
웨들해물범 205
웨이드 보그스 127
웰링턴 공작 178
위성 21, 21, 136, 137, 139, 194
위장(소화 기관) 19, 23, 37, 54, 61, 72, 89, 164, 165, 178
위장(위장술) 16, 17, 64, 83, 91, 109, 192
위저보드 159, 169
위키 와치 스프링스(미국 플로리다) 211
윈비안(미국 코네티컷주) 211
윈스턴 처칠 121, 139
윈저성, 영국 175
윌 켈로그 85
윌리엄 웨그먼 173

윌리엄 키드 163
윌마 루돌프 62
유대류 13, 153, 209
유럽 134-135
유럽 들쥐 134
유럽 연합(EU) 130, 135
유럽 집귀뚜라미 17
유령 72, 73, 158
유르트 123
유리 가가린 15
유리날개나비 193, **193**
유성 77, 208
유액 식물 192
유월절 143
유인원 60, 61
유전자 88
유카탄반도(멕시코) 208, 209
유칼립투스 나무 51
유튜브 9, 36, 135
육두구 68, **68**
율리시스 S. 그랜트 139
율리우스 카이사르 120
은 163, 187
은광 107
은하 77
은행 강도 138
음모설 143
음속 장벽 15
음수대 85
음식 88, 124-125, **124-125**, 157, 174
음악 110, **110-111**, 111, 185
응고롱고로 분화구(탄자니아) 150
이 101
이구아나 29, 97, 106
이구아노돈 23
이글루 56, **56**, 211
이라크의 요새 마을 184
이산화 탄소 157, 198
이상 파랑 195
이상한 사실들 34-35, **34-35**
이스라엘 148
이스탄불(튀르키예) 33, 135, 188
이스터섬(남태평양) 94, 95, **95**, 187
이시구로 히로시 81, **81**
이식증(섭식 장애) 73
이오시프 스탈린 122
이주 138, 170-171
　나비 15, 146, 170, 171, 192, 193
　포유류 97, 153, 170-171, **171**
이지베아스 오븐 183
이집트 189
익룡 15, 23
인간 도미노 32, **32**
인공 지능 175
인구 166-167, **166-167**
인도
　공룡 알 23
　나라 과일 32
　다이아몬드 163
　언어 26
　인구 32
　차 189
　휴일 142
인도가랑잎나비 192, **192**
인도네시아 189
「인디아나 존스: 최후의 성전」(영화) 116
인디애나폴리스 500 213, **213**
인명 구조 요원 200
인쇄기 84
인어 72, 187, 211
「인어 공주」(영화) 117
인조 잔디 85
인터넷 연결 25
일각고래 165
일란성 쌍둥이 140, **140**
일본
　반려동물 101
　벚나무 48
　스모 32
　쓰나미 205
　음식 32, 32
　자동차 생산 189
　지진 33, 205
　휴일 143
일회용 반창고 85
임금펭귄 102, 103, 205
잉카 107, 184, 185, 189
잎꾼개미 65, 101
잎문착 33

ㅈ
자금성(중국 베이징) 32, **32**, 123
자기 공명 영상(MRI) 140
자동차 34, 52, 52-53
「카」(영화) 52, 116, 117
공기 역학 114

미래의 25, 174, 175
산업 189
숫자 74
안전띠 85
와이퍼 84
운전 거리 34
인기 있는 색 168
자율 주행 24
전기 156
크롬 187
하늘을 나는 85
자동차 경주 126, 127, 213, **213**
자물쇠 85
자석철 187
자유의 여신상(미국 뉴욕주 뉴욕) 123, 135, 177
자유의 여신상(아르헨티나 부에노스아이레스) 106, **106**
자율 주행차 25
자이언 국립 공원(미국 유타주) 96, 97
자이언트 켈프 165
자카스펭귄 102
자크 마윰 200
자크 쿠스토 200
작센 스위스 국립 공원 96
잔 다르크 11, 63
잔점박이물범 152
잔지바르(탄자니아) 150
잠 19, 112-113, **112-113**, 129, 140, 178, 203
잠보니 85
잠수정 200
잠수함 84
잠자리 101, **101**, 104, **104**, 119, **119**
장구애비 101
장난감 85, 182-183, **182-183**
장난감 명예의 전당 183
장수거북 171, **171**, 200
재규어 12, 153
재채기 88, 141
재클린 코크런 15
재키 조이너커시 191
재활용 157, **157**, 211
잭 랄렌 127
잭러셀테리어 173
쟁기 84
저그 밴드 111
저스틴 비버 111
적도 107, 132
적도 무풍대 195
적외선 104, 115
전갈 12, 55, 91, **91**, 101, 196
전구 84, **84**, 157, **157**, 175
전기 175
전기뱀장어 164
전기차 156
전미 철자법 대회 27
전복 165
전염 11, 72, 139
전자 우편 85
전자책 138
전투기 146
전파 망원경 115
전화 84
정복자 윌리엄 135
정전기 115
정화 138
제2차 세계 대전
　M&M 92
　발명 85
　스파이 20, 21, 63
　올림픽 190
　전투 138
　침몰 39, 51
　풋볼 126
　프랑스 레지스탕스 전사 139
「제다이의 귀환」(영화) 97
제럴드 포드 96
제비 37
제빵사들의 더즌 75
제시 오언스 127, 191
제왕나비 146, 170, 192, 193
　날다 101, 171
　먹이 49, 101, 192
　무게 100
　이주 15, 146, 170, 171, 192, 193
　종류 161
제인 구달 60, 61
제임스 메스 126
제임스 본드(소설 등장인물) 20
제임스 쿡 148
제임스타운(미국 버지니아주) 139
「제퍼디」(TV 쇼) 84
젠투펭귄 102, **102**
젤라틴 72, 85
젤리빈 78, 79, 154, **154**
젤오 푸딩 85
젬 파이너 110

조 알렉산더 127
조 코번 126
조 키팅어 15
조개 149, 165
조니 뎁 116
조던 로메로 126
조란 수집가 27
조로증(질병) 144
조류(새) 36-37
　과학자 115
　날기 15
　독 있는 68, **68**
　새끼 55
　새똥 106
　알 27, 27
　우림 64, 65
　이주 170
　자다 113
　하마를 탄 90, **90**
조류(말무리) 36, 49, 114, 148, 149, 165, 174, 205
조모 케냐타 139
조반목 23
조세핀 베이커 21
조셉 프라이 앤드 선스 93
조슈아트리 국립 공원(미국 캘리포니아주) 97
조스(암말과 수컷 얼룩말의 새끼) 178
조지 3세(영국 왕) 77
조지 W. 부시 172
조지 워싱턴 122, 123, 138, 203
조지 페리스 85
존 F. 케네디 39, 130
존 디어 84
존 딜린저 98
존 라첸버거 117
존 레논 111
존 몬태규 139
존 스미스 139
존 애덤스 138, 212
존 윌리엄스 111
존 윌크스 부스 99
존 케이지 111
존 핸콕 센터(미국 일리노이주 시카고) 123
존 헤이즐리그 7
좀비 걷기 73
종이비행기 14
종자 저장고 115
죄수 27
「죠스」(영화) 117, **117**
주머니개미핥기 153
주머니날다람쥐 12
주사 145
주사위 74, 74, 139
죽은 자들의 날 143
죽음 72, 73
죽음 벌레 181
줄리 앤드루스 116
줄리아 워드 하우 62
줄리아 차일드 63
줄무늬베도라치 148
중국 32, 58, 123, 143, 167
중력 114
대서양 중앙 해령 164
쥐 105, 202, 203
「쥬라기 공원」(영화) 117
「증기선 윌리」(영화) 116
지각판 43, 161
지구 **160**, 160-161
　극한 42-43, **42-43**
　물 76, 147, 161
　시속 115, 161
　해돋이와 해넘이 77
　회전 132
지구 온난화 157, 198
지구의 날 143, 161
지구의 시간 157
지네 75, 101
지도 188, 189
지라프 매너(케냐) 210
지렁이 45, **45**, 73, 144
지렁이도마뱀 29
지리 **188**, 188-189
지문 88
지미 카터 8
지미 헨드릭스 111
지브롤터 해협 188
지열 156
지오전 웰스 126
지오캐싱 162
지우마 호세프 121, **121**
지의류 204
지진 33, 42, 43, 161, 177, 205
지퍼 85
지하철 53, 134, 139, 177
진공청소기 85, 151
진드기 100
진딧물 101

진주 162, 163, 201
진화 206
진흙 올림픽(독일) 135
짐 캐리 116
짐 핸슨 116
집도마뱀붙이 13
집먼지진드기 73
집파리 100, 104
징글 캣츠 111
짚으로 만든 집 156, **156**
짱짝과 쫑니 자매 63

ㅊ

차 184
차가운 온도 56-57, **56-57**
차드 호수 189
차마렌다 나이차피 126
차빈족 185
차차 춤 209, **209**
찰스 다윈 114, 206, **206**
찰스 린드버그 14, 113
찰스 슐츠 78
참나무재주나방 모충 197
참다랑어 165
참치 164, 170
챈들러(미국 애리조나주) 133
챔프(괴생물체) 181
척 예거 15
천왕성(행성) 76-77
철 114, 115
철갑상어 164
철의 장막 139
첨단 기술에 대한 사실 24-25, **24-25**, 174
청개구리 118, **118**, 161
청교도 124, 142
청바지 85, 119, **119**
청소년 올림픽 191
청자고둥 196
청정에너지 198
체사피크베이리트리버 173
체스 11, 126
체커 게임 74, **74**, 183
초감각적 지각(ESP) 158
초강력 접착제 85
초경량 항공기 15
초기 인류 206, **206-207**, 207
초신성 77
초심해대 200
초원 150
초음파 114
초자연 현상 158-159, **158-159**
초콜릿 92, **92-93**, 93
　가장 많이 팔리는 곳 135
　고대 문화 184
　곤충 조각이 든 72
　기후 변화에 따라 199
　사탕에 관한 사실 79
　우림 친화적 65
　최초의 가게 134
　카카오 꼬투리와 카카오 콩 79, 150, 199
「초콜릿 천국」(영화) 79
초화산 42
촐족 186
총 98, 99
총검 98
총독나비 192, **192**
총알 99
추수 감사절 124, 142, 209
추파카브라 181, **181**
축구 107, **107**, 126
축음기 110, **110**
축제 142
춘절 143
춤 106, 134
춥다 194
치명적인 동물 196-197, **196-197**
　거미 16, 17, 50, **50**, 68, **68**
　독개구리 28, 99, 99, 196-197, 197
　두꺼비 28
　뱀 45, **45**, 50, 68, **68**, 69, **69**, 196, 197, 208
　새 37, 68, 68
　아프리카의 갈기쥐 73
　해양 생물 82
치아 78, 88, 89, 125, 128, **128**, 135
치와와 172
치즈 125, **125**, 134
치즈 굴리기(경기) 126
치타 52, 54, 91, 109, **109**, 146, 153
치피 여사(고양이) 205
친초로족 86
친칠라 153
친타오사우루스 23
친환경 156, **156-157**, 157
칠레 38, 107, 130, **130**, 139, 210
칠레의 아리카 106
칠면조 37, 112, **112**, 124

칠(7)종 경기 191
침 88-89
침노린재 101
침팬지 54, 60, 61, 80, **80**, 111, 140, 206
칫솔 138
칭기즈 칸 33

ㅋ

카나리아 202, **202**
카나번성(영국 웨일스) 11
카두세우스의 상징 144
카드놀이 127, 131, **131**, 139
카라기난 8
카라치(파키스탄) 177
카르노타우루스 23
카림 압둘 자바 127
카메라 187
카메하메하 왕(하와이) 139
카멜레온 29, 55, 90, **90**, 105, **105**, 202
카멜레온 도로 169
카스피해 134, 161
카우보이 107, 139
카이로(이집트) 188
카이러필리싱(영국 웨일스) 10, **10-11**
카이투르 국립 공원(가이아나) 97
카이퍼대 77
카자흐스탄 32, 37
카지랑가 국립 공원(인도) 97
카카두 국립 공원(오스트레일리아) 97
카카오 꼬투리 92, **92**
카카오 콩 79, 150, 199
카타르 156, 167
카트마이 국립 공원(미국 알래스카주) 96
카피바라 153
칸디오페네발나비 192
칼 98, 99
칼 린네 112
칼리코 고양이 202
칼즈배드 동굴 국립 공원(미국 뉴멕시코주) 96, 97
앙코르 와트(캄보디아) 122
캐나다 130, **130**, 131, **131**, 142, 164, 209
캐나다두루미 36
「캐리비안의 해적」(영화) 116, 117
캐슬 아일랜드(미국 매사추세츠주 사우스보스턴) 11
캔자스 시립 도서관(미국) 123
캡슐 호텔(네덜란드) 210
캥거루 12, 31, **31**, 51, **51**, 55, 65, 153
커피 49
컬링(스포츠) 191
컴퓨터 '왓슨' 84
컴퓨터 85, 156, 157, 174
케냐 139, 189
케미(핀란드) 133, **133**
케블라 25
케이블카 52
케이티 더비 126, 178
케이티 스포츠 189
케찰 209, 209
켄 그리피 주니어 126
켄터키 더비 126, 178
켈트 문화 26, 184
켈프 164, 165
코 89
코끼리 44, 128, **128-129**, 129, 151
　귀 153
　뇌 153
　방어 196
　새끼 55
　심장 44
　이주 171, **171**
　자다 113
　짐 128
코끼리 귀 128, **128**
코끼리 루시(건물) 128
코끼리물범 103, 129, 200, 205
코난 오브라이언 11
코럴핑크샌드듄스 주립 공원(미국 유타주) 149
코로이보스(최초의 올림픽 우승자) 126
코르크 189
코를 골다 113
코모도왕도마뱀 29, 33, 196
코브라 55, 68, **68**, 196
코뿔소 55, 91, 97
코스타리카 209
코지어스코산(오스트레일리아) 188
코알라 50, 55, 67, 90, 113, **113**, 153
코요테 105, **105**, 153
코울로포비아(광대 공포증) 27
코이독 173
코카콜라 85
코코(고릴라) 27, 60
코코넛 48, 48, 131, **131**
코코펠리스 동굴 호텔(미국 뉴멕시코주) 211
콘라트 폰 게스너 115
콘택트렌즈 24
콘플레이크 85
콜로부스원숭이 61

콜로세움(이탈리아 로마) 122, 138
콜롬비아 106, 162, 189
콜카타(인도) 177
콩고 민주 공화국 156
콩코드 여객기 14
콩팥 89
쿠거 109, 153
쿠바 209, **209**
쿡 제도(남태평양) 130, **130**
퀘벡시(캐나다) 209
퀴디치 127
퀴즈(단어) 27
퀸 빅토리아 마켓(오스트레일리아 멜버른) 158
퀸앤즈리벤지호(배) 98
퀸즐랜드그루퍼 148
퀸즐랜드호랑이 181
크라운 플라자 호텔(미국 인디애나주 인디애나폴리스) 211
크라이슬러 빌딩(미국 뉴욕주 뉴욕) 122
크라크 데 슈발리에성(시리아) 10
크래커나비 193, 193
크레이지 조지 헨더슨 127
크레이터호(미국 오리건주) 96, 200
크로커다일 28, 29, 50, **50**, 55, 165, 196
크루거 국립 공원(남아프리카) 96, 97, 189
크리스마스 143, 189
크리스마스섬(오스트레일리아) 170
크리스마스트리 48, 49
크리스마스트리관갯지렁이 82
크리스털 186, **186**, 209
크리스털 대성당(미국 캘리포니아주) 123
크리스토퍼 콜럼버스 72, 106, **106**, 134, 138, 208, 209
크리스티 야마구치 127
크리올로포사우루스 23
크리켓(스포츠) 176
큰긴팔원숭이(샤망) 61
큰부리새 91
큰불독박쥐 12
큰뿔양 97
큰양놀래기 148
큰코돌고래 18, **18**
클라라 바턴 63
클라우더(고양이 떼) 27
클라크잣까마귀(갈가마귀) 36
클레오파트라(이집트 여왕) 120, **120**
키 147
키라고(미국 플로리다주) 149
키리바시 50
키스 제도(미국 플로리다주) 162
키웨스트(미국 플로리다주) 213, **213**
키위(새) 37, 147
킬러니 국립 공원(아일랜드) 96
킬리만자로 국립 공원(탄자니아) 97, 198, **198**
킹스크로스역(영국 런던) 75
킹코브라 196
「킹콩」(영화) 117

ㅌ

타란툴라 12, 16, 17, 65, 97, 125, **125**
타로 159, 159
타르야 할로넨 121
타이거 우즈 127
타이베이 101(타이완) 122-123, 123
타이탄(목성의 위성) 133
「타이태닉」(영화) 116
타이태닉호 38, 72, 138, 201
타조 36, 55, 133, 146, 146
타지마할(인도 아그라) 122
탁구 191
탄산음료 114
탄소 발자국 156
탈피 192
태국 142, 143, 189
태양 에너지(태양력) 14, 30, 31, **31**, 39, 114, 156
태양계 76
태양계 바깥 77
태양곰 66, **66**, 67
태양력 75
태즈메이니아(오스트레일리아) 51
태즈메이니아데빌 12, 54, 152
태평양 26, 43, 148, 161
챌린저 해연(태평양) 161
태피 78
택시 52, 53
탱크 99
터널 53
터크 웬델 126
터키콘도르 37, 73
턱끈펭귄 102
털 88, 89
털고슴도치 13
털북숭이 새끼 매머드 미라 87, **87**
테니스 126, 127
테디 베어 67
테레민(악기) 73

테레사 수녀 177
테리지노사우루스 23
테오도시우스 황제(로마) 190
테오티우아칸 184, 185
텐징 노르가이 180
텐트 211
텔레비전 84, 138
텔레파시 159, 174
토기 207, **207**
토끼 58, 147, **147**, 153, 202
토네이도 38, 39, 194, 195
토네이도 골목 195
토라자족 33
토론토(캐나다 온타리오주) 209
토마토 139
토머스 에디슨 84, 110, 115
토머스 제퍼슨 8, 67, 122, 139, 212
토성(행성) 76, 77, 133
「토이 스토리」(영화) 67, 116
톰 크루즈 117
톰 행크스 52
톰슨가젤 90
톱상어 165
통가 189
통굽 구두 85
퇴비 131, 131
투덜이 오스카 168, **168**
투르카나 소년 206, **206**
투르크메니스탄 142
튀르키예
투리아사우루스 리오데벤시스 23
투발루 189
투석기 10
투씨 롤리팝 79
투씨롤 125
투아타라 28
투오지앙고사우루스 23
투우 134
투탕카멘 86, 120, 162, 184, 187, **187**
투표권 63
툰드라 버기 210
튀르키예 13
트라센하이데(독일) 135
트랜스아메리카 피라미드(미국 캘리포니아주 샌프란시스코) 122
「트랜스포머 3」(영화) 53
트램펄린 85
트로이 전쟁 94, **94-95**, 200
트리니다드(서인도 제도) 189
트리스카이데카포비아(숫자 13 공포증) 26
트리케라톱스 호리두스 23
「트와일라잇」(소설) 113
트위스터(보드게임) 183, **183**
트위터 25, 75
트윙키 39
티라노사우루스 렉스 22, 23
티칼 국립 공원(과테말라) 97
티티카카호(볼리비아-페루) 107, 161
틸먼(불독) 172
팁캣(스포츠) 127

ㅍ

파나마 운하 208
파나마 지협 188
파노티아 161
파라과이 188
파라사우롤로푸스 23
파란고리문어 196, **196**
파란색 169
파랑비늘돔 112, **112**, 148
파리 100, 101, 104, **104**
파리지옥말미잘 82
파스모포비아(유령 공포증) 158
파오 슈와츠(미국 뉴욕주 뉴욕) 182, **182**
파이어 토네이도 31, **31**
파충류 28, **28-29**, 29, 55
파충류 공포증 72
파키스탄 138, 177
파키케팔로사우루스 위오밍겐시스 23
파타고니아(아르헨티나-칠레 남부) 107
파타스원숭이 61
파트리크 루아 127
「파퍼씨네 펭귄들」(영화) 102
파푸아 뉴기니 51, 86, 189
판다 55, **55**, 66, 67
판탈라사 161
판테온(이탈리아 로마) 122
팔라시오 데 살(볼리비아) 211
팜플로나(에스파냐) 135
팝 록스 79
팝시클 168, **168**
패러글라이딩 126
패럴림픽 127, 190
팬그램 27
팬서 109
팰컨 HTV-2(폭격기) 14

퍼그(개 품종) 173
펀디만(캐나다) 209
페네다 제레스 국립 공원(포르투갈) 134
페넥여우 153
페럿 203, **203**
페로몬 104
페루 58, 106, 124, 126, 156, 161, 167
페르디난드 마젤란 103
페즈 78, 98
페타르 미호타르스키 126
페트라(요르단) 187
페트로나스 타워(말레이시아 쿠알라룸푸르) 122
페트리파이드 포레스트 국립 공원(미국 애리조나주) 97
페퍼민트 78, **78**
펜싱 99
펜타곤(미국 버지니아주) 123
펠레(축구 선수) 176
펠리컨 37
펭귄 37, 102, **102-103**, 103, 104, **104**, 204-205
포니 익스프레스 138, 178, 179
포도 124, **124**
포르투 산투 섬(포르투갈 마데이라 제도) 134
포르투갈 189
포퓰러 원 126, 127
포스트잇 85
포유류 152, **152-153**, 153
포인세티아 49, 68, **68**
포카혼타스 127
포크와 피자 칼을 합친 도구 84
포탈라궁(티베트) 122
포트벨리돼지 153
포포카테페틀 화산(멕시코) 176-177, 209
폭소(LOL) 27
폭탄 99, 201
「폴라 익스프레스」(영화) 52
폴터가이스트 158
폼페이(이탈리아) 185
퐁피두 센터(프랑스 파리) 122
표면 장력 115
표범 109
푸두(사슴) 106
푸루추코(페루) 86
푸른 달 169
「푸른 돌고래의 섬」 38
푸른바다거북 164, 165
푸마 109, 153
푸미폰 아둔야뎃(라마 9세) 태국 국왕 121
푸아비 여왕(수메르) 62
푸에르토 윌리엄스(칠레) 213
푸에르트리칸 레이서(뱀) 208
푸이(중국) 121
푸틴 208, 208
풋볼 123, 126-127
풍력 에너지 156, **156**, 199, **199**
퓨마 109
프라티바 파틸 63
프랑스 10
프랜시스 드레이크 경 139
프랭크 로드 라이트 122
프레드릭 더글러스 139
프레디도그 153, 173
프레야 호프마이스터 127
프로펠러 아일랜드 시티 로지(독일 베를린) 211
프루아타덴스 하가로룸 23
프리다 칼로 176
프린스(가수) 111
프린터 175
프셰발스키 179
프톨레마이오스 소테르 185
플라스틱 84, 114, 131, **131**
플라이보드 24
플라잉더치맨호 73
플래티넘 163
플랫 슈즈(통굽 구두) 85
플레시오사우루스(해양 파충류) 165, 181, 181
플레이도우 183
플로렌스 나이팅게일 138
플리머스(미국 매사추세츠주) 142
피 75, 75
피그 라틴 27
피그미로리스 12
피그미마모셋 55, 55, 106
피그미문절망둑 153, 165
「피너츠」(만화) 15, 76, 78
「피니와 퍼브」(디즈니 애니메이션) 20, 20-21
피라냐 65
피라미 119, 119
피라미드 95, 151, 184, 186
피라미족 27
피레네 국립 공원(프랑스) 96
피부 88, 89, 174
피사의 사탑(이탈리아) 135
피어싱 73
피에르 랑팡 138

피오르랜드 국립 공원(뉴질랜드) 96
피자 124
피지 148, 189
피클 115
「피터팬」(연극) 14
픽스킬(미국 뉴욕주) 213
핀란드 134, 143, 189
필리핀 32, 33
필립 왕(스페인) 138

ㅎ

하누카 143
하루살이 101
하마
 고대 이집트 86, 184
 공격 196, **196**
 먹이 12, 153
 무리 153
 물에 뜬 하마를 타고 사냥하는 새 90, **90**
 새끼 55, **55**
 속도 196
 엄니 138
 적응력 91, **91**, 119, **119**
 하품 152
 후피동물 129
하와이 42, 194, 195, 200, 201
하와이어 27
하워드 카터 86, **86**
하이에나 153
하이쿠 27
하이킹 39
하지제 143
하키 56, 126, 127
하트 모양 섬 44, **44**
하품 112, 140, 152, 202
한국 32, 143, 200
한글날 143
한스 크리스티안 안데르센 117, 177
할레아칼라 국립 공원(미국 하와이주) 96
할리우드 간판(미국 캘리포니아주) 117, **117**
할리우드 스튜디오(미국 플로리다주) 169, **169**
함무라비(메소포타미아 시대의 법전) 184
합성 텔레파시 174
합충 26
핫도그 31, 34, 124, **124**, 173, 188
항아리해면 148
항해 139
해 76, 77, 147, **147**, 212, **212**
해구 73, 88, 100
해달 91, 165
해리 S. 트루먼 139
해리 웨슬리 쿠퍼 85
해리엇 터브먼 113, **113**
「해리 포터」
 결말 213
 머글 27
 식물 48
 온갖 맛이 나는 젤리빈 79
 작가 63, 213
 촬영 116
 퀴디치 127
 투명 망토 175
 헤드위그 37
 호그와트 마법 학교 11, 22
 화폐 162
해마 54, 83, 149, 165, 165
해면동물 148, 165, 201
해바라기 48
해삼 149, 165
해수면 상승 199
해양 생물 82-83, **82-83**, 91, 164, **164-165**, 165
해왕성(행성) 76, 77, 146
해적 162, 163
해파리
 군체 165
 물 164
 반짝이는 83
 상자해파리 69, **69**, 105, **105**, 148, 196
 촉수 73, 146, **146**, 196
핵무기 실험 149
핼러윈 사탕 79
햄스터 32, 140, 202, **202**
햄프턴 코트 궁전(영국) 158, **158**
행성 76
행운 16, 58-59, **58-59**, 75, 126, 134
향유고래 140, 170, 201, **201**
허리케인 195, 198, **198**, 209
허블 우주 망원경 77
허쉬(초콜릿 회사) 78, 92, **92**
허스키(개 품종) 173
허스트성(미국 캘리포니아주) 11
허파 88
헝가리 131, **131**
헝그리(영어 단어) 26
헤드치즈 125
헤르쿨라네움 185

헥터돌고래 19, **19**
헨리 허드슨 139
헬륨 115
헬리 스키 126
헬리콥터 14, 15, **15**, 52
헬싱키(핀란드) 134
혀 89, 104
혈액 88, 89, 145
형석 186
형태 변환자 159
혜성 77
호그와트(해리 포터의 마법 학교) 11, 22
호닌달스버넷 호수(노르웨이) 135
호랑이 91, 97, 108, **108-109**, 109, 153
호저 12, 54, 152, 153
호주빨강부치 83
호크아이(고양이) 200
호텔 44, 57, **57**, 175, 210-211, **210-211**
호텔 드 글라스(캐나다) 211
호텔 임바서툼(독일) 211
호텔 칵슬라우타넨(핀란드) 211
호프 다이아몬드 163, 187, **187**
호호캠 문화 185
혹등고래 201, 204
『혹성 탈출: 진화의 시작』(영화) 117
홀로그램 전구 175
혹멧돼지 90, 153
홀브룩(미국 애리조나주) 211
홍게 170, **170**
홍학 36, 54, 146
홍학허개오지붙이 148
홍해 31
화산 42, **42-43**, 43
  기후 변화 133, 198
  뉴질랜드 50
  멕시코 176-177, 209
  바다에서 일어남 164
  불의 고리 30
  빙하를 뚫고 188
  아이슬란드 15, 30, **30**, 42, 134
  이탈리아 96, 134, 185, 189
  전기 생산 31
  지표면으로 올라오는 다이아몬드 186
화석 179, 206, **206**, 207, **207**
화성(행성) 46, **46**, 76, 77, 81, **81**, 195
화식조 55
화약 99
화염 방사기 98
화이트초콜릿 92, **92**
화장실 11, 85, 123, 139, 176, 202
화장지 10
활공하다 12, 13
활과 화살 98, 99
황새 37
황새치 146
황소 달리기 135
황제타마린 61
황제펭귄 102, 103, 200, 204, 205
회문 26, 75
회색앵무 36, 64, 65, 74, **74**
회전 날개 85
회전문 85
횟감 165
후각 104, 147
후아나 마리아 38
후지산(일본) 42
후피동물 129
훈연 향 124
휴대 전화 24, 25, 39, 157
휴일 142, **142-143**, 143
흑곰 67, **67**
흑사병 11, 139
흑연 186
흡혈귀 가전제품 156
흡혈나방 12, 72
흡혈날개구리 73
흡혈박쥐 12-13, **13**, 152
흡혈오징어 82
흰개미 100, 101
흰꼬리사슴 208, **208**
흰돌고래 165
흰동가리 149, 164, 165
흰색 168
히메지성(일본) 10
히바로 원주민 100
히스파니올라 솔레노돈 12
히포크라테스 144, **144**
힌덴부르크(비행선) 15
힌두교 48, 143
힐스데일시(미국 미시간주) 188
힙합 110

기타

3-D 24
51구역(미국 네바다주) 47, **47**

A
AU(천문 단위) 76

B
B-52s(록밴드) 15

C
C-3PO 81, **81**, 116
CD 111
CIA(미국 중앙 정보국) 20, 21
CN 타워(캐나다 온타리오주 토론토) 123

D
DNA 80
D강(미국 오리건주) 189

E
E. B. 화이트 17
ESP(초감각적 지각) 158
『E.T.』(영화) 78, 116, 117

G
GPS 162

J
J. K. 롤링 63, 213

M
M&M 79, 92, **92**, 124, 169

N
NASA(미국 항공 우주국) 76, 77, 80, **80**, 204

R
R2-D2 81, **81**, 116
ROV(원격 조종) 162, 201, **201**

S
SOS 신호 38

T
TV 84, 138
TV 리모컨 84, 115, 156, **156**

U
U2(록밴드) 15, 117

X
X-15 로켓 엔진 비행기 15
X선 115

지은이 내셔널지오그래픽 키즈
내셔널지오그래픽 협회는 1888년에 설립되어 130년 넘게 우리를 둘러싼 지구를 이해하기 위한 여러 가지 프로젝트를 실행하고 있다. 연구 프로젝트를 지원하며 탐험과 발견을 돕고 잡지와 책을 펴낸다. 내셔널지오그래픽 매거진은 매달 28개국에서 23개의 언어로 수백만 명의 독자와 만나고 있다. 어린이 출판 브랜드인 내셔널지오그래픽 키즈는 과학, 모험, 탐험 콘텐츠를 독보적인 수준의 사진 자료와 함께 제공하고 있다.

옮긴이 서남희
서강대학교에서 역사와 영문학을, 대학원에서 서양사를 공부했다. 지은 책으로 『그림책과 작가 이야기』 시리즈, 옮긴 책으로 『그림책의 모든 것』, 『세계사를 한눈에 꿰뚫는 대단한 지리』, 『세계사와 지리가 보이는 특급 기차 여행』 등이 있다.

옮긴이 이한음
서울대학교에서 생물학을 공부했고, 과학 전문 번역가이자 과학 전문 저술가로 활동하고 있다. 저서로는 『생명의 마법사 유전자』, 『청소년을 위한 지구 온난화 논쟁』 등이 있으며, 옮긴 책으로는 『인간 본성에 대하여』, 『핀치의 부리』, 『바다: 우리 몸 안내서』 등이 있다. 『만들어진 신』으로 한국출판문화상 번역 부문을 수상했다.

1판 1쇄 펴냄 – 2024년 10월 25일
1판 2쇄 펴냄 – 2024년 11월 11일

지은이 내셔널지오그래픽 보이어 **옮긴이** 서남희, 이한음
펴낸이 박상희 **편집장** 전지선 **편집** 김지호, 서은미
디자인 이슬기 **조판** 최혜정
펴낸곳 ㈜비룡소 **출판등록** 1994. 3. 17.(제16-849호)
주소 06027 서울시 강남구 도산대로1길 62 강남출판문화센터 4층
전화 02)515-2000 **팩스** 02)515-2007 **홈페이지** www.bir.co.kr
제품명 어린이용 각양장 도서 **제조자명** ㈜비룡소 **제조국명** 대한민국
사용연령 3세 이상

5,000 AWESOME FACTS (ABOUT EVERYTHING!)
First Edition Copyright © 2012 National Geographic Society
Korean Edition Copyright © 2024 National Geographic Partners, LLC.
All rights reserved.

NATIONAL GEOGRAPHIC and Yellow Border Design are trademarks of the National Geographic Society, used under license.

이 책의 한국어판 저작권은 National Geographic Partners, LLC.에 있으며, ㈜비룡소에서 번역하여 출간하였습니다. 저작권법에 의해 한국 내에서 보호를 받는 저작물이므로 무단 전재와 무단 복제를 금합니다.

ISBN 978-89-491-3256-3 74030
ISBN 978-89-491-3255-6 (세트)